장 칼뱅의 생애와 사상

A Life of John Calvin: A Study in the Shaping of Western Culture
by Alister E. McGrath

ⓒ 1990 by Alister E. McGrath

장 칼뱅의 생애와 사상

서구 문화 형성에
칼뱅이 미친 영향

알리스터 맥그래스
이은진 옮김

A Life of
John Calvin

비아
토르
viator

차례

　　장 칼뱅의 생애와 그가 살았던 시대를 개관하는 책을 한 권 더 보태는 것에 미안한 마음은 없다. 이 비범한 인물을 둘러싼 종교적·사회적·경제적·문화적 쟁점들은 여전히 심오하고 무궁무진하기 때문이다. 유럽 역사에서 칼뱅이 매우 중요한 인물이라는 점은 이미 증명된 사실이다. 칼뱅은 근대 여명기에 개인과 제도(종교·정치·사회 제도)를 보는 관점을 바꿔 놓았고, 서구 문명은 이때부터 고유한 특징을 갖추기 시작했다. 더욱이 최근 몇 년 사이에 우리는 칼뱅이 살았던 세계가 어떠했고 그 안에서 칼뱅이 어떤 역할을 했는지 이해할 수 있는 새로운 안목을 갖추게 되었다. 그리하여 유럽 종교개혁에 대한 전반적인 이해와 지식은 물론이고, 특별히 칼뱅에 대한 이해와 지식이 최근 몇 년 사이 상당히 깊어졌다.

　　역사를 '위대한 인물들의 전기'쯤으로 여기는 시각은 더 이상 유효하지 않다. 그럼에도 칼뱅, 마르크스Karl Marx, 블라디미르 레닌Vladimir Il'ich Lenin과 같은 특정 인물들은 그런 생각에 신빙성을 더해 줄 만큼 역사에 큰 영향을 끼쳤다. 이미 증명되었듯이, 칼뱅이 전개한 이론과 관점과 체계는 그의 역사적 위치와 개인적 특성이라는 한계를 초월하여 하나의 운동을 만들고, 그것을 지탱할 힘을 가졌다. 칼뱅은 종교 사상가이지만, 그것이 그가 갖는 의의의 전부는 아니다. 칼뱅을 '신학자'로 묘사하는 것은 타당하다. 그러나 현대에 '신학자'라는 용어가 연상시키는 바를 고려하면 오해의 소지가 있는 표현인 것도 사실이다. 오늘날에는 신학자가 교회와 학계 어느 쪽과도 관계가 없는 존재, 사회 주류에서 밀려난 하찮은 존재로 여겨지기 일쑤다. 신학자를 따르고 좋아하는 부류는 동료 신학자로 이루어진 매우 한정된 범위로 국한된다. 신학자들의 사상과 방법론 역시 대부분은 다른 학문에서 유래했다. 칼뱅은 분명히 신학자였다. 그러나 칼뱅이 전개한 종교 사상의 독창성과 힘과 영향력을 고려하면, 그를 그냥 '신학자'라고 부를 수만은 없다. 레닌을 단순한 '정치 이론가'라고 평하는 것이 적절하지 않은 것과 마찬가지다. 칼뱅은 언어와 매체, 사상을 통달하는 비범한 능력, 조직과 사회구조의 중요성을 꿰뚫는 통찰력, 당대의 종교적 필요와 가능성을 직감적으로 알아채는 능력을 바탕으로 종교 사상과 행동 사이에 동맹을 이루어 냈다. 그리하여 그 시대로서는 기적과도 같았던 칼뱅주의를 만들어 냈다.

16-17세기 서유럽과 북아메리카의 종교사, 정치사, 사회사, 경제사를 조금이라도 이해하려면, 칼뱅이라는 이 사상가의 사상을 받아들이는 법을 배워야 한다. 나아가 초창기 칼뱅을 따르던 사람들이 독창적으로 재해석하고 전파한 그의 사상을 수용하려고 애써야 한다. 동료, 중개인, 후계자들의 보기 드문 패기와 비범한 지성을 힘입어 칼뱅의 사상은 역사상 가장 강한 세력 중 하나를 만들어 냈다.

장 칼뱅의 생애와 사상

영향력과 침투력 면에서 칼뱅주의는 그보다 훨씬 나중에 발흥한 마르크스주의에 견줄 만하다. 독일의 종교사회학자 에른스트 트뢸치Ernst Troeltsch는 기독교가 인류의 문화와 문명을 결정적으로 바꾸어 놓은 시기는 딱 두 번뿐이라고 말했다. 첫 번째 시기는 중세 시대로, 스콜라철학을 종합한 토마스 아퀴나스Thomas Aquinas의 사상을 통해서였고, 두 번째 시기는 근대 초기로 칼뱅주의를 통해서였다. 그러므로 칼뱅과 그의 유산을 이해하는 일은 기독교가 사회에 순응하는 대신 사회에 강한 영향을 끼친 순간들, 즉 근대사에서 보기 드문 순간들을 붙들고 씨름하는 일이다.

특유의 종교적 골자를 갖추고 있긴 하지만, 칼뱅주의는 순수한 종교운동이 아니라는 점을 기억해야 한다. 알프스산맥 꼭대기에서 눈덩이가 굴러 내려오다 보면 수많은 이물질이 달라붙듯이, 칼뱅주의에도 여러 재료가 추가되었고 결국에는 그것들이 모두 본질에 통합되었다. 이렇게 첨가된 부가 재료들 때문에 본래의 핵심 재료를 알아보기 어려워졌고, 결과적으로 그 모양이나 형태가 처음과는 많이 달라졌다. 인식하지 못하고 지나치는 게 대부분이지만, 오늘날에도 칼뱅주의는 이런저런 형태로 서구 문화에 영향을 끼치고 있다. 그중에서도 서구 자본주의는 근본적으로 (적어도 어느 정도는) 칼뱅주의에 토대를 두고 있다. 마르크스주의마저도 제네바의 유산에 영향을 받지 않을 수 없었을 것이라는 주장 역시 꽤 설득력이 있다.

칼뱅에 관한 이야기는 곧 제네바에 관한 이야기이기도 하다. '칼뱅의 제네바'라는 표현은 제네바에서 활동한 이 종교개혁자의 위상을 오도할 소지가 있다. 그러나 칼뱅과 제네바의 긴밀한 상호작용을 강조하는 데는 분명히 도움이 된다. 제네바 신화를 조장할 정도로 칼뱅이 제네바시의 명성과 운명에 엄청난 영향을 끼쳤다는 이야기는 이제 너무 당연해서 진부하기까지 하다.[1] 그러나 칼뱅이 제네바를 만들었다고 주장한다면, 제네바가 칼뱅을 만든 것 또한 사실이다. 제네바시가 칼뱅에게 끼친 영향은 아주 미세하고 미묘하다. 칼뱅이 제네바시에 끼친 영향에 비하면 대수롭지 않다고 볼 수도 있다. 그러나 제네바는 분명 칼뱅에게 영향을 끼쳤고, 그 영향은 역사적으로 연구하고 신학적으로 평가할 가치가 있다. 칼뱅은 기독교가 관념적인 이론이 아니라 사회 및 정치 현실과 직접적인 관련이 있다고 주장했다. 이런 주장은 칼뱅이 자신의 종교 이론을 전개할 당시 제네바의 상황을 어떤 '기준'으로 상정한 것은 아닌가 하는 의구심을 갖게 한다. 제한적이기는 하지만 제네바는 중요한 측면에서 칼뱅이 하나님의 도성을 규정하는 틀이 되었을 것이다. 이런 가능성 자체가 매우 중요한 의미가 있기에, 본서에서는 당시 제네바의 경제 및 정치 현안이 이 선도적인 개혁가의 사상에 끼친 미묘한 영향을 추적하고자 한다. 칼뱅의 사상에서 핵심을 이루는 몇몇 측면은 결국 그 시대에 제네바에서 추진한 정책과 관행과 가정假定이 어느 정도 투영되었을 터이기 때문이다.

간절한 바람대로, 과거의 악마학惡魔學이 사양길에 접어든 사실을 이미 아는 상태에서 이런 책을 쓸 수 있어 기쁘다. 칼뱅을 피에 굶주린 독재자로, 칼뱅주의를 지각없고 엄격하기만 한 도덕주의로 묘사하던 무시무시한 고정관념은 이제 말 그대로 지난 일이 되었다. 그러나 격론이 오가는 저술들 안에서는 지금도 이따금 그런 악의적

장 칼뱅의 생애와 사상

인 주장이 되살아난다. 그러므로 본서와 같은 유형의 책에서는 어쩔 수 없이 칼뱅과 그의 유산을 둘러싼 일련의 신화(물론 이런 신화를 기분 좋게 받아들이고 아주 소중히 여기는 이들도 있다)와 맞붙어 싸워야 한다. 슈테판 츠바이크Stefan Zweig는 칼뱅을 가리켜 "불운한 도시 제네바를 혹독하게 통치하는 위대한 독재자요, 심장도 없고 연민도 없는 사람"이라 묘사했다. 츠바이크의 이런 묘사는 상당한 영향력을 발휘했다. 그러나 여기에는 실체적·역사적 근거가 전혀 없다. 츠바이크의 주장은 외면할 수 없는 그 시대의 역사적 사실들에도 부합하지 않는다. 그가 이런 터무니없는 주장을 한 것은 당시 제네바의 권력구조와 의사 결정 절차를 오해했기 때문이다.

마찬가지로, 칼뱅주의 혹은 청교도주의(칼뱅주의를 영국식으로 표현한)를 "서구 문명에서 조금도 중요하지 않고 지적으로 빈곤할 뿐 아니라 신앙심을 들먹이며 흥이나 깨는 운동"으로 일축하는 경향은 칼뱅과 동시대를 살았던 반대파들의 논박 전략에서 비롯되었다. 반대파가 이 운동의 평판을 떨어뜨리고 싶어 한 것은 당연한 이치다. 특히, 고교회파(종교개혁 뒤에 생긴 영국 국교회의 한 파로, 예배와 성직의 중요성을 강조했다―옮긴이) 노선을 지지하던 잉글랜드 토리당은 칼뱅주의를 대단히 공격적이고 부정적으로 묘사했다. 이는 칼뱅주의로부터 자신들을 보호하려던 방어 전략에 불과하다. 반대파들은 칼뱅주의가 정치 및 종교 현상現狀에 중대한 위협이 된다고 여겼고, 잉글랜드 내전이 칼뱅파 군대의 승리로 막을 내리면서 이 두려움은 현실이 되었다. '하나님의 도성'에 관한 정치적 시각과 더불어 칼뱅주의는 17세기 잉글랜드 교회와 정부의 기득권에 중대한 도전이 된 것이다. 토리딩과 고교회파 신자들은 칼뱅주의가 다소 조잡한 역사적 토대를 기반으로 사회 기득권층을 비판하는 자들에게 부당한 영향력을 행사한다고 보았다. 에드먼드 모건Edmund Morgan이 청교도 가정을 연구한 논문에서 지적한 대로다.

사람들이 흔히 생각하는 것과는 정반대로 청교도들은 금욕주의자가 아니었다. 청교도는 타락한 인간에게 악용된 창조 세계의 헛됨을 끊임없이 경고하지만, 헤어 셔츠(고행자들이 입던, 털이 섞인 거친 천으로 만든 셔츠─옮긴이)나 마른 빵 껍질을 칭송하지는 않는다. 청교도는 좋은 음식과 좋은 음료를 좋아하고 제집 같은 안락함을 사랑한다. 모기를 보고도 껄껄 웃기는 하지만, 맥주가 떨어져서 물을 마시는 것이 고역임을 잘 안다.[2]

또한 칼뱅주의는 지성의 진보를 방해하는 적敵이 아니었다. 코페르니쿠스의 지동설을 대하는 칼뱅의 태도는 지난 수백 년간 조롱을 받아 왔다. 1896년에 발표하여 격렬한 논쟁을 불러일으킨《과학 전쟁의 역사History of the Warfare of Science with Theology》에서 앤드루 딕슨 Andrew Dickson은 이렇게 말했다.

칼뱅은《창세기 주석Commentary on Genesis》에서 지구가 우주의 중심이 아니라고 주장하는 모든 사람을 비난함으로써 지도적 위치를 차지했다. 그는 통상 시편 93편 1절을 언급하면서 그 문제를 매듭짓고는 이렇게 물었다. "누가 감히 코페르니쿠스의 권위를 성령의 권위 위에 둘 것인가?"

장 칼뱅의 생애와 사상

버트런드 러셀^{Bertrand Russell}이 《서양철학사^{History of Western Philosophy}》에서 그랬던 것처럼, 이후 '종교와 과학'을 주제로 글을 쓰는 거의 모든 저술가가 이 주장을 맹목적으로 되풀이했다. 그러나 단언컨대, 칼뱅은 알려진 저술 어디에서도 그런 단어를 쓰거나 그런 감정을 표현한 적이 없다. 칼뱅이 그렇게 말했다는 주장은 프레더릭 윌리엄 패러^{Frederic William Farrar}(1831-1903)의 글에서 처음 등장했다.[3] 19세기 잉글랜드 국교회의 캔터베리 대성당 주임 사제였던 패러는 원래 근거 없는 주장을 일삼는 인물로 유명했다. 그런데도 그가 지어낸 이런 허구가 '칼뱅과 과학'에 관한 근대의 논의를 지배해 왔다. 따라서 칼뱅에 대한 우리의 인식을 고착시킨 이런 식의 신화가 얼마나 더 있는지 살펴볼 필요가 있다. 서글프게도 칼뱅에 관하여 사실과 매우 다른 이야기가 지금까지 전해지고 있고, 칼뱅과 칼뱅주의가 자연과학이라는 '신학문'을 정색하며 적대시했다는 당대의 통념 역시 끈질기게 그 생명력을 유지하고 있다.

나는 칼뱅과 그가 남긴 문화적 유산을 칭송하거나 비난하는 데는 관심이 없다. 다만 칼뱅이 남긴 유산의 성질과 범위를 밝히고 싶을 뿐이다. 그래서 이 놀라운 인물의 생명력을 드러내고, 칼뱅 사상의 기원과 구조, 그리고 그가 서구 문화에 끼친 영향을 추적하려 한다. 나는 칼뱅이 성인도 아니고 사기꾼도 아니라고 확신한다. 다만, 일반적인 근대 세계, 특별히 서구 문화가 어떻게 형성되었는지에 관심 있는 사람이라면, 칼뱅은 누구나 반드시 연구해야 할 중요한 인물이라고 생각한다. 나는 이런 확신으로 이 책을 썼다. 이런 성격의 책에는 전문용어를 자주 사용할 수밖에 없다. 그래서 독자들의 이해를 돕기 위해 신학 및 역사 용어를 해설한 용어 사전을 뒤에 덧붙였다. 본문에서 전문용어를 일일이 설명하기에는 어려움이 있어서 따로 설명한 것이니 용어 사전을 참고하길 바란다.

이 책을 쓰느라 많은 이들에게 신세를 졌다. 초창기 스위스 종교개혁을 깊이 연구할 수 있도록 너그럽게 허락해 준 런던 왕립학회에 감사를 전한다. 또한 유럽에 있는 수많은 연구소에서 후기 르네상스와 초기 종교개혁을 연구할 수 있도록 여행 경비를 후원해 준 옥스퍼드대학교에 감사한다. 교수의 책임을 잠시 내려놓을 수 있게 해 준 옥스퍼드대학교 위클리프 홀에도 감사의 마음을 전하고 싶다. 덕분에 이 연구를 마무리할 수 있었다. 부러울 정도로 아주 훌륭한 자료를 소장하고 있으며, 그 자료를 자유롭게 이용할 수 있게 환대해 준 여러 기관에도 특별히 감사를 전한다. 로마 국립중앙도서관, 철학및문학학부도서관, 메디체아 라우렌치아나 도서관(이상 피렌체), 국가기록보관소, 공공대학도서관, 종교개혁역사연구소(이상 제네바), 역사연구소(런던), 보들리언 도서관(옥스퍼드), 국가기록보관소, 대학기록보관소, 국립도서관, 프랑스 역사박물관(이상 파리), 파디아나 국립도서관(장크트갈렌), 도시기록보관도서관, 국립대학도서관(이상 스트라스부르), 오스트리아 국립도서관, 대학도서관(이상 빈), 스위스 종교개혁역사연구소, 국립문서보관실, 중앙도서관(이상 취리히)에 감사를 전한다. 또한 초고를 읽고 아주 유용한 비평을 해 준 제네바 종교개혁역사연구소 소장 프랜시스 히그먼 교수에게 특별히 감사를 전한다. 혹시라도 사실관계나 해석에 오류가 있다면, 그것은 전적으로 저자인 나의 책임이다.

장 칼뱅의 생애와 사상

1 서론

저 높은 알프스산맥, 론 빙하 기슭에서 물줄기가 쏟아져 나와 유럽에서 가장 큰 강 중 하나인 론강을 이룬다. 론강은 남쪽으로 꺾여 지중해로 흘러들기 전, 로마시대에 세워진 상업 중심지의 서쪽 맨 끝에 있는 호수를 지난다. 독일이 있는 북쪽으로 이주한 로마인 정착민들은 이 호수를 '레마누스호'라고 칭하고, 무역 중심지에는 '제나바'라는 이름을 붙였다. 원래 제나바는 비엔에 종속된 '마을'이었고, 비엔은 이리저리 뻗어 있던 알로브로게스 부족의 거대한 영토의 수도였다.[1] 2세기 후반, 디오클레티아누스의 행정 개혁 아래 제나바는 갈리아 나르보넨시스 지역의 '도시'로 승격되었고 중세의 대교구에 그 이름을 빌려주었다. 그리고 이때 이름을 제네바로 고쳤다. 그리고 마침내 1153년에는 아르두투스 주교의 노력에 힘입어 그토록 열망했던 '제도帝都'의 지위를 얻었다. 그로부터 한참이 지난 뒤에도 제네바는 세계정세에서 여전히 중요한 위치를 차지했다. 1864년에는 제네바에 국제적십자위원회가 설립되었다. 사람들에게 친숙한 적십자 깃발은 스위스 국기의 색을 거꾸로 뒤집어서 만든 것이다. 그런가 하면 제네바협정은 현대 전쟁에 인도주의 요소를 도입했다. 또한 많은 국제기구가 제네바에 본부를 두고 있다. 국제적 명성이 쌓이면서 이제는 군축회의 개최 장소로 제네바를 떠올리는 것이 자연스러워졌다. 너무나 자주 부서지고 또 그만큼 자주 되살아나는, 국제사회의 안정에 대한 염원도 이 도시를 중심으로 움직이는 경향이 있다.

그러나 16세기만 해도 제네바는 서유럽의 기존 질서를 무너뜨리고 안정을 위협하고, 나중에는 북아메리카에 급진적으로 새로운 사회질서를 세우려 했던 국제 운동의 중심지였다. 그리하여 제네바는 종교적·정치적 전복顚覆의 아이콘이 되었다. 제네바에서 나온 사상들은 기이하게도 수 세대에 걸쳐 유럽인을 매혹했고, 오늘날까지도 그 위력을 어느 정도 보유하고 있다. 냉전시대에 사람들은 '모스크바'라는 단어만 입에 올려도 사회, 정치, 경제 질서를 파괴하고 서구 문명을 궤멸시킬 것만 같은 섬뜩한 이미지를 자주 떠올렸다. 마찬가지로 16세기에 '제네바'를 생각하면, 유럽의 얼굴을 바꾸고 시대와 영토의 한계를 넘어 훨씬 오랫동안 훨씬 멀리까지 강력한 영향력을 행사하고자 음모를 꾸미는 한 사람, 그리고 그가 주도하는 운동이 머릿속에 떠올랐다. 그 사람이 바로 장 칼뱅이고, 그 운동은 당시 국제적으로 퍼져 나갔던 칼뱅주의다.

우리가 살펴볼 이야기는 16세기 유럽에서 시작된다. 그러나 이 유럽을 오늘날의 유럽과 혼동해서는 안 된다. 현대 유럽은 18세기에 상호 배타적이고 확연히 다른 민족들을 바탕으로 독자적인 정치 독립체들이 세워지면서 등장했다. 이 당시 민족국가들은 뚜렷이 구별되고 완전히 독립적인 체제였다. 이들 국가는 공통된 민족의 정체성을 기반으로 주민들에게 충성을 요구했다.[2] 그러나 16세기의 유럽은 전혀 달랐다. 국가와 국가 간의 경계가 모호했다. 대신에 언어와 문화, 계층이라는 좀 더 확실하고 유의미한 장벽이 국경을 보완했다. 사람들 대부분이 민족 정체성에 대한 의식이 없었다. 개인들은 규모가 큰 국가보다는 자기가 속한 마을이나 지역과의 관계 안에서 자신의 정체성을 정의했다. 분명하지 않은 국가의 경계를 넘어 이동하는 일은 자주 있었고, 그리 복잡한 일도 아니었다. 학생들은 여권이나 비자 없이 이 대학에서 저 대학으로 이동했다. 상인들은 형식상 최소한의 절차만 거치고 국경을 초월한 거대한 통상로를 횡단했다. 물론 20세기 이후 거대 다국적 기업과 같은 기관들은 국경의 존재를 거의 신경 쓰지 않고 활동한다. 그러나 중세 시대에는 이렇게 국경을 넘나드는 기관 중 가장 중요한 기관이 서구 교회였다. 유럽 전역은 교회의 조직과 영향력 아래 있었다. 그런데 16세기에 서구 교회는 심각한 변화를 겪어야만 했고, 그 변화 속에서 유럽 역시 환골탈태했다. 중세 후기에 유럽에서 차츰 '힘의 균형'이 이루어진 것은 의도한 결과라기보다는 우연이었다. 어쩌면 백년전쟁으로 완전히 기진맥진했기 때문일 수도 있다. 이때 교회가 균형을 유지하는 데 중추적 역할을 했다. 그러나 그 균형은 불안하기 짝이 없었다. 구성원들의 미묘한 상호작용에 조그만 혼란이라도 생기면, 마구 흔들리다가 힘없이 무너져 버릴 수도 있는 상태였다. 따라서 서구 교회를 개혁하는 것은 잠재적으로 서유럽을 구조개혁하는 것이나 마찬가지였다. 교회에 변화가 생기면 필연적으로 유럽에도 변화가 생길 수밖에 없었다.

15세기가 끝나고 조심스럽게 16세기에 들어서면서, 교회의 개혁과 갱신에 대한 욕구가 거의 모든 곳에서 분명하게 나타났다. 서구 교회는 중세 시대의 요구에 진이 다 빠진 것처럼 보였다. 교회가 정치권력을 손에 넣었고, 특히 교황의 권한은 유례를 찾을 수 없을 정도로 막강해졌다. 교회의 행정, 사법, 재정, 외교 조직은 기름칠을 한 것처럼 매끄럽게 잘 굴러갔다. 르네상스 시대의 교황들은 도덕적 퇴보와 재정 부정, 보기 좋게 실패한 권력정치 시대를 지배했고, 이 때문에 교회는 영적·도덕적 안내자로서 신뢰를 완전히 잃어버릴 상황이었다. 서유럽에서만큼은 교회라는 기관이 영원히 무너지지 않을 것 같았지만, 그럼에도 권태와 퇴락의 징후는 있었다. 교회가 방향감각을 잃었다고 확신하는 이들이 많았다. "르네상스 시대의 위풍당당한 교황의 지위가 비천한 몸으로 이 땅에 오신 나사렛 예수와 대체 무슨 상관이 있는가?" 하고 묻는 이들이 갈수록 많아졌다.

중세 시대가 막을 내릴 무렵 서유럽에서 교회에 관한 연구가 이어지면서 교회가 퇴락의 상태로 조용히 몰락하고 있다는 사실이 분명해졌다.[3] 자기네 교구 출신 성직자와 주교의 부재, 성직자의 의심스러운 도덕성과 낮은 교육수준, 16세기 초 경제 및 사회 상황에 무관심한 듯한 교회의 태도, 교회 내 확실한 영적 지도력 부재에 대한 불만이 사람들 사이에 팽배해 있었다. 세속의 일에 지나치게 간섭하는 것으로 보이는 일련의 행동으로 교회의 동맥動脈이 제 기능을 못 하고 딱딱하게 굳어 갔다. '하나님의 도성'의 가치를 수호하는 청지기를 자임하면서도 세상의 질서를 좌지우지하고 싶은 욕구

장 칼뱅의 생애와 사상

와 야심, 욕망, 그리고 거기에서 오는 쾌락과 소유욕에 빠져 허우적
거리는 모습이 여실했다.

개혁에 대한 압력

중세 후기, 수많은 요인으로 교회에 대한 불만이 갈수록 커졌고, 이
러한 불만은 16세기 초에 절정에 달했다. 그러나 사람들이 교회에
불만을 품은 이유가 단순히 종교적인 문제 때문만은 아니었다는 사
실을 기억해야 한다. 여기에는 사회, 정치, 경제 문제가 포괄되어 있
었다. 종교개혁을 이해하고, 특히 장 칼뱅이 종교개혁이라는 드라
마 안에서 맡은 중요한 역할을 이해하려면, 16세기 초 서유럽(특히 프
랑스) 사람들의 이목을 집중시킨 이 다면적인 캐릭터를 제대로 파악
해야 한다.

성인 문해력의 향상

16세기가 시작될 무렵, 인쇄업과 제지업이 발달하고 인문주의 운동
에 대한 관심이 고조되면서 성인들 사이에 글을 읽고 이해하는 능
력도 차츰 보편화되었다. 중세 초기에 글을 읽고 쓸 줄 아는 특권층
은 사실상 성직자들뿐이었다. 서면 자료는 힘들게 손으로 베껴 써
야 하는 필사본 형태였다. 필사본 자체가 워낙 귀해서 대개는 수도
원 도서관에서나 겨우 볼 수 있었다. 귀중한 양피지를 절약하기 위
해서 단어를 축약해서 썼는데, 그래서 필사본을 판독하기가 어려웠

━━ 16세기 인쇄소의 모습을 묘사한 목판화. 왼쪽에 있는 사람이 인쇄된
종이를 떼어 내고, 오른쪽에 있는 사람은 활판에 잉크를 칠하고 있다.

다. 인문주의 운동으로 글을 읽고 이해하는 사람이 늘어났고, 이를
바탕으로 사회를 개선하고 발전시키는 길이 열렸다. 르네상스 시대
의 글씨체는 우아하면서도 또렷했다. 스콜라 철학자들이 좋아하던,
알아보기 힘들게 휘갈겨 쓴 고딕체 글씨와는 아주 대조적이었다.
인쇄업의 등장과 새로운 제지업의 발달로 그때까지 성직자의 전유
물이었던 문헌을 교육받은 평신도가 손에 넣고 이해하는 것이 가능
해졌다. 새로 등장한 전문직 계층은 옛 귀족 가문에게서 서서히 지

장 칼뱅의 생애와 사상

배권을 빼앗고 도시에서 권력을 잡았다. 그러면서 이들은 세속적인 일터에서 일할 때 발휘하던 날카로운 비평 감각과 전문성을, 기독교 신앙을 해석하고 실천하는 데도 똑같이 발휘했다. 이리하여 글을 읽고 이해하는 능력을 독점하던 성직자들의 특권이 결정적으로 무너졌다.[4] 이를 통해 평신도가 성직자의 능력을 비판적으로 평가할 수 있는 길이 열렸고, 종교 문제를 해석하는 평신도의 자신감도 커졌다.

16세기 프랑스 부르주아의 개인 서가를 조사해 보면, 두 가지 사실을 확인할 수 있다. 첫째는 보통 사람들 사이에서 글을 읽고 쓸 줄 아는 능력이 발달했다는 점이고, 둘째는 종교 문제를 바라보는 평신도들의 의식이 중요하다는 점이다. 대개 글을 읽고 쓸 줄 아는 능력이 발달하는 만큼 종교 문제에 관한 평신도의 의식도 성장한다. 15세기 피렌체에서는 대부분의 귀족 가문이 신약성경 복사본을 소유하고 있었다. 자크 르페브르 데타플Jacques Lefèvre d'Etaples이 '모든 그리스도인'이 읽을 수 있도록 1523년에 프랑스어로 번역한 신약성경과 1524년에 번역한 시편은 프랑스 전역에서 널리 읽혔다. 심지어 모Meaux 교구에서는 무료로 배포되었다.[5] 에라스뮈스Erasmus, 필리프 멜란히톤Philipp Melanchthon, 르페브르가 쓴 신약성경 주석과 함께 르페브르가 번역한 신약성경과 시편 복사본이 부르주아의 서가에 꽂혀 있는 모습을 자주 볼 수 있었다.[6]

평신도들 사이에서 한층 올라간 자신감은 1503년에 나온 에라스뮈스의 《그리스도인 군사의 지침서*Enchiridion militis christiani*》에 관한 관심으로 나타났다.[7] 이 책은 1509년에 2쇄를 찍었고, 1515년에는

3쇄를 발행했다. 그리고 이때부터 6년 동안 23쇄를 발행하면서 추종 독자를 거느린 책이 되었다. 서유럽 전역에서 교육받은 평신도들이 게걸스럽게 이 책을 읽어 댔다. 이 책은 평신도들이 직접 교회를 개혁하고 갱신할 수 있다는 급진적이고도 매력적인 사상을 머릿속에 심어 주었다. 성직자는 평신도가 신앙을 이해하도록 도울 수 있다. 그렇다고 해서 성직자가 평신도보다 우월한 지위를 갖는 것은 아니다. 종교는 내면적이고 영적인 성격을 띤다. 그 안에서 신자 개개인은 하나님을 아는 지식이 깊어지기를 소망하며 성경을 읽는다. 《그리스도인 군사의 지침서》는 신자 개인의 중요성을 강조하기 위해 교회라는 기관의 역할을 축소했다.

다들 알고 있듯이, 15세기에는 신앙심이 쇠퇴하기는커녕 민중 종교가 놀라운 성장세를 보였다. 한때는 교회에 대한 불만이 늘어나던 15세기 말과 16세기 초에[8] 종교의 영향력이 감소한 이유를 문헌의 발달에서 찾으려 했다. 그러나 지금은 당시 문헌이 발달한 덕분에 교회 개혁에 대한 시각과 교회를 비판할 수 있는 능력과 의지가 자라났다고 생각한다. 예를 들어, 1450년부터 1520년 사이에 독일에서는 민중 종교가 크게 부흥했다. 미사 집전 횟수, 종교 단체를 조직하는 풍조, 종교 자선단체에 보낸 기부금, 새로운 교회 건축, 성지순례 횟수, 대중적인 종교문학의 성장 등 상상할 수 있는 거의 모든 객관적 기준은 종교에 대한 대중의 관심이 놀랍게 증가했다는 사실을 보여 준다.[9]

좀 더 학구적인 사람 중에 기독교에 새로 흥미를 갖게 된 이들은 기독교 신앙이 활기를 되찾으려면 개조와 갱신이 필요하다고 생각했

장 칼뱅의 생애와 사상

다. 이러한 인식은 15세기의 마지막 10년 이후 계속되었다. 1490년 대에는 스페인에서 신비주의가 갑작스럽게 발달했다. 스페인 가톨릭교회는 여기에서 비롯된 활력을 바탕으로 히메네스 데 시스네로스^{Ximénez de Cisneros} 추기경의 지휘 아래 개혁을 단행했다. 덕분에 스페인에서는 종교 교육에 관한 관심이 싹트는 한편, 성직에 대한 소명 의식이 부활했다. 알칼라대학교와 콤플루툼 다국어성경은 가장 눈에 띄는 성과라 할 수 있다. 이탈리아 인문주의자들은 바울과 아우구스티누스의 저술에도 새삼 관심을 보였다. 이것은 중세 후기의 오염된 고인 물을 참고 견디는 대신 기독교 전통의 샘에서 갓 떠올린 생수를 마시기 위해 기독교 신앙의 '근원으로^{ad fontes}' 돌아가려는 간절한 열망이 반영된 결과였다. 강은 본래 그 근원이 가장 깨끗한 법이다. 왜 모든 사람이 반^反계몽주의자인 중세 주석가들의 필터를 거쳐서 신약성경을 읽어야 하는가? 언제쯤이면 성경을 원어로 직접 읽을 수 있을까?

개인 신앙 현상

16세기의 여명기에, 이탈리아 르네상스는 서유럽이 자기 인식을 갖도록 이바지했다. 그중에 가장 중요한 것 하나를 꼽으라면 개인의식에 눈을 뜨게 한 것이다. 개인의식의 발흥은 기독교가 개인의 필요에 새삼 관심을 쏟는 계기가 되었다. 당시의 기독교는 교회 출석이나 교회의 가르침에 대한 공식적인 수용 같은 외형적이고 제도적인 용어로 정의되었다. 그러나 이렇게 제도적이기만 한 기독교는 새로운 시대에 어울리지 않았다. 외형적으로 자신을 표현하고 정의하는 데 익숙했던 종교가 내면 의식에 호소하는 법을 재발견하면서, 기독교가 스스로를 어떻게 이해하는지에 대한 아주 미묘하고도 중요한 발전이 이루어졌다. 르네상스 시대의 기독교 저술가들은 개인이 경험하는 세계에 복음이 '개인적으로나 내적으로 어울릴 수 있고 마땅히 어울려야 하는' 것으로 확고히 뿌리내리게 해야 한다고 느꼈다. 이들 저술가는 프란체스코 페트라르카Francesco Petrarca의 소네트나 르네상스 시대 신학자와 설교자, 성경 주석가의 새로운 종교 저술에 관심을 기울였다. 사도 바울과 아우구스티누스가 아주 오래전에 했던 호소가[10] 그 시대에 다시 힘을 얻을 수 있었던 것도 그들 덕분이다.[11]

그리하여 종교개혁 직전, 한 세대의 사상가들은 난국에 잘 대처해 나갔다. 파리에서는 자크 르페브르 데타플이 개인의 신앙에 관한 사도 바울의 해석을 탐구했다. 옥스퍼드에서는 존 콜렛John Colet이 부활하신 그리스도와의 개인적인 만남이 그리스도인의 삶에 매우 중요하다는 사실을 강조했다. 저지대(중세 말기와 근대 초기에 스헬데강, 라인강, 뫼즈강의 낮은 삼각주 지대 주변에 자리한 지역 일대를 일컫던 용어로 오늘날의 벨기에, 네덜란드, 룩셈부르크, 프랑스 북부 지역 일부와 독일 서부 지역 일부가 포함된다-옮긴이)에서는 《그리스도인 군사의 지침서》에 약술된 개혁 프로그램으로 학식을 갖춘 유럽 엘리트들의 사상과 마음에 에라스뮈스가 스며들었다. 이 책에서 에라스뮈스는 개인적으로 이해하고 자기 것으로 흡수한 내적 신앙을 강조함으로써, 겉으로 드러나는 문제에 관심을 쏟는 제도 교회와 뚜렷한 차이를 보였다. 이탈리아에서는 '가톨릭 복음주의'로 알려진 운동이 개인의 구원 문제를 강조하

장 칼뱅의 생애와 사상

━━━ 에라스뮈스는 《그리스도인 군사의 지침서》를 통해
16세기 평신도들에게 교회 갱신 사상을 심어 주었다.

면서 교회 안에 확고히 자리를 잡았다. 교회의 위계 조직까지 깊숙이 파고들었으며 이단으로 매도되지도 않았다. 기억할 것은 루터가 이런 개혁 운동들을 시작한 것이 아니라는 점이다. 그때까지 루터는 유럽에서 가장 보잘것없는 대학 중 하나에서 소규모 청중을 대상으로 끈기를 가지고 강의하는 무명의 수사였다. 반면에 유명인들과 위대한 인물들은 다시금 신약성경의 맑은 공기를 들이마시고 있었다. 신앙을 개인적으로 이해하고 자기 것으로 흡수하는 것을 강조하는 분위기가 널리 퍼져 나가면서, 바울과 아우구스티누스의 저술에 관한 관심이 생겨났다. 이런 특징이 16세기에 접어들고 처음

▬ 16세기에 면벌부를 판매하는 모습을 묘사한 목판화

20년간 영향력 있는 여러 집단과 개인 사이에서 발견되었다. 이들 집단 및 개인의 사상과 루터의 사상 사이에는 유사점이 있었다. 그러나 이 유사점을 루터가 정통인 증거로 받아들이지 않고, 오히려 이들 집단이 이단인 증거로 취급하면서 마르틴 루터라는 이름에 반감이 싹텄다. 루터의 견해가 세상에 알려지자 파리의 르페브르, 모교구의 기욤 브리소네$^{Guillaume Briçonnet}$, 스페인의 알룸브라도스('조명파'라고도 불리는 신비주의 저술가 집단)가 이단 혐의를 받았다. 루터가 종교개혁에 긍정적으로 이바지한 부분은 제대로 평가를 받아야 하지만, 그가 고리타분한 교회에 새로운 활력을 불어넣을 수도 있었을, 진정한 가톨릭과 정통적인 관점에 대체로 부정적인 영향을 끼쳤다는 점만큼은 부인할 수 없다. 루터는 의심하는 풍조를 만들어 냄으로

장 칼뱅의 생애와 사상

써 자기 시대에 엄청난 폐해를 끼쳤다.

민중 종교와 지성 종교의 쇄신은 교회 기득권층에서 시작된 것이 아니다. 교회 기득권층은 평신도 중심의 종교 현상에 이바지하기는 커녕 오히려 이런 현상을 이용했다. 예를 들어, 민중 종교는 계절의 순환과 절기가 중요하게 반영된 농사일에 초점을 맞추었다. 건초를 만들고 농작물을 수확하는 등 농업에 필요한 일들이 종교의식에 견고히 자리 잡았다. 프랑스 모 교구에서 동물과 젖먹이들의 질병, 전염병, 눈병을 예방하기 위해 종교의식을 행하거나, 젊은 여성들이 적당한 남편감을 찾기 위해 성인들에게 기원하는 의식을 행한 것도 이 때문이다.[12] 아마도 중세 후기 민중 종교의 가장 중요한 요소는 죽음에 관한 신앙과 관습이었을 것이다. 여기에는 반드시 성직자가 참여해야만 했다.[13] 장례를 치르는 데 상당한 비용이 들었고, 이러한 현실을 반영하여 구성원들에게 적절한 의례를 제공할 목적으로 다수의 신도회가 결성되었다. 경제적으로 어려운 시기에는 반反성직자 정서를 피할 수 없었다. 성직자들은 궁핍해진 산 자들이 죽은 친척들에게 느끼는 불안을 이용해 이득을 취하는 자들로 여겨졌다.

독일에서도 면벌부 판매를 일반 대중이 죽은 자들에게 품는 자연스러운 감정을 이용하는, 도덕적으로 극악하고 신학적으로 문제 있는 행위로 보는 이가 있었다. 루터는 1517년 10월 31일에 〈95개의 논제〉를 통해 교회가 공인한 판매인에게 적정 금액을 내면 망자의 영혼이 연옥에서 즉시 벗어날 수 있다고 주장하는 자들을 정면으로 비판했다. 설상가상으로, 독일인이 면벌부 대금으로 낸 돈이 결국은 이탈리아로 흘러들어 가 르네상스 교황들의 사치스러운 생활을

━━━ 마르틴 루터가 1517년 10월 31일 작성해 비텐베르크 교
회 정문에 붙인 〈95개의 논제〉. 루터는 〈95개의 논제〉를
통해 교회의 면벌부 판매를 비판했다.

뒷받침하는 데 쓰인다는 사실이 알려졌다. 루터는 요한 테첼^{Johann}
^{Tetzel}이 면벌부를 홍보하기 위해 동원한 선전 문구를 특히 문제 삼
았다.

헌금함에 동전이 땡그랑 하고 떨어지는 순간,
영혼은 즉시 연옥에서 풀려난다!

루터의 이신칭의以信稱義 교리는 연옥과 면벌부의 필요성을 없애
버렸다. 죽은 자들은 교회에 뇌물을 바친 것 때문이 아니라 하나님
을 믿는 믿음 때문에 영원한 안식을 얻는다. 믿음으로 말미암아 하
나님 마음에 합한 자가 된 것이다.[14] 프랑스에서는 십자군 원정에
필요한 자금을 마련할 목적으로 교황 레오 10세와 프랑스 왕 프랑
수아 1세가 1515년 면벌부 판매를 계획했다. 그런데 1518년, 파리
대학교 신학부는 면벌부 판매가 부추긴 몇몇 미신적인 사상에 항의
했다. "누구든지 십자군 원정 모금함에 은화 한 닢이나 연옥에 있는
한 영혼의 값어치에 해당하는 돈을 넣으면, 그 영혼은 즉시 연옥에
서 풀려나 틀림없이 천국에 간다"라는 가르침을 "거짓되고 가증스
러운" 가르침이라고 규탄하고 나선 것이다.[15]

이와 동시에, 복음주의 견해(에라스뮈스에게서 유래한 것이든, 수도원에서
유래한 것이든)가 부상함에 따라 교회 기득권층을 반동적이고, 신학문
에 적대적이며, 개인 신앙의 진보와 이를 강조하는 세력에 위협을
느끼는 존재로 인식하게 되었다. 1520년대에는 성직자들이 자신들
의 기득권을 지키기 위해 해이하고 낡은 방식을 고수하려 한다고
규탄하는 글이 속속 발표되었다. 성직자들이 선생이자 영적 지도자
로서 도덕적 모범이 되고자 부단히 노력할 필요가 없는 기존 체제
안에 안주하려 한다는 비판이었다. 수도원의 폐해를 폭로하고 조롱
한 이는 비단 풍자작가 프랑수아 라블레François Rabelais만이 아니었
다. 에라스뮈스 역시 스콜라철학의 건조함과 성직자들의 무능함을
비난했다.

반反성직자 정서 확산

글을 읽을 줄 알고 자기 생각을 분명하게 표현할 줄 아는 평신도가 늘어나면서 성직자를 멸시하는 분위기가 생겨났다. 이것은 종교개혁의 배경을 이해하는 데 더없이 중요한 요소 가운데 하나다. 반反성직자 정서가 광범위하게 퍼져 나갔다. 유럽의 특정 지역에서만 두드러지는 현상이 아니었다. 이런 현상이 나타난 부분적인 이유는 일반적으로 성직자들의 자질이 형편없었기 때문이다. 이탈리아 르네상스 시대에 대부분의 교구 성직자들은 사실상 교육을 전혀 받지 못했다. 아는 게 거의 없었고, 곁눈질하고 보조하고 따라 하면서 주워들은 것이 전부였다. 교구 주교가 정기적으로 방문할 때마다 글을 읽을 줄 모르거나 성무일과서聖務日課書를 어디에 두었는지조차 까맣게 잊어버린 성직자들이 적발되었다. 교구 성직자들의 자질이 이렇게 형편없었던 이유는 대개 그들의 사회적 지위가 낮았기 때문이다. 16세기 초, 밀라노에서는 본당 주임 신부의 수입이 비숙련 노동자의 수입보다 적었다. 많은 이가 말과 소를 사고팔아 겨우 먹고살았다.[16] 이 시기에 프랑스 시골 지방의 하위 성직자들의 사회적 지위는 부랑자들과 다를 바 없었다. 과세와 민사상 소추, 병역의무를 면제받는다는 점에서 보면, 사실상 이 시기의 여타 떠돌이 거지들과 하위 성직자들을 구별하기가 쉽지 않았다.[17]

경제적으로 어려운 시기일수록 사람들은 성직자들이 누리는 세제상의 특혜에 예민하게 반응했다. 1521년부터 1546년까지 개혁가들의 활동 중심지였던 프랑스 모 교구의 성직자들은 군대 주둔 및 군수품 보급과 관련한 과세를 비롯하여 모든 형태의 세금을 면제받았다. 지역 주민들은 이 점에 크게 분노했다. 루앙 교구에서도 혹독한 춘궁기에 곡식을 팔아 교회가 엄청난 이득을 챙기자 대중들이 크게 반발했다.[18] 또한 성직자들은 민사상 소추를 받지 않는 면책특권으로 대중에게서 더욱더 고립되었다. 프랑스에서는 1520년대에 들이닥친 생존의 위기가 반성직자 정서를 강화하는 중요한 역할을 했다. 역사학자 에마뉘엘 르 루아 라뒤리Emmanuel Le Roy Ladurie는 프랑스 랑그도크 지방을 연구한 유명한 논문에서, 1520년대 사람들은 백년전쟁이 끝난 이후 두 세대의 특징이었던 팽창과 회복의 과정이 정반대로 뒤집히는 모습을 목격했다고 지적했다.[19] 그때 이후로 전염병과 기근의 형태로 위기가 발생했고, 시골 빈민들이 식량과 일자리를 찾아 도시로 이주하는 현상이 나타났다. 이 시기에 루아르강을 기점으로 프랑스 북부 대부분 지역에서 비슷한 패턴이 나타났다.[20] 생존의 위기에 내몰린 사람들은 하층 계급과 귀족과 교회 권력자들 앞에 완전히 다른 운명이 펼쳐져 있다는 사실에 주목했다.

프랑스에서는 후기 르네상스 주교 중 압도적 다수가 귀족 출신이었다.[21] 교구마다 이런 추세가 뚜렷했다. 모 교구의 교회 권력자들 가운데서도 상위 계층은 하나같이 도시 귀족 출신이었다. 프랑스 북동부에 자리한 브리 지방의 고위 성직자들 역시 마찬가지였다.[22] 루앙 지역에서도 비슷한 패턴이 고착되었다.[23] 장 칼뱅이 태어난 누아용에서도 마찬가지였다. 누아용에서는 앙제 가문이 성직 임명에 실질적 권리를 행사했을 뿐만 아니라, 사반세기 이상 해당 교구의 주교 대부분을 자기 가문에서 배출함으로써 교회 사무를 독차지했다.[24] 랑그도크 지방의 고위 성직자들은 대개 외지인이었고, 교

구 후원자인 왕족이 교구에 귀족을 성직자로 세우라고 강요하는 일도 잦았다. 이런 성직자들은 자기가 담당하는 교구에 거주하는 경우가 거의 없었다. 그들은 성직자로서 자신에게 잠시 주어진 영적 책무를, 다른 곳에서 더 큰 정치적 야심을 이루는 데 유용하게 쓰일 불로소득원 정도로밖에 여기지 않았다. 이처럼 귀족 신분인 주교단과 고위 성직자들은 공인ェ시이나 농민이 대부분인 교구민과 괴리될 수밖에 없었고, 1520년대에 주민들이 경제적 생존 위기에 내몰렸을 때도 이들은 아무 영향을 받지 않았다. 1520년대에는 대개 도시에 거주하는 고위 성직자와 시골 주민들 사이에 갈등이 고조되었고, 시골 주민들은 프랑스에서 종교개혁이 일어난 배경이 되었다.[25]

교회 내부 권위의 위기

중세 말 교회 안에서 번지기 시작한 '권위의 위기'[26]에 관하여 이야기한다는 것은 넌더리 날 정도로 닳고 닳은 상투 어구에 의존해야 한다는 뜻이다. 그런데도 고심 끝에 이 표현을 사용하는 이유는 '권위의 위기'라는 표현이 중세 말의 일상생활과 신앙생활에서 처음에는 개혁을 촉진하다가 나중에는 개혁을 저지하는 데 효과적으로 활용된 사회의 일면을 깔끔하게 보여 주기 때문이다. 권위의 위기가 포착되는 경우는 보통 두 가지다. 첫째로, 교회를 대표한다고 말할 권위를 지닌 자가 누구인지가 명확하지 않다. 둘째로, 불행하게도 신학적 몰이해, 정치적 혼란, 군사적 무력함이 한데 섞여 시간이 갈수록 교회가 정통 신앙을 강경하게 주장할 수 없는 상태에 놓인다. (물론 이 역시 '정통'이 무엇인지를 놓고 합의점을 도출할 수 있다고 가정했을 때의 일이

장 칼뱅의 생애와 사상

다. 새로운 신학적 견해가 등장할 때 그것이 교회의 가르침과 일치하는지를 누가 결정할 것인가?)

14세기 말과 15세기에는 서유럽 전역에서 대학이 빠르게 팽창했다. 그만큼 신학부의 숫자도 늘어났고, 당연히 발표되는 신학 논문의 숫자도 늘어났다. 당시 신학자들은 존재의 명분을 세우기 위해서라도 무언가 해야만 했다. 그래서 이들은 논문을 통해 새로운 사상을 탐구했다. 그렇다면 그런 사상의 상태는 어떠했을까? 신학적 견해와 교회의 가르침, 사적인 의견과 공동의 교리를 뚜렷하게 구별할 수 없었고, 이는 적지 않은 혼란을 불러일으켰다. 마르틴 루터도 어떤 신학적 의견과 공식적인 교회의 가르침을 혼동하고, 이러한 오해를 바탕으로 개혁 프로그램에 착수했을 가능성이 크다. 역사가들은 이런 실수에 대해 마르틴 루터를 비난할지 모르지만, 이 색슨족 개혁가는 중세 말 광대하게 펼쳐진 신학적 파노라마에 어리둥절해 하고 혼란스러워 하던 많은 이 중 하나였을 뿐이다. 게다가 과연 누가 견해와 교리를 구분한단 말인가? 교황? 공의회? 신학 교수? 이런 중대한 의문에 명쾌한 설명을 내놓지 못한 점은 중세 말 교회 안에서 권위의 위기가 퍼져 나가는 데 적지 않은 역할을 했다. 뤼시앵 페브르Lucien Febvre의 말마따나, 유럽의 다른 지역과 마찬가지로 프랑스에서도 '장기간에 걸친 장엄한 종교적 무정부 상태'가 시작되었다.

교회의 공식 가르침에 대한 혼란은 독일에서 루터의 개혁 프로그램이 싹트는 데 크게 공헌했다. 루터에게 가장 중요한 것은 '어떻게 개인이 하나님과의 관계를 회복할 수 있는가?' 하는 것이었다. 즉,

루터는 칭의 교리를 가장 중요하게 생각했다.[27] 이 교리와 관련하여 공인된 교회 기관에서 가장 최근에 공표한 권위 있는 견해를 찾으려면, 무려 418년까지 거슬러 올라가야 했다. 종교개혁이 일어나기 천 년도 더 전의 일이다. 게다가 교회가 천 년도 더 전에 공표한 혼란스럽고 케케묵은 이런 성명들은 루터가 사는 1518년에 이 문제에 관한 교회의 입장을 명확히 하는 데 조금도 도움이 되지 않았다. 루터가 보기에 그의 시대의 교회는 펠라기우스주의에 빠져 있었다. 그러나 루터는 개인이 어떻게 하나님과의 관계를 회복하게 되는지에 관한 펠라기우스식 해석을 받아들일 수 없었다. 루터는 "교회는 개인의 공로와 신분으로 하나님의 환심을 사고 하나님께 받아들여질 수 있다고 가르치고 있다. 그렇게 함으로써 은혜라는 개념을 송두리째 부정하고 있다"고 보았다. 아마도 이 부분은 루터가 잘못 이해한 것일 테지만, 그가 살던 시대에는 교회 안에 이런 혼란이 존재했다. 당시에는 이 문제와 관련하여 권위 있는 위치에서 루터를 이해시킬 수 있는 사람이 아무도 없었다. 심지어 교황이 아비뇽에 체류하던 시기에는 사상의 무정부 상태가 만연했다. 보니파키우스 아머바흐Bo nifacius Amerbach는 "누구에게나 자신의 견해가 있다"고 했다. 그는 교황의 요새였던 아비뇽 안에서 '탁월한 학자 마르틴'의 사상을 널리 알렸고 이 때문에 1520년대 내내 혼란이 가중되었다.

그러나 종교개혁과 관련하여 장 칼뱅이 더 심각한 문제라고 생각한 점은 교회가 갈수록 무능해져 정통성을 강력히 요구하지 못하고 있다는 점이었다. 독일에서는 루터의 견해가 주목을 받던 때에 이단을 식별하고 진압할 책임이 있는 교구 및 관구 회의의 복잡한 네트워크가 단호한 조치를 하기는커녕 회의조차 소집하지 못했다. 1487년 봄, 발도파를 진압하려는 프랑스 당국의 시도 역시 그다지 성공하지 못했다. 이단으로 알려진 이 집단을 뿌리 뽑지 못하고 해산시키는 데 그쳤다.

교회의 권위를 위협하는 가장 큰 적은 인쇄기였다. 전통적인 중세 세계는 인쇄된 글에 속수무책이었다. 정통이 아닌 책들의 유통을 금지하지도 못했고, 이단 서적을 완전히 뿌리 뽑아 없애지도 못했으며, 그런 서적을 읽지 않도록 예방하지도 못했다. 프랑스 당국이 선동적인 인쇄물의 수입을 막기 위해 종합적인 방안을 고안해 낼수록, 출판업자들은 자기들이 취급하는 물건의 원산지를 속이는 데 점점 더 능숙해졌다. 제네바에서 인쇄된(바로 그 때문에 프랑스에서 유통이 전면 금지된) 책들은 인쇄업자의 주소를 거짓으로 기재하거나 프랑스 인쇄업자들이 사용하는 것으로 알려진 활자체를 흉내 내는 방식으로 원산지를 속였다.[28]

1515년 9월, 프랑스 왕 프랑수아 1세는 교황과 손을 잡은 스위스 군에 맞서 마리냐노 전투에서 극적인 승리를 거두었다. 그 결과, 프랑수아 1세는 이탈리아 문제를 다룰 때 고려하지 않을 수 없는 세력으로 우뚝 섰고, 프랑스 교회에 미치는 그의 영향력도 그만큼 강해졌다. 이어 체결된 볼로냐 협약(1516)은 프랑스 교회의 모든 고위 성직자를 임명할 수 있는 권한을 프랑수아 1세에게 부여했다. 이로써 프랑스 교회 사무를 관장하는 교황의 권한이 사실상 약해졌다. 파비아 전투(1525)에서 패한 프랑수아 1세가 스페인 마드리드 감옥에 유폐되는 바람에 잠시 중단되기는 했지만, 프랑스는 이때부터

━━━ 프랑수아 1세는 프랑스의 종교개혁을 왕권에 대한 도전
으로 받아들여 개신교도를 탄압했다.

서서히 절대주의 체제로 나아갔고, 이에 따라 나라의 정무에 관해
서든 교회 일에 관해서든 프랑스 문제에 관한 교황의 영향력은 줄
어들었다. 그 결과, 프랑스 내부의 개혁 운동은 교황보다는 프랑수
아 1세에 관한 문제로 취급되었다. 만일 교황이 프랑스 교회에서 벌
어지는 일에 개입하려 했다면, 외교적으로나 법적으로 엄청난 저항
에 직면했을 것이다. 교황과의 싸움에서 승리한 프랑수아 1세는 프
랑스 왕가의 이해관계와 일치하는 경우가 아니면, 프랑스에서 교황
의 이익을 수호하는 데 그다지 관심을 보이지 않았다.

볼로냐 협약은 종교개혁 직전 독일 교회와 프랑스 교회가 처한 상황이 근본적으로 달랐음을 시사한다. 독일에서는 불평 문학을 통해 교회에 대한 불만이 확연히 표출되었다. 교황에 대한 극심한 분노가 느껴졌다. 부분적으로 여기에는 이제 막 시작된 독일 민족주의가 작용했다. 당시 독일 민족주의는 이탈리아와 관련된 것이라면 무엇이든 거부감을 드러냈다. 또한 대중은 (면벌부 판매 수익을 포함한) 교회의 수입이 결국은 로마로 흘러들어 르네상스 교황들이 사치스러운 생활을 영위하고 이런저런 프로그램을 만들고 정치적 모험을 하는 데 쓰인다는 사실에 분개했다. 독일의 지배 계층은 교황이 정무政務와 교회 일에 개입하는 바람에 자기 영토에서 자신의 정치적 권위가 위태로워지는 것에 분노했다. 루터의 개혁 프로그램은 여러모로 독일의 민족주의(어찌 보면 독일 민족주의를 노골적으로 이용했다고 볼 수도 있다)와 반反교황주의에 호소하는 면이 상당했다. 독일에서 종교개혁이 인기를 끈 배경에는 이렇듯 대중의 반교황 정서가 깊숙이 깔려 있었다. 그런데 프랑스에서는 볼로냐 협약이 반교황 정서를 진정시키는 역할을 했다. 정치적 권위와 종교적 권위가 프랑스 군주에게 집중되면서(이는 프랑수아 1세와 그의 후계자들이 추구했던 절대군주 정책의 근간이었다) 프랑스에서는 교황의 빈자리가 유독 눈에 띄는 권력 구조가 탄생했다. 반교황 정서가 독일 종교개혁에 연료를 공급했다면, 프랑스의 경우에는 다른 곳에서 개혁의 동력을 찾아야 했다.

16세기가 시작될 무렵 서유럽의 교회와 사회에서 힘을 발휘하는 세력이 몇 개 있었다. 역사가들은 '종교개혁 직전의 유럽'이라는 말로 이 시기의 특징을 요약한다. 물론 이 시대 사람들도 이런 시각을 크게 부인하지는 않을 것이다. 그러나 당시에 자신이 종교개혁 직전의 시대를 살고 있다고 생각한 사람이 누가 있었을까? 그것은 고사하고 자신을 유럽인으로 생각하는 사람이 있기나 했을까? 실제로 그 시대에 기록된 글에는 앞으로 전개될 사회적·정치적·종교적 격변을 정확히 인식하고 있는 것 같은 징후가 전혀 보이지 않는다. 앞날을 예측할 만한 암시가 일상적으로 주어졌음에도 말이다.

제라르 코뱅 Gérard Cauvin의 둘째 아들은 1509년 7월 10일, 바로 이런 세상에 태어났다. 그는 며칠 뒤 생트-고드베르트 교회에서 제앙 Jehan이라는 이름으로 세례를 받았다. 이 세례식에 대한 기록은 전혀 남아 있지 않다. 영어권에서는 그의 라틴어 이름인 요하네스 칼비누스 Johannes Calvinus를 영어식으로 바꾼 '존 캘빈 John Calvin'이라는 이름으로 제앙 코뱅 Jehan Cauvin을 기억한다. 17세기 초, 전기 작가들은 그의 이름이 언급된 자료를 찾고자 누아용 대성당과 지부 기록부를 샅샅이 뒤지고, 뿌연 안개 속에 묻힌 머나먼 옛 기억을 더듬어 제라르 코뱅의 아들에 관한 일화를 떠올려 주기를 간절히 바라며 누아용 사람들을 인터뷰했다. 그렇게 부지런히 애썼지만, 애석하게도 그의 어린 시절에 관하여는 알려진 바가 거의 없다. 설사 이들의 기억 속에서 진짜 역사적 실체를 끌어냈다 하더라도, 그것은 아마도 "장 코뱅, 참 똑똑한 소년이었지" 하는 식의 진부한 이야기에 지나지 않았을 것이다.[29] 그가 살아 있는 동안에도 그랬듯이, 칼뱅이라는 인물의 역사에는 호기심을 자극하는 기이한 정적이 흐른다. 우리는 사상의 역사에 그가 주입한 지적 자극에 관해서는 많이 알지만, 그러한 자극을 만들어 낸 역사적 인물에 관해서는 감질날 정

장 칼뱅의 생애와 사상

도로 아는 것이 별로 없다. 한 인간으로서 칼뱅은 여전히 수수께끼로 남아 있다.

수수께끼의 기원

칼뱅이 어떤 역사적 수수께끼를 대표한다고 하면 터무니없는 말처럼 들릴 수 있다. 16세기의 다른 인물들에 비하면 칼뱅에 관해서는 더 많이 알고 있지 않은가, 라고 반문할 수도 있다. 그러나 칼뱅의 놀라운 이력을 역사적으로 분석하고 재구성하는 작업을 시작하기 전에 그에 관해서, 특히 그의 초기 생애에 관해서 우리가 원하는 만큼 알지 못한다는 사실을 짚고 넘어가는 것이 바람직하다. 그의 사상과 이 사상을 자세히 설명하고 있는 그의 저술은 그가 서구 문명에 남긴 가장 위대한 유산이다. 실제로 칼뱅과 레닌의 유사점을 이야기하는 역사가가 많다. 두 사람 다 상당한 수준의 이론적 비전과 더불어 그것을 체계화하는 천재성을 지니고 있었다.[30] 두 사람은 혁명 운동의 조직과 방향, 나아가 궁극적 성공의 기반이라 할 수 있는 이론적 토대를 제공했다. 그러나 이러한 사상 뒤에 존재하는, 살과 피를 지닌 한 인간으로서의 칼뱅은 여전히 뭐라고 정의하기가 어렵다. 장 칼뱅이 파악하기 어려운 인물이어서가 아니다. 색슨족의 위대한 개혁가 마르틴 루터와 비교해 보면 그 이유를 어느 정도 이해할 수 있다.

우선, 루터는 중요한 개혁가로서 대중 앞에 모습을 드러내기 전부터 많은 글을 썼다. 덕분에 풍부한 자료가 남아 있다. 종교개혁가로서 마르틴 루터의 경력은 1519년 6-7월에 열린 라이프치히 논쟁에서 루터가 면벌부 판매에 항의하여 작성한 95개조를 언급하면서 시작되었다고 볼 수 있다. 이어서 루터는 이듬해인 1520년에 개혁을 주장하는 세 편의 논문을 발표했다. 1520년에 루터는 카리스마가 넘치는 인기 개혁가로서 입지를 굳혔다. 그러나 개혁가라는 소명 의식의 밑바닥에는 그가 공적 활동을 시작하기 전에 발전시켜 나갔던 일련의 종교 사상이 있었다. 1513년부터 1517년까지 루터는 비텐베르크대학교에서 신학을 가르쳤다. 이 시기에 그는 결국 차후에 일어난 사건들에 엄청난 영향을 끼친 사상들을 붙들고 씨름했다. 이러한 사상의 형성기에 루터가 이런저런 형식으로 남긴 저술 대부분이 지금까지 남아 있다. 덕분에 우리는 루터의 기본 종교 사상이 어떻게 발전해 왔는지를 추적할 수 있다.

그러나 칼뱅의 경우에는 그의 종교 사상이 어떻게 발전해 왔는지 추적하기가 어렵다. 사상 형성기에 칼뱅이 직접 쓴 저술이 거의 없다고 할 정도로 자료가 부족하기 때문이다. 종교개혁가의 경력은 1533년 말 또는 1534년 초의 어느 시기에 시작된 것으로 보인다. 1532년 4월, 칼뱅은 세네카의 《관용에 대하여De clementia》의 주석을 출간했다. 그러나 이 주석에는 인문주의 학자로서의 박식함과 젊은이 특유의 야망을 제외하면, 청년 칼뱅이 어떤 인물이었는지 짐작할 만한 단서가 거의 없다. 그러면 이렇게 자료가 부족한 이유는 뭘까? 그 이유를 파악하기는 그리 어렵지 않다. 1530년대 초, 프랑스 군주와 복음주의 활동가들의 관계는 계속 악화되었다. 1534년 10월

장 칼뱅의 생애와 사상

18일 일요일 아침, 얼마 전부터 몰려들던 뇌운이 '벽보 사건'과 함께 마침내 뇌우를 쏟아 내기 시작했다.[31] 앙부아즈에 있는 왕의 침실로 통하는 곁방을 포함하여 프랑스 전역에 걸쳐 눈에 잘 띄는 중요한 장소마다 벽보가 붙었다. 가톨릭교회의 종교 관례를 맹렬히 규탄하는 이 벽보를 집필한 인물은 앙투안 마르쿠르Antoine Marcourt였다.

이에 잔뜩 화가 난 프랑수아 1세는 오래전부터 경고했던 진압책을 꺼내 들고 프랑스에서 활동하는 복음주의자들을 억압하기 시작했다.[32] 그리하여 내심 개혁이 필요하다고 생각하는 사람들도 그 사실을 밖으로 드러낼 수 없게 되었다. 장 칼뱅은 1533년 11월에 이미 이에 대한 결론을 내렸다. 파리대학교에서 신임 총장 니콜라 콥Nicolas Cop이 만성절에 선동적인 연설을 한 다음 날, 칼뱅은 파리를 떠나 상대적으로 안전한 앙굴렘으로 몸을 피했다. 복음주의 견해를 옹호하는 것 같은 콥의 연설은 보수 성향이 강한 이들 사이에서 많은 반대를 불러일으켰다. 연설문의 실제 작성자로 의심받는(121-125쪽 참조) 칼뱅은 가능한 한 빨리 파리를 떠나는 것이 현명하다고 생각했다. 그리고 이 행동의 타당성을 입증해 줄 사건들이 뒤이어 일어났다. 칼뱅의 생애를 기록한 전기 작가들이 강조하는 것처럼 이는 실로 '아슬아슬한 탈출'이었다.[33] 칼뱅이 피신하고 채 몇 시간이 되지 않아 경찰들이 그의 방을 수색하고 개인적인 기록물을 압수했다. 이 중요한 시기에 칼뱅의 사상이 어떻게 발전해 나갔는지를 엿보는 데 아주 유용한 빛이 되어 주었을 개인적인 기록들은 이후 흔적도 없이 사라졌다. 이 때문에 칼뱅의 사상 형성기는 여전히 수수

서론

께끼로 남아 있다. 그런데 부족한 증거에 얽매이기 싫어하는 어떤 이들은 칼뱅의 초년기를 설명할 때 역사적 추론을 역사적 사실로 제시하고픈 유혹에 시달리다가 결국 유혹에 굴복하곤 한다. 심지어 칼뱅의 이력 가운데 적어도 일부는 '연대상의 수수께끼'[34]에 해당한다는 점을 인정해야만 한다고 바른말을 하던 에밀 두메르그Émile Doumergue마저도 칼뱅의 역사적 권위에 대한 추론을 비판적으로 재구성하려 하기보다는 그대로 받아들이는 경향이 있다.

다음으로 루터는 자전적 성격의 글을 유난히 잘 썼다. 그가 남긴 저술 곳곳에서 그런 글귀를 간간이 발견할 수 있다. 그중에 가장 유명한 글이 작고하기 한 해 전인 1545년에 쓴 〈자전적 단편 *Autobiographisches Fragment*〉이다. 이 글은 루터의 저술을 한데 묶은 전집의 초판 서문으로 활용되었다. 이 서문에서 루터는 차분하게 자신의 이야기를 풀어놓는다. 그러면서 자신이 어떤 배경에서 성장했고, 종교 사상은 어떻게 발전해 왔으며, 결국은 루터식 종교개혁으로 이어진 당시의 위기가 어떤 방식으로 전개되었는지 제법 자세히 서술한다. 노인들이 지난날을 회상하며 늘어놓는 추억담은 신뢰하기 어렵다는 게 중론이지만, 진위를 확인한 결과 루터의 역사적 기억은 꽤 정확한 편이다. 루터는 종교개혁 프로그램의 토대가 된 자신의 사상이 어떻게 발전했는지를 직접 설명한다. 따라서 루터의 사상이 형성되고 발전한 시기에 그가 쓴 저술들과 이 글을 대조해볼 수도 있다.[35] 그러나 칼뱅은 저술에서 어떤 식으로든 자신을 소개하거나 자신의 이야기를 풀어놓는 것을 삼갔다. 복음주의를 대변하는 한 남자와 중세 교회의 결별을 설명한《사돌레토에게 보내는 답신Responsio ad Sadoletum》(1539)의 한 구절을 자전적 서술로 볼 수는 있다.[36] 그러나 실제로 칼뱅이 그렇게 주장한 적은 없다. 1557년에 출간한《시편 주석》[37]의 서문 가운데 명확히 자전적 성격을 띠는 부분은 감질날 정도로 짧고, 해석하기도 쉽지 않다. 설교할 때는 대개 일인칭으로 말했지만, 그렇다고 자신을 많이 드러냈는가 하면 꼭 그렇지도 않았다.[38] 겸손한 성품 탓에 훗날의 역사적 재구성에 영향을 끼치는 자기 성찰과 회상을 일부러 억제한 것으로 보인다.

칼뱅의 복잡한 성격을 역사적으로 재구성하는 일은 개혁가 칼뱅을 몹시도 적대적으로 묘사하는 저술들에 가로막혀 더는 앞으로 나아가지 못하고 만다. 이런 적대적 묘사는 제롬 에르메 볼섹Jerome-Hermes Bolsec에게서 비롯된 것으로 그는 1551년에 칼뱅과 논쟁을 벌였던 인물이다. 이 일로 기분이 상한 볼섹은 1577년 6월, 리옹에서《칼뱅의 생애Vie de Calvin》라는 책을 출간했다. 볼섹의 주장에 따르면, 칼뱅은 구제 불능일 정도로 지루하고 심술궂고 살벌하고 욕구불만이 가득한 사람이었다. 그는 자신의 말이 하나님의 말씀이라도 되는 것처럼 굴었고 자신을 하나님처럼 떠받들었다. 동성애 경향에 자주 사로잡혔을 뿐만 아니라 가까이 있는 여성들과의 성관계에 탐닉하는 습관이 있었다. 또한 칼뱅이 누아용에서 성직을 사임한 이유는 동성애 행각이 발각되었기 때문이라고 주장했다. 볼섹이 쓴 전기가 테오도르 드 베즈Théodore de Bèze나 니콜라 콜라동Nicolas Colladon이 쓴 전기보다 재미있는 건 사실이다. 그러나 볼섹이 쓴 칼뱅의 전기는 대부분 익명으로 제보한 근거 없는 이야기에 의존하고 있다. 볼섹은 '믿을 만한 사람들'에게서 들은 이야기라고 주장했지만, 현대 학자들의 눈에는 미심쩍은 부분이 많다. 그런데도 개혁가 칼뱅에게 호의적이지 않은 현대 작가들은 그의 삶과 행실을 묘사할 때 볼섹이 재구성한 칼뱅의 모습을 그대로 가져오는 경우가 많다. 그 결과 사실과 허구 사이의 경계선이 갈수록 모호해지고 있다. 칼뱅에 관한 다른 여러 신화와 마찬가지로 볼섹이 만들어 낸 신화는 무비판적으로 소비되면서 하나의 성스러운 전통으로 여전히 살아 숨 쉰다.[39] 역사적 근거가 없음이 명백한 데도 말이다.

그럼에도 칼뱅이 특별히 매력적인 사람은 아니었다고 말하는 것이 온당할 것이다. 칼뱅에게는 저녁 식사 자리에서 루터를 즐겁게 해 줄 만한 위트와 유머 감각과 따스함이 없었다. 마치 그의 저술에서 빠져나온 것처럼, 칼뱅의 페르소나는 조금은 냉정하고 무심한 인물이었다. 건강이 나빠지면서부터는 성미 급하고 화를 잘 내는 성향이 점점 더 심해졌다. 또한 자신과 의견을 달리하는 사람들에 대해서 주로 그들의 사상을 논박하기보다 모욕적인 인신공격을 하기 일쑤였다. 사망한 해인 1564년에 칼뱅은 몽펠리에의 의사들에게 자신의 건강을 크게 악화시킨 질병의 주된 증상을 설명하는 편지를 썼다. 의미심장하게도, 그중 일부는 편두통이나 과민대장증후군 증상과 일치한다. 둘 다 스트레스 증상으로 알려진 질병이다. 당시에, 특히 1550년대 초반에, 칼뱅이 스트레스가 매우 심한 상황에 직면했고 이런 상황이 건강에 영향을 미친 것인지, 아니면 고유한 성격적 특성 때문에 유독 스트레스에 취약했던 것인지는 알 수 없다. 칼뱅은 자신에 관해 이야기하길 꺼렸다. 확실한 사실은 그가 침울해 보이는 남자였다는 점이다. 현대 독자들이 그런 그와 공감대

장 칼뱅의 생애와 사상

를 이루기는 쉽지 않다. 오히려 그에게 적대적인 태도를 보이기 십상이다.

그렇다면 칼뱅이 그토록 자신을 드러내길 꺼렸던 이유는 뭘까? 칼뱅의 복잡한 성격을 풀 열쇠는 칼뱅이 자신의 소명을 이해하는 방식에서 찾을 수 있다. 자기 이야기를 털어놓은 드문 순간에, 칼뱅은 하나님이 특별한 목적이 있어서 자신을 따로 구별해 놓으셨음을 굳게 확신하노라고 명확히 밝혔다. 칼뱅은 자신이 걸어온 길을 돌아보다가 보이지 않는 하나님의 손길을 깨달았다. 인생의 결정적인 순간마다 하나님의 보이지 않는 손이 자신을 인도하셨다고 믿었다. '내게는 그럴 만한 가치가 없는데도, 하나님은 나를 부르셨고 나의 인생행로를 바꾸셨으며 나를 제네바로 보내셨고 내게 사제와 복음 전도자라는 직무를 맡기셨다'라고 칼뱅은 생각했다.[40] 자신이 가진 권위가 무엇이든, 그것은 타고난 재능과 능력으로 얻은 것이 아니라 하나님이 주신 것이라고 이해했다. 칼뱅은 하나님의 손에 들린 도구일 뿐이었다. 루터주의에서는 이신칭의 교리를 말하고, 개혁주의에서는 '공로를 세우기 전'에 이루어지는 선택의 교리를 말했다. 이 점에서 종교개혁은 타락한 인간의 죄성과 무가치함을 강조했다고 할 수 있는데, 이는 칼뱅 역시 마찬가지였다. 바로 이 점을 잊지 말아야 한다. 하나님이 칼뱅을 선택하신 행위는 하나님 자신의 자비로우심과 너그러우심을 드러내는 행위였다. 칼뱅이 갖추고 있을지도 모르는 어떤 자질이나 앞으로 세울지도 모르는 어떤 공로 때문에 칼뱅을 선택하신 것이 아니라는 말이다. 따라서 하나님이 자신을 부르셨다고 굳게 확신하는 칼뱅의 소명 의식을 두고 칼뱅이 얼마나 오만한 사람인지를 드러내는 증거라고 주장하는 건 종교개혁의 영성을 전혀 모르고 하는 소리다.

우리는 칼뱅의 성격에 관해 아는 것이 별로 없다. 대신에 칼뱅이 자신의 소명을 어떻게 이해했는지는 명확히 알고 있다. 소심하고 내성적이었는데도 불구하고, 칼뱅에게는 비타협적 태도에 가까운 용기가 있었다. 그래서 하나님의 뜻이 좌절될 위험이 있다고 생각되는 순간에는 어떠한 타협도 거부할 수 있었다. 칼뱅은 개인적으로 받는 조롱은 기꺼이 감수했지만(그 결과 깊은 상처를 받기도 했지만), 자신에게 향하던 조롱이 자신이 믿는 대의와 자신이 섬기는 하나님께 향하는 것은 용납하지 않았다. 무엇보다도 칼뱅은 자신이 그저 하나님께 쓰임받는 도구이자 하나님의 대변자일 뿐이라고 확신했다. 칼뱅은 자신의 성격을, 하나님의 행하심을 가로막는 잠재적 걸림돌로 보았다. 그래서 겸손한 품성을 기르려 애쓴 것 같다.

그러므로 독자들은 칼뱅의 이력과 성격을 역사적으로 재구성하는 데는 여러 어려움이 따른다는 점을 처음부터 명심하고, (충분히 이해할 수는 있지만) 칼뱅에게 적대적인 태도를 보이려는 자연스러운 성향을 경계해야 한다. 앞으로 우리는 당시 칼뱅이 살았고 뒤에 그가 바꾸었던 세상, 그 세상을 형성했던 종교 세력과 사회 세력, 정치 세력, 지식인 세력에 관하여 최대한 그럴듯한 그림을 그려 내기 위해 후기 르네상스 시대 역사가들이 쓰던 자원들을 사용하려고 한다. 그러나 우리의 지식에는 큰 공백이 있다. 칼뱅은 유독 자기 얘기를 안 하는 사람이었다. 역사가들은 칼뱅의 이력 가운데 어둠 속에 묻혀 있는 부분들을 명확히 밝히려 했으나, 칼뱅은 자신의 삶이

장 칼뱅의 생애와 사상

역사가들의 소재가 되는 것을 허락하지 않았다.[41] 따라서 칼뱅이 뭔가 좀 재미없는 인물로 생각되는 것은 어쩔 수 없는 일이다. 칼뱅은 우리에게 마음속에 품은 생각과 태도와 야심을 좀체 드러내지 않는다. 그 결과 우리가 얻을 수 있는 것은 단색의 스케치에 불과하다. 이에 만족하지 못한 일부 역사가들은 간결한 역사에 살을 덧붙이고 싶은 유혹에 넘어가기도 했다. 이런 태도를 이해하지 못할 것은 없지만, 그 위험성에 대해서만큼은 즉각 인정해야 한다. 미리 어떤 견해를 정해 놓고 주제에 접근하는 역사가들의 서술에는 그들이 속에 감추고 있는 추정이 반영되게 마련이다. 결국 이들이 끼고 있는 색안경은 우리가 역사 속에 실존했던 칼뱅에게 접근하는 것을 방해한다.[42]

인류 역사에서 칼뱅이 차지하는 위치는 주로 그의 사상에서 비롯되었다. 그러므로 나는 이 책을 통해 단순히 칼뱅의 사상이 무엇인지를 보여 주는 데서 그치지 않고, 그의 사상을 빚어 낸 지적 전통을 독자들에게 소개하고자 한다. 이어지는 두 개의 장章에서는 이러한 지적 전통을 확인하는 데 집중할 계획이다. 칼뱅이 새로운 세계관을 구축하기 위해 의지했던 문헌과 방법론과 사상 들을 함께 살펴볼 생각이다. 그러려면 파리, 오를레앙, 부르주, 이 세 도시와 이들 도시에 자리 잡은 대학들에 관한 이야기를 먼저 해야 한다.

2 파리: 지성의 형성

파리는 이상하리만치 칼뱅과의 관계를 내세우지 않는다. 프랑스 역사에 영향을 끼친 칼뱅의 업적에 약간의 양가감정을 느끼는 탓이리라. 칼뱅과의 관계를 확실히 인정한 경우는 얼마 되지 않는데, 그중 하나가 생트 주느비에브 도서관 건물 정면에 있는 명문銘文이다. 이 도서관은 국립묘지 팡테옹과 마주 보고 있다. 에라스뮈스와 프랑수아 라블레를 비롯한 뛰어난 지성인과 문화계 인물들의 이름을 새겨 놓은 이 명문에서 프랑스혁명가 칼뱅의 이름을 발견할 수 있다. 이 도서관은 중세 시대에 콜레주 드 몽테귀가 있던 곳에 위치한다. 콜레주 드 몽테귀는 프랑스혁명 때 탄압을 받다가 얼마 지나지 않아 헐리고 말았다. 그러나 오래전에 사라진 이 대학과 이 대학이 배출한 우수한 동문들에 관한 기억은 현대 파리의 교통 밀집 지역에 그대로 보존되어 있다.

불확실한 파리 학창 시절

학력과 관련하여 일반적으로 받아들여지는 주장은 칼뱅이 열네 살이던 1523년에 처음 파리대학교에 진학했고, 콜레주 드 몽테귀로 옮기기 전까지 콜레주 드 라 마르슈에 다녔다는 것이다.[1] 그러나 3세기의 저술가인 카르타고의 키프리아누스Caecilius Cyprianus는 예전부터 전해 내려오는 전통이란 것들이 사실은 그저 오래된 실수일 수도 있다고 경고한 바 있다. 칼뱅의 전기를 집필한 작가들은 칼뱅이 파리에 도착한 날짜와 처음 콜레주에 다닌 시기를 아주 자신 있게 단언하는 것도 모자라 마치 성스러운 전통처럼 다룬다. 그러나 전기 작가들이 관련 증거를 지나치게 확대해석한 것은 아닌지 의심해 볼 필요가 있다. 불행히도 그럴 가능성이 꽤 커 보인다.

　칼뱅이 열네 살에 파리에 갔다고 단언하는 대다수 전기 작가들의 주장은 지역 역사가 자크 데메Jacques Desmay가 1621년에 처음 발표한 짧은 논문에 근거한다. 자크 데메는 장 칼뱅의 아버지 제라르 코뱅이 1523년 10월 1일까지 아들을 누아용에서 내보내도 좋다는 허락을 받았다는 취지로 누아용 참사회에 등록한 날짜가 같은 해 8월 5일이라고 말한다.[2] 그런데 여기에 파리나 파리대학교에 대한 언급은 전혀 없다. 코뱅이 아들을 누아용에서 내보내려 했던 이유가 무엇인지는 분명하게 나와 있다. 코뱅은 당시 누아용을 괴롭히던 전염병으로부터 아들을 보호하고자 했다. 자크 데메는 이때를 장 칼뱅이 파리에서 학업을 시작하기에 알맞은 시기로 추론한다. 그러나 이러한 결론이 곧 입학 등록에 대한 근거가 되는 것은 아니다. 전기 작가들은 칼뱅이 일찍부터 지성이 아주 뛰어났다고 믿는다. 그런데 실제로 칼뱅이 뛰어난 지성의 소유자에다 라틴어에도 능숙했다면, 열두 살에 콜레주 교육과정에 입학할 수도 있었을 것이다. 그 시대의 기준에서 열네 살은 교육을 시작하기에 늦은 나이였다.[3] 1598년, 파리대학교 교양학부는 공식적으로 학업을 시작할 수 있는 최저 연령을 열 살로 규정했다. 짐작컨대, 조숙한 어린 학생들이 몰려드는 것이 반갑지 않았던 대학 측에서 어쩔 수 없이 내놓은 대응책이었던 것 같다. 사실 우리는 칼뱅이 언제 파리대학교에 진학했는지 정확히 알지 못한다.

다른 가능성도 분명히 존재한다. 1521년 5월 19일, 누아용 주교의 비서 자크 르냐르Jacques Regnard는 미셸 쿠르탱Michel Courtin이 사임함에 따라 칼뱅이 라 제진의 사제직을 이어받았다고 주교좌성당 참사회에 보고했다.[4] 칼뱅은 1529년까지 사제직에 있다가 물러났고 1531년에 다시 그 자리에 올랐다. 그리고 결국 1534년 5월에 사제직을 그만뒀다. 피에르 앙바르 드 라 투르Pierre Imbart de la Tour는 이 사제직이 대학 교육의 필수 전제 조건이었고(여기서 받는 장학금으로 교육비를 충당할 수 있었다), 따라서 칼뱅이 파리대학교에 진학한 해는 처음 사제직에 오른 1521년, 즉 열한 살 혹은 열두 살 때였다고 말한다. 이는 그 역시 증거를 확대해석했을 가능성이 있음을 보여 주는 동시에, 칼뱅의 초년기에 관해 우리가 아는 내용을 뒷받침할 만한 증거가 얼마나 빈약한지를 보여 준다.

칼뱅이 몽테귀로 옮기기 전에 라 마르슈에 다녔다는 강력한 증거는 어디에도 없다. 테오도르 드 베즈는《칼뱅의 생애》(1564) 초판에

　　　　　　　　　　　　　파리: 지성의 형성

서 파리 학창 시절을 간략히 설명하면서 라 마르슈에 대해서는 전혀 언급하지 않았다. 그러나 그는 같은 책에서 유명한 교사 마튀랭 코르디에Mathurin Cordier가 "파리대학교의 콜레주 드 생트 바르브에서 어린 칼뱅을 지도하던 선생"이었다고 말한다.[5] 마튀랭 코르디에는 칼뱅이 교사로서의 능력을 대단히 높이 평가했던 인물이다. 그러나 이것이 칼뱅이 몽테귀로 옮기기 전에 생트 바르브에 다녔음을 의미하지는 않는다. 오히려 생트 바르브에 다녔다는 견해를 지지하기 위해 라 마르슈를 애써 언급하지 않는 전통이 전기 작가들 사이에 있었음을 시사한다. 테오도르 드 베즈의 말은 단순히 마튀랭 코르디에가 생트 바르브에서 지도교사로 있던 기간에 칼뱅이 코르디에의 수업을 들었다는 의미일 수도 있다. (말하자면, 생트 바르브와 관련이 있는 인물은 칼뱅이 아니라 코르디에라는 뜻이다.) 그러나 베즈가 칼뱅의 전기를 조금 급하게 썼다는 사실을 기억할 필요가 있다.[6] 서둘러 출판하지 않으면 사려 깊지 못한 태도로 사건에 접근하는 사람들이 제멋대로 쓴 전기가 유통되지 않을까 염려했기 때문이다. 급하게 쓰긴 했지만 베즈가 쓴 전기는 칼뱅의 개인적인 추억들에 대한 그의 기억에 근거했다는 분명한 증거가 있다.

일 년 뒤, 칼뱅의 두 번째 전기가 세상에 나왔다. 변호사 니콜라 콜라동이 집필한 전기였다. 이 전기는 조금은 빈약한 베즈의 묘사를 확장해서 파리 학창 시절에 관해 훨씬 더 상세한 이야기를 들려준다. 칼뱅이 초기에 콜레주 드 라 마르슈에 다녔다는 견해를 처음 제시한 것이 바로 이 전기다.[7] 그러나 콜라동이 어떤 자료를 근거로 이렇게 주장한 것인지 그 출처를 확인하기가 쉽지 않다. 그러므

장 칼뱅의 생애와 사상

테오도르 베즈는 유럽에서 개혁 원리에 관한 한 누구와도 견줄 수 없는 탁월성을 가진 개혁주의 신앙인이었으며, 장 칼뱅의 뒤를 이어 제네바 아카데미를 이끌었다.

로 당연히 출처에 대해 신뢰하기도 어렵다. 설사 이런저런 가치가 상당하다 하더라도, 글솜씨만 보고 전기 작가로서의 가치를 판단하는 것은 바람직하지 않다. 1534년 이전의 칼뱅의 삶을 둘러싼 수수께끼와 관련해서는 특히 더 그렇다. 예를 하나 들어 보자. 콜라동은 칼뱅이 "겨우 스물네 살 정도밖에 되지 않았을 때" 세네카의 《관용에 대하여》에 관한 주석을 썼다고 말한다.[8] 그러나 실제로 이 주석이 세상에 나온 것은 칼뱅이 스물두 살이었던 1532년 4월이다. 그런데도 사람들은 파리 학창 시절에 관한 콜라동의 설명을 규범처럼 받아들였다. 진위 여부를 규명하는 것이 본질적으로 불가능했기 때문이다. 10년 뒤, 베즈는 자신이 쓴 칼뱅의 전기를 개정해서 다시 출간한다. 이때 그는 파리 학창 시절에 관한 자신의 설명과 라 마르슈를 언급한 콜라동의 설명을 일치시키기 위해 생트 바르브에 관한

파리: 지성의 형성

내용을 삭제한다.[9] 그렇게 해서 칼뱅의 파리대학교 소속에 관한 최종적이고 공식적인 버전이 만들어졌다.

몽테귀로 옮기기 전에 파리대학교에 있는 다른 콜레주에 다녔다면, 그곳이 어디인지 칼뱅이 직접 언급한 자료가 있다면 좋겠지만 그런 자료는 찾을 수 없다. 초기에 나온 전기들은 파리대학교에서 칼뱅이 처음 소속된 곳이 몽테귀라는 뜻을 명확히 내비친다. 생트 바르브나 라 마르슈를 다니다가 몽테귀로 옮겼다는 언급은 우리가 아는 파리대학교의 관습으로는 설명하기가 어렵다. 그런데 칼뱅은 자신이 어떤 콜레주에 다녔다고 언급하지는 않았지만, 파리대학교에서 공부하던 시기에 코르디에가 자신의 선생이었다고 분명하게 이야기한다. 코르디에는 여섯 군데 정도에서 교사로 일했다. 1564년 2월 6일(칼뱅이 죽기 전이고, 베즈와 콜라동의 전기가 출간되기 전이다)에 출간한 책에서 코르디에는 파리 생활을 추억하면서 라 마르슈와 생트 바르브는 물론이고 랭스, 리지외, 나바르를 비롯한 여러 콜레주를 열거했다.[10] 16세기 초 파리대학교에서는 교사가 이처럼 여러 곳에 소속되어 있는 경우가 드물지 않았다. 예를 들어, 1512년에 알렉시 드 랑틸리Alexis de Rantilly는 콜레주 드 나바르의 신학부 회계 담당자이자, 콜레주 드 부르고뉴의 교양학부 지도교사였으며, 콜레주 드 트레기에의 연구생이었다. 그러므로 칼뱅이 생트 바르브에 다니면서부터 파리 생활을 시작했다는 주장을 반박하기란 생각처럼 쉽지 않다.[11] 사실, 칼뱅이 코르디에를 언급한 데서 혼란이 비롯되었고, 그것이 그가 몽테귀로 옮기기 전에 다른 콜레주에 다녔다는, 이해할 수 없는 확신의 근거가 되었다고 보는 편이 훨씬 더 개연성이 있다.

장 칼뱅의 생애와 사상

16세기 초 파리대학교에서 학생들이 정식으로 콜레주를 옮기는 일은 그리 흔치 않았다. 그런 일이 생긴다면, 반드시 다음 두 가지 경우 중 하나였다. 첫 번째는 한 콜레주에 다니는 학생이 다른 콜레주에서 장학금이나 장학금과 유사한 학업 우수상을 받거나 다음 단계로 진급한 경우다. 몽테귀를 포함해 약 스무 개의 콜레주가 신학을 공부하는 학생들에게 장학금을 준 것으로 알려졌다. 콜레주 드 라 소르본은 학생들이 초기 수습 기간에 '청강생hospite' 자격으로 수업료를 내고 수업을 들을 수 있게 했다. 그러다 어느 정도 학문이 향상되면, '연구원'으로 선정해 무료로 숙식을 제공했다. 라 마르슈처럼 규모가 작은 콜레주에 다니는 학생은 장학금을 받기 위해 소르본이나 나바르, 아르쿠르처럼 규모가 큰 콜레주로 옮기기도 했다.[12] 그러므로 칼뱅 역시 라 마르슈나 생트 바르브에서 공부를 시작했다가 장학금을 받기 위해 몽테귀로 옮겼을 가능성이 있다. 상대적으로 설립된 지 얼마 되지 않은 신생 콜레주였던 생트 바르브는 1525년까지 학생들에게 장학금을 줄 여유가 없었다. 1525년에 들어서야 학장이었던 지오구 드 고베이아Diogo de Gouveia가 포르투갈 왕을 설득해서 포르투갈 학생들에게 장학금을 제공했다. 불행히도 칼뱅이 파리에서 필요한 학비를 어떻게 마련했는지를 알려 줄 신뢰할 만한 정보가 없다. 아마도 칼뱅의 아버지는 주교관구의 후원을 받아 아들의 교육비를 댔을 것이다. 앞으로 살펴볼 테지만, 칼뱅이 몽테귀에서 학비를 자력으로 해결하는 '카메리스트camériste'였다고 추정할 만한 이유가 있다(64쪽 참고). 만약 칼뱅이 '부르시에boursier'였다면, 대학에서 무료로 숙박을 제공받았을 것이다. 그러나 초기 전

파리: 지성의 형성

기에는 칼뱅이 몽테귀에서 장학금을 받았다거나(혹은 재정 지원이 필요했다거나) '연구원socii'이 되었다는 암시가 전혀 없다. 실제로 그런 일이 있었다면, 칼뱅에게 호의적이었던 초기 전기 작가들 입장에서는 언급할 가치가 충분한 내용이었을 것이다. 칼뱅의 지적 자질을 드러내기 위해서나, 칼뱅이 콜레주를 옮기게 된 이유를 설명하기 위해서 말이다.

콜레주를 옮기는 두 번째 근거는 교양학부('교양'은 일반적으로 '철학'으로 이해되었다)에서 신학이나 의학, 법학과 같은 상위 학부로 옮기는 것과 관련이 있었다. 이들 세 학부로 옮기려면 교양학부에서 4년에서 5년가량 공부하면서 준비해야 했다(74-75쪽 참조). 한 콜레주에서 교양과목 공부를 마치면, 그다음에 신학을 공부하기 위해 콜레주를 옮겼다. 16세기 파리의 학사 과정은 현대의 관습과 달리, 대학에 들어오자마자 바로 신학을 공부할 수 없었다. 교양학부에서 4-5년에 걸쳐 예비 연구 과정을 반드시 이수해야만 신학 공부를 시작할 수 있었다. 16세기 대학 기록을 조사해 보니, 당시 사람들은 교양학부에서 상위 학부로 옮기는 때를 대학 소속을 바꾸기 알맞은 시기로 여겼다. 노엘 베디에Noël Bédier처럼 교양과목과 신학을 같은 대학(몽테귀)에서 공부하는 경우는 흔치 않았다. 생트 바르브에서 교양과목을 공부하고 나바르에서 신학을 공부한 존 메이저John Major나, 몽테귀에서 교양과목을 공부하고 아르쿠르에서 신학을 공부한 장 질랭Jean Gillain의 경우가 더 일반적이었다.

가장 최근에 칼뱅의 전기를 쓴 작가들은 다양한 수도회에서 운영하는 학교를 제외하면 소르본과 나바르에서만 신학을 가르쳤다

　　　　　　　　　　　　　　　　　　　장 칼뱅의 생애와 사상

는 헤이스팅스 래시들Hastings Rashdall의 설명을 맹목적으로 반복한다. 이는 신뢰하기 어려운 17세기의 한 자료에 근거한다. 그 자료는 바로 필리프 부보Philippe Bouvot가 남긴 노트다.[13] 이 노트에는 지금은 유실되고 없는 소르본과 나바르에 관한 16세기 자료의 원문 일부가 필사되어 있다. 그러니 무척 유용한 자료인 것은 사실이다. 그러나 이 노트는 16세기의 다른 콜레주들의 교수 활동에 관한 자료로는 절대로 신뢰할 수 없는 문서다. 다른 콜레주 졸업생과 강의에 관한 자료는 전혀 찾아볼 수가 없다. 이유는 단순하다. 그것이 부보의 관심사가 아니었기 때문이다. 부보는 소르본과 나바르의 오랜 경쟁 관계에 관심이 많았다. 그래서 당시의 상황이 담긴 16세기 원본 자료에서 자신의 관심사에 맞는 내용만 추려 내 그 내용을 중심으로 노트를 작성했다. 그런데 현존하는 16세기 자료들은 몽테귀를 비롯해 다양한 콜레주에서 신학을 가르치고 연구했다는 사실을 보여 준다. 예를 들어, 1512-1515년에는 존 메이저John Major를 비롯해 여러 학자가 몽테귀에서 신학을 강의했다.[14] 따라서 라 마르슈에서 교양 과목을 공부한 학생이 신학을 공부하기 위해 몽테귀로 옮겼을 가능성도 있다.

그러나 현존하는 증거만으로는 칼뱅이 파리대학교에 다니는 동안 실제로 신학 공부를 시작했다는 결론을 내릴 수가 없다. 만약 1523년에 처음 파리대학교에 진학했다면, 칼뱅은 1527년이나 1528년에 5년간의 예비 과정을 마쳤을 것이다. 따라서 그 시점에 상위 학부에 속하는 신학, 법학, 의학 중 하나를 선택해 학업을 시작할 수 있었다.[15] 그런데 칼뱅의 아버지가 아들에게 신학이 아닌 법학을 공부하라고 이야기한 때, 그리고 칼뱅이 오를레앙대학교로 옮긴 때가 바로 이 시점이다. 이것은 곧 칼뱅이 이 시점에 교양학부를 졸업했다는 뜻이다. 그래야 오를레앙대학교에서 상위 학부인 법학부에 진학해 민법을 공부할 수 있었을 테니 말이다. 그러므로 칼뱅이 파리대학교 신학부에서 정식 공부를 **시작했다**는 증거가 없다는 사실을 기억할 필요가 있다. 설사 '**처음에는 그렇게 하려고 했었다**'는 증거가 많이 있다 할지라도 말이다. 아마 이것 역시 아버지의 지시였을 것이다.[16]

그러므로 칼뱅이 몽테귀로 옮기기 전에 라 마르슈에 다녔다는 콜라동의 진술을 받아들이기는 어려울 것 같다. 칼뱅의 전기에 서술된 이 기본 진술을 뒷받침할 증거가 부족하기 때문이다. 그런데 증거가 부족하긴 마찬가지지만, 생트 바르브에 관한 테오도르 드 베즈의 진술의 가치는 간과할 수 없다. 16세기 초 파리대학교의 관례를 감안할 때 라 마르슈에서 몽테귀로 옮겼을 것이라는 주장은 받아들이기 어렵다. 그러므로 라 마르슈에 관한 콜라동의 진술은 오해에서 비롯되었을 것이다. 이처럼 무의식적인 역사적 추론이 역사적 사실로 간주되고 제시되는 일이 얼마든지 있을 수 있다. 예를 들어, 마튀랭 코르디에가 라 마르슈(또는 생트 바르브)에서 학생들을 가르칠 때 칼뱅이 이 두 콜레주 중 어디에도 정식으로 소속되지 않은 채로 코르디에에게 라틴어 문법을 배웠을 가능성도 얼마든지 있다. 교양 공부를 시작한 학생은 '나시옹Nation'(73쪽 참조)을 등록한(칼뱅의 경우에는 프랑스) 다음, 아마도 예비 시험에 대비하여 개인 교사를 고용했을 것이다. 칼뱅과 코르디에의 관계는 의심할 여지없이 이런 일

장 칼뱅의 생애와 사상

반적인 유형과 일치한다.

그런데 콜레주에 소속되려면 먼저 라틴어 문법 과정을 잘 끝마쳐야 했다. 이는 칼뱅이 코르디에에게 라틴어 문법을 배운 **뒤에** 정식으로 몽테귀에 들어갔고, 5년간의 예비 연구 과정 내내 몽테귀 소속이었다는 사실을 뒷받침해 준다. 그러므로 남아 있는 증거를 바탕으로 칼뱅의 파리 학창 시절을 다음과 같이 정리할 수 있다.

1. 칼뱅은 마튀랭 코르디에에게 라틴어 문법을 배웠다.
2. 그다음에 콜레주 드 몽테귀에 정식으로 입학했다.
3. 처음에 그는 교양학부를 졸업한 뒤에 신학을 공부할 목적으로 학업을 시작했다.
4. 초기 전기에서 생트 바르브와 라 마르슈를 언급한 것은 맨 처음 전기를 쓴 작가들의 잘못된 추론 또는 오해에서 비롯되었다. 아마도 칼뱅은 라 마르슈나 생트 바르브에서 코르디에의 가르침을 받으며 라틴어 수업에 참석했을 것이며, 당시에는 그 어떤 콜레주에도 정식으로 소속되지 않았을 것이다.

콜레주 드 몽테귀

콜레주 드 몽테귀는 14세기 초에 인정 많은 루앙의 대주교가 설립했다.[17] 15세기에 몽테귀는 가파른 내리막길에 접어들었다. 15세기가 막을 내리기 몇 년 전에 뜻밖의 반전을 맞은 것은 전적으로 얀

　　　　　　　　　　　　　　　　파리: 지성의 형성

스탄동크Jan Standonck의 엄청난 에너지와 헌신 덕분이라고 해도 과언이 아니다.[18] 스탄동크는 공동생활형제단에서 수학했다. 공동생활형제단은 저지대 국가들 중심의 수도원 운동으로 건전한 교육을 통해 수도원 생활을 개혁하려는 특별한 소명을 가지고 있었다. 그가 몽테귀에 도입한 엄격한 규율을 공동생활형제단의 영향으로 보는 시각이 지배적이지만,[19] 이러한 시각이 과연 신뢰할 만한 것인지는 의문이다.[20] 15세기 말에 다다르면서 공동생활형제단과 비아 모데르나via moderna('새로운 길'이라는 뜻으로 유명론을 지지하는 신학 운동) 사이에 강한 유대 관계가 생겨날 조짐이 보였다. 예를 들어, 독일에서 비아 모데르나를 지지하던 대표적인 인물 가브리엘 비엘Gabriel Biel과 벤델린 스타인바흐Wendelin Steinbach는 공동생활형제단 튀빙겐 지부 회원이었다. 몽테귀의 경우, 노엘 베디에의 영향 아래 비아 모데르나와의 관계가 강화되었다. 베디에는 1520년까지 파리에서 비아 모데르나를 펼쳐 나갈 주요 근거지로서 몽테귀의 입지를 공고히 했던 것으로 보인다.[21]

에라스뮈스는 1490년대에 몽테귀에서 얼마간 불운한 시간을 보냈다. 얀 스탄동크의 영향을 받은 몽테귀는 학비를 낼 여력이 없는 사람들에게도 문호를 개방했다. 에라스뮈스는 빈자들의 대학collegium pauperum에 들어가 교내의 허드렛일을 돕는 것으로 학비를 대신해야 했다. 그는 《대화집The Colloquies》에 몽테귀에서 받은 인상과 몽테귀의 독특한 분위기를 기록했다. 이 책은 몽테귀를 이가 득

▬▬ 콜레주 몽테귀가 포함된 16세기의 파리 지도(63쪽)

장 칼뱅의 생애와 사상

실거리고 낡고 야만적이고 개방식 변소 냄새가 코를 찌르고 폭군들이 사는 곳으로 소개한다.

> 첫 번째 화자: 어디 출신이오?
> 두 번째 화자: 콜레주 드 몽테귀 출신입니다.
> 첫 번째 화자: 그럼 배운 게 많겠네?
> 두 번째 화자: 아니오, 이만 많습니다.

감성이 풍부한 독자들은 생트 주느비에브 도서관 구내를 두리번거리며, 5세기 전 변소 옆에 자리 잡은 낡고 빛바랜 개인 열람석에 앉아 득실거리는 이 때문에 몸서리치는 에라스뮈스를 찾아다니는 자신의 모습을 상상할지도 모르겠다.

콜라동이 지나가듯 던진 말로 짐작컨대, 칼뱅은 몽테귀에서 에라스뮈스보다는 조금 나은 시간을 보낸 것 같다. 학생들은 다섯 부류로 분류되었다. 첫 번째 부류는 숙박을 제공받는 부르시에, 두 번째 부류는 숙식비를 지불하는 포르숑니스트*portionniste*, 세 번째 부류는 스스로 방을 빌리고 생활비를 내는 카메리스트, 네 번째 부류는 자기 집에 살면서 학교에는 수업료만 지불하는 마르티네*martinet*, 다섯 번째 부류는 허드렛일로 생활비를 벌면서 가능한 시간에 강의를 듣는 포브르*pauvre*였다. 에라스뮈스는 포브르에 속했던 반면에, 칼뱅은 부유한 학생이었던 것 같다. 좀 더 구체적으로 말하자면, 대학 밖에서 방을 빌려 생활하는 카메리스트였다.[22] 몽테귀는 파리 라탱 지구에 자리했다. 라탱 지구 교차로는 콜레주, 수도원, 교회, 예배당,

여인숙, 그 밖에 학생들의 필요에 맞춘 다양한 시설이 미로처럼 얽혀 있는 좁고 지저분한 거리였다. (그런 시설들 중에는 서점도 있고 청루도 있었다. 그 때문에 신학생들은 바깥세상에 몸과 정신이 오염되는 위험을 최소화하기 위해 반드시 둘씩 짝을 지어 다녀야 했다.) 트뤼셰와 우아요가 1552년에 제작한 파리 지도를 보면 금방이라도 주저앉을 것만 같은 라탱 지구의 모습을 들여다볼 수 있다. 하지만 이 지도는 당시 거리들이 얼마나 좁고 협소했는지는 제대로 보여 주지 못한다. 학생 수에 대한 추정치는 자료마다 조금씩 차이가 있다. 파리 전체 인구가 약 30만 명이었다는 점을 감안하면, 몽테귀의 학생 수는 4,000명에서 5,000명 사이로 보인다.[23] 당시에는 교회에서의 지위와 상관없이 모든 학생이 특정 성직복을 입어야 했던 것으로 보인다.[24] 몽테귀 학생들은 학교에서 입는 회색 가운 때문에 '카페트Capettes'라는 별명을 얻었다.

라탱 지구는 거의 대부분 재개발되었다. 그래서 당시 칼뱅이 일상적으로 보았던 광경이 어떠했을지 짐작하기 어렵다. 그러나 아직 보관되어 있는 고문서들 덕분에 이 지역의 주된 특색을 부분적으로나마 복원할 수 있다.[25] 몽테귀의 정문은 세트 부와 거리로 이어지는 중앙 안뜰의 동쪽에 있었다. 중앙 안뜰의 남쪽 끝에는 생트 주느비에브 대*수도원 교회와 그보다 규모가 작은 생 에티엔 뒤 몽 교회와 교회 묘지로 향하는 입구가 있었다. 학교 건물에서 나와 좌회전을 하면, 몽테귀와 인근 생트 바르브 사이를 가르는 악명 높은 쉬앙 거리를 지난다. 17세기에 제작된 지도에는 이 거리가 생 생포리앵 거리로 표시되었다. 서쪽 끝에 있는 교회의 이름을 따서 명명한 것이다. 이 예배당은 평소에는 방치되었다가 매년 8월 22일 생포리

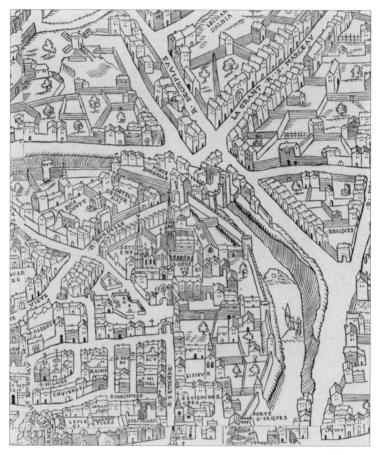

━━━ 트뤼셰와 우아요의 파리 지도 중 대학 지구(1552). 콜라주 드 몽테귀는 사분면 좌측 하단에
있다. 지도 위쪽은 북쪽이 아니라 동쪽을 가리킨다(옥스퍼드 보들리언 도서관).

장 칼뱅의 생애와 사상

앵 축일에 축제 장소로 사용되었다. 이 거리는 사람과 개가 대소변을 보는 변소에 지나지 않았다. 길에 어슬렁거리는 개들 때문에 '쉬앙' 거리라는 이름이 붙었지만, '시에' 거리라는 이름으로도 유명했다. 개들이 싸 놓은 똥과 오줌 때문이기도 했지만, 몽테귀에서 그 거리를 개방 하수開放下水로 사용했기 때문이라는 주장이 좀 더 개연성이 있다('쉬앙chien'은 프랑스어로 '개'라는 뜻이고, '시에chier'는 '똥 누다'라는 뜻이다—옮긴이). 어둠이 깔리면 거리는 호색한들과 탐탁지 않은 인간들의 소굴이 되었다. 길 양쪽에 소유지가 있는 몽테귀 입장에서는 골칫거리가 아닐 수 없었다.

1500년의 어느 시점에[26] 몽테귀는 마침내 길을 가로질러 주변보다 지대를 조금 높이고 지붕을 씌운 보행로를 건설할 수 있도록 허가를 받았다. 이로써 콜레주 학생들과 교사들이 위험한 쉬앙 거리를 지나지 않고 빈자들을 위한 뜰jardin des pauvres에 접근할 수 있게 되었다. 주랑柱廊은 1500년 11월 26일에 완공되었다. 일주일 정도 지나 두 번째 개선 작업까지 마쳤다. 12월 4일, 몽테귀 주변에 울타리가 세워졌다. 몽테귀가 있는 쉬앙 거리 동쪽 끝은 세트 부와 거리와 연결되어 있었다. 거리에 출몰하는 노상강도의 출입을 막기 위해 밤에는 울타리 문을 잠가 두었다. 1522년에는 도로를 포장했고, 몽테귀에서 거리로 방출하던 하수는 나중에 지하 관로를 통해 생트바르브 쪽에 있는 오물통으로 배출했다.

쉬앙 거리 바로 맞은편에는 콜레주 드 포르테가 있었다. 콜라동에 따르면, 칼뱅은 1533년 10월 만성절에 니콜라 콥이 운명적인 연설을 하기 직전까지 이곳에서 방을 얻어 생활했다. 세트 부와 거리를 따라 한참 더 내려가면 콜레주 드 랭스가 있었다. 몽테귀를 나와서 우회전을 하면 세트 부와 거리가 나오고, 그 길을 따라 걷다 보면 묘지가 나오고, 묘지를 지나 우회전을 하면 생 에티엔 데 그레 거리가 나왔다. 그 길을 따라 걸으면 왼편에 콜레주 드 리지외가 나오고, 오른편에 숄레 거리가 나온다. 그 길을 쭉 따라가면 생 자크 대로와 연결된다. 현대에도 똑같은 이름을 그대로 쓰는 이 대로는 시테 섬의 작은 다리와 파리시 남쪽에 있는 생 자크 문을 이어 준다. 생 자크 대로 양옆에는 박공 구조의 높은 집들이 늘어섰고, 높이 솟은 콜레주 드 소르본 건물의 뒷모습도 보였다. 소르본 건물의 정면은 생 자크 대로와 서쪽으로 나란히 뻗은 소르본 거리를 향해 있었다. 소르본 옆에는 콜레주 드 칼뱅이 있었다. 콜레주 드 칼뱅은 '작은 소르본'이라는 뜻으로 '라 프티트 소르본*la petite Sorbonne*'으로 자주 불렸다. (칼뱅이라는 사람이 두 콜레주의 후원자였다. 우리가 아는 개혁가 칼뱅과는 무관한 인물이다.)

몽테귀는 북쪽으로는 쉬앙 거리, 동쪽으로는 세트 부와 거리, 서쪽으로는 숄레 거리와 생 생포리앙 교회, 남쪽으로는 생 에티엔 데 그레 거리가 사면을 두른 사각형 안뜰로 이루어져 있었다. 이 시기의 대다수 콜레주는 주변에 크고(오텔*hôtel*) 작은(메종*maison*) 집들이 붙어 있었다. 몽테귀도 마찬가지였다. 인접한 주택 중 가장 큰 건물이었던 오텔 뒤 그랑 베즐레는 베즐레 수도원에서 취득한 것이다.[27] 서쪽에는 오텔 뒤 페티 베즐레가 있었고, 북쪽 건물 위층에는 작은 예배실과 자습실이 있었다. 한때 에라스뮈스가 머물렀다는 이유로 명성을 얻은 빈자들의 집은 생 에티엔 데 그레 거리와 맞닿아 있는

장 칼뱅의 생애와 사상

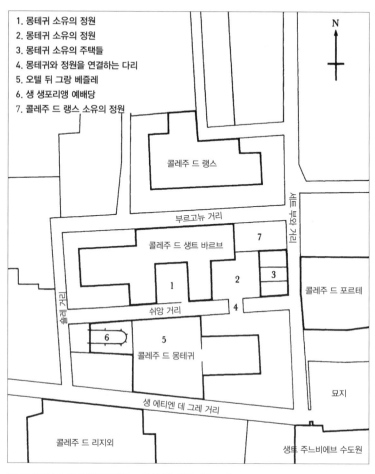

1. 몽테귀 소유의 정원
2. 몽테귀 소유의 정원
3. 몽테귀 소유의 주택들
4. 몽테귀와 정원을 연결하는 다리
5. 오텔 뒤 그랑 베즐레
6. 생 생포리앵 예배당
7. 콜레주 드 랭스 소유의 정원

N

콜레주 드 랭스

부르고뉴 거리

콜레주 드 생트 바르브

7

1

2

3

쉬앙 거리

4

콜레주 드 포르테

6

5

콜레주 드 몽테귀

묘지

생 에티엔 데 그레 거리

콜레주 드 리지외

생트 주느비에브 수도원

━━ 도표 2.1 1510년경 콜레주 드 몽테귀와 인근 지역 도면

본관 1층 한쪽에 위치했다. 몽테귀는 콜레주 드 생트 바르브와 인접한 정원 두 개도 소유하고 있었다. 두 정원 중 작은 정원은 신학자들을 위한 것으로 한쪽에 오물통이 있었다. (이 오물통이 제 기능을 못하고 다른 데 쓰이는 바람에 생트 바르브와 몽테귀 사이에 마찰이 생겼다.) 한편, 두 정원

파리: 지성의 형성

중 큰 정원은 몽테귀가 소유한 두 채의 주택과 인접해 있었으며 교양학부 학생들과 라틴어를 배우는 학생들이 주로 사용했다. 지붕을 씌운 보행로를 건설해 연결한 곳이 바로 이 큰 정원이다.

파리에서의 학업 과정

칼뱅의 아버지가 아들을 대학교에 보낸 이유는 뭘까? 15세기 아비뇽 대학교의 입학 허가 명단을 근거로 자크 베르제Jacques Verger는 이 기간에 대학교를 다니던 학생들 대다수가 귀족 가문이나 부르주아 집안 출신이었다는 사실을 밝혀냈다.[28] 대학에 진학하는 동기는 다양했다. 전문적인 법률 공부를 위해 대학에 진학하는 이들도 있었지만, 사회의 기대에 부응하고 출셋길을 닦는 수단으로 대학에 진학하는 이들이 많았다. 특정 집단에 한정된, 향후 좋은 직업을 가질 수 있을 거라는 세속적인 생각을 제외하면, 교육을 개인적인 성취감을 얻는 수단으로 생각하는 경우는 거의 없었다. 16세기 초 파리대학교의 전체 입학자 명단은 현재 남아 있지 않다. 그러나 그러한 기록이 존재한다면, 16세기 첫 사반세기에 파리대학교에서 입학 허가를 받은 상당수의 학생은 부르주아 집안 출신이었을 것이다. (16세기에 사회 계층에 대한 구분이 아주 모호했다는 점은 다 아는 사실이지만.) 중세 말, 프랑스 대학들은 전반적으로 내리막길을 걸었고 특히 직업 교육의 장으로서는 별 힘을 발휘하지 못했다.[29] 그럼에도 칼뱅의 아버지는 대학 교육이 아들의 출셋길을 보장하는 훌륭한 수단이 될 것으로 기대했던 것 같다. 그리하여 지난 세대에 한 단계 도약한 가문의 위상을 아들이 더욱 공고히 해 주리라 믿었던 것 같다.

칼뱅에 따르면, 처음에 그의 아버지는 파리대학교에서 아들에게 신학 공부를 시킬 계획이었다.[30] 동기는 명확하다. 제라르 코뱅은 누아용의 주교 및 참사회와 좋은 관계를 맺고 있었다. 아들이 교회에서 빠르게 출세할 수 있도록 길을 닦아 놓았던 셈이다. 집안 형편은 퐁레베크의 뱃사공 아니면 통장이었던 그의 아버지 대부터 조금씩 피기 시작했다. 제라르 코뱅은 이를 기반으로 가문의 위상을 한 단계 높여 놓았다. 그리고 이제 자신의 뒤를 이어 아들이 가문의 위상을 한층 더 높여 주기를 희망했을 것이다. 더욱이 누아용의 정무와 교회 일에서 중요한 영향력을 행사하는 몽모르 가문과 친분을 쌓았다(또한 이를 통해 앙제 가문과도 간접적으로 줄이 닿았다). 아들 칼뱅의 앞길은 아주 탄탄해 보였다. 만약 칼뱅이 파리대학교에서 신학을 공부했더라면, 그리고 복음주의에 동조하는 자들과 어울리지 않았더라면, 어떤 일이 벌어졌을까? 1532년에 몽모르 형제들의 사촌인 장 드 앙제Jean de Hangest가 누아용의 주교가 되었다는 사실을 근거로 어느 정도 이에 대한 추정이 가능하다. 채신없이 주교좌성당 참사회와 길게 말다툼을 벌이느라 위신이 조금 깎이기는 했어도, 그는 누아용 교구 안팎에서 상당한 영향력을 행사했다. 현재 남아 있는 자료만으로는 칼뱅이 파리대학교에서 신학 공부를 했다고 볼 수 없다. 심지어 신학 공부를 시작하기는 했다, 라고 보기도 어렵다. 칼뱅은 파리대학교에서 교양, 다시 말해 철학 공부 외에 다른 공부는 하지 않은 것이 거의 확실하다.[31] 결국 1527년 또는 1528년의 어느 시점에 칼뱅의 아버지는 아들에게 파리에서 짐을 싸게 했다. 오를레앙대학교에서 민법 공부를 하게 하려는 의도였다. 칼뱅이 아버지 뜻대로 전공과 대학을 바꾼 이유는 순전히 경제적인 이유 때문이었다. 변호사가 되면 돈을 더 많이 벌 수 있었다. (파리대학교에서는 민법을 가르치지 않았다는 사실에 주목해야 한다. 법학부가 있긴 했지만, 카논 연구, 즉 교회법 연구에만 전념했다.) 이 시점에 누아용에서 제라르 코뱅이 연루된 금융 비리가 발각되었다는 암울한 암시가 있다. 이는 당연히 칼뱅이 교회에서 경력을 쌓는 데 문제가 되었을 것이다. 신학자가 되려는 학생들이 파리대학교에서 어떤 학업 과정을 밟아 나갔는지를 보여 주는 증거는 많다. 덕분에 칼뱅이 파리대학교에 다니는 동안 어떤 경험을 했을지 추론해 볼 수 있다.

이미 알고 있듯이 파리대학교는 여러 개의 학부로 나뉜 종합대학으로 설립되었다. 그 점은 당시의 (그리고 지금의) 옥스퍼드대학교나 케임브리지대학교와 비슷하다.[32] 16세기 초, 파리대학교라는 우산 아래 50개가 넘는 콜레주가 모여 있었다.[33] 신학부, 법학부, 의학부, 교양학부 등 학부는 총 네 개였다. 상위 학부로 지정된 신학부나 법학부, 의학부에 진학하려면, 그전에 교양학부를 먼저 졸업해야 했다. 수도회에 속한 학생은 수도원에서 가르침을 받았다. 대학과 수도회가 수세기 동안 쌓아 온 해묵은 반감 때문이었다. 학교가 탁발 수도사들로 북적대는 상황을 대학 측에서 사전에 차단한 것이다. 칼뱅과 같이 수도회에 소속되지 않은 학생들의 경우에는 라틴어를 습득해서 읽고 쓸 수 있게 되는 즉시 교양학부에 입학할 수 있었다. 수업은 모두 라틴어로 이루어졌고 시험도 라틴어로 쳤다.

1575년에 출간한 두 번째 전기에서 테오도르 드 베즈는 칼뱅이 라틴어에 아주 능통해서 예정보다 일찍 교양학부로 옮길 수 있었다고 했다.[34] 이 단계에서는 공식 입학 허가가 필요 없었다. 대신 해당 대학에서 인정하는 나시옹(주권을 지닌 정치 공동체를 가리키는 이 단어는 본래 로마시대에 로마 시민보다 신분이 낮은 외국인들을 출신지별로 구분할 때 사용하던 용어다. 다양한 지역에서 학생들이 모이던 중세 대학에서는 같은 지역 출신의 학생 집단을 지칭하는 용어로 이 단어를 사용했다―옮긴이) 중 하나를 등록해야 했다.[35] 파리대학교에서 받아 주는 나시옹은 네 개로 프랑스, 피카르디, 노르망디, 독일이었다. 중세 시대 다른 대학에도 비슷한 양식이 있었다. 프라하대학교에서는 보헤미아, 바이에른, 작센, 폴란드를 출신지로 인정했다. 빈대학교에서 인정하는 네 개의 출신지는 오스트리아, 라인란트, 헝가리, 작센이었다. 파리대학교에서 갈리아 나시옹은 부르주, 파리, 랭스, 상스, 투르, 이렇게 다섯 개 지방으로 세분되었다. 각 '나시옹'은 파리 라탱 지구에서 소속 학생들을 위해 학교를 유지해 나가야 할 책임이 있었다. 그러나 16세기 초에는 학생을 가르치는 책임이 파리대학교 안에 있는 마흔 몇 개의 콜레주에 위임되면서 이러한 관행이 차츰 사라졌다. 이들 콜레주 가운데 몽테귀는 신학자가 되려는 학생들에게 특별히 매력적으로 보였던 것 같다. 1500년부터 1524년까지 수도회에 소속되지 않은 신학생 중 4분의 1 이상(25.4퍼센트)이 몽테귀에서 교양 수업을 받았다.[36] 몽테귀의 가장 강력한 경쟁자는 생트 바르브(14.6퍼센트)였고, 나바르(9.1퍼센트)가 그 뒤를 이었다. 나머지 콜레주 중에는 이 기간에 신학 공부를 준비했던 전체 학생들 가운데 7퍼센트 이상을 끌어모은 곳이 한 군데도 없었다. 더욱

이 몽테귀는 누아용 교구가 속한 랭스 지방에서 많은 신학생을 끌
어모았다. 1490년부터 1512년까지 몽테귀는 이 지방에서 전체 학
생의 35퍼센트를 모집했다. 흥미롭게도, 이 시기에 누아용 교구 출
신으로 몽테귀를 졸업한 신학생 일곱 명 중에 수도회에 소속된 학
생은 아무도 없었다. 여러 콜레주 중에서 몽테귀에 입학했다는 사
실은 당시 칼뱅에게 신학을 공부할 생각이 있었음을 시사한다.

　파리대학교에 다니던 시절에 칼뱅은 과연 무슨 공부를 했을까?
다행히 16세기의 첫 10년 동안 파리대학교에서 가르친 교양 과
정과 학생들에게 추천했던 교재에 관한 상세한 설명이 아직 남아
있다. 덕분에 칼뱅이 당시에 무슨 공부를 했을지 추론할 수 있다.
1517년 문서인 로베르 굴레Robert Goulet의 〈개요Compendium〉가 특히
중요하다.[37] 이 문서에는 칼뱅이 파리에 도착하기 몇 년 전 파리대학
생활이 어떠했는지 자세히 설명한다. 교양학부 학생들은 학년에 따라
총론학도, 논리학도, 자연학도 세 그룹으로 나뉘었다.[38] 교양학부에

장 칼뱅의 생애와 사상

들어오면 처음 2년 동안은 논리학 공부에 전념했다. 첫해에 칼뱅은 페트루스 이스파누스Petrus Hispanus의 《논리학 총론Summulae logicales》을 공부해야 했다. 조금 지루할 수 있는 책으로 당시에 170개가 넘는 판본이 퍼져 있었다. 대개는 주해서와 함께 읽었다. 로베르 굴레는 특히 높은 평가를 받고 있던 세 개의 주해서를 선정했다. 각각 브뤼셀의 조르주George of Brussels, 자크 르페브르 데타플, 존 메이저가 쓴 주해서였다.[39]

이렇게 논리학의 기초를 잘 다지고 나면, 아리스토텔레스의 《논리학Logic》 원문을 공부할 준비를 갖추게 된다.[40] 이 필수 교재 역시 주해서와 함께 읽었다. 존 메이저는 《논리학 총론》에 관한 주해서로 호평을 받았는데, 아리스토텔레스의 《논리학》에 주석을 단 책 역시 최고의 주해서로 인정받았다.[41] 존 메이저의 주해서는 두 권 다 유명론의 관점에서 쓴 것이다. 교양학부 마지막 학년에는 아리스토텔레스의 《자연학Physics》을 공부했다. 아마도 피에르 다이Pierre d'Ailly의 《천구De Sphaera》처럼 자연과학을 다루는 비교적 최근 저작들을 참고하면서 읽었을 것이다. 파리대학교 교양학부에서는 아리스토텔레스에게 호의적이면서도 보수적인 태도를 취했다. 심지어 과학 분야에서도 이런 태도가 여실히 드러났다. 유럽의 다른 지역에서도 아리스토텔레스는 갈수록 비판과 회의懷疑의 대상이 되었다.[42] 후기 이탈리아 르네상스 시대에 가장 유명한 아리스토텔레스학파 학자였던 피에트로 폼포나치Pietro Pomponazzi마저도 지리학과 물리학에서 새롭고 흥미로운 현상이 발견되자 아무 망설임 없이 아리스토텔레스의 견해를 내팽개쳤다. 1522-1523학년도에 있었던 볼로

파리: 지성의 형성

냐대학교 강연에서, 폼포나치는 남반구 열대지방에는 사람이 살 수 없다는 아리스토텔레스의 견해에 이의를 제기했다.

> 제 친구에게 몇 통의 편지를 받았습니다. 그 친구의 말에 따르면, 스페인 왕이 25도 너머 남쪽으로 항해하도록 배 세 척을 보냈다고 합니다. 그들은 열대를 지나갔고, 그곳에 사람이 살 수 있다는 사실을 알게 되었고, 많은 섬을 발견했습니다. 헤라클레스의 기둥[지브롤터]을 지난 뒤, 그들은 순풍을 타고 세 달간 항해했습니다. 이 모든 것은 아리스토텔레스가 틀렸다는 사실을 보여 줍니다.[43]

그러나 파리에는 이런 선진 사상이 아직 미치지 못했고, 파리는 여전히 아리스토텔레스 철학을 단단히 붙잡고 있었다. 개혁가 칼뱅의 특징으로 꼽히는 진보적이고 급진적인 기질은 아무래도 파리대학교에서 비롯된 것은 아닌 것 같다.

더욱이 칼뱅은 뒤에 중세 스콜라철학을 무척 혐오했음에도 불구하고, 파리에서 흡수한 아리스토텔레스의 자연철학을 대부분 간직하고 있었던 것으로 보인다. 칼뱅은 세네카의 《관용에 대하여》에 대한 주석(1532)과 《기독교 강요》 초판(1536)에서 아리스토텔레스의 기상학을 '이따금' 언급했다. 그러나 칼뱅이 1550년대에 집필한 책에는 아리스토텔레스의 우주론에 대한 논의가 '가득'했다.[44] 특히 칼뱅은 아리스토텔레스의 자연철학, 그중에서도 자연학과 천문학, 기상학의 기본 원리를 이해하고 받아들였던 것 같다. 1532년에 이미 그러한 견해를 언급했다는 사실은 칼뱅이 파리대학교에서 공부하던 시기에 아리스토텔레스의 건해를 숙지했다는 뜻이다. (말이 나온 김에 덧붙여 말하자면, 칼뱅은 나중에 인문주의에 헌신하면서 원전으로 돌아가야 한다고 강조했고, 이 때문에 칼뱅은 중세 말 아리스토텔레스의 자연철학에 대한 비판과 개선에 동참하지 못했다.)

칼뱅은 몇 시간이나 공부했을까? 아마도 이 질문이 나올 것으로 예상했는지, 굴레는 이렇게 말했다. "변증학자의 공부 시간을 논하는 것은 의미가 없다. 하루 24시간도 부족하다! 일요일과 축일에는 궤변에 대한 격렬한 변론과 논쟁이 이어지고, 일주일에 세 번 일반적인 논쟁이 반복되고, 토요일에는 논평과 토론이 이뤄진다."[45] 콜레주에서 정한 엄격한 규율에 따라 학생들은 논리적이고 철학적인 논쟁에 참여해야 했다. 공적인 자리에서든 사적인 자리에서든, 식사 전에든 식사 도중에든 식사 후에든, 언제 어디서나 끊임없이 토론하고 논쟁했다. 파리대학교의 학창 생활에 관한 설명은 하나같이 교양과목을 공부하는 어린 학생들이 앞으로 학업을 이어 나가는 데 필요한 사항들을 강조한다. 그러나 칼뱅이 몽테귀에 있는 동안 정확히 무엇을 공부했는지는 알 길이 없다. 칼뱅이 (마튀랭 코르디에 외에) 누구 밑에서 공부했고, 어떤 강의를 들었는지 알지 못한다. 심지어 칼뱅이 어떤 책을 읽었는지조차도 알지 못한다. 칼뱅이 공부한 주요 교재가 무엇인지는 확인할 수 있지만, 그런 교재는 그저 출발점에 불과하고 해설하는 사람의 관점에 따라 해석되고 보강되기 마련이다. 페트루스 이스파누스의 《논리학 총론》을 해설한 세 권의 주해서 가운데 칼뱅이 선택한 책은 어떤 것이었을까? 아리스토텔레스의 《논리학》에 대한 주해서는 어떤 것을 선택했을까? 초기 전기들

파리: 지성의 형성

은 스페인 사람들을 여러 번 언급하며 혼란을 유발하는데,[46] 유명한 변증가 안토니오 코로넬Antonio Coronel에 대한 언급으로 해석할 수도 있다. 안토니오 코로넬의 《묵주 논리Rosarium logices》는 1510년에 파리에서 출간되었다. 그리고 그는 1520년대에 몽테귀와 인연을 맺고 있었다.

그러나 가장 주목해야 할 인물은 존 메이저다. 그는 1525-1531년에 몽테귀에서 학생 지도교사가 되기 전, 생트 바르브에서 교양과목을 공부하고 나바르에서 신학을 공부했다. 1963년에 발표한 중요한 연구에서 칼 로이터Karl Reuter는 칼뱅이 파리대학교에 다니던 시절에 메이저에게 가르침을 받았으며, 이 저명한 스코틀랜드 신학자가 어린 칼뱅의 지적 발달에 결정적인 영향을 끼쳤다고 주장했다.[47] 특히 로이터는 메이저가 "반反펠라기우스주의와 스코터스주의, 신新아우구스티누스주의에 관한 새로운 개념"을 칼뱅에게 소개했으며, 성경에 관한 칼뱅의 실증주의 역시 메이저에게 영향을 받은 것이라고 주장했다. 토머스 토런스Thomas F. Torrance도 지식 이론과 관련하여 메이저와 칼뱅의 유사점을 지적한 바 있다.[48] 로이터의 입장은 초기에 메이저와 칼뱅의 관계를 이해하는 데 중요한 역할을 한다. 프랑수아 벵델François Wendel은 메이저가 칼뱅에게 매우 영향력이 있는 중세 신학자 페트루스 롬바르두스Petrus Lombardus가 집대성한 네 편의 《명제집Liber Sententiarum》을 소개하고, 오컴의 유명론에 입각해 이 책을 읽는 법을 가르쳤다고 말했다.[49] 그러나 W. F. 당크바어W. F. Dankbaar는 메이저가 칼뱅에게 교부 시대 저술가들을 소개하고 칼뱅이 신학적 사고에 입문할 수 있도록 가르치기는 했지만, 이후 칼뱅

장 칼뱅의 생애와 사상

의 사상에까지 영향을 끼친 것은 아니라고 보았다.[50]

로이터의 이론을 받아들이기에는 여러 어려움이 있다. 예를 들어, 우선 칼뱅이 정말 메이저 밑에서 공부했는지가 불분명하다. 우리는 두 사람이 몽테귀에 몸담았던 시기가 겹치는지 여부를 알지 못한다(메이저는 1525-1531년에 몽테귀의 교사였다). 칼뱅이 파리대학교에서 공부한 정확한 연도에 관한 의문이 여전히 남아 있기 때문이다. 얼렉선드레 거노치Alexandre Ganoczy는 두 가지 부분에서 로이터의 명제를 비판했다.

1. 거노치는 칼뱅이 1540-1559년에 메이저의《명제집 해설Commentary on the Sentences》을 읽었을 것이고, 1559년판《기독교 강요》에서 메이저와 관련이 있는(꼭 메이저와만 관련이 있는 것은 아니지만) 사상과 비슷한 사상을 찾을 수 있다는 점을 인정한다. 하지만《기독교 강요》초판(1536)에서는 칼뱅이 1536년 이전에 메이저의《명제집 해설》을 읽었다고 볼 만한 증거를 전혀 찾을 수 없다고 주장한다. 그러면서 거노치는 메이저의 영향을 논할 때는 칼뱅의 후기 저술에 나타난 사상의 유사성보다는 초기 저술에 나타난 출전의 연속성 수준에서 설명해야 한다고 말하는데, 상당히 일리 있는 주장이다.

2.《기독교 강요》초판에서 칼뱅은 그라티아누스Gratianus와 페트루스 롬바르두스를 스콜라 신학과 동일시하는 경향을 보인다.[51] 일례로《기독교 강요》초판에는 그라티아누스와 페트루스 롬바르두스에 관한 언급이 약 서른다섯 번이나 등장한다. 메이저는 고사하고 중세 후기 **다른** 신학자에 대한 언급은 전혀 찾을 수 없다.

파리: 지성의 형성

그러나 거노치의 이런 비판과 관련하여 지적해야 할 사실이 있다. 로이터의 가설은 그렇게 쉽게 묵살할 수 있는 것이 아니고, 제시된 증거에 입각한 것이라는 점이다. 로이터는 칼뱅의 신학 가운데 1520년대 몽테귀에 널리 퍼져 있던 사조가 반영된 것으로 볼 만한 여섯 가지 측면을 지적했다.[52] 그러나 루이스 구마즈 Louis Goumaz는 중세 후기에 칼뱅이 매우 전문적인 신학 용어에 익숙했고 이따금 사용하기까지 했다는 사실을 일찍이 입증했다.[53] 칼뱅이 어떤 식으로든 몽테귀와 연관이 있는 사조에 어느 정도 영향을 받은 것만은 분명하다. 물론 로이터가 주어진 증거를 특별히 존 메이저의 영향력과 연결 지어 지나치게 확대해석했을 수는 있다. 하지만 그가 칼뱅에게 영향을 미친 것은 사실이므로, 이에 대한 설명이 필요한 것 또한 사실이다. 칼뱅이 1536년판《기독교 강요》에서 그레고리우스 드 리미니 Gregorius de Rimini, 존 메이저, 오컴의 윌리엄 William of Ockham 같은 저술가들을 대놓고 언급하지 않았다고 해서 직간접적으로 접했을 그들의 사상이 칼뱅의 생각에 아무런 영향을 끼치지 못했다고 단정할 수는 없다.

이렇듯 로이터의 가설에 대한 거노치의 비판에 대한 반론도 만만치 않다. 그중에서도 특히 반론이 거셌던 부분은 1536년판《기독교 강요》의 성격, 특히 칼뱅의 논박 전략에 관한 부분이다. 이 점은 루터와 칼뱅의 상황이 전혀 달랐다는 사실에 비춰 설명할 필요가 있다. 루터는 약 20년 전 종교개혁 초창기에 글을 쓰면서 개혁 운동에 반대하는 것 같은 사상들을 직접 공격할 수밖에 없었다. 대학에 몸담고 있는 루터가 보기에 대학가에 널리 퍼져 있는 스콜라 신

장 칼뱅의 생애와 사상

학자들의 종교적 가르침이야말로 개혁 운동에 반하는 사상이었다. 그리하여 루터는 1517년《스콜라 신학에 대한 논박*Disputation against Scholastic Theology*》에서 스콜라 신학의 한 학파의 사상*via moderna*이 복음에 반한다고 밝혔다. 따라서 루터의 개혁 프로그램은 스콜라 신학의 특성과 사상에 맞서 싸워야 했다(적어도 루터는 그렇게 이해했다). 루터의 개혁 프로그램은 본래 학구적이었다. 처음에 루터는 작은 한 독일 대학의 신학 교육과정을 개혁하고자 했다. 그러다 1520년부터는 삶을 개혁하고 동시대 교회와 사회의 신조를 개혁하는 것을 목표로 삼으면서 대중의 인기를 얻었다.

그러나 칼뱅의 경우에는 1536년판《기독교 강요》를 집필하고 그후 25년 동안 개정 작업에 매달리면서 전혀 다른 상황에 직면했다. 첫째로, 스콜라 신학은 칼뱅이 처한 상황과 무관했다. 칼뱅은 대학 신학 교육과정을 개혁하는 데에는 관심이 없었다. 스트라스부르와 제네바라는 자유도시에서 가장 큰 적은 무관심과 무지였다. 따라서 스콜라 신학의 복잡한 내용에 맞서 싸우기보다는 개혁 사상을 체계적으로 제시할 필요가 있었다. 스콜라 신학과 비판적 대화를 나누기보다는 스콜라 신학을 사회 주류에서 완전히 몰아내는 것이 칼뱅의 교육 전략이었다. 이 점에서 칼뱅은 에라스뮈스와 울리히 츠빙글리*Ulrich Zwingli*가 이미 크게 성공한 바 있는 전략을 사용했다. 칼뱅은 (오컴, 메이저, 스코터스 같은) 중세 신학자들을 상대하지 않기로 했다. 그렇다고 해서 칼뱅이 그들의 사상을 잘 몰랐다거나 받아들이지 않았다는 뜻으로 해석해서는 안 된다. 그것은 칼뱅 개인의 신학적 의무라기보다는 그의 논박 전략이었고, 1536년에 칼뱅은 이 전략에 따라 중세 저술가들을 향한 태도를 결정했다.

둘째로, 1571년과 1536년 사이에 전장이 바뀌었다. 비텐베르크에서 시작된 루터의 종교개혁에서는 그 유명한 이신칭의 교리, 다시 말해 "개인이 어떻게 하나님과 관계를 회복할 수 있는가?" 하는 질문을 중심으로 로마 가톨릭과의 전선이 펼쳐졌다. 루터파는 한동안 이 질문에 몰두했다. 그러나 더 남쪽으로 내려오면 종교개혁에서 관심을 두는 질문이 달랐다. 츠빙글리는 칭의 교리에는 별로 관심이 없었고, 대신에 성서에 입각한 패러다임에 따라 교회와 사회를 개혁하는 데 집중했다. 갈수록 교회에 관한 질문이 구원론에 관한 질문을 억눌렀다. 개인이 어떻게 하나님과 관계를 회복하게 되는가 하는 질문보다 참된 교회의 정체성과 성격에 관한 질문이 훨씬 더 시급하고 중요해 보였다.

1530년대부터 시간이 갈수록 교회에 관한 교리가 중요한 의미를 갖게 되었다. 칼뱅은 이 문제의 중요성을 인지하고, 1536년판《기독교 강요》에서 이를 직접 다루었다. 칼뱅은 로마 가톨릭에서 내세우는 교회론의 신빙성을 떨어뜨리고자 이 이론의 기원을 직접 공격했다. 칼뱅은 중세 시대 저술가 그라티아누스와 페트루스 롬바르두스의 거짓말을 집어냈다. 칼뱅 입장에서는 중세 후기 신학자들과 이 문제를 놓고 비판적 대화를 나눌 필요가 없었다. 그 '근원fons et origo'을 공격함으로써 중세 교회학을 불신하게 하는 것이 칼뱅의 전략이었다. 칼뱅은 1536년판《기독교 강요》에서 페트루스 롬바르두스의 《명제집》을 언급하는데, 한결같이 교회와 성례의 교리를 다룬 제4권에 대해서만 이야기했다.

              장 칼뱅의 생애와 사상

울리히 츠빙글리의 초상. 스위스의 종교개혁가. 취리히 대성당의 설교자로 일하며 체계적인 성경강해로 명성을 날렸다. 루터의 영향으로 취리히의 종교개혁에 나섰다. 성경을 그 어떤 종교회의나 교부들의 주장보다 더 가치 있는 하나님의 영감된 말씀으로 여겼다.

셋째로, 특히 인생 후기로 갈수록 칼뱅은 로마 가톨릭과 프로테스탄트 사이에서 논란이 되는 주제들보다는 프로테스탄트 교회 내에서 논란이 되는 주제들에 훨씬 더 관심을 보였다. 오시안더 논쟁(289쪽 참조)은 이러한 경향을 보여 주는 아주 훌륭한 예다. 그러나 갈수록 심해지는 급진 종교개혁의 위협과 갈수록 고조되는 루터주의와의 갈등은 칼뱅의 후기 저술에 중요한 영향을 끼쳤다. 칼뱅에게는 오래전에 죽은 스콜라철학의 목소리를 상대하는 것보다 지금도 살아서 활발하게 활동 중인 프로테스탄트 반대자들과 맞붙어 싸우는 것이 더 중요했다. 스트라스부르나 제네바에서는 스콜라철학의 아스라한 메아리가 어떠한 반향도 일으키지 못했기

파리: 지성의 형성

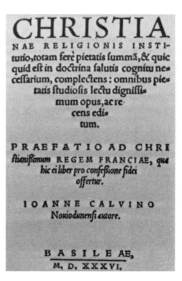

《기독교 강요》(1936년판)

때문이다.

이런 점을 고려할 때, 칼뱅은 1536년판《기독교 강요》에서나 여타의 개정판에서 중세 후기 저술가들과 싸울 필요가 없었다. 리미니의 그레고리우스나 오컴의 윌리엄, 존 메이저 같은 저술가들을 명시적으로 언급하지 않은 것은 이러한 변증 및 논박 전략이 반영된 것이지, 칼뱅이 그들의 사상을 직간접적으로 알고 있었는가 여부와는 직접적인 관련이 없다. 몽테귀가 칼뱅의 지성에 끼친 영향을 평가하려면, 1520년대 몽테귀에 널리 퍼져 있던 사조를 확인하고, 그러한 사조가 칼뱅의 저술에 얼마만큼 반영되었는지 따져 보는 것이 더 바람직하다.

장 칼뱅의 생애와 사상

파리대학교의 사조

아마도 인류 역사상 가장 멸시받는 지적 흐름 중 하나가 스콜라철학일 것이다. '저능아', '열등생'을 뜻하는 영어 단어 'dunce'를 위대한 스콜라 신학자 중 한 명인 던스 스코터스^{Duns Scotus}의 이름에서 따왔을 정도다. 스콜라철학은 1250년부터 1500년까지 융성했던 중세 사조 중 하나다. 스콜라철학은 종교적 신념을 이성적인 사유를 통하여 논증하고 이해하는 데 중점을 두었다. 기독교 신학에 내재하는 합리성을 철학을 통해 입증하고, 기독교 신학을 구성하는 다양한 요소들의 관계를 자세히 살펴, 기독교 신학의 완벽한 조화를 증명하고자 한 것이다. 스콜라 철학자들의 저술은 길고, 논박을 좋아하고, 차이를 면밀히 논증하는 경향이 있었다. 그렇다면 기독교 신앙을 이성적으로 변호하는 데 가장 적합한 철학 체계는 무엇이었을까? 아리스토텔레스는 1270년경에 이미 '철학자'로서의 위상을 확립했다. 보수파들 사이에서 격렬한 반대가 있었지만, 당시는 아리스토텔레스의 사상이 신학 사상을 지배했다. 파리에서는 특히 더 심했다. 16세기에 들어선 이후로 파리에서 기독교 신학을 공부하려면 반드시 아리스토텔레스의 논리학과 자연학을 철저히 공부해야 한다고 보았다. 다른 대학들은 이 시기에 아리스토텔레스의 해로운 영향에서 벗어나고 있었지만, 파리대학교는 단호한 태도로 아리스토텔레스의 사상과 방법론을 고집했다.

옷핀 머리 위에서 몇 명의 천사가 춤을 출 수 있을까? 이런 무의미한 주제를 놓고 진지하게 토론하는 모습이 스콜라철학 사상가들, 이른바 '스쿨맨schoolmen'으로 불리는 스콜라철학 교사들을 묘사할 때 흔히 떠올리는 그림이다. 토론 결과가 어떻게 나왔는지 궁금하긴 하지만, 실제로 이런 토론이 이뤄진 적은 없다. 그렇지만 이런 묘사는 16세기 초 인문주의자들이 스콜라 철학자들을 어떻게 생각했는지를 정확히 압축해서 보여 준다. 인문주의자들의 눈에 그들은 하찮은 일을 가지고 무의미하고 지루한 지적 사색을 일삼는 자들로 비쳐졌다.[54] 파리대학교는 이런 멸시를 받던 사조의 중심지로서 국제적으로 명성을 얻었다.

에라스뮈스는 파리대학교에서 보낸 학창 시절뿐 아니라, 몽테귀에서 신학자들을 흥분시킨 신학 논쟁에 관한 기억도 풀어놓았다. 하나님이 친히 인간이 되셨다면, 인간이 아니라 오이가 되실 수도 있는가? 하나님은 과거를 되돌리실 수 있는가? 예를 들어 창녀를 숫처녀로 되돌리실 수 있는가?[55] 만약 이런 질문에 진지한 면이 있었는데[56] 에라스뮈스가 그 부분을 간과했다면, 아마도 그 이유는 급한 성미 때문이었을 것이다. 하나님은 원을 사각형으로 만드실 수 있는가? 설마 예수가 성전에 있는 학자들과 이런 문제들을 놓고 토론하지는 않았겠지? 이런 문제에 신경 쓸 이유가 대체 뭐란 말인가?

그러나 이러한 질문은 14세기에 차츰 영향력이 커진 하나의 흐름에 대한 철학적이고 신학적인 관심을 고스란히 반영한 것이다. 옛 문헌에서 '유명론nominalism'으로 불리던 이 흐름은 '명사론terminism' 또는 비아 모데르나라고 부르기도 한다.[57] 존 메이저는 16세기 초 파리대학교에서 유명론을 대표하는 많은 이들 중 하나였다. 심지어 하나님이 인간이 아니라 당나귀가 되실 수도 있는가를 놓고 논쟁하

장 칼뱅의 생애와 사상

기까지 했다. 유명론은 파리대학교에서 영향력을 키워 나갔고, 이는 15세기 북유럽 대학교 교양학부의 일반적 추세였다. 1460년 4월에 설립된 바젤대학교의 경우에는 '비아 모데르나'에 입각해 학생들을 가르쳐야 한다고 학칙에 규정하기도 했다. 하이델베르크대학교와 에르푸르트대학교의 교양학부도 이런 사조에 영향을 받은 대표적인 학교다. 흥미롭게도 루터가 몸담은 비텐베르크대학교는 1508년이라는 무척이나 늦은 시기까지 '비아 안티콰*via antiqua*'를 충실히 따랐다. '옛길'을 뜻하는 비아 안티콰는 아주 초기에 명성을 얻은 완고하고 상상력이 부족한 전통주의를 나타낸다.

이쯤에서 실재론과 유명론의 차이를 명확히 밝히는 것이 좋을 것 같다.[58] 두 개의 흰 돌이 있다고 치자. 실재론은 이 두 돌이 형상화하고 있는 보편적인 '백*whiteness*'의 개념이 존재한다고 주장한다. 이 특별한 흰 돌들은 보편적인 '백'의 특징을 지니고 있다. 흰 돌들은 시간과 공간 속에 존재하는 반면에, '백'의 보편성은 그렇지 않다. 그러나 유명론은 '백'의 보편적 개념은 불필요하다고 단언하며, 대신에 특수한 것에 집중해야 한다고 주장한다. 두 개의 흰 돌이 존재한다. 그렇다고 해서 '백의 보편적 개념'에 마음을 쓸 필요는 없다는 것이다.

14세기 후반, '비아 모데르나'는 '비아 안티콰'를 점점 더 강하게 압박했다. 비아 안티콰는 실재론을 대표하는 토마스 아퀴나스, 던스 스코터스 같은 사상가들과 관련이 있고, 비아 모데르나는 유명론 또는 명사론을 대표하는 오컴의 윌리엄, 장 뷔리당*Jean Buridan*, 리미니의 그레고리우스, 인겐의 마르실리우스*Marsilius of Inghen* 같은 저술가들과 관계가 있다. 파리대학교 교양학부는 새로운 흐름에 위협을 느끼고 진압하고자 했다. 1340년 12월 29일, '오컴의 오류'를 규탄하는 학칙이 시행되었다. 이후로 파리대학교에서 문학 석사 학위를 받고자 하는 사람은 누구나 '오컴의 이론에 반대하는' 교양학부의 학칙을 지킬 것이고, 학생들에게 그런 사상을 가르치지 않겠다고 선서해야 했다. 비아 모데르나 지지자로 유명한 피에르 다이의 화려한 경력을 보면, 전반적으로 이런 조치가 아무런 효과가 없었다는 것을 알 수 있다. 1384년에 피에르 다이는 콜레주 드 나바르의 학장으로 임명되었다. 학장이 된 피에르 다이는 가장 먼저 콜레주에 소속된 신학자들에게 충분한 와인이 공급되도록 보장했다. 학장이 되고 얼마 되지 않은 1389년에 피에르 다이는 파리대학교 총장으로 선출되기에 이른다. 1425년에 쾰른대학교는 유명론을 의심스럽게 바라보는 귀족들 앞에서 비아 모데르나를 옹호하면서 파리대학교에서도 이제는 유명론을 좋게 평가하고 있다고 분명하게 말했다.

그러나 15세기 말엽에는 파리대학교에서 비아 모데르나에 대한 반감이 심해졌다. 1474년 3월 1일, 프랑스 국왕이 오컴의 영향력이 강해지는 것을 막으려고 유명론자들을 억압하는 추가 법령을 공포했다. 법령이 공포되자 유명론에 찬성하는 파리대학교 학생들과 교수들이 곧장 독일 대학으로 자리를 옮겼다. 독일 대학에서는 유명론 지지자들을 두 팔 벌려 환영했다.[59] 아무 효과도 없이 당국의 옹졸함만 드러낸 이 법령은 결국 1481년에 폐지되었다. 이로써 파리대학교에서 비아 모데르나가 부흥할 수 있는 길이 열렸다. 16세기에 들어서고 처음 몇 십 년 동안 콜라주 드 몽테귀가 유명론자들의 부활

━━ 《기독교 강요》(1559년판) 타이틀 페이지

에 앞장선 것으로 보인다. 따라서 칼뱅이 비아 모데르나의 영향 아래에 있는 콜라주에 다녔다는 사실은 의심의 여지가 없다.

칼뱅은 파리대학교에서 명사론의 논리와 변증법을 철저하게 배웠고, 이것은 칼뱅의 지성에 어떤 흔적을 남긴 것으로 보인다. 그 영향이 정확히 어떤 것이었고 어느 정도였는지는 여전히 논란이 되고 있지만 말이다.[60] 예를 들어, 1559년판《기독교 강요》에서는 하나님과 인간이 서로 묻고 답하는 형식의 변증법을 주요 원리로 훌륭하게 활용했는데, 이는 명사론에 토대를 둔 것이다. 명사론으로 접근한 인식론의 아주 중요한 문제(대상의 정신적 개념과 대상 자체의 관계)가 생애 말기 칼뱅의 신관을 지배했다. 인간이 이해한 하나님과 하나님

파리: 지성의 형성

자신은 어떤 관련이 있는가? '하나님'이라는 용어와 이 용어가 가리키는 형식상의 실재는 어떠한 관련이 있는가? 여기에서 한 걸음 더 깊이 들어간 생각들의 기저에는 이런 질문이 도사리고 있었다. 인간의 관념은 어떻게 구성되는가? 쟁점이 되는 관념이 하나님에 관한 관념인 경우 이는 신학적으로 아주 중요한 질문이다. 그렇지만 칼뱅의 사상 가운데 파리대학교 시절 명사론을 지지하는 교사들에게 영향을 받은 것으로 보이는 부분들은 그 뒤에 접한 정신 운동(특히 인문주의)의 영향으로 볼 수도 있다.

더 흥미로운 사실은 젊은 칼뱅의 지성 발달에 다른 학파가 영향을 끼쳤을 수도 있다는 점이다.[61] 종교개혁을 다루는 훨씬 오래된 교재들은 종교개혁 직전에 '유명론'과 '아우구스티누스주의'의 대립을 이야기한다. 그러면서 종교개혁을 아우구스티누스주의가 유명론에 승리한 것으로 해석한다. 그런데 최근 중세 후기 스콜라철학의 본질에 관한 연구가 꽤 진전되었다. 이에 따르면 유명론 안에도 서로 다른 **두** 개의 학파가 있었던 것 같다. 하나는 '비아 모데르나'이고, 또 다른 하나는 '신아우구스티누스 학파scola Augustiniana moderna'다. 두 학파의 유일한 공통점은 실재론에 반대한다는 점뿐이다. 두 학파 모두 유명론의 입장에서 논리학과 인식론에 접근했지만, "어떻게 구원을 얻는가?" 하는 문제에 관해서는 신학적 입장이 근본적으로 달랐다. 엄밀히 말해서, '유명론'이라는 용어는 보편의 문제를 가리키는 것이지 특정한 신학적 입장을 가리키는 것이 아니다. 두 학파는 똑같이 보편의 필요성을 부인했다. 하지만 "인간이 어떻게 구원받을 수 있는가?" 하는 문제에는 완전히 다른 방식으로 접근했다. 한쪽은 인간의 능력에 대해 엄청나게 낙관적이었고, 다른 한쪽은 상당히 비관적이었다.

앞에서 살펴보았듯이 루터의 종교개혁에서 특히 중요하게 여겼던 칭의의 교리는 "개인이 어떻게 하나님과의 관계를 회복할 수 있는가?" 하는 질문을 다룬다. 어떻게 죄인이 의로우신 하나님께 받아들여질 수 있는가? 하나님께 받아들여지기 위해서 개인이 해야 할 일은 무엇인가? 이 질문은 아우구스티누스와 펠라기우스가 일찍이 5세기에 치열하게 논쟁했던 주제이기도 하다. 흔히 이를 '펠라기우스 논쟁'이라고 부른다.[62] 이 논쟁은 중세 시대에 여러 방식으로 재연되었다. 비아 모데르나는 펠라기우스의 입장을 지지했고, 신아우구스티누스 학파는 아우구스티누스의 입장을 지지했다.

아우구스티누스는 인간이 자신의 상황에 매몰되어 있고, 그래서 자신을 스스로 구원할 수 없다고 보았다. 외부의 도움 없이는 인간이 하나님과의 관계를 회복할 수 없다고 본 것이다. 인간이 할 수 있는 일 중에 죄의 지배를 무너뜨릴 수 있는 일은 아무것도 없다고 보았다. 다행스럽게도 아우구스티누스가 그 시대에 한 번도 접한 적 없는 이미지를 사용해 설명하자면, 자력으로 죄의 지배에서 벗어나려고 애쓰는 인간은 헤로인이나 코카인의 손아귀에서 벗어나려고 애쓰는 마약중독자와 같다. 인간 안에 있는 어떤 것으로는 이런 상황을 바꿀 수가 없다. 따라서 변화가 일어난다면, 그것은 인간이 관여할 수 없는 상황에서 일어난 변화가 틀림없다. 아우구스티누스에 따르면, 하나님은 인간이 빠진 딜레마에 개입하신다. 하나님이 그렇게 하셔야 할 이유는 전혀 없지만, 타락한 인간을 사랑하

파리: 지성의 형성

시기 때문에 하나님은 인간을 구원하시고자 예수 그리스도의 형상으로 인간이 처한 상황에 개입하셨다.

아우구스티누스는 흔히 '은혜 박사doctor gratiae'라고 불릴 정도로 '은혜'를 무척 강조했다. '은혜'는 인간을 지배하는 죄의 영향력을 자신의 의사로 끊어 내신 하나님이 자격 없는 우리 인간에게 주시는 과분한 선물이다. 인간은 오로지 하나님이 주시는 이 선물을 통해서만 구원을 얻을 수 있다. 구원은 우리 스스로 얻을 수 있는 것이 아니라 누군가가 우리에게 베풀어 주어야 하는 것이다. 그래서 아우구스티누스는 구원의 방편이 인간의 외부에, 다시 말해 하나님 안에 있다는 사실을 강조한다. 구원의 과정을 여는 이는 인간이 아니라 하나님이시다. 그러나 펠라기우스는 구원의 방편이 인간 안에 있다고 보았다. 인간 개개인에게는 자신을 구원할 능력이 있다. 인간은 죄의 포로가 된 것이 아니며, 구원에 필요한 모든 일을 수행할 능력이 있다. 구원은 선한 행실을 통해 손에 넣을 수 있는 것이며, 인간의 선한 행실에 상을 내리실 의무가 하나님께 있다고 본 것이다. 펠라기우스는 십계명처럼 구원을 성취하기 위해 인간에게 요구하는 조건이라는 관점에서 은혜를 이해하고 은혜 개념을 하찮게 만들어 버렸다. 한마디로 펠라기우스가 '개인의 공로로 말미암은 구원'을 가르쳤다면, 아우구스티누스는 '하나님의 은혜로 말미암은 구원'을 가르쳤다.

두 사람은 인간의 본성을 이해하는 관점도 전혀 달랐다. 아우구스티누스는 인간이 본질적으로 약하고 타락했으며 무능하다고 보았지만, 펠라기우스는 인간은 본래 자율적이고 자족적이라고 보았

아우구스티누스

펠라기우스를 묘사한 17세기 칼뱅주의자
의 그림

펠라기우스는 구원을 얻는 데 인간의 노력과 공적을 중요하게 여겼고, 아우구스티누스는 하나님의 절
대적 은혜를 강조하며 부딪혔다.

다. 아우구스티누스는 인간이 구원에 이르기 위해서는 하나님을 의
지할 수밖에 없다고 보았다. 그러나 펠라기우스는 구원을 얻으려면
무엇을 해야 하는지를 단순히 보여 주는 것이 하나님의 몫이고, 외
부의 도움 없이 그 조건을 충족시키는 것이 인간의 몫이라고 보았
다. 아우구스티누스는 구원을 공 없이 얻은 선물로 이해했지만, 펠
라기우스는 구원을 마땅히 받아야 할 보상으로 이해했다.

　서구 교회에서 이 논쟁이 계속 반복되면서 아우구스티누스의 입
장이 참된 그리스도인의 견해로 인정되었고, 펠라기우스의 관점은
이단으로 정죄를 받았다. 아우구스티누스의 견해는 두 개의 중요

　　　　　　　　　　　　　　　　　　　　　　파리: 지성의 형성

한 공의회, 즉 카르타고 공의회(418)와 제2차 오랑주 공의회(529)에서 규범으로 정립되었다. 그리하여 '펠라기우스주의자'라는 용어는 "인간의 능력은 과도하게 신뢰하는 반면, 하나님의 은혜는 충분히 신뢰하지 않는 사람들"이라는 뜻과 더불어 경멸의 의미가 담긴 조롱이 되었다. 종교개혁 시기에 루터는 대부분의 서구 교회가 '하나님의 은혜' 개념을 잊어버리고 펠라기우스주의에 빠져서 마치 자기 손으로 구원을 쟁취할 수 있는 것처럼 생각하고 있다고 확신했다. 그런가 하면, '신아우구스티누스 학파'는 철학의 유명론과 신학의 아우구스티누스주의를 결합시켰다. 철학적으로는 비아 모데르나와 마찬가지로 토마스 아퀴나스나 던스 스코터스의 실재론에 찬성하지 않았다. 그런데 신학적으로는 아우구스티누스의 영향을 받아 '새로운 길', 즉 비아 모데르나의 구원론과 정반대되는 구원론을 발전시켰다. 이들의 구원론은 은혜의 절대적 필요성, 인간의 타락과 죄성, 칭의에 대한 하나님의 주도권, 하나님의 예정을 철저히 강조한다. 구원은 처음부터 끝까지 **전적으로** 하나님이 행하시는 하나님의 일이라고 보았다. 비아 모데르나는 인간이 '최선을 다함'으로써 칭의로 들어가는 문을 열 수 있다고 주장했지만, 신아우구스티누스 학파는 오로지 하나님만 칭의를 시작하실 수 있다고 보았다. 비아 모데르나는 구원에 필요한 모든 자원이 인간의 본성 **안에** 있다고 주장했지만, 신아우구스티누스 학파는 그러한 자원은 오로지 인간의 본성 **밖에** 존재한다고 보았다. 이처럼 이 두 학파는 칭의에 있어서 인간과 하나님의 역할을 전혀 다른 방식으로 이해한다.

장 칼뱅의 생애와 사상

리미니의 그레고리우스가 전형적인 예라고 할 수 있는 신아우구스티누스 학파의 철학(인식론)과 신학의 주요 특성을 요약하면 다음과 같다(부득이 신학 용어를 사용하지 않을 수 없는 점에 대해 양해를 구한다).

1. 인식론상 '유명론' 또는 '명사론'을 엄격히 따름.
2. 인간의 공로나 예수 그리스도의 공로의 근거를 주지주의主知主義가 아니라 주의주의主意主義 입장에서 이해함.
3. 아우구스티누스의 저술, 특히 은혜의 교리를 집중적으로 연구한 반펠라기우스 저술을 광범위하게 활용함.
4. 구원의 역사에서 타락을 하나의 분수령으로 간주하고 원죄에 대한 시각이 대단히 비관적임.
5. 인류 구원과 관련하여 하나님의 우선권을 매우 강조함.
6. 절대적 이중 예정이라는 급진적인 교리를 따름.
7. 죄인을 의롭다 칭하고 죄인이 선을 행하는 데는 '창조된 은혜의 습성'이 필요하다고 보았던 중세 초기 저술가들의 견해를 거부함.

이 일곱 가지 기본 특징은 칼뱅의 저술에도 그대로 나타난다. 이 중에서 두 번째 특징을 좀 더 살펴보도록 하자.

로이터는 자신의 논문에서 칼뱅이 파리대학교에서 '반펠라기우스와 스코터스주의, 그리고 신아우구스티누스에 관한 새로운 관념'을 배웠다고 주장한다. 그러나 칼뱅이 존 메이저 같은 특정 인물에게 영향을 받았다고 보기보다는 중세 후기 신학의 일반적인 흐름에 영향을 받았다고 보는 견해가 타당하다. 비아 모데르나와 신아우구

스티누스 학파를 포함하여 중세 말의 전통은 전체적으로 주의론主意
論의 입장에서 공로의 근거를 이해했다.[63] 다시 말해서, 인간이 어떤
선행을 했을 때 그 행동의 공로적 가치는 그 행동이 본래 지니고 있
는 가치에 따라 결정되는 것이 아니라, 오로지 하나님이 그 행동에
부여하기로 하신 가치에 따라 결정된다고 본 것이다. 이 원리는 "제
물의 가치는 그 제물이 원래부터 지니고 있는 선한 성질에 따라 결
정되는 것이 아니라, 오직 하나님의 뜻에 따라 결정된다"는 취지로
던스 스코터스가 한 말에 잘 요약되어 있다.[64] (아주 정확한 평가라 할 수
는 없지만, 어쨌거나 던스 스코터스는 주의주의로 흘렀던 중세 말기 신학 사조의 창시자
로 여겨지는 인물이다.) 칼뱅도《기독교 강요》에서 그리스도의 공로에 대
하여 동일한 입장을 취한다. 좀 더 초기의 판본에는 이 내용이 암묵
적으로 내포되어 있다면, 1559년판에서는 이를 명시적으로 언급했
다.[65] 이 주제를 놓고 라일리우스 소키누스Laelius Socinus와 서신을 주
고받은 결과에 따른 것이다.

  1555년, 칼뱅은 그리스도의 공로와 신앙의 확신에 관하여 소키
누스가 제기한 질문들에 답했다. 그리고 그 답변들을 특별한 수정
없이 1559년판《기독교 강요》에 그대로 삽입했다. 칼뱅은 소키누
스와 서신을 주고받는 과정에서 그리스도의 공로의 근거ratio meriti
Christi에 대하여 확고히 주의주의를 지지하는 입장을 취했다. 그리스
도의 공로의 근거는 자신을 제물로 바친 그리스도의 죽음에 내재되
어 있는 것이 아니라는 점을 분명히 밝혔다. 자신을 제물로 바친 그
리스도의 행위가 인류를 구원할 충분한 공로가 된다고 하나님이 결
정하셨기 때문이라는 것이다. (전자는 주지주의 입장과 일치하고 후자는 주의

주의 입장과 일치한다.) 칼뱅은 "선하신 하나님이 기뻐하지 않으시면, 그리스도의 어떤 행위도 공로로 인정될 수 없다"고 보았다.[66] 이렇듯 칼뱅과 중세 후기 주의주의 전통 사이에는 확실히 연속성이 있다.

과거에는 칼뱅과 스코터스 사이에 존재하는 이러한 유사성을 근거로 스코터스가 칼뱅에게 직접적으로 영향을 끼쳤거나 소키누스를 통해 간접적으로 영향을 끼친 것으로 이해했다. 그래서 알렉산더 고든Alexander Gordon 은 칼뱅이 그리스도의 공로의 근거와 관련하여 스코터스의 견해를 받아들였다고 주장했다. 그리고 스코터스주의가 소키누스주의의 토대가 된다는 추측을 바탕으로 스코터스부터 칼뱅에 이르기까지 이 사조가 어떻게 발전해 나갔는지를 추적했다.[67] 그러나 사실 칼뱅에게서 엿보이는 이런 연속성은 오컴의 윌리엄과 리미니의 그레고리우스에게서 비롯된 중세 후기 주의주의 전통 때문이다. 스코터스는 이 과정에서 전환점의 역할을 했을 뿐이다. 하나님이 자비로운 마음으로 그리스도의 희생 제사를 인류 구원을 위한 공로로 받아들이기로 정하지 않으셨더라면, 그리스도의 희생 제사가 갖는 공로의 성격을 설명할 근거가 전혀 없었을 것이다. 이처럼 그 연속성을 어떻게 설명하든지 간에, 칼뱅과 중세 말기 전통 사이에 연속성이 존재하는 것만은 분명하다.

위에서 언급한 신 아우구스티누스 학파의 일곱 가지 특징에는 로이터가 존 메이저의 영향이라고 주장했던 칼뱅의 일부 사상이 포함되어 있다.[68] 《명제집 해설》 1권 서문에서 메이저가 신학자 세 사람에게 빚을 졌다고 솔직하게 인정하고 있는 점에서 이는 의미가 있다. 그 세 사람은 스코터스와 오컴의 윌리엄, 리미니의 그레고리우

파리: 지성의 형성

스다.[69] 그러므로 만약 칼뱅이 학문적인 아우구스티누스주의를 익히 알지 못했다면, 모교였던 파리대학교에서 발전한 이 신학 사조의 주요 특성을 자신의 책에 그대로 반복한 것은 정말 놀라운 우연의 일치라고 해야 할 것이다. 사실, 이런 견해를 접하기 위해 굳이 신학 강의를 들을 필요도 없었다. 파리대학교에는 그레고리우스의 《주해서Commentary》 1482년판, 1487년판, 1520년판 이렇게 세 개가 돌아다녔고, 마지막 판본이 등장한 것은 칼뱅이 파리대학교에 입학하기 직전이다.[70] 만약 칼뱅이 동시대인들이 그랬던 것처럼 폭넓은 독서 생활을 했다면, 파리대학교에서 유명론을 대표하는 두 명의 선생 중 한 명이 집필한 책으로 논리와 신학의 표준이라 할 수 있는 이 작품에도 분명히 관심을 가졌을 것이다.[71] 실제로 로이터는 칼뱅이 파리대학교에 다니는 동안 개인 공부나 독서를 통해 신학 공부를 어느 정도 했다는 의견을 제시하기도 했다.[72] 다만, 로이터는 신아우구스티누스 학파의 정체성과 특징을 밝히지 못한 상태에서 논문을 제출했고, 이로 인한 불필요한 보조 가설들(메이저와의 개인적 만남과 같은) 때문에 이론이 크게 흔들렸다. 그러므로 칼뱅이 제시한 구원 신학의 주요 주제에 파리대학교에서 접한 사조가 반영되었을 가능성에 주목하는 것은 흥미로운 일이다. 그러나 우리가 칼뱅의 파리 시절에 관하여 단편적으로밖에 알지 못한다는 사실을 감안할 때, 이 가능성을 확인하는 조사를 엄밀하게 수행하는 것이 불가능하다는 점도 잊지 말아야 한다. 그럼에도 이러한 가능성은 칼뱅이 중세의 전통과 완전히 절연한 것이 아니라, 흠잡을 데 없는 중세의 내력 가운데 여러 신학적·철학적 입장을 받아들였다는 사실을 상기시켜 준다.

장 칼뱅의 생애와 사상

루터주의에 대한 편견

1523년 한 해 동안 신학부에서는 101번의 회의를 했다. 이는 한 해 30번 남짓한 통상적인 회의 횟수를 크게 상회하는 수치다. 이렇게 회의를 자주 한 이유는 거리상으로도 멀리 떨어져 있고 이름도 생소한 마르틴 루터 때문이었다. 루터의 사상은 파리시와 대학과 교회에 폭풍을 몰고 올 정도로 위협적이었다. 루터주의는 실제로 도시와 대학의 업무를 마비시켰고, 파리시에서 학식 있는 사람 중에 루터의 사상을 한 번도 접하지 않은 사람을 찾기 어려웠다. 일찍이 1519년에 파리 엘리트 지식인들 가운데 마르틴 루터의 저술을 적극적으로 찾아 읽는 독자층이 상당히 탄탄하다는 사실이 동시대의 증언을 통해 밝혀졌다. 의도는 선했으나 입에서 입으로 전해지면서 선정적인 종교 가십으로 자주 왜곡되고 과장된 버전이 유통되었고, 심지어 진짜 루터의 사상보다 더 널리 퍼져 나갔다.

도시와 대학 곳곳에서 사람들이 계속 루터의 사상에 매혹되자 이 새로운 사상에는 곧 '이단'이라는 꼬리표가 붙었다. 1523년 7월 14일에 소집된 신학부 회의에는 역대 최고로 많은 인원이 참석했고, 이 자리에서 피에르 리제Pierre Lizet는 왕을 대신해 루터주의의 해악을 규탄했다.[73] 그로부터 3주 뒤, 루터의 저작을 읽고 논평했다는 죄목으로 아우구스티누스회 수도사 장 발리에르Jean Vallière가 화형을 당했다. 1526년 12월 4일에는 일곱 사람이 악마 복장을 하고 파리 시내를 행진했다. 여자 한 명이 말을 타고 선두에 섰고 신학 박사 복장을 한 남자들이 주변을 둘러쌌다. 옷 앞면과 뒷면에는 '루터 교

━━ 마르틴 루터와 요한 에크 사이에 벌어진 라이프치히 논쟁

도'라는 글자가 크게 새겨져 있었다.[74]

　루터주의에 대한 우려가 처음 제기된 때는 1519년으로 거슬러 올라간다. 루터와 요한 에크Johann Eck가 벌인 라이프치히 논쟁의 여파였다. 이 토론에서 루터는 가톨릭의 핵심이 되는 가르침들을 문제 삼았다. 두 사람은 각자의 입장에 대해 에르푸르트대학교와 파리대학교의 평가를 받아야 한다는 데 동의했다. 에르푸르트대학교는 이 절차에 참여할 의사가 없다고 밝혔다. 파리대학교의 경우 처음에는 아무런 반응도 보이지 않았다. 그래서 일부에서는 파리대학교가 이 문제에 연루되기를 원치 않는다고 생각했다. 파리대학교는 로마 교황권의 간섭을 거부하고 프랑스 교회의 완벽한 자유를 주장하는 '갈리아주의'의 중심지였다. 볼로냐 협약(1516)이 너무나도 소

　　　　　　　　　　　　　　장 칼뱅의 생애와 사상

중한 '프랑스 교회의 자유'를 훼손하고, 파리대학교와 파리 파를러 망(고등법원)의 독립성을 희생시켜 프랑스 국왕과 교황의 권한을 강화하는 것으로 인식하는 이들이 많았다. 파리대학교는 볼로냐 협약의 인쇄 및 배포를 허락하지 않았다. 그 결과 1518년에는 교황의 권한 문제가 학계에서 논란이 되었다. 교황권의 본질은 라이프치히 논쟁에서 다룬 주요 쟁점 중 하나였고, 이 때문에 파리대학교는 난처한 상황에 처했다. 만약 교황의 권한을 문제 삼은 루터를 비난하면, 수 세기에 걸쳐 고수해 온 갈리아주의 전통에서 한발 물러서는 것처럼 보일 우려가 있었다.[75] 당대의 기록들은 1520년에 교수회가 여러 번 소집되었고 난항을 겪었음을 보여 준다.[76] 루터의 등장으로 파리대학교가 안고 있던 내부 문제는 부지불식간에 사라졌다. 루터는 1520년에 개혁을 주장하는 세 편의 논문을 발표했고, 파리대학교는 루터의 견해를 받아들일 수 없는 이유를 어렵지 않게 찾아냈다.

1521년 4월 15일, 104가지 항목으로 루터를 조목조목 비난하는 문서가 최종 승인되었다. 오늘날 파리의 〈결정Determinatio〉으로 알려진 문서다.[77] 파리대학교는 이 문서를 통해 루터가 마르키온, 아리우스, 위클리프와 같은 이단의 대열에 합류했다고 주장했다. 심지어 옛 이단들을 부활시키는 데서 만족하지 않고 뻔뻔스럽게도 새로운 이단을 만들어 냈다고 힐난했다. 파리대학교 신학부에서는 루터를 옛 이단들과 하나로 묶는 논박 전략을 택했다. 그래서 이미 이단으로 의심해 온 사상들과 루터의 사상 사이에 역사적·신학적 연속성이 존재한다는 주장을 펼쳤다.[78] 그러나 파리대학교의 〈결정〉이 라이프치히 논쟁의 핵심 쟁점이었던 교황의 수위권首位權 문제를 해결

파리: 지성의 형성

하지 못했다는 점은 매우 중요하다(당연한 결과다).

파리대학교의 〈결정〉은 많은 주목을 받았다. 1524년에는 라틴어 판이 아홉 번이나 재판을 찍었고, 네덜란드어와 독일어로도 번역되었다. 파리대학교에서 루터를 비판하고 나서자 역설적으로 루터의 사상에 대한 관심은 점점 더 높아졌다. 칼뱅이 파리대학교에 다니던 때에 루터 문제는 신학부의 주요 의제였고, 당연히 회의는 길어질 수밖에 없었다. 장황하고 신랄한 비판이 오갔으며, 최소 15명의 교수가 이단 혐의를 받았다(전체 숫자가 80명을 넘지 않았다). 정작 루터가 불러일으킨 위협의 성질과 의의는 제대로 이해하지 못했지만, 그럼에도 신학부는 루터로 말미암은 위협 앞에서 적어도 겉으로 보기에는 단결된 모습을 유지할 수 있었다. 루터의 사상과 인문주의자 또는 개혁 성향의 프랑스 성직자의 사상 사이에는 유사점이 있었다. 그러나 이러한 유사성을 전자가 정통이라는 징표로 보지 않고 후자가 이단이라는 징표로 보는 이들이 점점 많아졌다. 그리하여 보수적인 교계에서는 루터의 이름만 들어도 증오심을 드러냈다.[79] 처음에는 비판에 맞서 인문주의를 옹호하던 프랑수아 1세도 시간이 지날수록 루터주의가 왕국의 안정에 위협이 된다는 생각을 하게 되었다. 이런 태도가 행동으로 표출되는 계기가 된 것은 1534년 10월 벽보 사건이지만, 기원을 따져 보면 칼뱅이 파리에서 공부하던 시기까지 거슬러 올라간다.

그럼에도 파리대학가에서 루터의 사상을 접할 기회는 아주 많았고, 이에 대해 신학부는 적대적인 반응을 보였다. 칼뱅이 파리대학교에서 공부하던 시기에 루터주의를 피해 다니기는 어려웠을 것이

장 칼뱅의 생애와 사상

다. 루터주의를 만들어 낸 색슨족 출신의 신비로운 인물에 관한 각종 추측과 소문도 접했을 게 틀림없다. 파리 시내에서 참회 행진과 시위 행진, 이단 공개 처형이 이루어졌고, 신학부에만 국한되지 않고 파리대학교 곳곳에서 루터주의를 격렬히 비판하는 목소리가 울려 퍼졌다. 따라서 젊은 칼뱅이 비록 왜곡된 형태였을지라도 타국에서 건너온 이 이단의 근본 사상들 가운데 적어도 몇 가지는 접했을 가능성이 있다. 아마도 칼뱅은 루터주의에 관한 대중의 관심과 보수적인 파리 학계의 반감을 모두 보고 듣고 느꼈을 것이다. 그러나 다시금 인정할 수밖에 없는 사실은 칼뱅이 루터의 사상을 언제 어떤 형태로 처음 접했는지 알 길이 없다는 점이다.

칼뱅의 파리 시절을 논할 때는 늘 '불확실함'이라는 단어가 따라다닌다. 칼뱅이 파리에 머문 시기도 불확실하고, 파리에서의 학창 시절이 경력과 사상의 발전에 얼마나 중요하고 얼마만큼 의미가 있는 것인지도 불확실하다. 그래서 역사가들은 칼뱅이 일반적인 패턴과 일치하기를 바라며 쉽게 일반화하고픈 유혹을 계속 받는다. 그러나 다행스럽게도 파리 학창 시절이 칼뱅의 사상을 형성하는 데 결정적인 역할을 한 것은 아니라고 추측할 만한 근거가 있다. 몇 줄 안 되는 칼뱅의 회고에 따르면, 칼뱅은 파리대학교를 라틴어를 익힌 곳 정도로만 생각한 것 같다. 그러나 칼뱅의 추론 능력과 분석 능력은 파리대학교에 다니는 동안 유명론을 대표하는 선생들에게 엄격한 훈련을 받은 덕분이라고 보는 것이 타당하다. 칼뱅이 파리대학교에서 상당히 논리적이고 철학적인 사조를 흡수했음은 틀림없는 사실이다. 그러나 이러한 사조는 그 시대의 관습적인 학술 지

파리: 지성의 형성

식의 소산일 뿐이었고, 여기에서는 훗날 칼뱅에게서 나타나는 급진적인 성격을 찾기가 어렵다. 그러니 이제 오를레앙대학교와 부르주대학교로 시선을 돌려 보자. 아마도 칼뱅은 이 두 대학을 통해 전혀 다른 지적 세계에 발을 들였을 것이다. 많은 역사가들은 바로 이 시기에 칼뱅이 그의 정신에 크나큰 영향을 끼친 인물들과 방법론과 사상을 접하고 결국 개혁에 뜻을 품게 되었을 것으로 추측한다.

장 칼뱅의 생애와 사상

3 방황의 시기: 오를레앙, 그리고 인문주의와의 만남

1520년대 후반의 어느 시점, 아마도 1526년부터 1528년 사이에 교양학부를 졸업한 칼뱅은 오를레앙대학교에서 '프랑스 법률가들의 황태자' 피에르 드 레투알Pierre de L'Estoile한테 민법을 배우기 위해 파리를 떠났다.[1] 칼뱅이 법률을 공부하기로 마음먹은 이유는 명확하지 않다. 초기 전기 작가들은 신학과 전혀 다른 진로를 선택한 이유를 두고 몇 가지 가능성을 제시한다. 칼뱅의 아버지 또는 훗날 종교개혁에 뛰어든 피에르 올리베탕Pierre Olivétan의 영향일 것이라는 의견도 있고, 신학에 대한 환멸이 갈수록 커져서 그랬을 것이라는 의견도 있다. '진정한 종교'의 본질을 인식하면서 진로를 바꾸었을 것이라는 주장도 있다.[2] 칼뱅이 오를레앙대학교로 옮긴 이유는 정확히 알기 어렵다. 하지만 칼뱅이 발을 들인 새로운 지성계에 관해서는 관련 증거가 비교적 많은 편이라 이해하기 어렵지 않다. 오를레앙대학교, 그리고 나중에 들어간 부르주대학교에서 칼뱅은 인문주의의 한 유형을 접한다. 인문주의는 칼뱅의 상상력을 자극했고, 나중에 칼뱅은 인문주의를 자신의 특수한 목적에 맞추어 활용한다.

중요한 여러 측면에서 오를레앙대학교는 파리대학교와 달랐다. 종합대학이 아니었고, 1512년에 근본적인 개혁을 단행했고, 학부도 법학부 하나뿐이었으며 교회법보다 민법을 중점적으로 다루었다. 에라스뮈스도 1500년에 6개월간 오를레앙대학교에서 공부했는데, 훗날 그때의 경험을 회고하며 약간의 불쾌감을 드러냈다. 에라스뮈스는 아쿠르시우스 Accursius 와 바르톨루스 Bartolus 때문에 자기 인생이 비참해졌다고 했다. 로마법의 고전이라 할 수 있는《유스티니아누스의 법률 원론 Institutiones Justiniani》을 공부한 것은 좋았지만, 대신에 후기 주석가들이 써 놓은 장황하고 복잡한 내용들을 이해하기 위해 머리를 싸매야 했기 때문이다. 중세 주석가들은 원문 행간과 여백에 해설을 빽빽하게 휘갈겨 쓰는 방식으로 진지하게 작업에 몰두했다. 아쿠르시우스와 바르톨루스 같은 주석자들은 여백과 행간에 주석을 다는 기술을 개발했고, 나중에는 원문보다 주석이 훨씬 더 중요하게 취급되었다.

신학 분야에서도 이러한 발전에 필적할 만한 흐름이 생겨났다. 성경 원문에 자신의 해석과 설명을 달 수 있는 중세 성경 주석가는 얼마든지 있었다. 후기 암흑시대가 시작될 때부터 성경에 주석을 다는 기술이 차츰 더 체계화되었다. 주석가 세대가 축적해 둔 해설과 주해와 여담이 그 자체로 권위를 갖게 되면서, 주석은 사실상 기본 토대였던 성서 원문에서 떨어져 나와 독립된 장르를 이루었다.[3] 그림에 물감을 덧칠하듯 주석에 주석이 달렸다. 성경 주해서는 행간이나 여백에 달던 전통적인 주석을 재생산하는 것에 지나지 않을 때가 많았다. 그러나 인문주의가 부상하면서 이 모든 것이 바뀌기

장 칼뱅의 생애와 사상

시작했다.

인문주의의 본질

20세기에 '인문주의'라는 용어는 하나님과는 아무 관계없이 인간의 존엄성을 긍정하는 철학 또는 인생관을 의미한다. '인문주의'에는 세속주의자, 심지어 무신론자라는 뜻이 아주 강하게 함축되어 있다. 그러므로 종교개혁 시기에 '인문주의의 발흥'을 이야기하는 것은 종교와 무신론의 대결을 암시하는 것처럼 보인다. 그러나이 대결은 한 번도 실현된 적이 없다. 르네상스는 계몽운동이 아니었다. 14세기 또는 15세기, 또는 16세기의 인문주의자 중에 오늘날우리가 생각하는 방식으로 '인문주의'를 이해한 사람은 아무도 없었고, 설사 있다손 치더라도 극소수에 불과했다. 사실 그들은 일반적으로 대단히 신앙심이 깊었고, 기독교 신앙과 교회의 **폐지**가 아니라 **갱신**에 관심이 있었다.[4]

'인문주의'라는 용어는 1808년에 독일 교육학자 프리드리히 니트함머Friedrich Niethammer가 그리스어와 라틴어 고전을 강조하는 교육을 일컫는 말로 만들었다. 니트함머는 갈수록 자연과학과 기술에역점을 두는 독일의 중등교육 체계를 매우 불안해했고, 이러한 교육체계가 불러올 비인간화 현상을 줄이는 방법은 인문학 연구에 몰두하는 것뿐이라고 생각했다. 흥미롭게도 정작 르네상스 시대에는이 용어가 사용되지 않았다. 대신에 이탈리아어 단어 '위마니스타

umanista'는 종종 접할 수 있었다. 이 단어는 시, 문법, 수사학과 같은 '인문학' 또는 '교양과정'을 가르치는 대학 교수들을 가리킨다. 이탈리아 르네상스 시대의 저명한 인문주의자들이 남긴 저술들을 연구해 보니 이들은 공통적으로 수사修辭에 관심이 많았다. 인문주의자들에게 공통된 집필 주제가 있다면, 글을 쓰는 능력과 웅변 능력을 키우도록 장려하는 것이었다. 그리스어와 라틴어 고전은 이 야심차고 미학적인 프로그램의 모델이자 재료였다.

이탈리아 르네상스의 특색을 잘 나타내는 고전학의 발흥은 옛것의 문화적 가치와 규범을 재발견하는 것에 새로운 관심이 생겼음을 보여 준다. 고전 문화와 문명을 현시대의 자원으로 간주하기 시작했다. 그리스어와 라틴어로 된 저술들을 원어로 공부하는 이들이 많아졌다. 그러나 이런 고전 공부는 **그 자체가 목적**이 아니라 **목적을 이루기 위한 하나의 수단**이었다. 인문주의자들은 고전을 막힘없고 힘찬 문장의 모범으로 여기고 영감과 가르침을 얻기 위해 고전을 공부했다. 고전 공부와 언어 능력은 고대의 자원을 개발하는 도구에 지나지 않았다. 여러 번 지적했듯이, 인문주의자들의 저술을 살펴보면 고전학이나 문헌학을 다루는 글보다 수사학을 다루는 글이 질적으로도 뛰어나고 양적으로도 많았다.

인문주의자들은 공통의 견해를 공유하는 사람들이 아니라 인간이 어떻게 이런저런 견해에 도달하게 되는가에 관한 시각을 공유하는 사람들이다. 이 점을 제대로 인식할 때 비로소 우리는 '인문주의'가 여러 이종異種으로 이루어져 있었다는, 심히 불온하고 혼란스러운 사실을 이해하고 수용할 수 있다. 예를 들어, 인문주의 저술가

중에는 플라톤 철학을 신봉하는 자들이 많았지만, 개중에는 아리스토텔레스 철학을 지지하는 이들도 있었다. 그래서 인문주의가 철학적으로 동종同種이라고 생각하는 사람들은 파도바대학교처럼 르네상스 시대 내내 고집스럽게 아리스토텔레스 철학을 고수했던 인문주의자들을 만날 때마다 난관에 부딪힐 수밖에 없다.[5] 이탈리아 인문주의자들 중에는 반反종교적 태도를 보이는 이들도 있었지만, 신앙심이 매우 깊은 이들도 있었다. 어떤 인문주의자들은 공화제를 지지했지만, 또 어떤 이들은 강경하게 군주제를 지지했다. 최근 연구들은 인문주의의 덜 매력적인 면에 주목하기도 한다. 인문주의자 중에는 마법과 미신에 집착하는 이들도 더러 있었다. 우리가 이제껏 생각해 온 인문주의와는 어울리지 않는 모습이다. '인문주의'는 어떤 일관되고 독특한 철학을 가지고 있지 않다. 인문주의를 지배하고 특징 짓는 단일한 종교 사상이나 철학 사상이나 정치 사상은 존재하지 않는다. 따라서 어떤 저술가를 가리켜 '인문주의자'라고 명명한다 해도 이 용어는 그의 철학관이나 정치관이나 종교관에 관한 필수 정보를 하나도 알려 주지 못한다. "그는 인문주의자다"라는 말에서 알 수 있는 사실은 두 가지뿐이다. 첫째는 그가 그리스·로마 시대의 문헌을 자산으로 삼아 새로운 사상을 전개했다는 점이고, 둘째는 그가 새로운 사상을 표현할 때 고대의 방식을 염두에 두었다는 점이다.

요컨대, 인문주의는 어떤 사상의 정확한 성질에 관한 것이 아니라, **어떻게 해서 그러한 사상을 갖게 되었으며 그 사상을 어떻게 표현했는가**에 관한 문제였다. 인문주의자는 플라톤 철학을 지지하는 사람일 수도 있고 아리스토텔레스 철학을 지지하는 사람일 수도 있지만, 어느 쪽이든 그들의 사상은 그리스·로마 시대에서 유래한 것이다. 인문주의자는 회의론자일 수도 있고 신자일 수도 있지만, 어느 쪽이든 그들의 태도는 고대로부터 옹호를 받을 수 있다. 르네상스 인문주의의 특징인 사상의 다양성은 이들 '사상이 어디에서 유래되어 어떻게 표현되는가'에 관한 전반적 합의에 기초한다.

　인문주의는 르네상스 시대 이탈리아에서 그 기원을 찾을 수 있지만 기동성이 매우 뛰어났다. 북유럽 인문주의가 발달하는 매 단계마다 이탈리아 인문주의에 결정적인 영향을 받았다는 사실이 갈수록 분명해지고 있다. 설사 이탈리아 인문주의와 관계없이 발원한 토착 인문주의 운동이 북유럽에 있었다 할지라도(그랬을 가능성은 거의 없지만), 나중에 이탈리아 인문주의에 결정적인 영향을 받았다는 명확한 증거가 있다. 이탈리아 르네상스의 방법론과 이상을 북유럽에 확산시킨 세 가지 주요 통로가 확인되었다.[6] 첫 번째 통로는 이탈리아를 향해 남쪽으로 이동한 북유럽 학자들이었다. 아마도 이들은 이탈리아 대학에서 공부하기 위해서, 또는 외교사절의 일환으로 이탈리아에 갔을 것이다. 이들은 고국에 돌아올 때 르네상스의 정신을 함께 가져왔다. 두 번째 통로는 이탈리아 인문주의자들과의 서신 교환이었다. 북유럽 지역 대부분을 포괄할 정도로 서신 교환의 범위가 상당히 넓었다. 인문주의는 글을 통해 이성理性에 호소하는 힘을 기르는 데 관심이 있었고, 편지 쓰기를 르네상스의 이상理想을 구현하고 퍼뜨리는 수단으로 여겼다. 세 번째 통로는 베네치아에 있던 알디네 출판사 같은 곳에서 출간한 책이었다. 북유럽 출판

16세기 인문주의자와 종교개혁가들에게 큰 영향을 끼친 에라스뮈스의 《그리스도인 군사의 지침서》는 신앙적으로 탄탄하게 무장한 평신도의 중요성을 설파했다.

사들은 이런 책들을 재출간했다. 특히 스위스 바젤에 있는 출판사들이 이 일에 앞장섰다.[7] 이탈리아 인문주의자들은 자신이 쓴 책을 북유럽에 사는 후원자들에게 헌정했고, 덕분에 그 저술들은 합당한 이들의 주목을 받고 그들에게 보급되었다. 르네상스 인문주의의 기저에 깔려 있는 일반 원칙은 "원전으로 돌아가자"라는 표어로 요약할 수 있다. 그리스·로마 시대의 문화적 영광을 직접 맛보기 위해 원전으로 돌아감으로써 중세 시대의 지적 침체와 저열함을 피해갈 수 있다고 본 것이다. 문학적 운치도 없고 개념적 혼동만 부추기는 중세의 성경 주석을 붙들고 씨름하는 대신, 성서 본문으로 돌아가서 원문의 생생함과 활력을 되찾을 필요가 있었다. 인문주의자들이 여기에 필요한 자원을 이용할 수 있게 되면서 후기 르네상스 시대에는 이 꿈이 곧 실현될 것처럼 보였다. 이 부분에서 특히 중요한 저작이 에라스뮈스가 쓴 《그리스도인 군사의 지침서》라는 책이다.[8] 이 작품은 1503년에 처음 출간되었고 이후 1509년에 재출간되었지만, 실제로 영향력을 발휘하기 시작한 것은 세 번째로 출간된 1515년부터다. 그로부터 6년간 이 책은 내리 23판을 찍을 정도로 추종 독자가 늘어났다. 이 책의 핵심 독자층은 교육받은 남녀 평신도였다. 에라스뮈스는 이들이야말로 교회의 진정한 보물이라고 생각했다. 1515년 이후 이 책의 놀라운 인기는 교육받은 평신도의 기대와 자신감에 근본적인 변화가 일어났음을 암시한다. 또한 《그리스도인 군사의 지침서》가 베스트셀러가 되고 얼마 되지 않은 시점에 취리히(1519)와 비텐베르크(1517)에서 개혁을 외치는 소리가 울려 퍼졌다는 사실 역시 간과해서는 안 된다. 또한 에라스뮈스의 성공은 급진적인 새로운 사상을 퍼뜨리는 수단으로써 인쇄물의 중요성을 보여 준다. 칼뱅은 자신의 때가 왔을 때 이 점을 간과하지 않고 개혁 사상을 전파하는 데 이를 적극 활용했다.

에라스뮈스의 《그리스도인 군사의 지침서》는 다 함께 성경과 교부들의 저서로 돌아감으로써 교회는 개혁될 수 있고 개혁되어야만 한다는 아주 매력적인 논지를 펼쳤다. 에라스뮈스는 교회 갱신과 개혁의 열쇠로 규칙적인 성경 읽기를 제시했다. 에라스뮈스는 《그리스도인 군사의 지침서》를, 평신도를 성경으로 인도하는 입문서로 생각하고, 단순하되 학구적으로 '그리스도의 철학'을 해설했다. 에라스뮈스의 노력 덕분에 중세 주석가들이 제공하는 고인 물을 한쪽으로 치우고, 각자가 원천에서 신선한 물을 직접 떠서 깊이 들이

장 칼뱅의 생애와 사상

컬 수 있게 되었다. 그런데 원천에서 물을 길으려면 우선 언어를 알아야 했다. 고전을 읽으려면 라틴어와 그리스어를 알아야 했고, 구약성경을 공부하려면 히브리어도 알아야 했다. 또한 기독교 신앙의 기초가 되는 원어 저술들에 접근할 수 있어야 했다.

이런 시장의 요구에 따라 인문주의 교육가들 사이에서 소규모 산업이 발달했다. 이들은 문법 입문서와 어휘 설명서를 출간했고, 고전에 담긴 지혜를 맛보려는 대중의 욕구가 발달하는 것에 발맞춰 문법과 어휘 해설을 한 권으로 묶어 내기도 했다. 칼뱅은 그런 도구를 이용할 수 있는 많은 사람 중 하나였다. 오를레앙에서 멜히오어 볼마어Melchior Wolmar로부터 그리스어를 배웠기 때문이다.

로테르담의 에라스뮈스는 교부들의 저서를 연이어 펴냄으로써 편집 작업에서 위대한 업적을 이뤄 냈다. 그 시대로서는 실로 경이로운 성과였다. 에라스뮈스가 펴낸 아우구스티누스의 저술은 1506년에 나온 11권짜리 아머바흐판版에 비교할 수는 없지만, 히에로니무스Hieronymus의 저술만큼은 지적 감탄을 불러일으키는 위대한 작품으로 간주되었다. 그러나 무엇보다 중요한 업적은 1516년에 신약성경을 원어인 그리스어로 펴낸 것이다.[9] 덕분에 신학자들에게는 난생처음으로 불가타 역본을 그리스어로 된 신약성경 원문과 비교해 볼 기회가 생겼다. 이런 비교 작업의 결과로 '공식' 라틴어 성경인 불가타 역본의 신뢰성에 대한 확신이 사라졌다.

중세 신학자들이 '성서 본문'을 언급할 때, 그것은 거의 언제나 '불가타 역본의 본문'을 의미했다. 이 본문의 표준 판본은 1226년 파리대학교 일부 신학자들의 합작 투자 사업의 결과라 할 수 있는

방황의 시기: 오를레앙, 그리고 인문주의와의 만남

불가타 '파리 버전'이었다. 그때까지 파리는 유럽에서 가장 중요한 신학 중심지로 인정받았다. 따라서 명백한 오류와 결함을 수정하려는 시도가 있었음에도 불구하고, 불가타 '파리 버전'이 표준으로서의 지위를 확립한 것은 필연적인 결과였다. 교회와 관련된 어떤 인물도 '파리 버전'을 의뢰하거나 후원하지 않았다는 점을 강조할 필요가 있다. 파리 버전은 순전히 상업적인 선택으로 보인다. 그래서 성서에 기초하여 자신의 신학을 전개하려던 중세 신학자들은 이미 결함이 있는 라틴어 번역판에 오류를 더한 상업적 판본을 '성서 본문'으로 취급할 수밖에 없었다. 본문과 언어를 다루는 인문주의자들의 기술이 향상되면서 불가타 역본과 그것의 원전으로 짐작되는 원문 사이에 깜짝 놀랄 만한 차이가 드러났고, 이로써 교리 개혁의 길이 열렸다. '성서 본문'과 '불가타 역본의 본문'을 더 이상 동일한 것으로 간주할 수 없게 된 것이다.

에라스뮈스는 불가타 역본이 그리스어로 된 신약성경 원문을 번역할 때 신학적으로 아주 중요한 부분들을 대단히 부정확하게 옮겼다는 사실을 보여 주었다. 중세 교회의 관습과 신념들 다수가 불가타 역본 본문에 기초했다. 따라서 기존 관습과 신념을 지키고 싶었던 보수파는 에라스뮈스의 주장에 대경실색했고, 기존 관습과 신념을 없애고 싶었던 개혁파는 크게 기뻐했다. 에라스뮈스의 인문주의 성서 연구와 종교개혁의 연관성을 보여 주는 두 가지 사례가 있다.

불가타 역본은 예수가 사역을 시작하면서 한 말이 명확히 '고해 성사'를 언급한 것으로 번역했다. "**고해하여라**do penance. 하늘나라가 가까이 왔다"(마 4:17). 이에 대해 에라스뮈스는 그리스어 원문을

장 칼뱅의 생애와 사상

"회개하여라repent. 하늘나라가 가까이 왔다"라고 번역해야 한다고 지적했다. 에라스뮈스는 불가타 역본이 고해성사라는 교회 의식을 언급한 것처럼 번역한 구절이 실상은 개인의 내적 태도, 즉 '회개하는' 태도를 언급한 것이라고 주장했다. 따라서 이는 기존 교회 의식의 필요성과 타당성에 중대한 이의를 제기한 셈이었다.

중세 신학자들이 초대교회의 신중한 견해를 뛰어넘어 훨씬 더 발전시킨 또 하나의 신학 영역은 예수의 어머니 마리아와 관련이 있다. 중세 후기의 많은 신학자는 마리아를 필요할 때 두드릴 수 있는 은혜의 보고寶庫처럼 다루어야 마땅하다고 보았다. 이들이 이런 견해를 갖게 된 부분적인 이유는 마리아에게 천사 가브리엘이 한 말(눅 1:28)을 불가타 역본이 번역한 방식 때문이다. 불가타 역본에 따르면, 가브리엘은 마리아에게 "은혜가 충만한gratia plena 자여"라며 인사를 건넸다. 여기에 은혜의 보고寶庫라는 이미지가 담겨 있다고 본 것이다. 그러나 에라스뮈스가 지적한 대로, 그리스어로 된 원문은 단순히 '호의를 받은 자' 또는 '호의를 입은 자'를 의미한다. 이 역시 중세 신학에서 발전시킨 중요한 부분이 인문주의 신약 연구와 모순되는 듯했다.

뒤에서 우리는 칼뱅이 성서 해석을 위해 인문주의 언어 기술과 원문 분석 기술을 통달했음을 확인하게 될 것이다. 그러나 지금 우리의 관심사는 칼뱅이 오를레앙과 부르주에서 접한 특정 유형의 인문주의에 관한 것이다. '원전으로' 직접 나아가자는 인문주의 프로그램 때문에 주석과 주해를 참을 수 없어 하는 경향이 강해졌다. 주석과 주해를 유용한 학업 도구로 보지 않고, 오히려 원문 해석에 방

방황의 시기: 오를레앙, 그리고 인문주의와의 만남

해가 되는 걸림돌로 간주하는 경향이 갈수록 심해진 것이다. 주석은 마치 독자와 원문 사이에 끼워진 왜곡된 필터 같았다.

모자이크의 형태를 알아보기 어렵게 켜켜이 쌓인 먼지나 벽화에 덧칠한 페인트 같기도 했다. 귀중한 원본에 접근하는 것을 거부하거나 방해하는 존재에 불과했다. '복원'을 통해 중세 옥스퍼드를 파괴했던 빅토리아시대 건축가들과 달리, 주석가들은 원문과 당대 독자 사이에 끼어들기만 했다. 그런데 이제는 주석가들을 한쪽으로 밀쳐 두고, 그들이 작성한 주석에 더럽혀지지 않은 원문(그것이 신약성경이든 유스티니아누스 법전이든)을 직접 읽을 수 있게 된 것이다. 새로운 연구 방식에 자신감이 붙으면서 로마법을 연구하는 인문주의자들이 아쿠르시우스와 그 밖의 다른 주석가들의 신뢰도에 의문을 제기하기 시작했다. 스페인의 위대한 학자 안토니오 데 네브리하Antonio de Nebrija는 아쿠르시우스의 주석에서 찾아낸 오류를 상세히 설명한 책을 출간했고, 프랑수아 라블레는 '아쿠르시우스의 부적절한 견해'를 경멸하는 글을 썼다. 이로써 프랑스의 법률 인문주의의 토대가 탄탄하게 확립되었다.

프랑스의 법률적 인문주의

16세기 프랑스에서는 법률 연구에 근본적인 변화가 일어나고 있었다. 남부 지방에서는 로마법의 미세한 점 하나까지도 절대 놓치지 않았지만, 북부 지방에서는 로마법이 '나라의 관습'에 지나지 않았다. 북부 지방에서 '법'은 사실상 문서로 작성되지 않았거나 조문으로 규정되지 않은 관습과 동일시되었다. 프랑수아 1세 치하의 프랑스 절대왕정은 행정상의 중앙집권화 경향이 심해지면서 이런 법률의 다양성을 시대착오적이라고 생각했다. 그래서 법률 개혁 과정에 속도를 내기 위해서 보편 원칙에 기초한 일반 법계法系의 이론적 토대를 구축하는 이들을 후원했다. 법률 개혁 과정은 결국 프랑스 전역에 효력이 미치는 보편적인 법률제도를 체계화하는 것으로 이어질 터였기 때문이다.[10] 기욤 뷔데Guillaume Budé는 이런 법학자들 중 하나였다. 뷔데는 수사적修辭的으로나 경제적으로나 새로운 법률을 요구하는 프랑스의 필요를 만족시키려면 로마법으로 돌아가야 한다고 주장했다. 프랑스는 중세 법학자들이 쓴 주석과 주해에 따라 고대 법률 문서를 읽어 나가는 '이탈리아의 관습'과 대조적으로 고대 법률 문서를 원어 그대로 읽는 '프랑스의 관습'을 발전시켰다.[11] 오를레앙과 부르주의 '법학자들'에게는 부활한 로마법을 집행할 권한이 없었다. 하지만 고전 문서를 해석하는 데 따르는 이론상의 문제를 처리하는 법학자들의 자질과 현재의 필요를 만족시켜야 하는 법률 전환 작업 덕분에 뷔데 같은 법학자들이 그 시대의 지성들 가운데서도 가장 중요한 존재로 우뚝 설 수 있었다.

비록 이를 뒷받침할 문헌 증거는 없지만, 아마도 칼뱅은 1528년에 오를레앙에 도착했을 것이다. 이듬해 칼뱅은 이탈리아 출신의 유명한 법학자인 안드레아 알차토Andrea Alciato가 부르주대학에 새로 부임했다는 소식을 듣고 부르주대학에 매력을 느꼈다.[12] 부르주대학은 1527년에 추진한 개혁 작업의 일환으로 다른 기관에서 저명한 학자들을 데려오기 시작했고 신임 교수들에게 높은 급여를 제시했다. 부르주는 명성이 높은 대학이 아니었기 때문에 이를 보상하는 차원이었다.

부르주에서 제시한 높은 급여에 매력을 느낀 알차토는 아비뇽 대학에서 부르주대학으로 자리를 옮겼다. 칼뱅은 알차토가 부임했다는 소식에 부르주대학에 관심을 보이기도 했지만 얼마 뒤에는 시들해졌다. 그래서 1530년에 오를레앙대학으로 돌아간 것으로 보인다.

오를레앙과 부르주에서 민법을 공부하면서 칼뱅은 인문주의 운동의 핵심 구성 요소를 직접 접하게 된다. 이때 칼뱅이 단순히 법률의 이론적 토대와 법률 성문화의 실질적인 측면에 관한 통찰을 얻었다고 말하는 것은 이 만남의 중요성을 과소평가하는 것이다. 제네바의 '법률과 칙령'을 성문화하는 작업을 도와 달라는 요청을 연거푸 받았을 때, 칼뱅은 고대 로마의 민법에 관한 지식을 바탕으로 계약법과 물권법, 소송 절차를 체계화했음이 분명하다.[13] 엄청난 급여를 제시하는 부르주대학에 매력을 느낀 안드레아 알차토처럼 칼뱅은 인문주의 사상가이자 실용적인 법률가였다. 뷔데의 문헌학적 법학 연구는 고대의 법률 기관이나 법규뿐 아니라 고대의 일반적인 유산이 현재에도 중요한 의미를 갖는다는 확신을 드러낸다. 뷔데라는 인물에게 확립된 법과 글*bonae litterae*(좋은 글)의 관계가 인문주의 가치관과 방법론과 원전의 세계로 칼뱅을 안내한 듯하다. 뷔데는《아스와 그 하부 단위들*De asse et partibus eius*》(1514),《그리스어 해설지*Commentarii graecae linguae*》(1529),《24권으로 구성된 판데크텐 주

장 칼뱅의 생애와 사상

석*Annotationes in quatuor et viginti Pandectarum libros*》(1508)을 발표했을 뿐만 아니라, 신약성경에 관한 글을 쓰는가 하면, 그리스의 지혜가 기독교 신앙으로 발전하는 과정을 추적한《헬레니즘에서 크리스티아니즘으로 가는 통로*De transitu hellenismi ad Christianismum*》라는 주목할 만한 책을 출간했다. 마지막에 언급한 작품에서 뷔데는 고대에 관한 연구가 예수 그리스도의 복음을 받아들이기 위한 적절한 준비라고 주장하면서 기독교 인문주의의 기본 원리를 포괄적으로 정당화한다. 칼뱅은 1559년판《기독교 강요》에서 독자들이 키케로를 통해 고대의 자연 종교에서 예수 그리스도의 복음이라는 월등한 종교로 나아가도록 안내함으로써 이와 비슷한 접근 방식을 취했다.[14]

그 시대 가장 위대한 성경 해설가로서 칼뱅이 취한 방법론은 아마도 오를레앙대학과 부르주대학의 진보적인 분위기에서 이뤄진 법학 공부에서 그 기원을 찾을 수 있을 것이다. 칼뱅이 유능한 문헌 학자가 되어서 가장 기본이 되는 문헌 자료에 직접 접근하고, 언어적·역사적 문맥 안에서 해당 문헌을 해석하고, 그 내용을 현재의 필요에 맞춰 적용해야 할 필요성을 뷔데에게서 배웠다는 징후가 농후하다. 그러나 칼뱅은 이 방법론을 처음부터 노골적으로 성서 연구에 적용하는 대신 먼저 세네카의 소소한 작품을 연구하는 것부터 시작했다.

세네카 주석

1531년 초, 칼뱅은 오를레앙대학을 졸업하고 '법학사' 학위를 받았다. 법학 연구가 각광을 받기 시작했지만, 칼뱅은 '법학자'가 되려는 야심을 전혀 드러내지 않았다. (앞에서 언급했듯이 칼뱅이 법을 공부하게 된 것은 아버지의 결정이었던 것 같다.) 오히려 칼뱅은 수사修辭와 좋은 글, 그리고 이것들이 가져다줄 명성을 추구하는 방향으로 나아가고자 했다. 1531년 6월에 파리로 돌아온 뒤, 칼뱅은 1530년에 오를레앙대학교에서 법학을 공부할 때 시작했던 주요 학술 연구를 마무리했다. 법률을 연구하다 보니 자연스럽게 글을 사랑하게 되었다. 칼뱅은 세네카의《관용에 대하여》의 주석을 쓰느라 꼬박 2년을 매달렸다. 아마도 인문주의 학자로서 명성을 얻으려는 시도였던 것 같다. 칼뱅은 1532년 4월에 이 주석을 자비로 출간했다. 자비출판의 세계를 한 번도 경험해 본 적이 없는 칼뱅은 곧 그 위험성을 깨달았다. 칼뱅은 자기 원고에 관심을 보이는 출판사가 없자 재정 문제로 난감해했다. 그래서 저명한 의사이자 학자였던 기욤 콥의 아들인 니콜라 콥과 니콜라 뒤 슈망Nicolas du Chemin 같은 친구들에게 어쩔 수 없이 돈을 빌려야 했다.[15] 칼뱅은 자기가 오를레앙에서 유명하다는 사실을 이용해서 수업 시간에 세네카 주석을 언급하도록 강사들을 설득하는 한편, 이 책을 100권 이상 보유하도록 서적 판매인 필리프 로레Philip Loré를 설득하려고 애썼다.[16]

칼뱅이 주해 대상으로 선택한 세네카의 이 논문은 에라스뮈스가 1515년에 편찬한 세네카 전집에 포함되어 있었다. 당시 에라스뮈스는 히에로니무스의 저술과 신약성경 편찬 작업에 몰두하고 있었다. 그래서 세네카의 저술을 편찬하는 작업에 충분한 시간과 관심을 기울일 수가 없었다. 충분한 노력을 기울이지 못한 것이 못내 마음에 걸렸던 에라스뮈스는 1529년 1월에 개정판을 출간했다. 칼뱅이 관심을 가진 것은 이 개정판이었다. 아마도 책의 서문 때문이었을 것이다. 에라스뮈스는 자신이 출간한 세네카 저술을 개선할 능력과 시간적 여유가 있다면 누구든 환영한다고 정중히 요청했다. 그것은 명백히 달성할 수 없는 과업에 도전하라는 초대였다. 칼뱅은 학계의 인정을 받을 목적으로 이 도전에 응했다. 그것은 칼뱅의 미숙함을 보여 주는 대목이다.[17] 다른 이들은 그것이 불가능한 작업이라는 사실을 알았기에 감히 도전할 생각조차 하지 않았다.

그것은 독이 든 성배였다. 문헌 학자로서 칼뱅의 경력은 이 작품과 함께 시작되었고 이 작품과 함께 끝났다고 해도 과언이 아니다. 칼뱅은 세네카 주석으로 부富도 명성도 얻지 못했다. 만약 남은 경력을 계속 그 일에 허비했다면, 칼뱅은 고전학 역사에서 가끔 언급되는 수준을 벗어나지 못하다가 결국에는 사람들 뇌리에서 완전히 잊힌 채로 은퇴했을 것이다. 이 작품은 고대의 역사와 문헌과 문화에 관한 탄탄한 기초를 보여 준다. 칼뱅은 이 작품에서 55명의 라틴어 작가와 22명의 그리스어 작가를 언급한다.[18] 대부분의 인용구를 아울루스 겔리우스Aulus Gellius의 《아테네의 밤Attic Nights》이나 기욤 뷔데의 《그리스어 해설지》 같은 기존 편집물에서 발췌했다는 점을 감안하면, 그리 인상적인 수치는 아니다. 요즘으로 치면 《옥스퍼드 인용구 사전Oxford Dictionary of Quotations》에서 필요한 인용구를 발췌해 쓰는 것에 견줄 만한 수준이다.[19] 그러나 인용문을 원전에서 발췌하는 대신 편집물에서 재인용했다 하더라도, 이 작품에는 자료를 다루는 칼뱅의 놀라운 솜씨와 창의력이 드러나 있다.

그러나 이 주석이 의미 있는 이유는 말로 설득하는 능력이 뛰어난 칼뱅의 면모를 잘 보여 준다는 데 있다. 이 초기 작품에서 우리는 하나님의 말씀을 전달하기 위해 인간의 말을 통달한 미래의 웅변가를 엿볼 수 있다. 칼뱅은 자신이 아주 적절한 예증과 잘 다듬은 구절, 우아한 표현, 신중하게 생각해 낸 명문구를 즐기는 사람임을 여러 번 증명한다. (심지어 칼뱅은 세네카가 이따금 횡설수설하듯 글을 쓴다며 비판하기도 했다.) 칼뱅이 의사소통의 용이성, 다시 말해서 화자와 청자, 저자와 독자 사이에 다리를 놓는 능력에 지대한 관심을 가졌다는 사실이 이 작품 전반에서 분명하게 나타난다. 앵글로색슨족은 '수사修辭'라는 표현을 삼가는 대신, 그보다 더 길고 복잡한 '의사소통의 이론과 기술'이라는 표현을 더 괜찮게 생각할지도 모른다. 그럼에도 이 두 용어는 수사학이라는 동일한 학문을 지칭하고, 칼뱅은 겨우 20대 초반에 이미 이 학문을 통달했음을 스스로 증명했다. 이 학문은 훗날 칼뱅이 종교개혁 투쟁을 아주 성공적으로 펼쳐 나가는 무기가 되었다.

평론가들 중에는 세네카 주석이 종국에는 종교개혁이라는 거대한 나무를 키워 낼 작은 겨자씨였다고 말하는 이들이 더러 있다. 칼뱅이 세네카의 논문을 해설할 때 활용한 방법론을 두고는 이런 평가를 내릴 수 있을지 모르지만, 그 방법론을 통해 얻은 결과물에 대해서는 그렇게 평가하기 어렵다. 이 작품에서 칼뱅은 본질보다 표

장 칼뱅의 생애와 사상

현에 더 관심을 갖고 있는 것처럼 보인다. 내용 면에서는 따분하고 새로울 것이 전혀 없는데, 표현 면에서는 독창적이고 창의적인 요소가 눈에 띄는 이유도 아마 이런 집착 때문이었을 것이다. 이 주석에서 칼뱅은 구절 또는 단어의 의미를 규명하기 위해 언어학적 설명을 제시하는 한편, 단어들이 관계를 맺는 방식을 설명하기 위해 문법과 수사학을 동원한다. 그리고 세네카의 다른 저술들은 물론이고 고대의 다른 자료들에서 사용된 용어나 구절을 나란히 보여 주는 방식으로 해석을 최종적으로 다듬었다. 그리스어 단어에 관한 인상적인 어원 연구 사이에 라틴어 용어와 구절에 관한 박식한 설명이 풍부하게 들어가 있다. 그래서 전체적으로 단어와 언어에 관심이 있는 사람이 쓴 글이라는 인상이 풍긴다. 그 때문에 이런 표현을 통해 전달하는 사상이 배경으로 밀려나는 단점이 있긴 하지만 말이다. 만약 칼뱅이 문헌에 접근하는 이 엄격한 과정의 결과에 관심이 없는 것처럼 보인다면, 그것은 아마도 칼뱅이 본질보다는 방법론에 과도하게 관심을 쏟은 탓일 것이다. 끊임없이 문학적·역사적 맥락에서 본문을 설명하려는 이런 태도는 훗날 공들인 설교와 성경 해석 작업을 뒷받침해 주었을 것이다. 그런데 훗날 성경을 해석할 때는 오히려 본문의 본질에 온통 마음을 빼앗기고 넋을 잃고 매료당하는 것처럼 보인다. 성서 해설에는 본문에 대한 헌신, 본질에 관한 관심의 징후가 뚜렷하게 나타난다. 이는 세네카의 논문을 해설한 진부한 연구에서는 전혀 찾아볼 수 없는 특징이다.

1532년 5월 하반기에 칼뱅은 파리를 떠나 오를레앙으로 향했다. 아마도 법학 공부를 마무리하려는 의도였을 것이다. 칼뱅은 1533

년 5월 또는 6월에 오를레앙대학에서 피카르디 나시옹의 '임기 1년의 검사 대리'로 재직한 것으로 알려졌다.[20] 이 직책의 정확한 성격은 불분명하지만(명예직이자 행정직이었던 것 같다), 1532-1533년에 걸쳐 한 학년도 내내 이 직책을 가지고 있었던 것으로 보인다. 그 학년도가 끝난 뒤에 칼뱅은 고향인 누아용으로 돌아간 듯하다. 1533년 8월에 주교좌성당 참사회 회의에 참석한 것으로 알려졌다.[21] 그리고 두 달 뒤, 칼뱅은 파리에 머무르게 된다.

1533년의 파리

여러모로 당시 파리대학교의 상황은 칼뱅이 처음 파리에서 공부할 때의 상황과 크게 다르지 않았다. 루터주의로 간주할 수 있는 모든 견해와 의심스러운 정설을 향한 적대감이 강했다.[22] 1530년 4월 30일, "그리스어, 히브리어, 그 밖의 유사한 언어를 사용하지 않으면 성경을 정확히 이해할 수 없다"는 제언은 언어도단이라며 신학부에서 강하게 비난했다.[23] 신학부에서 이런 비판을 내놓은 이유는 콜레주 루아얄 교수들(기욤 뷔데, 니콜라 콥, 피에르 다네Pierre Danès, 프랑수아 바타블François Vatable)의 권위를 약화하려는 시도로 흔히 풀이된다. 콜레주 루아얄은 나중에 콜레주 드 프랑스가 되었고, 콜레주 드 프랑스는 여전히 스콜라철학이라는 익숙한 옛날 방식을 고수하는 파리대학교 안에서 인문주의를 수호하는 보루 역할을 했다. 1532년 2월 1일, 신학부는 에티엔 르 쿠르Étienne Le Court가 내세운 불온한 교리들을 규탄하

　　　　　　　　　　　　　　　　　　　장 칼뱅의 생애와 사상

는 성명을 발표했다. 에티엔 르 쿠르가 제안한 교리들 가운데는 "이제 하나님은 프랑스어로 된 성경을 주시고, 여성이 주교의 직무를 맡고 주교들이 여성의 직무를 맡게 하시려는 의지를 갖고 계신다. 여성들은 복음을 전할 것이고, 주교들은 어린 소녀들과 잡담broderont을 나눌 것이다"[24]라는 급진적인 제안도 포함되어 있었다. 그 때문에 신학부에서는 인문주의자들이 정설을 이해하는 방식이 너무 앞서가고 있다고 판단했다.

그럼에도 1528년부터 1535년 사이에 신학 교수들은 여러 가지 어려움을 겪고 있었다. 1532년, 오랫동안 거침없이 신학 교수들을 비판해 온 장 뒤 벨레Jean du Bellay가 파리 주교로 임명되었다. 이 시기에 파리대학교 신학부와 파리 고등법원 사이의 분위기가 냉랭해졌다. 프랑수아 1세와 신학부의 관계도 껄끄러웠다. 파리대학교 신학부는 헨리 8세의 이혼 문제를 놓고 프랑수아 1세와 대립하다 패했고, 프랑수아 1세의 어머니가 사망한 뒤 복음주의에 지대한 관심을 가진 그의 누나 마르그리트 드 나바르Marguerite de Navarre의 영향력이 커지는 상황을 불안한 마음으로 주시했다. 마르그리트의 후원 아래 복음주의자 제라르 루셀Gérard Roussel이 1533년 사순절 기간에 설교로 대규모 군중을 끌어모으기 시작했다. 얼마 되지 않아 다른 설교자들도 루셀의 사상과 말씨를 따라 하기 시작했다. 루셀의 영향을 심히 우려한 신학부에서는 1533년 3월 29일에 '루터주의의 오류와 비뚤어진 교리'를 반박하는 설교를 하면서 숫자 6을 거론했다.[25] 이런 움직임은 아주 제한적이나마 성공을 거뒀다. 신학부에서는 루셀을 이단으로 기소할 근거를 마련하기 위해 파리 주교 대리의

마르그리트 드 나바르는 프랑수아 1세
의 누이다. 가톨릭 교회 권력의 압박
으로부터 인문주의자와 초기 종교개
혁가를 보호하고 복음주의 운동에 협
력했다.

승인 아래 정보 수집 작업에 돌입했다. 그해 4월, 청중들 중 일부가
루셀의 설교에 유달리 예민한 반응을 보였다. 그러나 프랑수아 1세
는 그런 이단 재판이 루셀의 후원자인 누나 마르그리트 드 나바르
(당시 임신 중이었다)에게 불러올 잠재적 결과를 염려했다. 1533년 5월
13일, 프랑수아 1세는 루셀을 비판하는 일부 세력과 파리대학교 신
학부 이사인 노엘 베디에에게 파리를 떠나라고 명령했다. (학장과 부
학장 등 기존 상급 교직원의 업무 효율성이 떨어진다는 불만 때문에 1520년 5월 5일에
이사라는 직책을 만들었다. 이사로 초빙된 베디에는 신학부를 효율적으로 이끌어 왔으며,
1533년까지 사실상 이 자리를 지켰다.)

  사람들은 이 사건으로 신학부가 결정적인 타격을 입었다고 생각

장 칼뱅의 생애와 사상

했다. 그러나 신학부에서는 신속히 새로운 이사를 선출했고, 10월 에는 마르그리트의 시 〈죄 많은 영혼의 거울*Miroir de l'âme péchteresse*〉 을 비판함으로써 프랑수아 1세에게 앙갚음을 하는 듯했다(고등법원에 서 정한 대로 출판업자는 응당 출간할 작품을 신학부에 제출해서 승인 절차를 밟아야 하 는데 이 절차를 무시했다는 주장이었다).[26] 10월 1일에 신학 교수들의 근거지 로 유명한 콜레주 드 나바르의 학생들이 이 인쇄물을 연극으로 올 리려 했기 때문에 더욱 그런 인상이 강해졌다. 이 연극에서 마르그 리트 드 나바르는 미친 듯이 성경을 읽는 가정주부로 묘사되었다. 칼뱅은 '자신의 형제이자 좋은 친구이며 오를레앙의 법률가인 [프 랑수아] 다니엘 씨'에게 편지로 이 사건들을 이야기하면서 재미있 어했다.[27] 칼뱅은 이 편지에서 마치 큰일을 함께 모의하는 상대에게 경의를 표하듯 아주 은근하게 'M. G.'를 언급하는데, 이는 칼뱅이 '제라르 [루셀] 씨*Monsieur Gérard*'의 복음주의적 견해에 호의적이었음 을 암시한다.[28] 그리고 루셀이 연관된 온건한 개혁 프로그램과 칼뱅 의 입장이 어느 정도 일치했음을 가리킨다.

1533년 10월이 거의 끝나 갈 무렵, 파리에서는 개혁 분위기와 상 충하는 징후들이 나타났다. 신학부에서는 루터주의와 인문주의에 여전히 적대적인 태도를 보였다. 그러나 일시적으로 기세는 꺾인 듯했다. 한편 프랑수아 1세는 마르그리트 드 나바르의 친戚복음주의 견해를 참작하는 방향으로 점차 기울었고, 자크 르페브르 데타플 이나, 루셀 같은 데타플의 제자들과 연계된 온건한 개혁을 지지하 는 견해에 호의적인 태도를 취하는 것처럼 보였다. 이들은 가톨릭 교회의 영적 상태를 무척이나 염려했고, 자신들이 가톨릭교회 안에

방황의 시기: 오를레앙, 그리고 인문주의와의 만남

서 교회를 갱신하도록 부름을 받았다고 생각했다. 그들은 훗날 사람들이 흔히 생각하는 그런 의미의 '개혁가'는 아니었다.[29] 개혁의 명분에 동조하는 이들은 이런 긍정적 징후에 마음을 빼앗긴 나머지 복음주의자들에 반대하는 분위기가 굳어지고 있음을 보여 주는 불길한 지표들을 쉽게 간과했다. 니콜라 콥은 1533년 가을에 파리대학교 신임 총장으로 선출되었다.[30] 그는 취임사를 통해 교회 개혁과 갱신의 필요성을 강조하기로 했다. 그러나 결과적으로 그 결심은 파국을 부르는 판단 착오였다.

만성절 연설

1533년 11월 1일, 니콜라 콥은 새 학기의 시작을 알리는 관례적인 연설을 했다. 테오도르 드 베즈의 지휘 아래 1580년에 제네바에서 작업한 《프랑스 개혁 교회의 역사*Histoire ecclésiastique des églises réformées au royaume de France*》 최종판이 출간된 이후, 니콜라 콥의 이 연설이 '마튀랭의 교회'에서 이루어졌다는 주장이 칼뱅의 파리 체류 기간과 관련하여 하나의 전통으로 굳어졌다.[31] 새 학기의 시작을 알리는 연설은 전통적으로 신학부 정기 모임 장소인 성 마튀랭의 삼위일체 수도회 예배당에서 이루어졌지만, 1533년에는 허리에 꼰 노끈을 둘러매서 흔히 '코르들리에회'로 알려진 '프란체스코회 원시 회칙 준수파'의 예배당에서 이루어졌다. (연설 장소는 1533년 12월 9일에 로드리고 만리케Roderigo Manrique가 루이스 비베스Luis Vivés에게 보낸 편지에 명시되어 있다.[32]

코르들리에회에서 니콜라 콥의 연설을 가장 먼저 비판한 이유도 이것으로 설명된다.)

이 연설은 엄청난 반향을 일으켰다.[33] 제안은 온건했고(제라르 루셀의 입장과 비슷한 르페브르파의 견해를 반영했다) 신학은 새롭지 않았지만(에라스뮈스와 루터의 견해를 살짝 걸치긴 했지만 동정녀 마리아를 향한 기도와 같은 전통 가톨릭의 소재를 많이 담고 있었다), 청중들은 그 연설을 불쾌하고 무절제한 연설로 받아들였다. 이런 격렬한 반응이 나온 이유는 역사적 관점에서 풀어야 할 문제다. 그러나 그 연설에 종교개혁 원칙에 충실했던 자가 연설문을 작성했다는 흔적이 드러나지 않았다고 한다면, 청중의 반응이 이토록 격렬했던 이유를 이해하기 어렵다. 그 흔적이 드러났다고 해야 비로소 이해할 수 있다. 이 사건이 있고 한 달이 채 지나지 않아 쓴 글에서 로드리고 만리케는 이 연설이 파리 사회 전반에서 격렬한 분노를 촉발했다고 설명한다.[34] 마르그리트 드 나바르가 니콜라 콥을 대신해 진화에 나섰지만 아무 소용이 없었다.[35] 11월 19일, 파리대학교 총장은 니콜라 콥의 바로 앞 전임자였던 포르투갈 교수 안드레아스 드 고베이아Andreas de Gouveia로 교체되었다. 전임 총장 니콜라 콥은 다음 날 고등법원에 출석해야 했다. 당시 파리에 있었던 것으로 알려졌지만 니콜라 콥은 나타나지 않았다.[36] 12월 13일, 리옹에서 이 소식을 듣고 화가 난 프랑수아 1세는 니콜라 콥이 파리를 빠져나가도록 내버려 둔 고등법원 담당자를 체포하라는 명령을 내렸다.[37]

이 취임 연설 사본 두 개가 지금까지 남아 있다. 제네바에서 발견된 사본은 칼뱅이 직접 필사한 원고로 몇 쪽이 누락된 듯하다. 스트라스부르에서 발견된 또 다른 사본은 16세기에 필사한 원고로 연

━━ 니콜라 콥은 파리대학교 총장으로 취임하면서 종교개혁 정신에 입각한 연설문으로 파리 사회를 격동시켰다.

설 전문이 담겨 있지만, 문법이 맞지 않는 문장이 다수 있는 것으로 보아 미상의 원본을 대충 필사한 것으로 짐작된다.[38] 후자의 필적과 니콜라 콥이 마르틴 부처Martin Bucer에게 보낸 1534년 4월 5일 자 편지의 필적을 비교해 본 결과 전문이 담긴 이 원고는 니콜라 콥이 직접 쓴 것으로 추정된다. 그러나 이 원고가 연설문의 원본일 가능성은 거의 없다. 첫째, 이 원고는 라인란트 북부 지방에서 생산한 종이에 쓰여 있다. 아마도 바젤로 추정된다(이는 니콜라 콥이 1534년 바젤에서 망명 생활을 하는 동안 이 원고를 필사했음을 암시한다). 독일 인문주의자 뮈코니우스Myconius가 바젤에서 스트라스부르에 있는 동료들에게 쓴 1539년 11월 9일 자 편지를 스트라스부르 기록 보관원 장 로트Jean

Rott가 발견했는데, 이 편지지에 스트라스부르에서 발견된 연설문 사본 3면과 4면에 찍혀 있는 독특한 투명무늬와 동일한 무늬가 찍혀 있었다. 둘째, 현존하는 두 원고의 본문에 어떤 차이가 있는지를 연구한 결과, 둘 다 사라진 원본을 필사한 사본일 가능성이 큰 것으로 나타났다. 둘 중에는 제네바에서 발견된 사본의 품질이 더 나았다.

칼뱅 역시 1533년 11월 마지막 두 주 동안 파리를 떠나 있기로 결정했다.[39] 12월 초에는 파리로 돌아가도 괜찮을 것 같았다.[40] 그런데 니콜라 콥 사건의 여파로 칼뱅이 자신도 파리를 떠나야 한다고 생각한 이유는 뭐였을까? 칼뱅이 그 연설문의 저자라거나, 선동적인 연설문을 작성하는 데 칼뱅이 어떤 식으로든 관여했다는 사실을 보여 주는 당대의 자료는 전혀 없다. (테오도르 드 베즈가 쓴 칼뱅 전기의 1575년도 개정판에 칼뱅이 그 연설문을 작성했다는 암시가 처음 등장하지만 근거 없는 이야기다.) 사실, 앞의 질문에 답하는 건 그리 어렵지 않다. 니콜라 콥 사건의 여파로 당국은 '루터'의 사상에 동조하는 것으로 생각되는 최소 50명에 대해 법적인 조치에 나섰다. 파리에 남아 있었다면, 의심의 여지없이 칼뱅도 법적인 처분을 받았을 것이다. 그럼에도 더 흥미로운 가능성이 아직 남아 있다. 칼뱅이 니콜라 콥의 연설문을 실제로 작성했을 가능성 말이다. 이 가능성에 관한 증거는 암시적일 뿐 확실하지는 않다. 만약 그 연설문이 칼뱅의 작품이라면, 칼뱅은 자신의 문체를 훗날 개발한 셈이다. 그 연설문을 칼뱅의 작품으로 돌린다고 해서 칼뱅에게 문학적 명예나 신학적 명예가 생기지는 않는다. 또한 이 연설문에는 훗날의 종교개혁가 칼뱅의 특성

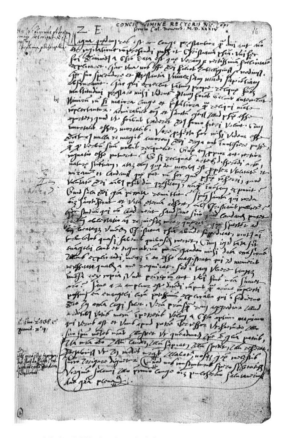
칼뱅이 필사한 니콜라 콥의 연설문

이라 할 수 없는 신학적 태도가 담겨 있다. 그러나 초창기에 칼뱅이 이런 견해를 보였을 가능성을 배제할 이유도 딱히 없어 보인다. 초창기에 칼뱅은 좀 더 온건한 개혁을 추구하는 '르페브르파'의 구상에 동조하는 듯했기 때문이다. 그럼에도 칼뱅이 왜 이 연설문을 자기 손으로 필사했어야 했는지는 여전히 의문이다. 그런 행동을 할

장 칼뱅의 생애와 사상

만큼 연설문이 칼뱅에게 어떤 의미가 있었던 걸까? 그 필사본의 존재는 니콜라 콥의 연설이 칼뱅의 마음에 반향을 일으켰다고 할 수 있을 정도로 칼뱅의 신앙 형성과 깊은 관련이 있음을 의미한다.

그러나 칼뱅의 신앙 형성을 둘러싼 핵심 질문은 인문주의자에서 종교개혁가로의 변신에 관한 것이다. 칼뱅이 온건한 르페브르파 개혁 프로그램에서 떨어져 나와 자신의 이름과 연관된 더 급진적인 행동 강령을 채택한 때는 과연 어느 시점일까? 칼뱅이 이런 결정을 내린 계기는 무엇이었을까? 이런 질문에 답하려면 칼뱅의 '갑작스런 회심'의 문제를 살펴보아야 한다. 이는 (갑작스럽고 그 영향이 지대하다는 점에서) 종교개혁이라는 대의에 오롯이 헌신하겠다는 대이변에 가까운 비가역적 결정이었다.

4 인문주의자에서 종교개혁가로: 회심

기독교 영성의 중심 주제는 완고하기 짝이 없던 큰 죄인들이 (대개는 극적인) 단 한 번의 회심으로 구원받을 수 있다는 개념이다. 서구 기독교의 두 수원水源이라 할 수 있는 바울과 아우구스티누스 둘 다 후세대가 모범으로 삼을 만한 회심을 경험했다.[1] 그러나 '회심'을 이야기할 때 우리가 주목할 것은 생각이나 마음에 생긴 갑작스러운 변화만이 아니다. 이 전향轉向 뒤에 하나님의 손길이 있다는 사실을 신중하되 확실하게 알아차릴 줄 알아야 한다. 회심은 하나님을 향해 돌아서는 행위이자 하나님이 이루시는 일이다. 다마스쿠스로 가는 길에 바울이 겪은 일(행 9:1-19)은 고집 세고 가망이 전혀 없는 인물에게 하나님의 손길이 닿은 사건이었다. 바울은, 그리고 나중에 초기 기독교 사회는 이 사실을 분명하게 자각했다. 자신의 말마따나 바울(이 시점에는 다소 사람 사울이라고 불러야 마땅하지만)은 어찌해 볼 도리가 없을 정도로 고집불통이었고 화해를 기대할 수 없을 정도로 완고하게 기독교에 반대하던 사람이었다. 그러나 그 일이 있고 나서 바울은 180도 바뀌었다. 규모와 강도 면에서 그의 변화는 하나님의 섭리라고밖에 볼 수 없었다.

종교개혁에 탄력이 붙으면서 바빌론 유수(幽囚) 이후 유대교의 가장 나쁜 점을 닮은 것이 중세 가톨릭교회라고 여기는 경향이 강해졌다. 바울에 따르면, 율법을 지키는 행위로 의롭다 함을 얻을 수 있다고 가르친 것이야말로 유대교가 범한 가장 큰 신학적 오류가 아닌가?[2] 한편으로는 중세 가톨릭교와 유대교 사이에, 다른 한편으로는 복음주의와 신약성경의 기독교 사이에 일정한 유사점이 보인다. 바울은 유대교에서 기독교로 중대한 이행이 일어났음을 상징한다. 그런 점에서 16세기에 신중하되 단호한 태도로 종교개혁에 헌신하고자 가톨릭이라는 성장 배경과 절연한 칼뱅의 회심은 바울의 회심과 비슷하다. 1520년대나 1530년대에 원래부터 복음주의자로 태어난 사람은 아무도 없다. 누구든 복음주의자가 되려면 과거와 단절하는 의지적인 결정을 해야 했다. 기독교가 막 움트던 시기에 유대교에서 기독교로 개종한 유대인들이 겪었던 것과 아주 유사한 경험이었다. 종교개혁 이미지 메이커들은 아우구스티누스가 들려준 명확한 회심의 경험도 흡수했다. 아우구스티누스는 이교도의 미신에 차츰 환멸을 느꼈고, 결국 이 환멸은 인생행로를 바꾸고 복음을 받아들이는 계기가 되었다. 종교개혁가들이 중세 교회의 종교적 미신을 버리고 복음을 재발견하는 종교로 나아가는 영적 순례 역시 이와 유사하지 않았을까?

따라서 '회심'이라는 용어에는 기독교 역사의 중추적 사건들과 규범적 유형에 대한 호소가 함축되어 있다. 칼뱅은 개인숭배를 개탄하던 사람인지라 자신의 신앙이 어떻게 발전해 왔는지를 짐작할 수 있는 단서를 거의 제시하지 않는다. 칼뱅이 쓴 글 가운데 과거와 절연하기로 한 자신의 결심을 정확히 설명한 것으로 간주되는 단락은 딱 하나뿐이다. 바로 《시편 주석Commentary on the Psalms》(1557)에 쓴 서문이다.[3] 칼뱅은 중세 교회와의 결별을 '갑작스러운 회심'으로 묘사하면서 이런 강력한 연상에 분명히 동조했다. '회심'은 단순히 사적이고 내면적인 신앙 경험을 가리키는 것이 아니었다. 회심은 조직에 대한 충성에 생긴, 외면적이고 급진적이고 눈에 보이는 변화를 포괄한다. 칼뱅은 개혁가로서 자신의 소명이 어떻게 발전해 왔는지를 설명하면서 자신이 '교황이라는 미신에 아주 열렬히 헌신했었다'라면서 그 상황에서 자신을 구해 내신 분이 다름 아닌 하나님이라고 주장한다.[4] 칼뱅은 가톨릭 영성이라는 안락하고 친숙한 수렁 속을 뒹구는 데 안주하느라 그곳에서 헤쳐 나오지 못하는 '고루한 사람'이었다. 일련의 간결한 이미지를 활용해서 칼뱅은 자기가 쳐 둔 덫에 갇힌 채 거기서 나오지도 못하고 나올 생각조차 없는 사람으로 자신을 묘사한다. 칼뱅이 중세 후기의 종교 모체에서 해방되려면 외부의 개입이 필요했다. 칼뱅은 승마 이미지를 활용해서 이 단계에서 자신을 이끄신 하나님을, 말이 나아갈 방향을 정하는 기수騎手에 비유한다. "마침내 하나님은 섭리라는 보이지 않는 굴레로 내가 나아갈 길의 방향을 바꾸셨다. … 갑작스러운 회심을 통해 그분은 너무나도 완고했던 마음을 수년 간 유순하게 길들이셨다."[5]

칼뱅이 사용하는 문법은 그의 신학과 개인적인 신앙 경험에 대해 그가 어떻게 이해하고 있는지를 명확히 보여 준다. 칼뱅이 서술하는 이야기에서 능동의 주체는 하나님이다. 칼뱅은 수동적이다. 하나님은 행동을 하시고, 칼뱅은 그에 따라 행동한다. 취리히의 종교개혁가 울리히 츠빙글리도 1519년에 쓴 시에서 비슷한 태도를 보였다. 이 시에서 츠빙글리는 전염병으로 도시가 황폐해져 죽음의 문턱까지 갔던 자신의 경험을 이야기한다. 그는 자신이 살지 죽을지는 하나님이 정하실 일이라고 말한다. 츠빙글리는 자신이 느꼈던 철저한 무기력을 기록한다. 그는 이제 자기 영혼의 수장守長이 아니었다. 하나님의 장난감이요, 토기장이의 손에 빚어질 한 덩이 진흙이요, 깨뜨려질 그릇에 불과했다.[6] 결과적으로 하나님의 섭리와 전능하심은 실존의 중요성에 매달렸던 츠빙글리의 사상에서 핵심 역할을 한 것으로 추정된다. 거의 치명적이었던 그의 질병은 하나님의 섭리에 관한 사상에 활력과 타당성을 부여했다. 섭리는 이제 추상적인 개념이 아니었고, 츠빙글리의 생존에 영향을 끼치는, 무시할 수 없는 힘이었다. 회심에 관한 칼뱅의 설명은 간단하면서도 난해하다. 의미심장한 동시에 수수께끼 같다. 확실한 것은 자신이 하나님께 선택받은 것으로 생각했다는 점이다. 비록 아직은 확실하지 않을지라도 꽤 분명한 위치와 역할로 자신이 하나님을 섬기도록 부름을 받았다고 칼뱅은 생각했다.[7] 하나님의 부르심에 관한 이런 의식은 절대로 칼뱅의 오만함을 드러내는 징표가 아니었다. 인간과 하나님의 관계에 관한 칼뱅의 인식에는 이런 오만함이 끼어들 여지가 전혀 없다. 이신칭의 교리의 핵심을 이루었던 루터의 통찰이 젊은 칼뱅에게도 메아리치고 있었다. 하나님은 의롭지 못한 자들과 버림받은 자들과 의기소침한 자들과 세상 사람들 눈에 어리석고 나약해 보이는 자들을 부르신다. 하나님께 부르심을 받는 조건은 인간의 기준에서 보면 철저한 실패의 흔적이다. 자신의 회심에 관한 설명과 바울의 회심에 관한 설명 사이에는 중요한 유사점이 있다.[8] 이는 칼뱅이 이 두 사건의 역사적·종교적 유사점을 인식했다는 뜻이다.

그러나 수수께끼는 여전하다. 실제로, 칼뱅은 자신의 회심을 설명하면서 풀어낸 수수께끼만큼이나 많은 수수께끼를 만들어 낸다. 어떤 역사적 사건 또는 인물이 '하나님의 섭리'를 드러내는 도구로 쓰였을까? 칼뱅의 소명 의식과 회심은 어떤 관련이 있을까? 칼뱅이 복음 사역자로서 하나님을 섬기라는 부르심을 인식한 때는 회심하기 전일까, 회심하는 도중일까, 아니면 회심한 후일까? 1557년판 서문에 담긴 극도로 압축된 설명은 이 둘이 동시에 일어났을 가능성을 보여 준다. 그러나 혹시 노년에 이른 칼뱅이 오랜 기간에 걸쳐 전개되어 온 일을 아주 짧은 기간에 벌어진 일로 압축했을 가능성은 없을까? 마르틴 루터는 해당 사건이 있고 약 30년 뒤에 종교적 통찰의 위대한 순간을 회상하면서 역사를 상당 부분 압축했다. 수년에 걸쳐 서서히 얻게 된 통찰을 한순간에 찾아온 강력한 깨달음처럼 표현한다.[9] 칼뱅 역시 아우구스티누스와 바울의 이론이나 패턴에 영향을 받아 자신의 기억을 압축했을 가능성은 없을까?

얼렉선드레 거노치는 칼뱅이 언급한 '갑작스러운 회심'을 젊은 시절의 이력에 관한 역사적 설명이 아니라 그에 관한 신학적 해설로 이해해야 한다고 주장한다.[10] 칼뱅이 자신의 삶을 순간적이지만 결정적으로 인간의 영역에 개입하시는 신적 침입 현상의 실례로 취급하려 했다는 말이다. 이렇게 주장하는 데는 그만한 이유가 있다. 칼뱅이 회심을 언급한 단락에는 특정 연대가 명시되지 않은 것은 말할 것도 없고 그런 암시조차 찾을 수 없다. 'subita'라는 용어는 뜻밖의 사건, 예상할 수 없는 사건, 걷잡을 수 없는 사건이라는 의미를 가득 함축하고 있다. 훗날 칼뱅이 말한 바에 따르면, 하나님의 행동 방식의 본질적인 측면을 모두 담고 있는 표현이다. 칼뱅은 역사적 서술을 통해 자신의 이야기를 들려줄 생각이 전혀 없었다. 다만 자신의 회심을 언급함으로써 기독교 세계에서 '거듭난' 위대한 인물들, 즉 하나님이 당신을 섬기게 하시려고 인생행로를 바꾸신 사람들과 자신이 같은 선상에 있다는 사실을 암시하고자 했다.

그럼에도 칼뱅이 말한 '갑작스러운 회심'이라는 수수께끼를 밝히려면, 성공 가능성이 희박하긴 하지만 역사적 고찰을 시도하지 않을 수 없다. 칼뱅은 인류 역사라는 지도에다 자신의 회심 경험에 관한 정보를 표기할 의지가 전혀 없어 보이지만(그는 '영원의 상 아래에서' 이 문제를 논하기를 바랐다), 그럼에도 칼뱅이 지나온 이력 가운데 어떤 일화가 감질나는 이 자전적 묘사에서 암시하는 변화의 양상과 일치하는지를 알아보는 것이 적절할 듯하다.

앞서 살펴보았듯이, 온건한 르페브르파 개혁가였던 칼뱅은 1533년 11월 니콜라 콥 사건의 여파로 파리를 떠나야만 했다. 칼뱅이 어디에 은신했는지는 확실하지 않다. 사실 칼뱅은 12월의 어느 시점에 파리로 돌아갔다. 그러나 파리의 상황은 악화 일로였고, 칼뱅은 납작 엎드려 있는 것이 현명하다고 생각했다. 1534년 초, 칼뱅은 당시 앙굴렘의 참사회 회원이자 클레의 주임 신부였던 루이 뒤 티예Louis du Tillet의 고향 생통주에 정착했다. 루이 뒤 티예는 조심스러운 태도로 칼뱅을 맞았다. 그가 친구에게 거처를 마련해 준 이유는 칼뱅의 신앙관에 동조해서라기보다는 좋은 글을 사랑하는 칼뱅

　　　　　　　　　　　　　　　장 칼뱅의 생애와 사상

의 인문주의 성향을 지지했기 때문이다. 비교적 그 시대와 가까운 자료에 따르면, 루이 뒤 티예 가족은 앙굴렘에 도서관을 소유하고 있었고 그 도서관에는 수천 권의 책이 소장되어 있었다.[11] 칼뱅은 이 시기에 육체가 죽으면 영혼은 수면 상태에 들어간다고 가르치는 재세례파의 주장을 반박하기 위해《영혼 수면설 논박_Psychopannychia_》이라는 글을 썼다(발표는 하지 않았다). 이 작품은 칼뱅이 초기 기독교 저술가들의 작품을 직접 읽으면서 상당한 지식을 쌓았음을 보여 준다. 이는 곧 이 작품을 쓸 당시에 칼뱅이 훌륭한 장서를 갖춘 도서관을 이용했음을 암시한다. 훗날 성 바르톨로메오 축일의 대학살(1572)의 희생자 중 하나인 피에르 드 라 플라스_Pierre de la Place_는 1550년경 칼뱅에게 쓴 편지에 두 사람이 앙굴렘에서 쌓았던 돈독한 관계를 상기시킨다.[12]

그렇다고 해서 칼뱅이 훗날 '교황 제도에 관한 미신'이라고 부른 것들과 이 시점에 이미 완전히 절연했다는 증거는 없다. 이 중차대한 시점에 칼뱅은 프랑스 교회 안에서 이미 많은 이들에게 지지를 얻고 있던 관점을 함께 공유하는 개혁 성향의 인물이었다. 플로리몽 드 레몽_Florimond de Raemond_의 말대로, 칼뱅은 "여전히 가톨릭이라는 가면을 쓰고" 있었고, "가톨릭의 관습에 어긋나는 설교나 기도, 예배를 드리지 않았다."[13] 더욱이《영혼 수면설 논박》에는 가톨릭에 반대하는 논박이 들어 있지 않다. 가톨릭 방식이 잘못되었음을 최근에 확신하게 된 청년이 쓴 작품이라는 단서조차 찾기 어렵다.

그럼에도 누아용 참사회의 간결한 명부는 칼뱅의 경력에 분수령이 되는 사건을 보여 준다. 1534년 5월 4일, 칼뱅은 라 제진의 사제직을 사임하고, 새로운 인물에게 그 자리를 넘겨주었다.[14] 가톨릭교회와의 결별을 의미하는 것으로 볼 수 있는 대목이다. 어쩌면 진정한 종교의 본질에 대해 새로운 통찰을 얻은 칼뱅은 부패하고 복음적이지 않다고 인식하게 된 가톨릭교회로부터 자신이 이득을 얻는 것을 더 이상 용납할 수 없다고 결정했는지도 모른다. 정말 그랬을지도 모른다. 그러나 애석하게도, 칼뱅은 물론이고 초기 전기 작가들 역시 이 사건에 대해 침묵으로 일관한다. 만약 이 사건이 칼뱅과 가톨릭교회의 공식적인 결별을 보여 주는 중요한 사건이었다면, 이 기이한 침묵에 관해서도 설명이 필요하다. 그러나 칼뱅이 이 시점에 가톨릭교회와 자신을 이어 주는 제도적 연결 고리를 마저 끊어내기로 했다고 추정하는 것이 타당해 보인다. 이는 '회심'이 곧 일어날 것을 암시한다.

누아용의 사제직 사임에 관하여 좀 더 최근의 전기 작가들이 내놓은 유력한 해석은 3주 뒤에 일어난 사건을 오독한 결과일 가능성이 있다. 누아용 기록보관소에 보관된 5월 26일 자 공문서에 따르면, '이안 코뱅Jean Cauvin'은 삼위일체 주일에 교회에서 소란을 일으킨 죄로 수감되었다.[15] 정말로 칼뱅이 당대 교회에 대한 불만을 공개적으로 드러냈던 걸까? 6월 3일에 풀려난 이 사람은 이틀 뒤 다시 수감되었다. 그러나 이 사건에 관한 해석은 신원을 잘못 확인한 데서 비롯된 듯하다. 누아용 칙령은 수감된 '코뱅'이 무디Mudit라는 가명으로 불렸다고 정확하게 기록했다.[16] 다시 말해서, 무디로 불리는 이안 코뱅은 불과 몇 주 전에 이 도시의 기록에 등장했던 동명의 인물과 전혀 다른 사람이다. 이와 관련해서는 칼뱅이 1545년에 동료에게 쓴 편지에서 "한 번도 수감되지 않게 하신 하나님"을 찬양했다는 점을 주목할 필요가 있다.[17] 만약 칼뱅이 이런 꼴사나운 위법행위로 당국과 심각한 마찰을 일으켰다면, '누아용'에서 칼뱅에게 맞서던 반대파들이 아무 말도 없이 그냥 지나갔을 리 만무하다.

누아용 이후에 어디에서 지냈는지는 확실하지 않다. 콜라동은 마르그리트 드 나바르의 법정에서 일정 기간을 보내고, 이어서 파리와 오를레앙에서 지냈다고 넌지시 언급한다.[18] 콜라동에 따르면, 칼뱅은 파리에 있는 동안 미카엘 세르베투스Michael Servetus를 만나려고 시도했다. 세르베투스는 칼뱅의 제네바 체류 시기를 설명할 때 중요하게 다룰 인물이다. 당시 칼뱅은 파리 시내를 마음대로 나다닐 수 있는 처지가 아니었기 때문에 두 사람은 생 앙투안 거리에 있는 안전한 장소에서 만나기로 사전에 협의했다. 그러나 유감스럽게도 세르베투스는 나타나지 않았다.[19] 두 사람은 약 20년 뒤 제네바에서 다시 만났다.

그해 늦가을에 일어난 벽보 사건으로 프랑스 복음주의자들의 상황은 더 어려워졌다. 뇌샤텔에서 개혁 성향의 소책자 집필자로 유명한 앙투안 마르쿠르가 자신의 경력을 빛나게 해 줄 승리를 거머쥐었다. 10월 18일 일요일 아침 일찍, 프랑스 전역에 눈에 띄는 장소마다 가톨릭교회를 맹렬히 비난하는 익명의 벽보가 나붙었다.[20] 파리와 일부 지방 도시에 사는 충성스러운 가톨릭교도들은 "끔찍하고 참을 수 없는 교황권의 남용"을 성토하는 타블로이드 크기의 포스터에 모욕감을 느꼈다. 독설에 찬 네 문단을 읽으려고 멈춰 선 사람들 중 기성 교회에 대한 은근한 위협을 알아채지 못하는 사람은 거의 없었다. 갑자기 복음주의가 프랑스 사회에 불안을 조장하고 현 상황을 위험에 빠뜨리는 '반역의 종교'로 인식되었다.[21] 당시까지는 정치권에서 가톨릭의 정통 신앙을 수호하려는 열의를 보이지 않았다. 그런데 이제는 가톨릭의 정통 신앙을 수호하는 일이 정치와 사회의 안정을 지키는 일과 직결된 것처럼 보였다. 새로운 동맹 세력을 발견한 셈이었다. 자연스럽게 새로운 동맹 관계가 형성되었다. 갑자기 파리에서 복음주의자가 되는 것은 결단코 현명한 결정이 아닌 게 되었다. 바로 이 사실이 사람들의 주목을 끌었다. 복음주의자가 되는 것은 위험인물, 나아가 반역자가 되는 것으로 인식되었다.

벽보를 읽고 격분한 사람들 중 한 명은 프랑수아 1세였을 것이다. 일요일 아침, 앙부아즈 성에서 잠에서 깬 프랑수아 1세는 침실 밖으로 나왔다가 문제의 벽보를 발견했다. 보안에 구멍이 뚫린 문제 못지않게 벽보에서 거론하는 종교적인 내용에 모욕감을 느낀 프랑수아 1세는 복음주의에 동조하는 것으로 의심되는 인물들을 모조리 기소하기 위해 파리로 돌아왔다. 그러나 프랑수아 1세가 도착하기도 전에 불길이 치솟기 시작했다.

칼뱅의 회고에서는 이런 근본적인 사건들과 그의 종교적 방향 전환에 관해 독특한 양상이 포착된다. 전에는 종교에 대한 '합의상의' 이해에 머물렀다면 이제 '헌신적인' 이해로 옮겨 간 것이다.[22] 일련의 사건들은 칼뱅에게 발달 중인 자신의 종교에 관한 시각의 중요성을 깨닫게 해 주었다. 그 시각들은 상아탑 안에서 착상되고 숙고된 사상이 아니었다. 그 시각들은 도시와 나라의 안정을 위협하고,

　　　　　　　　　　　　　장 칼뱅의 생애와 사상

칼뱅을 '주의할 인물'로 규정하는 사상이었다. 칼뱅의 존재는 그의 종교적 신념과 불가분의 관계가 되었다. 그가 누구인지는 그의 사상에 의해 결정되었다. 칼뱅 본인만 그렇게 생각한 것이 아니라 다른 이들도 그렇게 인식했다. 삶과 사상, 인물과 사상의 통합이 이 방황의 시기에 시작된 것은 의심의 여지가 없다. 이 기간에 칼뱅의 정체성과 신학과 행동 사이에 동맹이 구축되었다.

칼뱅은 1534년 10월의 사건을 고려할 때 프랑스를 떠나는 것이 현명하다고 판단했다. 니콜라 콥은 이미 스위스 바젤에서 은신처를 찾았고, 그때부터 바젤은 복음주의에 동조하는 사람들을 위한 피난처이자 학문의 중심지로 부상했다.[23] 바젤까지 이동하는 데는 아마도 상당한 비용이 들었을 것이다. 칼뱅은 친구인 루이 뒤 티예와 동행했다. 여행 경비는 루이 뒤 티예가 두말하지 않고 부담한 것으로 보인다. 두 사람은 스트라스부르를 거쳐 1535년 1월 바젤에 도착했을 것이다. 칼뱅은 이제 안전했다. 그런데 다음에는 어디로 갔을까? 그리고 망명 기간에 그는 무엇을 했을까?

칼뱅은 마르티누스 루키아누스라는 가명을 사용하면서 망명 생활에 적응해 나갔다(Lucianus는 라틴어 이름인 'Caluinus'의 철자 순서를 바꾼 것이다). 스트라스부르와 마찬가지로 바젤은 독일어를 사용하는 도시였다. 그런데 칼뱅은 독일어를 거의 알지 못했다. 그래서 바젤에서의 사회적·문학적 교류는 라틴어나 프랑스어를 할 줄 아는 사람들로 제한될 수밖에 없었다. 한때 인문주의 학습의 중심지 중 하나였던 바젤대학교는 사실상 사멸 상태였다. 칼뱅이 쉽게 교류할 수 있는 학자들의 공동체가 없었다. 이 시기에 칼뱅이 알고 지냈거

인문주의자에서 종교개혁가로: 회심

기욤 파렐은 장 칼뱅을 설득해 칼뱅이 제네바에서 종교개혁 운동에 헌신하게 만들었다.

나 연락하고 지냈을 것으로 짐작되는 사람들 중에는 엘리 쿠로^{Elie} Couraud, 피에르 카롤리^{Pierre Caroli}, 클로드 드 페레^{Claude de Feray}, 기욤 파렐^{Guillaume Farel}, 피에르 투생^{Pierre Toussaint}, 피에르 비레^{Pierre Viret}가 있다.[24] 한때 세계 문학계에서 무시할 수 없는 실력자였던 로테르담의 에라스뮈스는 독일 프라이부르크에서 5년을 보내고 그해 5월에 바젤로 돌아왔으나 병이 들어 집에만 틀어박혀 지냈다. 칼뱅과 에라스뮈스가 교류한 흔적은 전혀 없다. 에라스뮈스는 1536년 6월에 사망했다.

언어 문제 때문에 바젤에서 생활하는 데 어려움이 있었음에도 불구하고, 칼뱅은 스위스 북부에 위치한 이 도시에서 대부분의 시간을 보냈다. 칼뱅의 망명지였던 바젤은 다른 지역에서 벌어지는 일들을 주시할 수 있는 망루가 되었다. 칼뱅은 제네바라는 도시에서

장 칼뱅의 생애와 사상

벌어진 극적인 사건들에 관한 소식을 접했다. 종교개혁가 피에르 비레가 독에 중독되었다는 소식, 복음주의자들이 공개 토론에서 가톨릭 논객을 손쉽게 꺾었다는 소식, 8월 10일에 200인회에서 가톨릭 미사를 폐지했다는 소식이 들려왔다. 칼뱅은 프랑스에서 일어난 비참한 사건들에 관한 소식도 바젤에서 접했다. 1535년 2월 16일 자신의 친구인 에티엔 드 라 포르주Etienne de la Forge가 산 채로 화형당했다는 소식도 그중 하나였다.[25] 프랑스 '복음주의자들'은 독일의 프로테스탄트 복음주의자들과는 비교할 가치도 없는, 선동적이고 반체제적인 재세례파로 묘사되었다.[26] 칼뱅은 바젤에서 그런 상황을 지켜보아야 했다. 당시에 그런 비난은 대단히 민감한 것이었다. 독일 프로테스탄트 지배층은 과격한 사회 세력인 재세례파가 얼마나 위험한지 농민전쟁(1525)을 통해 뼈저리게 절감한 바 있기 때문이다. 더욱이 최근(1533-1535), 레이덴의 안Jan van Leyden의 지휘 아래 재세례파가 뮌스터시를 장악하는 일이 벌어지면서 이런 인상은 더 견고해졌다. 재세례파가 뮌스터시에서 시도한 신정神政정치는 포위 공격을 견디지 못하고 결국 강제로 끝이 났다. 독일 군주들이 재세례파를 처형하면서 자신들의 행동이 정당하다고 여겼던 것처럼, 프랑수아 1세는 프랑스 국민 중에서 종교개혁가를 가장한 선동 분자들을 처형하는 것을 당연하게 여겼다.

이는 꽤 설득력 있는 주장으로, 파리 주교의 형이자 프랑수아 1세의 외교 대사인 기욤 뒤 벨레Jean du Bellay의 조언을 능수능란하게 활용한 것이었다. 칼뱅은 기욤 뒤 벨레의 제안에 격분했다. 칼뱅 본인이 재세례파에 반대하는 논문을 쓴 적이 있기에 특히 더 화가 났다.

인문주의자에서 종교개혁가로: 회심

칼뱅은 프랑스 복음주의자들이 종교적인 동기보다는 정치적인 동기로 움직이고 있다고 의심하는 시각에 큰 상처를 받았다.[27] "그것이 내가 《기독교 강요》를 출간한 이유였다." 시간이 흐르고 칼뱅은 행동에 나서기로 했다. 그것은 정치적으로는 미숙하나 문학적으로는 뛰어난 자신의 지성을 충분히 발휘할 수 있는 유일한 행동이자 칼뱅다운 행동이었다. 칼뱅은 펜을 들고 책을 썼다.

칼뱅은 1535년 8월 23일에 원고를 탈고했다.[28] 일정을 맞추지 못해서 그해 가을에 열리는 프랑크푸르트 도서전에 출품하지는 못했다. 사람들은 칼뱅이 《기독교 강요》 초판을 쓸 때 자신들이 믿는 신앙에 대한 이해가 굳건해지기를 염원하는 프랑스 복음주의자들을 염두에 두었을 것으로 짐작한다. 물론 초창기에 이 책을 구상할 때에는 그러한 의도가 깔려 있었을 가능성이 있다. 그러나 본격적으로 저술 작업에 들어갔을 때 칼뱅이 어떤 독자를 염두에 두었는지는 명확하지 않다는 점도 인정해야 한다. 사실, '서문 역할을 하는 편지(헌사)'에 담긴 외교상의 관례와 미묘한 표현을 모두 무시하고 보면, 칼뱅이 책의 형태를 갖춘 최종 원고의 독자로 특별히 염두에 둔 이들은 프랑스 복음주의자들이 아니었다. 칼뱅이 이 책을 쓴 주요 목적은 독일 재세례파의 사례에 견주어 프랑스 복음주의자들에 대한 박해를 정당화할 수 있다는 주장이 얼마나 어리석은지를 증명하기 위함이었다. 프랑스 복음주의자들을 '재세례파이며 선동적인 자들'로 묘사하는 진술이 프랑스 법정에서 처음 등장한 이후, 독일에서도 이 표현이 널리 퍼져 나가면서 이를 당연하게 받아들이는 분위기가 형성되었다. 이에 자존심이 상하고 격분한 칼뱅은 프랑스 복음주의자들을 '재세례파이며 선동적인 자들'로 묘사하는 사람들의 주장에 강경하게 맞섰다. 칼뱅은 이 책이 "구원론을 이해하는 데 필요한 제반 사항과 경건의 개요를 거의 망라하였다"라고 설명한다. 칼뱅은 또한 개혁을 위해 수고하는 자들의 견해가 정통임을 입증하고, 이를 통해 정치적인 목적(프랑수아 1세에게는 신성로마제국의 황제 카를 5세에 반대하는 독일 군주들의 지지가 필요했다)으로 프랑스 복음주의자들을 이단이나 과격론자로 묘사하는 자들의 주장이 신빙성 없음을 보여 주고자 한 것이다.

그러나 사실 이 책은 칼뱅이 원했던 결과와 꼭 다르다고 할 수는 없지만 그가 의도했던 것과는 조금 다른 결과를 가져왔다. 이에 관해서는 7장과 8장에서 자세히 살펴볼 생각이다. 지금은 종교 저술가 겸 사상가로서 칼뱅이 상당한 명성을 얻은 데에는 타당한 근거가 있다는 점을 지적하는 것으로 족하다.

《기독교 강요》 교정쇄를 수정한 뒤, 칼뱅은 이탈리아 페라라를 향해 길을 나섰다. 아마도 마르그리트 드 나바르의 사촌이자 당시 페라라의 공작부인Duchess of Ferrara으로 불리던 루크레치아 데 메디치Lucrezia de' Medici의 복음주의적 식견에 매력을 느꼈을 것이다. 벽보 사건의 여파로 많은 프랑스 복음주의자들이 공작부인의 저택을 안전한 피난처로 여겼다. 시인 클레망 마로Clément Marot도 그중 하나였다. 마로는 자넷이라는 사람을 데리고 왔는데, 그는 성 금요일(4월 14일) 사건의 중심에 있는 인물이다. 이 사건은 페라라에 있는 공작부인의 저택에서 반反복음주의 정서가 퍼지는 계기가 되었고, 그 때문에 이곳에 피신해 있던 수많은 복음주의자의 처지가 난처해졌다.

성 금요일이 되자 십자가를 숭상하는 전통 의식을 위해 집안의 식솔들과 자넷을 포함한(아마 칼뱅도 포함하여) 군식구들이 모두 모였다. 예식이 절정에 다다랐을 무렵 자넷이 예배실에서 성큼성큼 걸어 나왔다. 그의 행동은 당연히 사람들의 이목을 끌었다. 무례하기 짝이 없는 돌출 행동에 이의를 제기하자, 자넷은 자신이 복음주의에 동조한다고 밝혔다. 이로써 페라라의 공작부인이 자넷과 같은 성향을 지닌 수많은 인물을 숨겨주고 있다는 사실을 집안의 다른 식구들도 분명히 알게 되었다. 입장이 아주 난처해졌다고 생각한 칼뱅은 바젤로 돌아갔다. (콜라동에 따르면) 바젤에 가기 전에 프랑스에 들렀다.[29] 쿠시 칙령(1535년 7월 16일)에 따라 종교적 망명자들도 고국 프랑스에 돌아올 수 있었다. 자신의 신념을 버렸노라고 6개월 안에 공식 선언하는 조건이었다.[30] 칼뱅은 이를 이용해 프랑스로 향했다. 남아 있는 가족들 문제를 해결하기 위해서였다. 1536년 6월 2일에 작성한 위임장이 지금도 남아 있다. 위임장에 따르면, '법률가이자 파리 주민인 장 칼뱅'은 동생 앙투안에게 누아용에 있는 집안의 사무를 처리할 권한을 주었다.[31] 7월 15일, 칼뱅은 위험한 프랑스 영토를 통과하여 스트라스부르로 향했다.

불행히도 스트라스부르로 직행하는 길은 몹시 위태로웠다. 프랑수아 1세와 카를 5세 사이에 벌어진 전쟁 때문에 군대가 이동 중이었기 때문이다. 칼뱅은 남쪽으로 우회하는 길을 택해야 했다. 날이 저물자 잠을 자기 위해 한 도시에서 걸음을 멈췄다. 그 도시가 바로 제네바다.

장 칼뱅의 생애와 사상

5 제네바: 제1기

      칼뱅에 관해 이야기하는 것은 제네바에 관해 이야기하는 것이나 매한가지다. 칼뱅이 제네바를 빚어냈다면, 제네바는 칼뱅을 빚어냈다. 칼뱅이라는 인물과 이 인물을 받아들인 제네바라는 도시의 상호작용은 역사의 위대한 공생 관계로 손꼽힌다. 그러나 칼뱅은 제네바와의 이런 밀접한 관계 때문에 이따금 짜증을 냈고 당혹감을 느낄 때가 많았다. 제대로 알지도 못하는 사람들이 제네바 시의회에서 결정한 사항들을 자신의 탓으로 돌린다며 자주 불만을 토로했다.[1] 칼뱅이 처음 제네바시에 머물며 공직을 맡았던 기간은 아주 짧았고, 여러모로 형편없었다. 그러나 칼뱅이 다시 제네바에 돌아왔을 때, 제네바에는 역사적으로 아주 중요하고 새로운 한 시대가 시작되었다. 그런데도 칼뱅의 전기 작가 대다수가 제네바를 하찮게 취급한다. 참으로 이상한 일이다. 제네바를 아예 무시하는 것은 아니지만, 마치 대영제국 건설자 겸 선구자인 에드워드 7세 시대의 전기 작가들이 주인공인 에드워드 7세의 아내를 언급하는 것과 비슷한 방식으로 제네바를 언급하는 경향이 있다. 즉, 그리 중요하지도 않고, 주인공의 인격 형성이나 발달에 그다지 영향을 끼치지도 않았고, 예의상 잠깐 언급할 만은 해도 본문의 주제와 큰 관련성은 없는 존재를 대하듯 한다. 그러나 제네바를 그런 식으로 취급해서는 안 된다. 칼뱅이라는 인물을 역사 과정과 단절된 채 정신의 대성당을 건축한 사상가가 아니라 활동가로 이해하려면, 제네바라는 도시를 끌어안을 필요가 있다. 제네바는 칼뱅에게 특정 사상을 갖게 하고 또 그의 사상을 상당 부분 수정하게 만들었기 때문이다. 칼뱅의 사상 중 일부는 제네바의 상황을 염두에 두고 전개된 것으로 보인다. 어쩌면 이번 장은 일시적으로나마 칼뱅보다 제네바가 더 중요하다는 듯한 인상을 줄 수도 있다. 만약 그렇다면, 칼뱅에게만 지나치게 무게중심이 쏠려 있는 기존 전기들의 불균형을 바로잡으려는 시도로 이해해 주길 바란다.

우리 머릿속에 들어 있는 생각들을 예로 들어 설명해 보겠다. 여러 면에서, 1541년《교회 법령*Ordonnances ecclésiastiques*》(203쪽 참조)을 통해 칼뱅이 제네바 교회에 주문한 내용은 제네바 교회의 기존 체계를 놓고 깊이 숙고한 끝에 내놓은 신중하고도 대단히 실용적인 반응이었다.《교회 법령》에서 칼뱅은 집사(혹은 부제副祭)를 교회의 네 번째 직분으로 여겼다. 중세 시대가 끝나 갈 무렵, 사람들은 집사를 그저 사제가 되기 위한 수습생 정도로 인식했었다. 한 사람이 마침내 성직에 임명되기 전에 마땅히 거쳐야 하는 기간에 지나지 않은 것으로 여겼다. 그러나 칼뱅은 집사들이 그 자체로 특정 직능과 책임을 맡은 독립적인 평신도 사역자여야 한다고 주장했다. 집사의 독특한 역할에 관한 이런 주장은 부분적으로 신약성경에 근거한 것이다. 사도행전 6장 1-6절을 해설하면서 칼뱅은 '쿠라 파우페룸*cura* *pauperum*', 즉 '가난한 자들을 돌보아야 할 사도의 책임'과 집사의 직분을 연결한다.[2]

이 사상은 분명 성경적이었을지 모른다. 그러나 그것을 실행하는 방식은 철저히 제네바식이었다.[3] 칼뱅은 다섯 명의 집사를 두어야 한다고 규정했다. 그중 네 명은 재무를 담당하고 한 명은 구호를 담당해야 했다. 사실상, 칼뱅은 종교개혁 이전에 설립되어 사회복지사업을 맡고 있던 제네바 종합병원의 역할을 종교적으로 인허한 것이나 다름없었다.[4] 이 기관은 제네바시에 있던 다양한 구호단체를 하나의 지휘권 아래(그리고 결국에는 하나의 건물, 즉 생트 클레르라는 옛 수녀원 안에) 그러모았다. 여섯 명이 도시 내 빈민 구제 책임자로 임명되었다. 다섯 명은 사회복지사업 전반을 관리할 책임이 있는 재무 담당자*procureur*였고, 한 명은 특히 제네바 종합병원을 감독할 책임을 맡은 구호 담당자*hospitallier*였다. 교회 집사직에 관한 칼뱅의 개념은 제네바에 있던 기존의 비종교적 기관에 종교적 권위를 부여한 것뿐이다. 이는 칼뱅이 제네바에 영향을 끼친 것 못지않게 제네바가 칼뱅에게 영향을 끼친 방식을 잘 보여 준다.

도시 현상으로서의 종교개혁

유럽 종교개혁에서 가장 눈에 띄는 특징 중 하나는 대부분의 종교개혁이 도시 현상이었다는 점이다. 독일에서는 제국 자유도시Freie Reichsstadt(신성로마제국 시대에 제후나 영주에게 종속된 지역 소도시와 달리 오직 황제에게만 복종하던 황제 직속 자치도시—옮긴이) 65개 중 종교개혁에 긍정적으로 반응한 도시가 50개가 넘었고, 종교개혁을 완전히 무시한 도시는 다섯 개에 불과했다. 스위스에서는 종교개혁이 취리히라는 도시를 배경으로 시작되어, 베른과 바젤 같은 연맹 도시들, 그리고 조약상 의무로 이들 도시와 연결되어 있던 제네바와 장크트갈렌 같은 다른 중심지에서 공개 토론 과정을 거쳐 퍼져 나갔다. 프랑스 프로테스탄티즘도 대개는 리옹, 오를레앙, 파리, 푸아티에, 루앙 같은 주요 도시에 기반을 둔 도시 운동으로 시작되었다. 그래서 이런 질문이 자주 제기되었다. 16세기 도시 공동체들이 종교개혁에 그토록 매력을 느낀 이유는 무엇일까?

이 현상을 설명하기 위해 여러 이론이 제시되었다. 첫 번째는 독일 신학자 베른트 묄러Bernd Moeller의 이론이다. 묄러는 도시들 내부에서 사회적 긴장이 고조되고, 제국 정부나 교황청 같은 외부 정치 조직에 의존하는 경향이 강해지면서, 15세기에 도시의 공동체 의식이 붕괴했다고 주장했다.[5] 묄러는 루터의 종교개혁을 받아들임으로써 이런 도시들이 공동체로서의 정체성을 회복할 수 있었다고 보았다. 물론 이 정체성에는 신앙생활에 참여하는 주민들을 한데 묶는 종교 공동체라는 개념이 포함되어 있다. 의미심장하게도 묄러는 루터의 만인사제론이 갖는 사회적 의미에 주목했다. 그는 만인사제론이 도시 사회에 내재하는 인습적 차별을 깨부수고 공동체로서의 일체감을 강화했다고 보았다. 그러나 묄러는 문화적으로 덜 발달한 독일 동북부 지방의 산물인 루터의 사상은 결과적으로 문화가 더 발달한 독일 남서부 공동체의 세련미를 갖추지 못했다고 보았다.

장 칼뱅의 생애와 사상

루터는 길드라는 조합 조직과 공동체를 향한 대도시의 욕구를 이해하지 못하는 소읍^{小邑} 출신이라서 도시에 맞는 이론보다는 시골에 어울리는 자기성찰적 이론을 내놓을 수밖에 없었다. 그래서 공동체의 규율과 집합적인 도시 구조를 제대로 다루지는 못했다. 뮐러에 따르면, 당대의 도시 관념에 익숙하지 않은 루터는 공동체 재건과 훈련에는 무심했고, 자기성찰적 개인을 중심에 둔 심오하고 개인적인 신학을 형성할 수밖에 없었다. 이와 대조적으로 마르틴 부처와 울리히 츠빙글리의 신학은 도시의 현실을 중심으로 전개되었다. 부처와 츠빙글리는 도시와 교회 공동체의 역사적 상관성에 기초하여 교회학을 구축했지만, 루터는 도시의 결속을 해칠 위험이 있는 '은혜'라는 추상적 관념에 기초하여 교회학을 구축했다.

두 번째는 토머스 브래디^{Thomas Brady}가 제시한 이론으로, 주로 스트라스부르라는 도시를 분석한 결과에 근거했다.[6] 브래디는 계급투쟁의 결과로 스트라스부르에서 프로테스탄티즘을 받아들이게 되었다고 보았다. 브래디에 따르면, 귀족과 상인 연합으로 이루어진 지배 계층은 종교개혁을 지지하는 길만이 자기들의 사회적 지위를 유지하는 유일한 방법이라고 생각했다. 도시에 거주하는 과두제 지지자들은 민중 저항운동으로 위기에 처한 자기들의 기득권을 보호할 교묘한 수단으로 종교개혁을 받아들였다. 브래디는 다른 많은 도시도 이와 비슷한 상황에 부닥쳤다고 주장했다.

세 번째 이론은 16세기 도시 공동체가 종교개혁에 매력을 느낀 이유를 이신칭의 교리를 중심으로 설명한다. 1975년에 발표한 연구 논문에서 스티븐 오즈먼트^{Steven Ozment}는 프로테스탄티즘의 대중성

마르틴 부처는 독일의 종교개혁가로, 하이델베르크에서 십자가 신학을 강변한 마르틴 루터에 감명을 받아 종교개혁에 헌신하게 되었다. 장 칼뱅이 제네바에서 추방당했을 때 그를 스트라스부르로 초대했다.

이 이신칭의 교리에서 비롯되었다고 주장했다. 이신칭의 교리가 중세 말기 가톨릭의 고해 방식과 이와 연계된 '반펠라기우스주의'의 칭의 교리가 주는 심리적 부담을 덜어 주었다는 것이다.[7] 이런 심리적 부담을 가장 크고 가장 분명하게 느낀 곳이 도시 공동체였기 때문에 프로테스탄티즘이 도시 공동체에서 가장 큰 지지를 받았다는 것이 오즈먼트의 주장이다. 오즈먼트는 묄러가 독일 남서부 신학자들과 루터의 차이점을 지나치게 과장했다고 보았다. 초기 종교개혁자들에게는 공통된 메시지가 있었다. 중세 말기에 종교가 신자 개개인에게 안겨 준 심리적 부담을 덜어 주는 것이 이 메시지의 요지였다. 그들 사이에 어떤 의견 차이가 있었든, 부처와 츠빙글리와 루터처럼 통치 권력을 중심으로 교회를 개혁하려 했던 종교개혁자들은 은혜를 통해 믿음으로 의롭다 함을 얻는 이신칭의 교리를 선포하는 것, 그리하여 면죄免罪, 정죄淨罪, 성인들의 중보仲保 등에 관한 신학적 필요성을 제거하고 이에 대한 대중의 관심을 떨어뜨리는 것에 관심을 기울였다.

이들 각각의 이론은 중요한 의미가 있다. 이 이론들은 종교개혁 초창기에 도시에서 전개된 프로테스탄티즘을 좀 더 자세히 연구하도록 자극하는 중요한 역할을 했다.[8] 그러나 세계적 주목을 갈구하는 야심 찬 이론들이 대개 그렇듯이 이들 각 이론은 분명한 약점도 함께 드러냈다. 우리가 앞으로 살펴볼 제네바를 예로 들어 보자. 제네바는 사회적 긴장이 고조되자 결국 프로테스탄트 도시인 베른과 연맹을 맺고 츠빙글리식 종교개혁을 받아들였다. 그러나 제네바시에서 사회적 긴장이 고조된 이유는 계층 간의 갈등 때문이 아니라 사부아 왕가 또는 스위스연방(헬베티아 연방)을 지지할지 말지를 두고 같은 사회 계층 안에서 생긴 내부 분열 때문이었다. 친親사부아 세력인 마멜루크파와 친親베른 세력인 동맹파는 경제적·가족적·사회적 이해관계가 일치하는, 같은 사회집단에서 출현했다. 이신칭의 교리에 대한 보편적 관심에 주목한 오즈먼트의 이론도 마찬가지 약점을 드러냈다. 오즈먼트의 이론은 취리히, 장크트갈렌, 제네바 등 스위스연방에 속하거나 스위스연방과 연결된 많은 도시에서 마땅한 사례를 찾기 어려웠다. 또한 그의 이론은 많은 스위스 종교개혁자가 이신칭의 교리에 관하여 우물쭈물하는 태도를 보이는데도 이를 간과했다.[9]

그래도 아우크스부르크, 바젤, 베른, 콜마르, 콘스탄츠, 에르푸르트, 프랑크푸르트, 함부르크, 뤼베크, 메밍겐, 울름, 취리히 같은 도시에서 어떻게 종교개혁이 시작되고 전개되었는지를 연구하는 과정에서 몇 가지 공통된 특징이 나타나긴 했다. 이런 공통 요소들을 발견하고, 이것들이 제네바 종교개혁의 기원과 어떤 관련이 있는지에 주목하는 것은 꽤 요긴한 작업이다.

우선 이들 도시에서 종교개혁은 변화를 요구하는 민중의 압력에 대한 반응이었던 것 같다. 그런 점에서 뉘른베르크는 민중의 크나큰 항의와 요구가 선행되지 않은 채 시의회가 종교개혁을 받아들인 보기 드문 사례다. 16세기 초 도시 주민들 사이에서 터져 나온 불만이 순수하게 종교적 성격을 띠었던 것만은 아니다. 불안이 쌓이고 쌓여 큰 덩어리를 이룬 시대에는 사회적·경제적·정치적 불만이 다양한 규모로 명백히 존재하게 마련이다. 시의회들은 일반적으로 이런 민중의 압력에 대응하는 반응을 보였고, 대개는 자기들의 필요와 목적에 부합하는 방향으로 여론의 흐름을 바꾸었다. 여론을 교묘하게 조작하는 것은 위험한 상황으로 치달을지도 모르는 민중 저항운동을 자기들에게 유리한 쪽으로 이용하고 통제하는 노골적인 수법이었다. 도시에서 전개된 종교개혁에서 관찰되는 더 중요한 사실은 기존의 도시 정권들이 새로운 종교 사상과 의식을 도입해도 상대적으로 바뀌지 않는 경우가 많았다는 점이다.[10] 이는 시의회들이 기존 사회질서를 급진적으로 바꾸지 않고도 얼마든지 민중의 압력에 대응할 수 있었다는 의미다.

제네바의 경우, 1520년대에 스위스연방과의 관계를 발전시키라

장 칼뱅의 생애와 사상

는 민중의 압력이 상당했다. 이 압력은 여러 요인이 결합하여 발생했고, 그중에 종교적 요인으로 간주할 만한 것은 하나도 없었다. 주류를 이룬 생각이 있다면, 주도적인 시민들 다수가 사부아 공국의 해로운 영향력에서 벗어나길 바란다는 점이었다. 그 시대 많은 도시와 마찬가지로, 제네바는 스위스 도시들을 거울삼아 완전한 독립을 이루길 간절히 바랐다.[11] (제네바는 1815년에야 스위스연방의 일원이 되었다.) 1520년대에 제네바를 불안에 빠뜨린 원흉은 특별히 종교적인 문제라기보다는 정치적 자유의 문제였다.

그러나 1530년대 초, 중요한 종교적 요인이 끼어들었고, 결국 가장 중요한 문제가 되었다. 베른과 제네바가 동맹을 맺자 제네바 안에서 베른시의 복음주의적 시각에 동조하는 시민들이 늘어났다. 제네바 시의회는 재앙으로 치달을 수 있는 사부아와의 군사적 대치 상황을 피하는 한편, 민중의 압력에 대응해야 했다. 시의회는 1534-1535년에 시의회의 권한을 강화하는 한편 사부아 공국을 군사적으로 도발하지 않고 교묘하게 복음주의를 장려하는 일련의 외교적 행동을 통해 사부아 대표들의 허를 찔렀다. 사부아는 1536년 1월이 되어서야 외교적 해결에 종지부를 찍고 군사개입으로 방향을 틀었다.

둘째, 도시에서 종교개혁이 성공을 거둔 것은 역사적 우연이 겹치고 겹친 결과였다. 종교개혁을 받아들이는 것은 가톨릭을 고수하기로 한 지역 또는 도시와 기존에 맺은 (군사적·정치적·상업적) 조약이나 관계가 완전히 틀어지는 엄청난 변화를 감수하는 일이었다. 따라서 한 도시의 교역 관계가 치명상을 입을 수도 있었다. 물론 해당 도시의 경제 상황에 따라서 결과는 달라질 수 있었다. 그런 의미에서 장크트갈렌에서 종교개혁이 성공한 부분적인 이유는 종교개혁을 받아들이기로 한 결정이 이 도시의 리넨 산업에 중대한 악영향을 끼치지 않았기 때문이다.[12] 마찬가지로 가톨릭 도시(마인츠)와 루터파 지역(작센)에 아주 인접한 도시(에르푸르트 같은)는 이해관계자 중 어느 한쪽과 군사적 갈등에 휘말릴 위험이 있었고, 이런 갈등은 도시의 독립에 치명적인 결과를 불러올 수도 있었다.[13] 더욱이 종교개혁을 받아들이기로 한 결정을 둘러싸고 심각한 내분이 생기면 그 도시는 외세에 취약해질 수 있었다. 이것은 1520년대에 에르푸르트 시의회가 종교개혁 활동을 중단하기로 했을 때 고려했던 중요한 사항 중 하나였다.

제네바의 경우에 가장 중요한 역사적 우연은 가톨릭을 지지하는 사부아 공국과 그 동맹들이 아주 가까이에 있다는 점이었다. 종교개혁에 성공하려면, 사부아 공국이 가하는 중대한 정치적·군사적 위협을 누그러뜨려야 했다. 제네바에서는 1532년부터 1535년 사이에 복음주의 형태의 기독교를 지지하는 움직임이 강해졌고, 이에 사부아 공국은 1536년 1월에 결국 군사적으로 대응했다. 만약 제네바가 1520년대 후반부터 복음주의에 헌신해 온 베른시와 군사 동맹을 맺고 있지 않았더라면, 제네바는 사부아 공국에 완전히 제압당했을 것이다. 제네바가 단호하게 종교개혁에 전념하자 복음주의 자금원으로부터 재정 지원이 이뤄졌다. 특히 바젤에 있는 자금원으로부터 많은 지원을 받았다. 그 결과, 가톨릭을 수호하게 하려는 외압을 단순히 견제하는 것 이상의 성과를 거뒀다. 이로써 제네바는 종교개혁을 진행할 수 있었다. 그런데 다른 역사적 우연이 겹치면서 상황이 복잡해졌다. 역사상 결정적인 시기에 제네바를 지원해 준 베른시에서 이제 그 빚을 갚으라고 재촉했다. 제네바는 종교개혁을 추진하는 길을 스스로 선택할 수 없었다. 이미 베른시에서 채택한 종교적 믿음과 실천을 받아들여야 했다.

셋째, 종교개혁 원칙을 받아들이겠다는 결정을 내리자마자 곧바로 복음을 전파하기 위해 도시에 온 종교개혁자에 관한 낭만적이고 이상적인 환상은 너무나 비현실적인 것이니 일찌감치 버려야 한다. 개혁 절차의 시행에 관한 초기 결정부터 개혁안의 성격과 속도에 관한 후속 결정까지 종교개혁 과정 전반을 관장하는 주체는 시의회였다. 취리히에서는 시의회가 결정적인 순간마다 신중한 방식을 택하는 바람에 츠빙글리의 바람보다 종교개혁이 더 더디게 진행되었다.[14] 스트라스부르에서 종교개혁을 추진한 부처도 활동에 제한을 받기는 마찬가지였다. 칼뱅의 사례에서 볼 수 있듯이, 종교개혁가가 시의회에서 공표한 정책이나 결정에 어긋나는 행동을 하면 시의회는 얼마든지 그를 추방할 수 있었다.

사실, 시의회와 종교개혁가는 일반적으로 공생 관계였다. 종교개혁가는 기독교의 복음을 알기 쉽게 제시하고, 이 복음과 해당 도시의 종교·사회·정치 구조 및 관행이 어떤 관계가 있는지 설명함으로써, 자칫 혁명으로 이어져 혼란스러운 상황이 벌어지는 것을 방지했다. 가톨릭으로 복귀하라는 위협과 급진적인 재세례파 운동에 의한 체제 전복 위협이 끊이지 않은 상황에서는 종교개혁가가 부득불 필요했다. 방향을 잃고 걷잡을 수 없이 뻗어 나가다가 결국 혼란에 빠져 그 도시의 기존 권력 구조와 그 구조를 장악한 인물들에게 심상치 않고 용납할 수 없는 결과를 불러올 수 있는 개혁 운동에 누군가는 종교적 방향을 제시해야 했다. 그러나 종교개혁가 역시 정치 지도자들의 지배를 받는 상황에서 활동에 제약을 받을 수밖에 없었다. 정치 지도자들은 기득권을 지키기 위해 종교개혁가가 마련한 개혁 의제에 자기들의 경제적·사회적 영향력을 강화하는 내용을 삽입하려고 애썼다. 따라서 종교개혁가와 시의회의 관계는 불안했고 쉽게 깨지는 경향이 있었다. 물론 실권은 늘 시의회가 쥐고 있었다.

제네바에서는 시의회와 종교개혁가(처음에는 기욤 파렐과 칼뱅, 나중에는 칼뱅 혼자) 사이에 미묘한 관계가 형성되었다. 시의회는 가톨릭 주교가 하던 폭정을 종교개혁가가 대신하게 놔두지 않겠다고 다짐했다. 어렵게 얻어 낸 자기들의 권한과 자유를 강하게 의식하고 지키고자 애썼다. 1536년에 제네바는 사부아로부터 독립했고, 베른시에서 제네바를 식민지로 삼으려고 애쓰는 와중에도 대체로 독립을 지켜 냈다. 엄청난 경제적·군사적 압박을 받는 처지일 때야 어쩔 수 없지만, 그렇지 않다면 누구의 명령도 받고 싶지 않은 게 제네바의 심정이었다. 그 결과, 칼뱅은 활동에 심각한 제약을 받았다. 1538년에 칼뱅을 제네바에서 추방한 사건은 여전히 시의회가 정치권력을 확고하게 움켜쥐고 있었다는 걸 보여 준다. 앞으로 살펴볼 테지만, 칼뱅이 '제네바의 독재자'라는 생각은 역사적 근거가 전혀 없다. 그럼에도 시의회는 칼뱅이 없이는 점점 더 나빠지는 종교적 상황에 대처할 수 없다는 사실을 깨달았다. 제네바 시의회는 자기들의 종교개혁가를 다시 불러들였고, 그가 개혁을 계속 추진할 수 있게 했다.

장 칼뱅의 생애와 사상

이는 사회적 실용주의와 종교적 현실주의에서 나온 놀라운 결정이었다.

이런 대강의 상황을 염두에 두고 이제 제네바 종교개혁의 첫 단계를 살펴보도록 하자. 칼뱅이 우연히 이 도시에 발을 디디기도 전에 개혁 프로그램이 진행 중이었다. 어떻게 그런 일이 일어났을까? 이는 그 자체로 매혹적인 이야기가 된다. 몇 가지 내용을 벌써 살짝 맛보긴 했지만, 좀 더 자세히 살펴볼 만한 이야기다.

칼뱅 이전의 제네바

종교개혁 이전의 제네바는 쇠퇴해 가는 주교 도시였다. 제네바가 한때 번영을 구가했던 주된 이유는 매해 네 번 열리는 국제 무역 박람회 덕분이었다. 1262년에 시작된 이 박람회는 매해 주현절과 부활절, 성 베드로 축일 무렵과 만성절에 개최되었다. 박람회가 열리면 라인강과 다뉴브강 골짜기에서, 그리고 이탈리아 북부와 부르고뉴, 스위스연방에서 상당수의 상인이 몰려왔다.[15] 이들 박람회가 얼마나 중요했던지 메디치 은행에서 제네바에 지점을 개설할 가치가 있다고 판단할 정도였다.[16] 그러나 백년전쟁이 막을 내리면서 상황이 급변했다. 프랑스 왕 루이 11세는 제네바와 가까운 리옹에서 특별 무역 박람회를 열었다. 박람회 기간도 일부러 그 지역의 유일한 경쟁자인 제네바 무역 박람회 기간과 정확히 겹치게 잡았다. 제네바는 곧 쇠퇴하기 시작했다. 메디치 가문은 바람의 방향이 바뀐 것을 감지하고 제네바에서 리옹으로 활동 거점을 옮겼다.

종교개혁 이전 제네바시의 업무는 인근에 있던 사부아 공국에서 관할했다.[17] 사부아 공국에서 제네바시를 통치하게 된 때는 13세기로 거슬러 올라간다. 1265년에 제네바의 주교가 사부아에 비돔네 *vidomne*(주교를 대신하여 주교령의 세속적 권익을 수호하는 주교 대리—옮긴이)라는 지위를 내주면서부터였다. 이로써 사부아는 제네바시에 사는 평신도들을 위해 민형사상의 사법 정의를 수호할 책임자를 선정할 권리를 갖게 되었다. 1287년부터는 비돔네가 론 지방의 섬에 있던 옛 주교 성城에서 살았다. 15세기에 사부아의 세력이 강해지면서 사부아가 제네바 시정市政에 미치는 영향력 역시 강해졌다. 제네바시 주변의 많은 시골 지역과 마을들은 사부아나 사부아에서 지명한 자들의 소유였다. 무엇보다 중요한 사실은 1449년에 사부아가 제네바 교구를 효과적으로 장악했다는 점이다. 당시 대립 교황 펠릭스 5세(아메데오 8세 디 사부아 공작)는 교황의 칭호는 내놓되, 교황이 갖는 여러 특권은 계속 유지하고 있었다. 그때부터 제네바의 주교는 사실상 사부아의 꼭두각시에 불과했다. 종교적으로 뛰어난 능력을 갖출 필요가 전혀 없었다. 1451년에 새로 임명된 주교(아메데오 8세의 손자)는 겨우 여덟 살이었다.

그리하여 제네바의 세속적·영적 통치자는 거의 영속적으로 제네바에 없었다. 일반적으로 자리에 없는 그를 대신해 그가 지명한 자들, 주로 주교 회의와 32명의 참사원으로 구성된 주교좌성당 참사회에서 상당한 권력을 대신 행사했다. 그러나 주교는 제네바의 평신도들이 지방 정부 업무에 참여할 관리들을 선출할 수 있게 했다. 아마도 가장 중요한 관리들은 행정 장관이었을 것이다. 성인 남성 시민 전체가 모인 총회에서 매년 네 명의 평신도를 행정 장관으로 선출했다. 행정 장관에게는 특정 형사 사건에서 재판관 역할을 할 권한이 있었다. 또한, 그들은 12명에서 25명의 시민으로 구성된 소평의회를 선출했는데, 소평의회에서는 일상적인 도시 관리를 담당했다.

16세기에 접어들 무렵, 제네바는 사부아라는 태양 주변을 도는 많은 소행성 중 하나에 불과했다. 이런 상황이 몹시 못마땅하긴 했지만, 제네바 주민들은 불만을 토로하는 데 신중했고 그들의 목소리는 거의 들리지 않았다. 그렇지만 변화의 바람은 불고 있었다. 제네바 안에서는 사부아의 영향력이 흔들리기 시작했고, 제네바 밖에서는 스위스연방의 정치적·군사적 영향력이 갈수록 커지고 있었다.

사부아에서 독립 움직임이 제네바에서 처음 포착된 것은 1482년부터 1490년 사이다. 주교 부재 기간을 틈 타 주교좌성당 참사회는 자신들의 권력을 확대하고 제네바시의 정체성을 강화했다. 제네바시 상인들은 재정적인 측면에서 연례 무역 박람회가 계속 살아남을 수 있을지를 좌우하는 것은 이제 스위스와 독일 무역상이라는 사실을 깨달았다. 그래서 제네바시가 스위스연방과의 관계를 더 돈독히 해야 한다는 쪽을 지지했다. 파벌들이 생겨나면서 제네바시 내부에서 갈등이 표출되기 시작했다. 프랑수아 보니바르^{François} ^{Bonivard}를 비롯하여 제네바 사람 86명이 스위스연방에 속한 프리부르시로 향했고, 1519년 1월 7일에 그곳 시민이 되었다. 그다음 달에 제네바시는 사부아의 허락 없이 독단적으로 프리부르시와 동맹

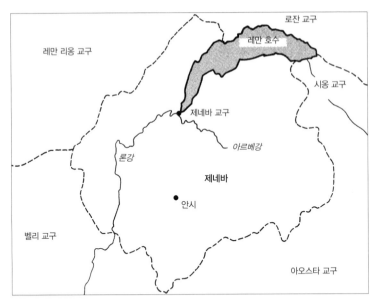

로잔 교구

레만 호수

레만 리옹 교구

시옹 교구

제네바 교구

아르베강

론강

제네바

안시

벨리 교구

아오스타 교구

도표 5.1 1530년 제네바 교구

을 맺었다. 그러나 사부아의 압력 때문에 결국 그해 4월에 이 협약
cambourgeoisie (중세 시대 독일 남부와 독일어를 사용하는 스위스 북부에서 도시와 도시
사이에 맺은 계약을 가리킨다. 이 협약을 통해 양쪽 도시 시민들은 상호 교역을 하고 상
대 도시에서 법적 보호를 받을 수 있었다―옮긴이)은 무효가 되었다. 4개월 뒤
에는 이 협약의 주동자로 지목된 제네바인이 공개적으로 처형당했
다. 그러나 물리적 탄압에도 불구하고 친親스위스파가 다시 결집하
는 데는 그리 오래 걸리지 않았다. 1519년 시의회 회의록은 이 파
벌을 '*aguynos*'라고 기록했고, 1520년 시의회 회의록은 이들을
'*eyguenots*'라고 기록했다.

　이 용어 사용에 주목할 필요가 있다. 사실, 당시 스위스는 그런

장 칼뱅의 생애와 사상

식으로 불리지 않고 '연방the confederates'으로 불렸다. 그러나 제네바 방언으로는 '연방'을 뜻하는 스위스 독일어 'Eidgnoss'를 발음하는 것이 사실상 불가능했다. (제네바 방언은 프랑스어보다 사부아 방언에 훨씬 더 가까웠고, 16세기 제네바 시민 대다수에게 프랑스어는 여전히 낯선 언어였다.) 'eiguenot' 또는 'eyguenot'라는 단어는 제네바 사람들이 '연방'이라는 단어를 모사하려고 애쓰다가 생겨난 것이다. 이 단어의 후기 역사를 보면 당시 사람들이 이 단어에 특히 흥미를 느낀 것을 알 수 있다. 프랑스 칼뱅파를 가리키는 프랑스어 단어 'huguenot'는 이 용어에서 파생한 것으로, 아마도 중기 사부아 방언 'enguenô' 또는 후기 제네바 방언 'enguenot'를 거쳐 'huguenot'가 되었을 것이다.[18]

12월 4일, 독립 도시인 로잔시가 스위스연방에 속한 베른시, 프리부르시와 협약을 맺었다. 제네바와 마찬가지로 로잔시는 사부아 공국이 지배하는 보Vaud 지방에 속한 주교 도시였다. 제네바에도 이 협약에 관한 소식이 전해졌고, 많은 이들의 관심을 끌었다. 일부 친스위스 상인들은 발 빠르게 프리부르와 베른에 가서 제네바도 이들 도시와 비슷한 협약을 맺을 수 있을지 협상에 들어갔다. 당시 제네바 주교였던 피에르 드 라 부메Pierre de la Baume가 이 협약에 거부권을 행사하려 했지만, 1526년 2월 7일 베른시가 이 협약에 합의했다. 친사부아 세력인 마멜루크파는 스위스 도시들과의 '동맹'을 지지하는 동료 시민들에게 격분했다. (마멜루크파는 웨일스 사람들이 부추를 투구에 꽂듯이 호랑가시나무를 옷에 꽂고 다녔고, 동맹파는 충성의 표시로 수탉 깃털을 옷에 꽂고 다녔다.) 제네바 주교는 이 협약을 막지 못한 탓에 사부아 공국과의 관계에서 자신의 입지가 위태로워졌다는 사실을 깨닫고 양쪽에서 버림받는 상황만큼은 피하기로 했다. 그래서 베른시와의 협약에 힘을 실어 줌으로써 동맹파의 호감을 사려고 했다. 그러나 이것은 파멸로 가는 일련의 행보 중 첫 번째 행보가 되고 말았다. 제네바 주교는 자신의 권한을 제네바 시의회에 하나씩 이양했다. 의도했다기보다는 어쩌다 보니 그렇게 되었다. 1530년에는 시의회가 사실상 제네바시의 사법적 주인이 되었다.

제네바시가 스위스에 추파를 던질 때만 해도 종교적 문제는 전혀 없었다. 하지만 이제 상황이 바뀌었다. 이런 중대한 전개는 취리히에서 츠빙글리가 추진하던 종교개혁에서 그 유래를 찾을 수 있다. 츠빙글리는 1519년에 취리히에서 개혁 활동을 시작했지만, 1523년 1월 29일의 대토론을 계기로 그의 개혁 활동은 새로운 국면에 접어들었다. 콘스탄츠의 주교가 선정한 가톨릭 대표들 앞에서 츠빙글리가 자신의 개혁 이념과 실제를 설명하고 변호하는 것을 들으려고 약 600명의 사람이 모였다. 토론을 지켜본 뒤, 취리히 시의회는 츠빙글리가 제시한 종교개혁의 '핵심 원칙'을 채택하기로 결의했다. 이는 스위스 종교개혁 과정에서 중요한 이정표가 되는 사건이었다. 이를 통해 다음과 같은 중대 원칙이 세워졌기 때문이다. "독립 도시들은 찬반 의견을 청취하고 투표를 통해 종교개혁을 시행할지 말지 결정한다."

5년 뒤, 베른시에서도 비슷한 토론이 벌어졌다. 츠빙글리와 부처, 그리고 스트라스부르의 인문주의자 볼프강 카피토Wolfgang Capito 등등이 능숙하게 복음주의 관점을 대변했고, 베른 시의회는 츠빙글리식 종교개혁을 받아들이기로 결의했다. 이 결정이 제네바시에 얼마

장 칼뱅의 생애와 사상

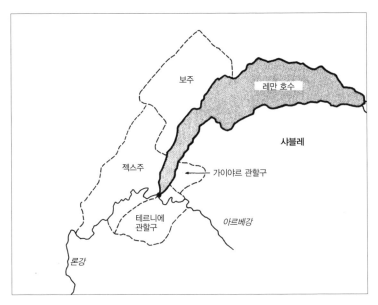

━━ 도표 5.2 1500-1535년 제네바와 그 주변 지역

나 중요한 의미가 있는지는 아무리 강조해도 지나치지 않다. 1526년에 제네바와 동맹을 맺을 당시 베른시는 가톨릭을 지지했다. 그런데 1528년 1월부터 복음주의를 지지하게 된 것이다. 의미심장하게도, 제네바와 협약을 맺은 또 다른 도시 프리부르는 여전히 가톨릭을 지지하고 있었다. 여기에서 비롯된 갈등은 1534년에 절정에 이르렀다. 보 지방에서 이미 막강한 군사력을 갖추고 있던 베른시가이제 츠빙글리식 종교개혁을 전파하는 개혁 활동에도 발 벗고 나섰다.

1532년 내내 제네바에서 사건들이 빠르게 진행되었다. 제네바를 방문한 독일 상인들이 루터파 출판물을 들고 왔고, 출판물은 곧장

팔려 나갔다.[19] 지역 교회에는 루터파 전단이 배부되었다. 베른 시민 안전통행증을 손에 든 개혁파 신학자 기욤 파렐이 제네바에 도착했고, 제네바시에서 복음주의 관점을 전파하기 시작했다. 그의 설교는 꽤 성공적이었다. 프리부르시는 제네바에서 복음주의의 영향력이 커지는 것에 항의했고, 복음주의 세력이 증가하는 것을 저지하지 않으면 동맹 관계를 끝내겠다고 협박했다. 1533년 4월 10일, 가랭 뮈테Garin Muète는 공개적으로 파렐의 개혁 예식에 따라 성찬식을 거행했다. 성당 근교에 있는 에티엔 다다Etienne Dada의 정원에서 거행한 이 성찬식은 그 뒤 매일 여러 번 실시했다.[20] 그해 5월에는 제네바시에서 종교 폭동이 일어나 프리부르시를 더욱 놀라게 했다. 가톨릭 도시인 프리부르시는 파렐을 추방하라고 요구했다. 그러나 복음주의를 지지하는 베른시에 지켜야 할 도리를 의식한 제네바 시의회는 망설였다. 이런 상황을 틈타 베른 시의회는 1533년 12월 31일에 피에르 비레에게 서둘러 제네바로 가서 파렐을 도우라고 지시했다.[21] 비레는 1534년 1월 4일에 제네바에 도착했다.

취리히와 베른이 채택한 모델에 따라 제네바 시의회는 공개 토론에서 파렐과 가톨릭 대표를 맞붙이기로 했다. 복음주의 신앙과 가톨릭 신앙의 장단점을 가리기 위해서였다. 가톨릭 신앙을 옹호할 토론자로는 파리대학교 신학부와 돈독한 관계를 맺고 있는 도미니크회 신학박사 기 푸르비티Guy Furbity를 초청했다. 논쟁은 1534년 1월 27일에 시작되었고, 교황의 권한에 관한 문제에 초점이 맞춰졌다. 그러나 가톨릭 대표가 파렐을 두고 스위스연방의 꼭두각시에 불과하다고 비난하면서 논쟁은 난맥에 빠졌다. 토론 결과는 명

제네바의 바스티옹 공원에 설치된 종교개혁 기념비. 왼쪽부터 기욤 파렐, 장 칼뱅, 테오도르 드 베즈, 존 녹스. 칼뱅은 펼쳐진 성경을 들고 있다. 벽에는 라틴어로 "어둠 뒤에 빛이 있으라"라고 쓰여 있다.

확하지 않았지만, 개혁파가 부전승을 거두었다는 식으로 널리 알려졌다. 잔 드 주시Jeanne de Jussy의 회고록《칼뱅주의의 근원Le levain du Calvinisme》이라는 책을 보면 드라마와 아이러니가 뒤섞인 이들 사건에 관한 설명을 동시대인의 목소리로 들을 수 있다. 지은이는 토론이 열렸던 당시에 제네바 생트 클레르 수녀원의 수련 수녀였다. 전에 언급했듯이, 제네바시의 중심인 부르드푸르 광장으로 이어지는 베르덴 거리에 자리한 이 수녀원은 나중에 제네바시의 사회복지사업을 감독하는 종합병원이 되었다. 프리부르시는 사건이 전개되는 양상에 격분하여 모든 문제에서 손을 뗐다. 5월 15일, 프리부르시

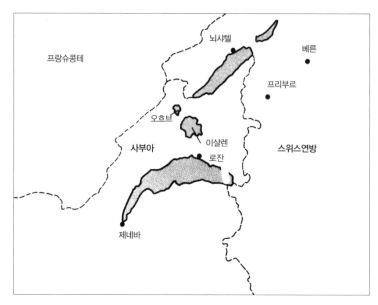

▬▬ 도표 5.3 1535년 스위스연방과 사부아 영토의 경계

는 제네바와의 동맹을 철회했다. 이제 제네바의 보호자는 프로테스
탄트인 베른시뿐이었다. 베른시는 오로지 현금으로만 지원하는 것
으로 유명했다. 협약 조건에 따라 제네바시는 베른시로부터 도움을
받은 만큼 그에 상응하는 값을 치러야 했다. 정치적 위기 못지않게
재정적 위기도 피할 수 없을 듯했다.

위기가 고조되는 가운데 베른시의 보호 아래 파렐과 비레는 부
분적이고 단편적인 수용 방식을 버리고 종교개혁을 완전히 받아들
이라고 제네바 시의회를 점점 더 압박했다. 이에 시의회가 조금 양
보했다. 1535년 초여름, 제네바 시의회는 가톨릭 미사를 폐지한다
고 발표했다. 제네바의 주교는 이 조치에 대한 보복으로 8월 22일

에 제네바 주민 전체를 파문했다. 가톨릭 성직자와 신자들은 곧장 제네바를 탈출해서 사부아가 통치하는 안시로 피난했다. 제네바 시의회는 교회의 토지와 재산을 넘겨받고 전통적인 영주 체제와 교회 조직을 해체했다. 11월 26일에는 놀랍게도 자체 조폐소를 개설하기까지 했다. 새 주화에는 종교개혁 내내 제네바시에 울려 퍼질 표어를 새겨 넣었다. "어둠 뒤에 빛이 있으라!*post tenebras lux*"

사부아는 이런 전개에 경악했다. 그래서 마키아벨리 방식으로 대응했다. 외교가 실패하면 군사개입을 통해 원하는 결과를 도출할 수 있다고 믿었다. 제네바는 1536년 1월에 완전히 포위당했고 외부 세계와 완전히 단절되었다. 베른시에 도움을 요청하는 것 말고는 다른 도리가 없었다. 베른시는 정치적으로 자신의 세력권을 넓힐 절호의 기회를 놓치지 않고 제네바가 처한 상황에 개입했다. 1477년에 용담공 샤를Charles le Téméraire이 이끄는 부르고뉴 공국이 낭시 전투에서 패배한 이래로, 스위스연방은 사부아를 내주고 서쪽으로 세력을 넓혀 가고픈 열망을 오래전부터 품어 왔었다. 부르고뉴 전쟁 기간에 베른과 프리부르는 따로 또 같이 사부아 영토 중 꽤 많은 지역을 합병했다.[22] 베른은 에를라흐, 오르몽, 에글르, 베를 점령했고, 프리부르는 일렌을 차지했다. 또한 베른과 프리부르는 공동으로 모라, 그랑송, 오흐브, 이샬렌을 차지했다. 발레는 사부아의 약점을 이용해서 레만 호수 동남쪽 베트로즈와 마송지 사이 론강 계곡을 점령했다.

오흐브와 이샬렌 함락은 특히 중요했다. 영토 자체는 얼마 되지 않았지만, 위치상 이 두 지역은 사부아 영토 깊숙이 자리하고 있었

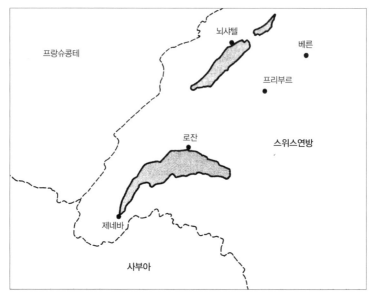

기 때문이다. 베른 사람들은 1477년 이후 줄곧 보주를 합병할 적당
한 시기를 노렸다. 1530년대 초반, 오흐브는 그 지역 내 프로테스탄
트 시위의 중심지였다.[23] 이 마을 출신인 피에르 비레는 훗날 이 지
역 내 종교개혁 투쟁의 핵심 인물이 되었다. 제네바의 원조 요청은
바로 이 사부아 영토(나아가 그 이상)를 차지할 그럴듯한 명분을 제공
해 주는 셈이었다. 베른, 프리부르, 발레는 이 상황을 이용하기 위해
움직였다.

베른 군대는 이미 1525년에 베른 및 프리부르와 '협약'을 체결
했던 로잔을 합병해 손아귀에 넣기 위해 서쪽으로 이동했다. 베른
은 보주 전체를 점령했고, 젝스주와 테르니에 관할구역, 가이야르

관할구역을 포함하여 제네바 주변 지역을 모두 차지했다. 이리하여 제네바와 제네바의 예전 소유주 사부아 사이에 완충지대가 생겼다. 마지막으로 베른 군대는 레만 호수 남안南岸에 있는 샤블레 서쪽 지역을 점령했다. 그사이에 프리부르는 에스타바예, 로망샤텔생드니, 쉬르피에르, 뷔상, 생토방을 점령했고, 발레는 샤블레 동쪽 지역을 포함하여 영토를 확장했다.

2월 2일, 베른 군대가 제네바에 진입했다. 사흘 뒤 베른 군대가 제네바에 온 목적이 명확히 드러났다. 그들은 제네바를 사부아로부터 해방하기 위해서가 아니라 베른의 속령으로 삼기 위해서 온 것이다. 점령군은 전에 사부아 공국이 누렸던 것과 똑같은 권한을 제네바에 요구했다. 그런데 2월 17일, 상황이 바뀌었다. 베른 군대가 퇴각했다. 무슨 이유인지 제네바는 불행한 로잔과 운명을 같이하지 않고, 특정 조약 요건을 지킨다는 조건으로 독립을 유지할 수 있게 되었다. 어쩌면 베른 군대는 인근에 있는 프랑스군의 야욕을 경계했고, 그런 까닭에 영토를 과도하게 넓히지 않으려고 했을지도 모른다.

그리하여 제네바 공화국이 출범했다. 공화국은 재정 위기를 그대로 물려받았다. 독립전쟁 기간에 상당한 비용이 발생했기 때문이다. 방치해 뒀던 방어 시설을 재건하고, 완전히 파괴된 교외 지역의 주민들을 이주시키고, 대단히 많은 수의 군인을 고용해야 했다. 게다가 베른이 제공한 원조도 갚아야 했다. 시의회는 제네바에 있는 모든 교회 재산과 수입원을 몰수했다. 제네바시 재무 담당자 클로드 페르탕Claude Pertemps은 이렇듯 강력한 세속화 사업을 통해 비용을 충당했다. 제네바가 단호하게 종교개혁에 전념하기만 하면, 복음주의 단체로부터 광범위한 재정 지원도 이루어질 터였다.[24] 또한 1534-1536년 사이에 제네바에서 도망쳤다가 다시 돌아오고 싶어하는 시민들에게서 벌금도 징수했다.[25] 사실상 제네바 독립전쟁의 값을 치른 장본인은 패자들이었다.

파렐은 종교개혁을 명쾌하게 받아들이라고 시의회를 압박했고 긍정적인 결과를 얻었다. 5월 19일, 소평의회는 '시민들에게 새로운 개혁 신앙에 따라 살기를 원하는지 묻기 위해 총회'를 소집하기로 했다.[26] 그로부터 채 일주일도 되지 않은 5월 25일, 제네바 시민 회의는 '이제부터는 복음의 율법과 하나님의 말씀을 따라 살고, 가톨릭교의 악습을 모두 폐지하기로' 서약함으로써 종교개혁 첫 단계를 마무리 짓기로 의결했다. 제네바 공화국은 18세기의 마지막 10년에 프랑스혁명군에 점령당하기 전까지 250년간 독립을 유지했다.

제네바 시민 선언이 개혁 교회를 창설한 것처럼 보일지도 모르겠다. 그러나 사실 이것은 행동보다 의도를 앞세우는 개혁 성향의 진공상태를 만든 것에 불과했다. 가톨릭교를 거부하는 것과 교회 정치 및 질서에 관한 새로운 체계를 세우는 것은 완전히 다른 일이었다. 확고한 종교 이념이 없이는 이런 유형의 긍정적 조처를 할 수가 없다. 혼란으로 치달을 가능성이 충분했다. 장 칼뱅이 도착하자, 파렐은 자신과 제네바에 필요한 적임자를 찾았다고 확신했다. 그런데 칼뱅은 어떻게 제네바에 오게 된 걸까?

제네바에 온 칼뱅

칼뱅이 《기독교 강요》로 명성을 얻기까지는 꽤 시간이 걸렸다. 1536년 여름, 프랑스에서 스트라스부르로 여행하면서 칼뱅은 이 저작에 관해 전혀 언급하지 않았다.

아무도 내가 그 책의 저자인 줄 몰랐다. 다른 곳에서 그랬듯이 이곳에서도 나는 그 사실을 언급하지 않았다. 계속 그럴 생각이었다. 기욤 파렐이 나를 결국 제네바에 주저앉히기 전까지는 말이다. 제네바에 머물기로 한 것은 조언이나 언쟁 때문이라기보다는 끔찍한 저주 때문이었다. 마치 하나님이 하늘에서 손을 뻗어 나를 막으시는 것 같았다. 원래는 스트라스부르에 갈 생각이었다. 그런데 전쟁 때문에 최단 경로가 막혔다. 나는 짧게 제네바를 경유하기로 했다. 그곳에서 하룻밤 이상 머물 생각은 없었다. 내가 조금 전에 언급한 훌륭한 사람과 피에르 비레가 얼마 전에 이곳에서 가톨릭교[교황권]를 몰아냈다. 그러나 아직도 사태는 진정되지 않았고, 주민들은 분열되어 있고, 마을 안에는 심각하고 위험한 파벌들이 있었다. 사악하게 배반을 꾀하다 가톨릭으로 돌아간 누군가가 나를 발견하고 다른 이들에게 알렸다. 이에 (복음을 전파하려는 놀라운 열의로 불타오르는) 파렐은 내가 떠나는 것을 막으려고 애썼다. 나는 그에게 개인적으로 여러 가지를 연구하는 중이라 자유로운 상태를 유지하고 싶다고 말했다. 자신이 간청해도 전혀 통하지 않는다는 것을 깨닫자 파렐은 저주를 퍼부었다. 이렇게 절박한 상황에서 내가 그들을 돕지 않고 떠나 버리면, 내 연구 활동에 필요한 여유와 평화를 하나님이 주지 않으시

길 바란다고 했다. 무척 충격적인 그 말은 내 마음을 움직였다. 그래서 원래 가려고 했던 여정을 포기했다. 그러나 수치심과 소심함을 의식하여 마지못해 특정 임무를 수행하고 싶지는 않았다.[27]

그러므로 칼뱅이 제네바에 남아야겠다고 확신한 때는 1536년 8월이다. 파렐이 칼뱅에게서 정확히 무엇을 본 것인지 우리는 알 도리가 없다.

처음에 칼뱅은 제네바 복음주의 운동이 직면한 몇몇 난제를 해결하기에 적합한 인물이 아닌 듯했다. 내향적인 성격과 지적인 성향의 칼뱅은 1530년대 제네바 정계라는 격렬한 세계에서 역량을 발휘할 조짐이 거의 보이지 않았다. 칼뱅은 목회 경험이 전혀 없었고, 도시의 정치 및 경제 현실에 대해 거의 무지했다. 아마도 칼뱅은 학문이라는 범세계 공화국에서는 편안함을 느꼈을 것이다. 그러나 제네바 공화국이 요구하는 것은 조금 달랐다. 그래도 제네바에서 처음 맡은 책무는 그의 기질에 잘 맞았다. 칼뱅은 목회 사역을 수행할 필요도, 시의회와 연락할 필요도, 심지어 설교할 필요도 없었다. 성경을 가르치는 교사 또는 공개 강연자의 역할만 하면 되었다.[28]

제네바에서의 첫 주는 순조로웠다. 그러나 칼뱅은 곧 유명해졌다. 그해 초 로잔을 점령한 베른은 새로 손에 넣은 지역 주민들을 복음주의로 전향시킴으로써 지배력을 공고히 하길 바랐다. 이미 써 봤기에 확실히 검증된 방법이 있었다. 그것은 바로 토착어로 공개 토론을 진행하는 거였다. 시간을 허비하지 않고 베른은 1536년 10월 첫째 주와 둘째 주에 토론회를 열었다.[29] 그러나 로잔은 프랑스어를 쓰는 곳이어서 독일어를 쓰는 베른 사람이 완전한 확신을 갖고 자신의 논거의 정당성을 입증하기란 쉽지 않았다. 제네바 시의회 회의록에 '베른의 신사들'로 기록된 베른 시의회는 개혁파의 논거가 타당함을 입증하기 위해 파렐과 비레를 초청했다. 그리고 그 두 사람은 칼뱅을 데려가기로 했다.

토론을 위해 제출한 소논문만 10편이었다.[30] 그들은 1536년 10월 1일에 〈베른이 새로 획득한 지역 로잔에서 논의할 결론〉이라는 글을 통해 종교개혁의 요점을 폭넓게 정의했다. 아무리 그 지역 가톨릭 성직자 대표들을 상대하는 것이라지만, 파렐과 비레에게는 이번 토론이 유독 힘겨웠다. 10월 5일, 결국 칼뱅이 나섰다.[31] 칼뱅은 토론의 흐름을 바꿔 놓았다. 가톨릭 대표로 나선 토론자는 복음주의자들이 교부들(처음 5세기 동안 활동한 기독교 저술가들)을 교리 문제에 권위가 전혀 없는 사람으로 간주하면서 교부들을 멸시한다고 주장했다. 칼뱅은 생통주에서 교부 연구에 깊이 몰두하면서 쉽게 잊지 못할 정도로 감명을 받았던 것 같다. 칼뱅은 자리에서 일어서면서 상대 측 주장은 전혀 사실이 아니라고 분명히 말했다. 가톨릭을 옹호하는 자들보다 복음주의자들이 교부들을 더 존경할 뿐 아니라 교부들에 대해 더 잘 안다고 단언했다. 칼뱅은 순전히 기억에 의존해서 교부들의 저술들을 정확한 출처까지 짚어 가면서 술술 인용함으로써 상대 측 주장의 신빙성을 박살 내 버렸다. 키프리아누스가 쓴 편지('그의 편지 중 두 번째 책 세 번째 편지')를 인용했고, 심지어 크리소스토무스의 글('스물한 번째 설교 중간쯤')은 더 자세히 인용했다.[32] 칼뱅의 등장이 주는 극적 효과는 꽤 컸고, 복음주의 진영은 처음보다 훨씬 더 유리해졌다.

칼뱅이 인용한 문헌을 좀 더 자세히 살펴보면, 그의 학식을 좀 더 낙관하게 된다. 칼뱅은 문맥을 무시한 채 교부들의 글을 인용했고, 자신의 해석과 다른 자료는 누락시키기도 했다. 그러나 로잔에서 (그리고 그 후 다른 곳에서) 토론에 나선 가톨릭 대표들은 칼뱅의 논거를 반박할 능력이 없었다.[33] 칼뱅은 로잔 토론을 통해 연설가 겸 종교 변론가로서 새로운(그리고 당연히 받을 만한) 명성을 얻었다. 그러나 새로 얻은 명성보다 더 중요한 사실은 로잔 토론을 통해 칼뱅 본인이 그전까지 생각했던 것보다 자기 안에 더 많은 능력이 있다고 확신하게 되었다는 점이다. 11월 10일, 행정 장관들과 소평의회에 제출한 〈신앙고백서〉에는 이런 자신감이 반영되어 있다. 파렐과 비레도 칼뱅에게 전에 없던 존경심을 보이며 자기보다 나이 어린 동료를 전과는 다른 태도로 대했다. 1536년 말, 칼뱅은 제네바 교회의 설교자 겸 목사로 임명되었다.[34]

이 시점에서 1536년 당시 제네바에서 복음주의 목회자는 공무원이나 마찬가지였다는 사실을 강조할 필요가 있다. (사실 칼뱅은 교회에서 말하는 '안수'를 받은 적이 없고, 단순히 시의회에서 그에게 목사 면허를 내주었을 가능성이 크다.) 제네바에서 복음주의 목회자들은 가톨릭 전임자들과 달리 부와 권력이 없었다. 사실 그들은 의사 결정 기구에 들어갈 수 있는 제네바 시민도 아니었다. 종교개혁 이후 제네바 목회자들은 대개 제네바 현지인이 아니라 프랑스 출신 이주자였다. 이런 상황은 제네바 안에서 약간의 갈등을 불러일으켰다. 피에르 비레는 지금은 스위스 로만디로 알려진 제네바 주변 지역 토박이였다. 그러나 비레 역시 제네바 시민은 아니었다. 1555년 제2차 혁명 이후 복음주의 목회자들이 제네바 공화국의 내정과 외정을 지휘하는 위치에 있었던 것은 사실이다. 그러나 1536년 하반기만 해도 미래에 그런 위상과 역할을 맡게 될 것을 전혀 예상할 수 없었다.[35] 칼뱅은 사람들의 묵인 아래 제네바에서 살아가는 하급 공무원에 지나지 않았다. 신생 공화국의 종교 문제를 관장하는 주체는 칼뱅도 파렐도 비레도 아니고 시의회였다.

따라서 목회자들의 사회적 위치는 제네바의 정치적 동맹 관계 변화에 유난히 취약했다. 그러니 파렐이 1535년까지 거슬러 올라가는 제네바 내부 분열의 중심이 되었던 것은 실로 유감스러운 일이라 해도 전혀 과장이 아니다. 1537년에 친親파렐파와 반反파렐파가 조직되었다. 전자(기욤파 또는 파렐파로 알려진)의 우두머리는 미카엘 세트[Michael Sept]였고, 후자(아르티퀼랑파 또는 아르티쇼파)의 우두머리는 민병대 지휘관 장 필리프[Jean Philippe]였다.

종교개혁자들에게는 1537년 초의 이런 상황이 길조였다. 새로 선출된 행정 장관 네 명 다 파렐과 개인적인 친분이 있는 기욤파였기 때문이다. 사실, 그중 한 명은 예비 후보 여덟 명의 명단에 이름이 없었는데도 행정 장관에 당선되었다. 미시우 드 제네바(행정 장관과 소평의회의 통칭)의 개혁 풍조를 십분 활용한 일련의 개혁안이 제출되었다. 1월 16일, 자발적으로 움직이는 것 같은 목사들이 '질서 정연하고 규율이 잘 잡힌 교회'를 만들어 내도록 설계된 비공식 교회법 초안을 미시우에 제출했다.[36] 〈교회 운영에 관한 규약〉에는 목사들이 바람직하게 생각하는 다섯 가지 특징이 규정되어 있었다. 성찬식은 공손하고 경건한 태도로 자주 거행해야 했다. 그러나 목사들은 '사람들의 연약함'을 이유로 자기들이 세운 이상과 타협할 준비가 되어 있었고, 매달 한 번씩 성찬식을 거행하는 것을 표준으로 받아들였다. '교정과 성찬 배제의 징계'(다시 말해서, 성찬에는 참여할 수 **없으나** 설교는 들을 수 있게 하는 조치)는 경건한 마음을 유지하는 데 필요하다고 보고 추천했다.[37] 목회자들은 그런 사건을 심리하기 위해 일반 민사 재판소와 별도로 교회 재판소(징계 심사위원회)를 설립하는 것에 찬성했다. 찬송가를 부르고, 아이들에게 개혁 신앙을 가르치고 잘 이해하고 있는지 검사했으며, 결혼에 관한 새로운 규정을 제정했다. 같은 해 11월, 네 번째 절실한 요구 사항을 고려하여 〈교리문답〉(원제는 〈신앙 교육 및 신앙고백〉)을 마련했다. 그러나 전년 11월에 칼뱅은 미시우 드 제네바에 요청하기를, 제네바에 거주하는 모든 이들(체류자, 정확히 말하면 합법적으로 제네바에 체류 중인 외국인, 191쪽 참조)에게 자신이 작성한 〈신앙고백서〉 21개에 일일이 서명하게 해 달라고 했다. 왜 칼뱅이 (본인이나 파렐과 같은) 체류 외국인, 다시 말해서 제네바에서 선거에 참여하여 투표할 권리도 공직에 진출할 권리도 없는 사람들에게만 서명을 요구했는지 그 이유는 명확하지 않다. 가장 그럴듯한 설명은 칼뱅이 이를 통해 가톨릭에 호의적인 체류 외국인을 제네바에서 몰아낼 방법을 제시했다는 것이다. 그런데 1537년 1월에 제출된 〈신앙고백서〉는 '모든 제네바 시민과 거주민, 그리고 이 지역 백성들'에게 신앙고백에 대한 충성 서약을 요구했다.

따라서 1537년 말경에는 칼뱅과 파렐이 꿈꾸던 새 예루살렘 건설이 그리 멀지 않은 일처럼 보였을 수도 있다. 그러나 실제로는 개혁에 대한 격렬한 반발이 터져 나왔다. 제네바 종교개혁이 도시와 교회의 구조 및 관행을 바꾸었을 수는 있다. 하지만 인간의 본성을 바꾸지는 못했고 바꿀 수도 없었다. 칼뱅과 파렐의 조처는 인기를 끌지 못했고, 반파렐파는 그 덕분에 자기들 입장이 엄청나게 유리해졌다는 사실을 깨달았다. 제네바 사람들은 성찬에서 배제당하는 것 못지않게 설교 듣는 자리에 억지로 참석하는 것도 좋아하지 않았다. 파렐을 지지하는 이들마저도 성찬 배제에 관해서는 썩 내켜 하지 않았다. 1537년 1월, 행정 장관들은 성찬에 참여하길 원하는 사람은 모두 받아주어야 한다고 요구했다. 미시우는 행정 장관들의 권력에 위협이 되는 것으로 비칠 수 있는 새 재판소 설립을 거부했다. 그리고 매월 성찬식을 거행하자는 제안도 거절했다. 이는 베른과 맺은 조약 의무를 염두에 둔 조처로 베른은 1년에 네 번 성찬식을 거행하도록 규정하고 있었다. 또한 제네바 사람들은 1536년에 시에서 요구한 새로운 자유와도 모순되는 듯하고 지나치게 가혹하고 엄격해 보이는 정책을 도입하는 것에 분개했다. 상황이 이러하니 다음과 같은 결과가 나온 것은 어쩔 수 없었을 것이다. 1538년 2월 3일에 선출된 행정 장관 네 명 모두 파렐과 칼뱅에게 적대적이었고, 종교적 신념과 실천의 문제에 관해 친베른파의 노선을 택했다. 그 직후, 정치적 음모를 꾸민 죄로 기소된 기욤파 여섯 명은 소평의회에 참여할 수 있는 자격을 정지당했다.

3월에는 갈등이 더욱 고조되었다. 일련의 사건이 제네바에서 칼뱅의 권한을 축소했다. 목회자들은 어떤 유형의 정치 문제에도 관여할 수 없게 되었다.[38] 설상가상으로, 제네바를 통솔하는 주체가 시의회라는 점을 강조라도 하듯이 제네바 시의회는 이후로 시의 종교 업무를 진행하는 방식을 일제히 규정했다. 칼뱅과 파렐이 정한 방식 대신 베른의 방식이 채택되었다.[39] 제네바에서는 이제 베른 사람들의 방식을 따라야 했다. 제네바 시의회는 취약하기 짝이 없는 제네바의 처지를 가슴 깊이 절감했고, 또한 독립 도시였던 로잔의 운명이 어떻게 되었는지 너무나 잘 알았다. 그래서 자기들의 '해방자'인 베른과 종교 논쟁을 벌일 생각이 별로 없었다. 한 달 뒤, 미시우 드 베른은 편지로 칼뱅과 파렐에게 베른의 방식을 따르라고 요구했다.[40] 얼버무리고 반항하면서 한동안 버텨 봤지만, 부활절(4월 21일)에 제네바 시의회가 결국 인내심을 잃으면서 끝이 나고 말았다. 칼뱅과 파렐은 제네바에서 추방당했다.

스트라스부르 망명 생활, 1538-1541

제네바에서 완전히 추방당했다는 사실을 칼뱅이 받아들이기까지는 시간이 좀 걸렸다. 처음에는 1536년에 포기해야 했던 학문 연구를 계속하면서 세상에서 잊히는 개인적 삶으로 돌아갈까 싶었다. 바젤로 돌아온 것은 칼뱅이 실제로 이런 생각을 했다는 걸 암시한다. 그러나 더 근본적으로 칼뱅은 목회 소명에 대한 믿음이 흔들렸던 것 같다. 하나님이 **정말로** 나를 교회 목사로 부르셨는가? 제네바에서 추방당한 일은 부르심에 대한 칼뱅의 인식(사실은 **확신**)에 의문을 제기하는 듯했다.[41] 루이 뒤 티예에게 받은 편지로 이 의심은 더 깊어

칼뱅은 제네바에서 추방당한 후, 국제적인 도시 스트라스부르에서 부처를 비롯한 종교개혁가들과 친분을 쌓으며 흔들렸던 소명의식을 다시 회복한다. 교회를 실제로 운영하면서 이상적으로 품고 있던 생각을 교회 현실에 반영하게 되었다.

졌다. 그는 칼뱅이 목회 사역에 어떠한 부르심도 받지 못했다는 듯이 말했다.[42]

　본인도 인정했듯이, 칼뱅이 부닥친 난제 중 하나는 제네바에서의 경험을 통해 그가 미숙하고 순진하다는 사실이 밝혀졌다는 점이다. 칼뱅은 자기가 제네바에서 잘못된 일을 했다고는 생각하지 않았지만, 어떤 일들을 다른 방식으로 처리할 수 있었고 또 다르게 처리했어야 했다는 사실을 분명히 인정했다.[43] 칼뱅의 개인적인 위기는 곧 해결되었다. 10월 20일, 칼뱅은 하나님이 자기를 목회자로 부르셨다는 사실을 더는 의심하지 않는다는 단호한 편지를 루이 뒤 티예에게 보냈다. "주님은 부르심의 타당성을 확신하도록 더 확실한 근거를 제게 보여 주셨습니다."[44] 칼뱅은 목회와 문예활동이라는 새로운 영역 덕분에 소명에 대한 자신감을 새로 얻은 것 같다. 칼뱅은 이 두 가지 사역을 위해 자신이 스트라스부르로 부름을 받았다고 확신했다.

제네바가 유럽의 샛길이라면, 스트라스부르는 유럽의 중심지 중 하나였다. 요하네스 슈투름Johannes Sturm 아래서 스트라스부르는 제네바 같은 소도시가 절대로 얻을 수 없는 국제적 명성을 얻었다. 스트라스부르에서는 한참 전부터 종교개혁이 자리를 잡았다.[45] 따라서 스트라스부르는 청년 칼뱅에게 안정적인 목회 기회를 제공했다. 제네바에서처럼 새로 개척할 필요가 없었다. 무엇보다도 스트라스부르는 그때까지 칼뱅에게 부족했던 목회 경험과 정치 경험을 약속했다. 이 도시의 뛰어난 종교개혁가 마르틴 부처는 주변에 볼프강 카피토처럼 내로라하는 인물들을 그러모았다. 칼뱅은 7월에 스트라스부르로 이주할지를 놓고 고민했지만, 9월이 되었을 때 마침내 이주하기로 결정을 내렸다. 바젤과 마찬가지로 스트라스부르도 독일어를 쓰는 도시였지만, 그 안에는 프랑스어를 쓰는 이들의 거주지가 꽤 많이 있었다. 칼뱅은 스트라스부르에서 프랑스 개혁 교회 목사가 되었다. 설교와 목회 사역에 대한 긍정적 반응이 능력에 대한 자신감을 회복시켜 준 것이 분명하다.[46]

스트라스부르로 이주하면서 불안한 마음이 없지는 않았겠지만, 그런 감정은 곧 누그러졌다. 한 가지 문제만 빼면 삶의 면면이 보람찼다. 칼뱅은 보름스와 라티스본(레겐스부르크의 옛 이름)에서 부처와

장 칼뱅의 생애와 사상

그의 동료들과 함께 국제적인 교분을 쌓으며 상층부의 교회 외교를 경험할 수 있었다. 또한 스트라스부르에 있는 자신의 안전한 망루에 서서 독일 영토의 교회와 국가가 맺고 있는 몹시 불만족스러운 관계의 본질, 어쩌면 루터가 종교개혁에 남긴 가장 해로운 유산을 파악할 수 있었다. 칼뱅은 국가가 교회를 지배하던 방식에 주목하면서 다른 모델을 고안했다. 그는 요하네스 슈투름이 새로 세운 학교에서 교사의 재능을 계발할 수 있었다. 또한 그가 일찍이 제네바 교회에 요구했다가 거부당했던 정책을 실행에 옮길 수도 있었고, 그 과정에서 경험도 쌓을 수 있었다. 부처는 칼뱅이 제네바 교회에 제안했던 정책 중 많은 것을 칼뱅과 상관없이 이미 채택한 상태였다. 찬송가를 부르고, 아이들에게 의무적으로 〈교리문답〉을 가르치고, 신실한 자들만 성찬에 참여하게 했다.

딱 한 가지 문제는 재정 상황이었다. 칼뱅은 형편이 몹시 어려웠다. 스트라스부르에서 사는 동안 가지고 있던 책 중 일부를 내다 팔아야 할 정도였다.[47] 1543년에 글을 쓰면서 칼뱅은(1538년 10월경 스트라스부르에서 탈고한) 1539년판 《기독교 강요》에 자세한 인용문이 많지 않은 것을 사과해야 한다고 생각했다. 당시 집에 있는 책이라고는 아우구스티누스의 책 한 권이 전부라서 나머지 인용문은 기억에 의존할 수밖에 없었다고 해명했다.[48]

그러나 문헌을 참고할 수 없는 이런 상황에서도 스트라스부르에 있는 동안 인상 깊은 문예 작품을 내놓았다. 1539년 8월에 《기독교 강요》 신판을 출간했고, 2년 뒤인 1541년에는 이 책을 보완하여 획기적인 프랑스어 번역판을 내놓았다. 《사돌레토에게 보내는 답신》

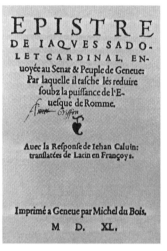

저명한 추기경 사돌레토는 제네바 시민들에게 개혁주의 신앙에 대한 비판과 회유의 편지를 보냈고, 칼뱅은 이에 맞서 제네바 종교개혁의 기본 개념을 옹호한 책 《사돌레토에게 보내는 답신》을 썼다.

은 1539년 10월에 출간되었다. 이 글에서 칼뱅은 저명한 가톨릭 추기경 사돌레토의 비판과 회유에 맞서 제네바 종교개혁의 기본 개념을 옹호했다. (사돌레토는 제네바 시민들에게 보낸 편지에서 가톨릭 신앙으로 돌아오라며 제네바시를 은근히 위협했지만, 제네바에서 칼뱅에게 맞서던 세력은 이런 위협에 제대로 대응하지 못하고 있었다.) 칼뱅이 쓴 주요 주석서 중 첫 번째 주석(로마서에 관한)은 같은 시기에 탈고되어 이듬해에 출간되었다. 〈주의 만찬에 관한 짧은 논문The Short Treatise of the Lord's Supper〉은 1541년에 출간되었다. 이런 작품들, 예를 들면 《기독교 강요》 신판 같은 저작을 대충만 살펴보아도 전에 없던 명료한 표현과 폭넓은 시각이 드러난다. 그 이유는 스트라스부르에서 교회를 직접 운영하면서 지식도 깊어지고 제도에 관한 시야도 넓어졌기 때문이다. 1536년판 《기독

이들레트 드 뵈르. 칼뱅은 스트라스부르에서 망명생활을 하는 동안 스트라스부르 출신의 미망인 이들레트 드 뵈르와 결혼했다.

교 강요》의 모호한 일반론은 정확한 정보와 명료한 방향, 철저한 사실성으로 대체되었다. 이는 인간 사회와 제도라는 현실 세계를 처음 경험한 사상가들의 특징이다. 1541년에 칼뱅은 교회를 실제로 운영하면서 실무 경험을 쌓았고, 교회와 국가 행정조직과 권징에 관해 많이 고민했다(이 부분에서 칼뱅은 부처의 영향을 많이 받았다). 1538년 제네바에서는 칼뱅의 마음속에만 존재했던 개혁 교회와 공동체가 구체적인 현실이 되었다. 추상적인 이론과 순수한 몽상이 실제적이고 구체적인 경험으로 바뀌었다.

　망명지 스트라스부르를 떠나고 싶어 하는 기색은 전혀 없었다. 칼뱅은 1540년 7월에 스트라스부르 시민권을 얻었고, 그다음 달에 부처의 조언에 따라 현지 미망인 이들레트 드 뷔르Idelette de Bure와 결혼했다. 스트라스부르를 떠나라는 압력은 전혀 없었다. 실제로 칼뱅은 지적으로도 사회적으로도 명성이 높았다. 그런데 제네바의 상황이 바뀌었다. 이미 1540년 10월에 '칼뱅이 제네바로 돌아올지'를 두고 칼뱅의 의사를 타진하는 움직임이 스트라스부르까지 뻗어 왔다.

다시 제네바로

1539년 제네바 선거는 모호한 결과를 만들어 냈다. 파렐과 칼뱅의 반대 세력을 영향력 있는 자리에서 완전히 몰아내지도 못했고, 그들의 지지 세력에게 힘을 실어 주지도 못했다. 베른과 제네바의 관계는 더 나빠졌다. 특히 베른의 제네바 점령을 끝내는 1536년 협약에 담긴 모호한 내용을 둘러싸고 갈등이 깊어졌다. 파렐과 칼뱅의 반대자이자 장 필리프의 지지자로 유명한 장 륄랭Jean Lullin은 상황을 정리하기 위해 제네바 대표 세 명으로 구성된 대표단을 이끌고 베른으로 향했다. 베른 대표들은 륄랭이 완벽하게 이해한다는 스위스 독일어로 협상하자고 우겼다. 양측은 일련의 조항에 합의했다. 이로써 제네바에서 아르티퀼랑파Articulants(자기들이 합의했던 '조항article'의 이름을 따서 명명한)가 우세해지는 듯했다.

그런데 두 달 뒤, 베른시는 친절하게도 동맹인 제네바시를 위해 합의서 조항을 프랑스어로 번역해 주었다. 제네바시는 충격을 받았다. 스위스 독일어를 잘 안다던 륄랭의 수준은 기대에 한참 못 미쳤

NOSTRE PERE QVI ES ES CIEVLX SANCTIFIÉ SOIT TON NOM. TON ROYAVLME ADVIENGNE TA VOLVNTE SOIT FAICTE EN LA TERRE COMME AV CIEL DONNE NOVS AV JOVRDHVY NOSTRE PAIN COTTIDIEN ET NOVS PARDONNE NOS OFFENSES AINSI QVE NOVS PARDONNONS A CEVLX QVI NOVS OFFENSENT. ET NE NOVS INDVITZ POINT EN TENTATION. MAIS NOVS DELIVRE DV MAL. AMEN

LA REFORME PRECHÉE AV PEVPLE DE GENEVE EN PRESENCE DES ENVOYES DE BERNE

1916년에 제네바 바스티옹 공원에 세운 종교개혁 기념비의 일부로 1534년 2월에 베른 외교관들 앞에서 제네바인들에게 종교개혁을 전파하는 모습을 묘사했다(베를린 예술역사기록보관소).

다. 제네바시는 그 즉시 합의를 거부했고, 륄랭에게 다시 베른에 가서 1536년 조약을 재협상하라고 지시했다. 륄랭은 지시를 거부했다. 1540년 4월, 베른시는 강경한 태도를 보였다. 1539년 협상으로 의미가 '명확해진' 1536년 조약을 완전히 이행해야 한다고 주장했다. 폭동이 뒤따랐고, 아르티퀼랑파를 체포하라는 요구가 빗발쳤다. 많은 제네바 시민이 아르티퀼랑파를 제네바에 사는 베른의 앞잡이 정도로 여겼다. 그들에게 관대한 처분을 베풀어 달라는 베른시의 호소는 이런 인식이 사실임을 확인해 주었다. 제네바시는 궐석재판을 통해 세 명 모두에게 사형을 선고했다. 폭동이 더 확산되었고, 그후 장 필리프와 그의 지지자 중 한 명이 체포되어 처형당했다. 반파렐파는 베른에 동조하다 치명상을 입고 더 이상 제네바 정계에서 큰 힘을 발휘하지 못하게 되었다.

1540년 10월, 친파렐파가 제네바를 장악했다. 파렐과 칼뱅이 제네바에 없는 상태에서 일어난 사건들은 종교개혁과 자치권, 도덕과 사기±氣의 밀접한 상호 의존성을 보여 주었다.

시의회는 제네바시의 독립과 사기에 주로 신경을 썼지만, 파렐이 제시한 종교적 의제를 회피할 수 없다는 사실이 차츰 분명해졌다.[48] 아마도 친파렐파는 개혁이나 풍기 단속에 열의가 별로 없었을 것이다. 그런데 바로 거기에 제네바 공화국의 생존이 달린 것처럼 보였다. 그래서 그들이 처음 한 행동은 1536년에 파렐이 시도했던 개혁을 부활시키기 위해 파렐과 칼뱅을 다시 불러들이는 것이었다. 파렐과 칼뱅의 적들은 제압되었다. 그러니 이제 돌아와도 안전했다. 초대장은 주로 파렐에게 보냈던 것 같다. 그러나 당시 파렐은 뇌샤텔에서 살고 있었고, 베른시에 고용된 상태였다. 설사 파렐이 제네바에 돌아갈 준비가 되어 있었다고 해도(그럴 의향은 없었던 것 같지만), 고용주인 베른시에서 허락할 준비가 되어 있지 않았다. 혹시나 베른과 제네바의 관계가 더 나빠지지나 않을까 해서였다. 칼뱅도 처음에는 제네바에 돌아갈 의향을 보이지 않았다. 그러나 1541년 2월, 주저하고 망설이는 칼뱅을 파렐이 설득했다. 그해 9월 13일, 칼뱅은 제네바로 돌아왔다. 1538년에 제네바를 떠났던 미숙하고 성급한 젊은이는 이제 노련하고 능숙하게 교회를 조직할 줄 알고 세상돌아가는 이치에도 민감한 인물로 바뀌어 있었다. 두 번째 활동기에 칼뱅은 제네바시에서 세력균형에 결정적 변화가 생기는 것을 결

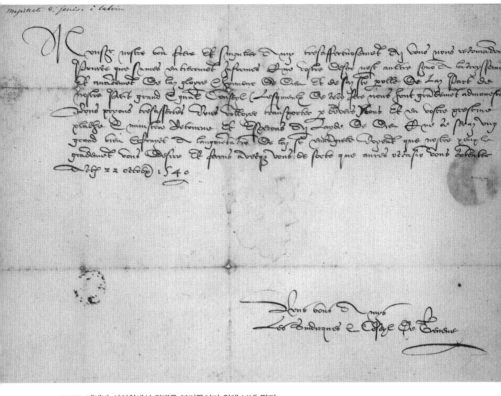

제네바 시의회에서 칼뱅을 불러들이기 위해 보낸 편지

국 목격하게 된다. 칼뱅에게 유리한 변화였다. 그러나 그것은 어디까지나 미래의 일이다. 칼뱅이 돌아갈 채비를 하자 먼동이 희끄무레 밝아 오기 시작했다.

6 　제네바: 세력 강화

영국의 시인 조지 고든 바이런^{George Gordon Byron}이 〈호라티우스에게 얻은 조언^{Hints from Horace}〉에서 말했듯 '두 번째 듣는 이야기에 새로 흥미를 느끼기'는 어렵다. 칼뱅이 제네바에 돌아와서 겪은 고통에 관한 이야기는 너무 자주 들었다. 그러니 이 자리에서 그 이야기를 다시 반복할 생각은 없다. 이 시기에 관해서는 근거 없는 이야기가 차고 넘친다. 이런 이야기에는 19세기와 20세기 사람들의 칼뱅을 향한 극도의 혐오감이 반영되어 있다.[1] '제네바의 위대한 독재자'라는 근거 없는 통념이 대중적인 종교 및 역사 저술에 얼마나 뿌리 깊게 박혀 있는지 지적하기 위해 몇 가지 사례를 살펴보는 것도 흥미로울 것이다. 이 책 전반에서 강조할 테지만, 이런 근거 없는 통념은 완전히 날조되었고, 역사적 사실을 심각하게 왜곡한 것이다.

프랑스 소설가 오노레 드 발자크^{Honoré de Balzac}는 《인간희극^{La Comédie humaine}》에서 1541년에 칼뱅이 제네바에 돌아오자마자 "처형이 시작되었고, 칼뱅은 종교적 공포정치를 준비했다"라고 말한다. 어쩌면 발자크는 '시적 자유'를 남용하다가 칼뱅과 로베스피에르Maximilien Robespierre를 혼동했는지 모른다. 여하튼 제네바에 공포정치는 없었고, 칼뱅은 제네바시를 통제하거나 지배하는 것은 고사하고 공포정치를 선동할 만한 자리에 오른 적도 없다. 칼뱅이 돌아온 직후부터 세상을 떠날 때까지 제네바에서 종교 범죄로 처형된 사례는 한 번뿐이다. 앞으로 살펴볼 테지만, 그 사건에서 칼뱅은 주변인에 불과했다. 칼뱅의 평판을 떨어뜨리려는 시도는 좀 더 최근에도 있었다. 올더스 헉슬리Aldous Huxley는 아무런 증거 자료도 제시하지 않은 채 "칼뱅이 제네바에서 신정 통치를 하는 동안 자기 부모를 때리려 했다는 이유로 한 아이가 공개 참수형을 당했다"라고 주장했다.[2] 우선, 제네바 기록보관소에는 그런 사건에 대한 기록이 전혀 없다(범위를 최대한으로 넓혀서 찾아봐도 결과는 마찬가지다). 둘째, 제네바 형법이나 민법에는 그런 가혹한 처벌은 고사하고 그런 기소조차 정당화할 근거가 없다. 셋째, 제네바 민·형법의 내용 및 집행은 칼뱅과 아무 상관이 없다. 칼뱅이 법률가로서 제네바 법률 입안에 가끔 관여한 것은 맞다. 예를 들어, 1543년쯤 칼뱅은 도시 파수꾼 등의 문제에 관한 법안을 마련해 달라는 요청을 받았다. 그러나 어디까지나 그것은 **칼뱅의** 법률이 아니라 제네바시의 법률이었다.

넷째, 헉슬리는 '신정 통치'라고 했는데, 신정 통치가 뭔지 잘 알지도 못한 채 이 용어를 사용했다는 의구심이 든다. 실제로 신정 통치가 칼뱅이 지지하는 정치사상이라는 주장이 자주 제기되었다.[3] 그러므로 이 미묘한 용어의 의미를 명확히 밝히는 것이 중요하다. 이 용어는 성직자 또는 교회에서 내세운 꼭두각시가 국가 권력을 장악한 정치체제를 가리킬 때 일반적으로 쓰인다. 이런 의미로 보

장 칼뱅의 생애와 사상

면, 헉슬리의 과장된 주장과 달리 칼뱅은 제네바에 신정 통치를 확립한 적도 없고 그러려고 시도한 적도 없다는 사실이 바로 드러난다. 그러나 이 용어에는 두 번째 의미가 있다. 모든 권력이 하나님께로부터 나온 것으로 인정하는 정치체제를 가리킬 때도 이 용어를 사용한다.[4] 신학적인 의미나 어원학상으로 보면, 이 의미가 더 타당해 보인다. 조금은 덜 위협적인 두 번째 의미로 보면, 특히 제네바 상황과 관련하여 시민 정부에 대한 칼뱅의 견해는 철저한 신정 통치에 바탕을 두고 있다. 그러나 하나님의 대리인을 자처하는 성직자를 통해서든, 국가 권력 자체가 본질상 하나님께로부터 나왔다는 관념을 통해서든, 양쪽 다 하나님을 사회질서와 정부 일에 간접적으로 개입하시는 분으로 이해한다.

칼뱅이 '나는 종교개혁을 완수할 책임을 안고 지금 의기양양하게 제네바에 돌아가는 것이다'라고 생각했을지도 모른다. 혹시라도 칼뱅이 이런 착각에 빠져 있었다면(문서로 된 증거는 칼뱅이 그러지 않았다고 말하지만), 그 착각은 몇 달 안에 산산조각이 되어 흩어졌을 것이다. 실제로 제네바 교회의 구조를 개혁할 수 있도록 시의회가 칼뱅에게 충분한 재량권을 주었을 수도 있다. 그러나 밀월 기간은 비교적 짧았다. 자기들의 지배권을 지키거나 강화하려고 애쓰는 약삭빠른 시의회 때문에 칼뱅의 계획은 번번이 틀어지고 말았다. 1540년대 후반이 되자, 칼뱅에게는 자신의 목적을 이루는 데 필요한 정치적 지위가 없다는 사실이 점점 더 분명해졌다. 아미 페랭Ami Perrin과 관련된 당파라서 '페랭파'라고도 하는 '방종파Libertins'가 득세하자 시의회는 점점 더 칼뱅에게 냉담해졌다. 결과적으로 시의회는 항상 뭔

제네바: 세력 강화

━━━ **1549년 제네바 시의회에서 적극적으로 의견을 밝히는 칼뱅의 모습**

가 안 좋은 일이 일어나길 고대하는 역逆-미코버처럼 행동했다(찰스 디킨스의 《데이비드 코퍼필드》에 나오는 윌킨스 미코버는 항상 뭔가 좋은 일이 생길 거라는 낙관적인 믿음을 내비쳤다. 제네바 시의회가 미코버를 거꾸로 뒤집어 놓은 인물처럼 행동했다는 뜻이다—옮긴이). 업무상의 어려움은 개인적 비극으로 더 심각해졌다. 앞에서도 언급했듯이, 칼뱅은 스트라스부르에 있을 때 미망인 이들레트 드 뷔르와 결혼했다. 그런데 두 사람 사이에서 얻은 외아들이 태어나자마자 죽었다.[5] 1545년에 중병에 걸렸던 이들레트는 주기적으로 찾아오는 통증으로 무척 고생하다가 1549년 3월에 사망했다. 첫 번째 결혼에서 얻은 두 자녀의 양육을 칼뱅이 떠맡아야 했다. 칼뱅에게 지지자는 많아도 친구는 별로 없었던 것 같다. 아내와 사별한 칼뱅은 적막감에 휩싸였다.[6] 칼뱅은 1555년까지 제네바시의 권력 기구로부터 전혀 지지를 받지 못하는 것처럼 보였다.

장 칼뱅의 생애와 사상

이런 상황이 어떻게 벌어졌는지 이해하려면, 당시 제네바시의 정치 조직을 살펴볼 필요가 있다.

칼뱅과 제네바 정부

그리스 도시국가에 비할 수 있는 16세기 정치 독립체가 있다면, 그것은 바로 제네바시다. 프랑수아 보니바르는 고대 아테네의 집정관을 연구한 기욤 포스텔Guillaume Postel의 논문을 프랑스어로 번역했다. 그리고 고대와 근대의 두 도시국가 사이에 어떤 유사점이 있음을 시사하듯 프랑스어판 논문을 제네바 소평의회에 헌정했다. 제네바의 영토는 지리적 특징, 군사적 이해타산, 정치적 야심을 고려하여 엄격히 제한되었다. 실제로 16세기의 제네바는 '신뢰'라는 애매한 장벽에 에워싸인 작은 요새 도시였다(요새화로 제네바 경제는 끊임없이 고갈되었다). 제네바시 정부는 자기네보다 규모가 큰 프랑스 도시들에서 정립한 양식을 따랐다.[7] 제2의 부르주아 시대부터 제네바 정부의 기본 구조는 다음과 같은 형태를 띠었다.[8]

1526년부터 제네바 주민은 세 부류로 나뉘었다. 우선, 제네바시에서 태어난 '시민'이 있다. 시민들은 제네바시의 경계 안에서 제네바 시민인 부모 밑에서 태어나 세례를 받은 이들이다. 통치 기구인 소평의회는 전부 시민으로 구성되었다. 제네바시의 경계 밖에서 태어난 사람들은 다시 두 부류로 나뉘었다. 첫 번째는 제네바시 주민이다. 주민들은 '부르주아'라는 특별한 신분을 지닌(또는 돈을 주고 부르

제네바: 세력 강화

주아 신분을 사거나 팔 수 있는) 이들로 매년 공직자를 선출하는 회의에 참석하고, 60인회 또는 200인회 의원으로 선출될 자격도 가졌다. 그러나 엄밀히 말해서 부르주아는 소평의회 의원이 될 자격은 없었다. 두 번째는 합법적인 체류 외국인의 지위를 가진 이들이다. 체류자들은 제네바시에서 투표에 참여하거나 무기를 소지할 수도 없고 공직에 진출할 권리도 없었다. 한 가지 예외가 있었다. 체류자도 목사가 되거나 고등교육원 강사가 될 수 있었는데, 제네바 출신 중에는 그런 직무를 수행할 자격을 갖춘 사람이 거의 없었기 때문이다. 칼뱅은 1559년까지 이 마지막 부류에 속했다.

60인회가 어떤 역할을 했는지는 분명하지 않다. 14세기 정치기구의 흔적에 불과하고, 칼뱅이 제네바에서 활동한 기간에는 의미 있다고 말할 만한 어떤 일도 해내지 못한 듯하다. 200인회는 대평의회Conseil Général에서 겪은 어려움을 고려하여 1527년에 설립되었다. 대평의회는 의사 결정을 위해 그 땅에서 태어난 토박이 전원을 회의에 소집해야 할 만큼 제네바 인구가 적었던 시절에 설립된 미숙하고 서툰 기구였다. 칼뱅이 제네바에 있던 시기에는 통상 일 년에 두 번, 미리 정해 놓은 한정된 목적으로만 회의가 소집되었다. 2월에는 행정 장관을 선출하기 위해, 11월에는 옥수수와 포도주 가격을 정하기 위해 회의가 열렸다. 베른과 취리히 같은 도시에서 이미 도입한 모델을 따라, 전체 주민을 대표하는 대평의회의 성격은 그대로 유지하되 개개인이 대규모 회의에 참석해야 하는 불편함은 없앤 절충안으로 설립된 것이 200인회였다.

앞에서 언급했듯이, 제네바 정부의 핵심 기관은 소평의회였다.

장 칼뱅의 생애와 사상

소평의회는 세나투스*Senatus*, 콩세이 오디네르*Conseil Ordinaire*, 콩세이 에스트로익트*Conseil Estroicte*, 또는 그냥 콩세이*Conseil*라고 부르기도 한다. 적절한 표현은 아니지만 '제네바 시의회'는 언제나 이 소평의회를 가리키는 것으로 이해하면 된다. 평의회 구성원들은 '미시우 드 제네바' 또는 '세뇨리*Seigneurie*' 등 다양하게 불린다. 소평의회는 네 명의 행정 장관을 포함한 24명의 제네바 시민으로 구성되었다. 미시우 드 제네바는 도시 생활의 단 한 부분도 자신들의 통제에서 벗어나게 놔둘 의향이 없었기에 공공 활동의 거의 모든 영역을 감독했다. 당시 제네바 같은 작은 도시가 힘 있는 이웃들 사이에서 독립을 지키는 건 사실상 불가능해 보였다. 제네바가 어렵게 얻어낸 독립을 250년간 지킬 수 있었던 이유는 시의회가 경계심을 잃지 않고 기민하게 자기들의 권한을 지키고 행사한 덕분이다. 1790년대에 세력권 확장을 모색하던 프랑스혁명군이 쳐들어올 때까지 제네바는 독립을 지켜냈다. (이 사건은 제네바가 1815년에 스위스연방에 가입하기로 결정하는 데 적지 않은 영향을 끼쳤다.) 16세기에 제네바는 투표권을 엄격히 제한하는 정책을 폈는데, 이는 외국인이 제네바 시정에 영향력을 행사할지도 모른다는 광범위한 불안감 때문이었다. 시의회는 투표에 참여하고 공직에 진출할 수 있는 시민권을 본토박이 주민들로 한정함으로써 외국인이 제네바에서 정치적으로 영향력을 행사하려는 야심을 품지 못하게 했다.

따라서 칼뱅은 제네바시의 의사 결정 기구에 참여할 수 없었다. 투표할 수도 없었고 공직에 진출할 수도 없었다. 1541년부터 1559년까지 제네바시에서 칼뱅의 신분은 체류자였다. 후대 제네바의 유명인 장 자크 루소Jean-Jacques Rousseau와 달리, 칼뱅은 출판물 속표지에 '제네바 시민'이라는 탐나는 단어를 선명하게 새길 수 있는 위치에 있지 않았다. 1559년 12월 25일,《유서 깊은 제네바 공화국의 부르주아 명부Livre des bourgeois de l'ancienne république de Genève》에 드디어 칼뱅의 이름이 실렸다.[9] 뒤늦게 부르주아의 신분을 얻었지만, 끝끝내 칼뱅은 자기 이름과 아주 밀접한 관계가 있는 제네바라는 도시의 '시민'이 되지는 못했다. 칼뱅은 설교와 자문, 기타 여러 가지 적법한 권고의 형태로 간접적으로 제네바에 영향력을 행사했다. 도덕적 권위를 통해 영향력을 행사할 수는 있었지만, 남에게 자기가 원하는 일을 강제할 관할구도 **권한**도 없었다. 칼뱅은 설득하고 회유하고 애원할 수는 있어도 명령할 수는 없었다.

'제네바의 독재자'라는 칼뱅의 이미지는 역사적 사실과 전혀 부합하지 않는다. 슈테판 츠바이크Stefan Zweig는 칼뱅을 '제네바의 운 나쁜 주민들을 혹독하게 다스리는 권위적인 지도자'로 묘사한다. 그러나 이 이미지는 16세기 제네바의 현실을 반영한 것이 아니라 츠바이크의 상상력과 그가 매달렸던 반反권위주의 의제에서 비롯되었다. 츠바이크는 권위주의에 반대하는 여론을 조성하고자 권위주의를 대표하는 로베스피에르, 히틀러, 스탈린의 이미지를 뒤섞어 '제네바의 독재자'라는 이미지를 만들어 냈다. 제네바 시의회는 자기들 마음대로 해고하고 추방할 수 있는 일개 피고용인(투표권도 없는 외국인)은 고사하고 그 누구에게도 자기들이 어렵게 얻어낸 권리와 특권을 넘겨줄 의사가 없었다. 치리회Consistory와 목사회를 제외하고 제네바 법률이나 기관의 형태와 활동 범위는 칼뱅의 소관이

장 칼뱅의 생애와 사상

아니었다. 시의회는 종교 문제에서도 자기들의 권한을 계속 유지했다. 칼뱅이 죽은 뒤 후임자들이 맞닥뜨린 난관은 시정에 끼친 칼뱅의 영향력이 순전히 개인적이고 도덕적인 성격이었다는 것을 잘 보여 준다.

1553년 3월에는 칼뱅의 종교적 지위마저 불안정해졌다. 반反칼뱅 연합이 제네바에서 주요 관직을 장악했다. 1552년 2월 선거에서 칼뱅의 오랜 적수 아미 페랭이 첫 번째 행정 장관으로 선출되었고, 페랭의 동조자들이 남은 세 자리 중 두 자리를 차지했다. 페랭의 처남 피에르 티소Pierre Tissot가 두 번째 행정 장관이 되었다. 1553년, '방종파'로 알려진 페랭파가 소평의회를 장악했다. 그들은 이제 칼뱅의 고유 영역, 다시 말해 1541년《교회 법령》아래서 치리회를 통해 행사했던 목사들의 권한인 권징에 관해서도 칼뱅에게 이의를 제기할 수 있다고 보았다.

제네바 교회는 베른의 모델을 따라 교회력에 고르게 퍼져 있는 성탄절, 부활절, 오순절, 그리고 9월에 하루, 이렇게 일 년에 나흘을 기념일로 정하고 성찬식을 거행했다. 이를 두고 프랑스 출신의 개혁가는 리옹에서 매년 네 번 열리는 무역 박람회를 본뜬 것 같다고 냉소했다.[10] 1553년 부활절 성찬식이 다가오자, 제네바 시의회는 현재 성찬에서 배제한 모든 사람의 명단과, 각 사람이 성찬에서 배제된 근거를 함께 제출해 달라고 치리회에 요청했다. 그 의미는 아주 분명했다. 제네바 시의회는 성도의 권징에 관한 모든 평결을 검토할 권리가 시의회에 있다고 본 것이다. 이는 사실상 시의회가 1541년《교회 법령》을 거부한(아무리 낙관적으로 보아도 뻐딱하게 해석한) 것이나 마찬가지였다. 칼뱅은 1541년에 제정한 이 교회법으로 '성도를 권징할 권한이 누구에게 있는가?' 하는 문제가 이미 해결되었다고 생각했다.

몇 달 뒤, 제네바에서 칼뱅의 지위를 더 위태롭게 하는 결정이 내려졌다. 설사 제네바 시민이라 할지라도 목사들은 행정 장관을 선출하는 기구인 시민총회의 일원이 될 수 없다는 결정을 새로 내린 것이다. 이로써 칼뱅의 지지층 중 중요한 집단이 선거권을 잃었다. 그리고 얼마 지나지 않아 제네바 시의회는 교회 현안에 간섭했고, 이를 통해 점점 줄어들던 칼뱅의 권한을 더 깊이 잠식해 들어갔다. 주시 지방 목사 프랑수아 부르고앙François Bourgoin이 제네바로 자리를 옮겼고, 원래 있던 자리는 시의회에서 지명한 인물이 차지했다. 1553년 7월 24일에 칼뱅은 사직서를 제출했으나 반려되었다.[11] 그러나 얼마 되지 않아 세르베투스 사건이 터지면서 칼뱅과 시의회 양쪽 다 권력투쟁을 뒤로하고 새로운 위협에 대응해야 했다. 이 사건에서 칼뱅의 역할을 이해하려면, 시의회의 사법권 독점을 들여다보기 전에 치리회의 역할을 먼저 살펴볼 필요가 있다.

치리회

《기독교 강요》가 칼뱅이 추진한 종교개혁의 근육이라면, 교회 조직은 종교개혁의 척추였다. 칼뱅은 스트라스부르에서 망명 생활을 마치고 제네바에 돌아온 직후에 제네바 교회에 독특한 형태와 정체성을 부여한《교회 법령》(1541)을 입안했다. 규칙이 바로 서고 질서 정연하며 체계적인 교회가 필요하다는 사실을 절감하고, 교회 생활의 모든 면을 관리하는 세부 지침을 마련한 것이다.[12] 그의 목표를 실현해 줄 교회 조직 설립은 칼뱅의 가장 중요한 직무 중 하나였다. 칼뱅을 레닌과 비교하는 사람들은 이 일을 훨씬 더 중요하게 다룬다. 두 사람 다 혁명을 전파할 기구가 얼마나 중요한지 아주 잘 알았고,[13] 그래서 지체하지 않고 필요한 기구를 조직했다.

칼뱅주의가 국제적으로 발전하는 데 교회 기구가 얼마나 중요한 역할을 했는지 제대로 평가하려면, 서유럽과 북유럽에서 루터주의와 칼뱅주의가 정착해 간 매우 다른 상황을 비교해 보아야 한다. 루터주의는 일반적으로 군주와 대공의 호의를 바탕으로 발전했다. 아마도 그들은 루터의 '두 왕국(정부)' 교리가 교회에 부여한 중요한 역할을 전혀 알지 못했던 것 같다. 칼뱅은 자신의 사상에 동조하도록 군주들을 설득할 수도 있다는 걸 잘 알았다(특히 그는 프랑스 법정에서 호의적인 반응을 얻어 내고픈 야심이 있었다). 그런데도 칼뱅주의는 일반적으로 군주와 교회 기득권층 모두가 반대하는 매우 적대적인 환경(1550년대 프랑스처럼)에서 생존하고 발전해야 했다. 이런 상황에서 칼뱅주의 집단의 생존은 그런 적대적인 환경을 견뎌 낼 수 있을 만큼 강인하고 규율이 잘 잡힌 교회에 달려 있었다. 교회 기구가 더 정교했던 덕분에 칼뱅주의는 루터주의보다 훨씬 더 어려운 상황을 견뎌 낼 수 있었다. 그리고 정교한 교회 기구는 언뜻 매우 암울해 보였던 정치 상황에서 입지를 넓히는 데 꼭 필요한 자원을 칼뱅주의에 제공해 주었다.

칼뱅이 세운 교회 정치제도 중 가장 독특하고 논란이 많은 제도가 치리회다. 이 기구는 1542년에 설립되었다. 매년 행정 장관들이 선출한 평신도 장로 12명, 그리고 '덕망 있는 목사회' 전체 회원(1542년에는 9명, 1564년에는 19명이었다)이 치리회를 구성했다. 이 기구는 교회 기강을 확립하기 위해 매주 목요일에 모이게 되어 있었다. 이 기구의 기원은 확실치 않다. 취리히 가정법원처럼 기존의 가정법원을 본뜬 것 같기도 하다.[14] 칼뱅이 스트라스부르에서 살던 시절에 실제로 제네바에 가정법원이 설립되었다.[15] 치리회의 초기 활동 중 하나가 부부 문제를 중심으로 진행되었다는 점은 분명 중요하다. 부부 문제는 법적인 문제인 동시에 목회적인 문제로 여겨졌고, 이는 그 성격상 기존 가정법원의 역할을 고스란히 반영한 것이다.

스위스 개혁 도시들에는 성도의 권징에 관한 문제를 여러 기관에서 다루었다. 1530년대에 나타난 지배적이고 보편적인 양상을 소개하자면, 성도의 권징을 세속 행정 장관들의 소관으로 보는 츠빙글리의 견해다.[16] 츠빙글리를 계승한 하인리히 불링거 Heinrich Bullinger의 영향으로 취리히시는 성찬 배제를 성직자가 결정할 것이 아니라 행정 장관이 다루어야 할 문제로 보았다.[17] 바젤시 역시 개개인을 성찬에서 배제할 권한을 갖는 순수한 교회 재판소를 두는 것이 과연 적절한지에 대해 의구심이 컸다.[18] 바젤시를 이 규칙에서 예외적인 경우로 본다면, 그것은 바젤시가 바젤 교회 성도들을 성찬에서 배제한 적이 없기 때문이다.[19]

1530년 바젤에서 츠빙글리의 견해에 대항하는 이론이 등장한다. 요하네스 외콜람파디우스 Johannes Oecolampadius가 바젤 시의회 앞에

장 칼뱅의 생애와 사상

제네바의 생피에르교회. 12세기 가톨릭교회로 세워졌으나 1536-1564년까지 칼뱅이 주로 설교하면서 제네바는 이후 프로테스탄티즘의 성지로 알려지게 된다.

서 시의 권한과 교회의 권한에 근본적인 차이가 있다고 주장했다. 그의 주장을 요약하면, 형사상 위법행위는 세속 행정 장관들이 계속 다루되 종교·도덕상의 죄를 다루는 교회 법원을 도입할 필요가 있다는 것이다.[20] 죄를 지은 자들이 행실을 고치도록 독려하고 교회의 일치와 신앙생활에 지장을 초래하지 않게 하려면, 죄인을 성찬에서 배제할 권한이 교회 법원에 있어야 했다. 그러나 바젤 시의회는 외콜람파디우스의 주장에 동의하지 않았고, 이 문제는 그대로 보류되었다.

그런데도 교회 법원에 관한 이 견해는 1530년대 내내 지지를 받았다. 1530년 10월 19일, 마르틴 부처는 교회 법원을 설립해야 한다는 견해에 반감을 드러내는 편지를 츠빙글리에게 보냈지만,[21] 얼마 지나지 않아 곧 태도를 바꾼 것 같다. 그 때문에 부처와 츠빙글리 사이가 멀어진 것으로 보인다. 츠빙글리는 1531년 2월 12일 자 편지에서 정치적 편의를 위해 복음주의 진리를 배반했다며 부처를 비난했다.[22] 1531년, 부처는 울름시가 성도의 권징 문제를 처리하기 위해 평신도와 목회자로 구성된 교회 법원을 설립해야 한다는 제안을 지지했다. 1534년 2월에 급진파가 뮌스터를 점령하는 사건이 벌어지자, 스트라스부르 시의회는 당시 급진파의 안식처로 정평이 나 있던 스트라스부르가 뮌스터 꼴이 나지 않으려면, 교회의 기강과 정통성을 강화해야 한다는 사실을 통감했다. 그러나 시의회는 교회 법원을 설립하자는 부처의 제안을 거부했고, 성도에 대한 징계권을 시의 소관으로 남겨 두길 원했다.[23] 스트라스부르에 체류하는 동안 칼뱅의 상상력에 불을 지핀 것은 스트라스부르의 관행이 아니라 부처의 사상이었던 것 같다.[24] 1537년 1월에 파렐과 칼뱅이 제네바 교회 기구를 위해 작성한 글에는 1541년《교회 법령》에 포함된 거의 모든 내용이 나오는데, 눈에 띄는 예외가 바로 치리회다.[25] 이것은 칼뱅이 치리회를 생각해 낸 때가 스트라스부르에 체류하던 시기라는 사실을 암시한다.

칼뱅은 치리회를 신앙의 정통을 '단속하는' 도구로 생각했다. 스트라스부르에서의 경험을 바탕으로 칼뱅은 개혁된 기독교 세계가 생존하려면 권징이 꼭 필요하다고 보았다. 치리회는 바로 그 권징을 보장하는 기구였다. 치리회의 주요 기능은 제네바에 확립된 종교 질서에 위협이 될 만큼 비뚤어진 종교관을 가진 사람들을 다루는 것이었다. 그 밖에 목회적으로나 도덕적으로 용납할 수 없는 행동을 하는 사람들도 똑같은 처분을 받았다. 이런 사람들은 우선 자신의 잘못을 뉘우쳐야 했다. 죄를 뉘우치지 않으면, 성찬에서 배제되는 처벌을 받았다. 그러나 이 처벌을 내린 것은 시가 아니라 교회였다. 악한은 제네바에서 매해 네 번 열리는 성찬식 중 한 번의 성찬식에 참여하지 못하겠지만, 그 외에 법적 처벌은 전혀 없었다. 늘 본인들의 권한을 지키려고 애쓰던 제네바 시의회는 이렇게 주장했다. "치리회의 사무는 모두 다음 방식을 따라야 한다. 목사들에게는 민형사상의 재판권이 없다. '하나님의 말씀'이라는 영적인 검 외에는 아무것도 사용해서는 안 된다. … 치리회는 시의회나 담당 재판관의 권한을 침해해서는 안 된다. 시의 권력을 방해하지 않아야 한다."

칼뱅이 사망한 뒤, 치리회는 방향감각을 잃은 듯 보였고, 히스테리에 가까울 정도로 조야한 사회통제 도구나 다름없는 수준으로 퇴락했다. 1568년에는 '추문을 일으키고 결혼 제도를 존중하지 않았다'는 이유로 두 남자와 한 여자가 성찬에서 배제되었다. 그들이 참석한 결혼 피로연에서 신랑은 빵 한 덩어리를 조각냈다. 그는 빵 조각을 시각 교재 삼아 그가 신부와 가졌던 성관계 횟수를 보여 주었다. 1564년부터 1569년까지 1,906명이 성찬에서 배제되는 처벌을 받았다.[26] 예를 들어, 1568년에 어떤 사람은 네 번이나 성찬에서 배제되는 불명예를 당했는데, 결과적으로 그는 그해에 열린 모든 성찬식에 참여하지 못한 셈이었다. 성찬에서 배제되는 이유는 아주 흥미로웠다. 가정에서든 다른 곳에서든 아내를 때리고 아내와 다투다 폭력으로 이어진 경우였다. 가정 폭력은 치리회의 일상 업무 중 큰 부분을 차지했다. 도박과 술 취하는 것과 간음도 치리회에서 다루는 주제였다. 그러나 예상하는 것만큼 흔하지는 않았다. 어쨌거나 칼뱅이 치리회를 세울 때 부여했던 고유한 종교적 역할이 약해진 것만은 분명하다. 칼뱅이 세상에 내놓은 이 기구는 그가 세상을 떠나자 상당 부분 방향감각을 잃어버렸다.

1550년대 초반, 치리회의 역할을 둘러싼 논쟁은 성찬에서 배제하는 처벌을 내릴 권한이 '미시우 드 제네바'에 있는가, 치리회에 있는가에 집중되었다. 《교회 법령》에 따르면, 칼뱅은 이 권한이 명백히 치리회에 있다고 보았다. 그러나 아미 페랭이 이끄는 반대파는 그런 처벌을 내릴 수 있는 곳은 오로지 시의회뿐이라고 주장했다. 성도의 권징 문제는 칼뱅과 페랭파 사이에 마찰이 생긴 주요 원인이 되었다.[27] 페랭과 그의 지지자들은 종교개혁에는 적대적이지 않았지만, 칼뱅의 권징 제도만큼은 극렬히 반대했다. (그들의 견해를 보여 주기에는 '자유주의자'를 뜻하는 'liberal'이라는 용어가 더 적절한데도 그들을 '방종파' 또는 '규율이 없는 자들'을 뜻하는 'Libertins'라고 부르는 것은 이 때문이다.) 이 문제는 세르베투스 사건으로 첨예하게 부상했다.

세르베투스 사건

제네바 시의회가 꽉 움켜쥐고 절대로 놓지 않겠노라 다짐한 영역 하나가 바로 사법행정이었다. 제네바 행정 장관들은 제네바 주교와 그의 후원자인 사부아 공국에 맞서 들고 일어났을 당시 민·형사상의 법을 집행할 권한을 손에 넣었다. 앞에서 언급했듯이, 독립을 향

장 칼뱅의 생애와 사상

미카엘 세르베투스의 초상. 스페인 사람으로 의사이자 법률가이며 신학자였다. 삼위일체론을 부정하는 입장이었다. 예수 그리스도의 신성을 부정해 이단으로 몰려 화형당했다. 이 사건은 칼뱅이 제네바의 잔혹한 독재자라는 평가를 얻는 결정적인 계기가 되었다.

한 걸음을 떼기 전 '비돔네'는 제네바시에서 주교의 권한을 상징하는 직책이었다. 수하들과 함께 론강 한가운데 있는 섬의 성을 차지한 비돔네는 제네바를 통치하는 권한이 주교에게 있다는 사실을 상기시키는 상징이었다. 그러나 1527년에 민사사건을 심리하는 주교의 권한이 제네바시에 넘어갔다. 그 후 몇 년에 걸쳐 사법권 전체가 차차 미시우 드 제네바에 양도되었다. 형사상의 형을 집행할 권한이 행정 장관들에게 이양되었고, 제네바시에서 내린 판결에 불복하여 외부 상급 법원에 항소할 길은 차단되었다. 1530년에 제네바시는 사법부를 완전히 장악했다. 사법권 탈환은 사실상 제네바시의 독립을 요구하는 공개 시위였다. 외국의 세력이나 인물이 사법부에 영향력을 행사하도록 방치하는 것은 어렵게 얻어 낸 제네바의 주권을 무너뜨리는 일이었다.[28] 미시우 드 제네바는 외국인이 제네바 시정의 핵심인 사법부에 영향력을 행사하게 놓아 둘 마음이 전혀 없었다. 칼뱅에게는 성찬에 일시적으로 참여하지 못하게 하는 방식으로 정도에서 벗어난 성도들을 치리회를 통해 징계하는 권한을 허용했다. 그러나 한낱 **체류자**에 불과한 칼뱅이 민·형사상의 법률 집행권에 접근하는 것은 엄격하게 차단했다. 따라서 세르베투스 사건을 살펴볼 때는 이 점을 꼭 염두에 두어야 한다. 세르베투스 사건은 결과적으로 제네바에서 칼뱅의 영향력을 강화하는 역할을 했지만, 한편으로 칼뱅은 '피에 굶주린 폭군'이라는 비방을 들어야 했다.[29]

이단자 미카엘 세르베투스의 재판과 처형은 그 어떤 사건보다 칼뱅의 사후 명성에 부정적인 영향을 끼쳤다.[30] 왜 학자들이 농민전쟁(1525)이 무산된 뒤에, 그리고 뮌스터 반란(1534)을 진압한 뒤에 독일에서 단행한 집단 처형이나 엘리자베스 여왕이 다스리는 잉글랜드에서 가톨릭 사제들에게 시행했던 무자비한 처형 정책보다 세르베투스의 처형에 더 주목하고 더 의미를 두는지 그 이유를 도통 모르겠다. 심지어 1612년까지도 잉글랜드의 세속 법원은 런던과 리치필드 주교들의 명령에 따라 세르베투스와 비슷한 입장을 견지한 인물 두 명을 공개적으로 화형에 처했다. 프랑스에서도 이와 비슷하게 무자비한 처형 정책을 채택했다. 1547년 5월부터 1550년 3월까지 39명이 이단으로 기소되어 화형당했다.[31] 샤토브리앙 칙령(1551년 6월 27일)은 이단자를 사형시키려면 고등법원에서 각 사건을 심리하고 형을 확정해야 한다는 요건을 폐지했다. 이때부터 하급 법원들

장 칼뱅의 생애와 사상

은 자기들 하고 싶은 대로 마음껏 이단자를 기소했다. 16세기에는 지금처럼 사형 제도를 혐오하는 정서가 거의 없었다. 악질분자를 제거하고 그들을 모방하는 세력이 생기지 않게 하는 적법하고 합당한 방법이 사형 제도라고 생각했다. 제네바시도 예외가 아니었다. 장기 수감 제도가 없어서(단기 수감자는 재판을 기다리는 동안 자비로 수감 생활을 했다) 내릴 수 있는 처분은 유형流刑과 사형, 이 두 가지 중형뿐이었다. 왜 세르베투스 사건을 칼뱅의 극악무도한 면을 보여 주는 사례로 여기는지 그 이유도 도통 모르겠다. 칼뱅과 동시대인들은 이단과 같은 죄를 매우 심각하게 여겼다. 이단자를 사형에 처하는 정책에 무언의 지지를 보낸 것은 그 시대의 기준을 터무니없이 벗어난 이례적인 태도가 아니었다. 칼뱅은 그저 그 시대의 자식이었을 뿐이다. 계몽주의 이후 저술가들이 이전 세대가 저지른 잔혹 행위에 항의하는 것은 당연하다. 그러나 특정 관행을 비판하기 위해 칼뱅을 지목하는 것은 그를 희생자로 선택한 것이나 다름없다. 칼뱅이 판결에 '직접' 개입한 것도 아닌데 칼뱅을 표적 삼아 다른 인물들과 기관들이 저지른 훨씬 더 많은 악행을 간과하는 행태를 보고 있으면 칼뱅 비판론자들이 미리 약속이라도 한 것은 아닌가 하는 의문이 든다. 세르베투스는 칼뱅 생전에 제네바에서 종교적 견해 때문에 사형을 당한 **유일한** 인물이다. 다른 곳에서는 이런 식의 사형 집행이 아주 흔했다.

　게다가 세르베투스의 재판과 유죄판결과 사형 집행은 전적으로 시의회 소관이었다. 이때는 제네바 시의회가 역사상 칼뱅에게 특히 적대적이었던 기간이다. 최근에 권력을 잡은 페랭파는 칼뱅의 기세를 꺾어 놓으려고 벼르고 있었다. 제네바 시의회가 세르베투스를 기소한 이유는 10년 뒤 베른에서 발렌티누스 젠틸리스Valentinus Gentilis를 기소한 이유와 아주 비슷했다. 자기들의 정통성이 흠잡을 데 없이 완벽하다는 것을 보여 주기 위해서였다. 그들은 이 일을 시작으로 제네바에서 칼뱅의 종교적 권위를 훼손할 작정이었다. 치리회는 성도의 징계를 담당하는 정상적인 기구이자 칼뱅이 상당한 영향력을 행사하는 기구였지만, 제네바 시의회는 이 사건에서 칼뱅을 소외시키기 위해 치리회를 아예 건너뛰었다. 그렇지만 종교 논쟁이라는 중대한 문제를 다루면서 칼뱅을 아예 건너뛸 수는 없었다. 처음에 칼뱅은 첫 번째 간접 고발자로서 이 사건에 참여했고, 나중에는 전문 신학자로서 재판에 증인으로 출석했다. 그러나 프로테스탄트든 로마 가톨릭이든 그 시대의 정통 신학자라면 누구든 증인으로 나설 수 있었다.

이 점이 아주 중요하다. 어떤 비평가들은 칼뱅의 종교 체계 전체가 세르베투스 사건 때문에 신용을 잃은 것처럼 말한다. 그러나 토마스 아퀴나스 역시 이단자의 화형을 지지하는 글을 썼다. "만약 이단자가 계속해서 뜻을 굽히지 않고 회심할 가망이 전혀 없으면, 그를 파문함으로써 교회에서 분리하여 다른 성도들이 구원받을 수 있게 하고, 죽어서 이 세상에서 완전히 없어지도록 그를 세속 재판관에게 넘겨주라."[32] 많은 현대인은 합당한 이유로 이 생각을 비롯하여 아퀴나스의 다른 여러 사상(노예제도 옹호, 유대인에 대한 태도, 여성은 선천적으로 열등하다는 믿음 등)[33]을 절대로 용납하지 않는다. 그렇다고 해서 아퀴나스의 종교사상과 정치사상이 **모조리** 용납할 수 없는 쓰레기

장 칼뱅의 생애와 사상

가 되는 것은 아니다. 현대 독자들은 아퀴나스의 견해 중 여러 부분이 그 시대의 산물이라는 점을 기억하고 받아들일 점과 받아들이지 않을 점을 선별할 것이고(일반적으로 그렇게 하고 있다), 아퀴나스 안에서 종교 및 기타 사상의 풍부한 원천을 계속 발견할 것이다. 칼뱅에 대해서도 마찬가지고, 또 그래야 한다. 사형선고가 나올 재판에 관여하는 것을 용인할 수 있다는 말은 절대 아니다. 토마스 아퀴나스의 저술에서 이단자의 화형을 지지하는 충분한 증거를 발견했다고 해서 꼭 제네바 시의회나 칼뱅의 태도와 행동을 옹호하는 것은 아니다. 그러나 이런 식으로 너그러이 봐줄 수 없다면, 그 당시가 20세기 자유주의 사상의 세심함이 턱없이 부족해서 이단자 처형을 일상처럼 여기던 시대였다는 맥락에서 바라보아야 한다.

현대 독자들은 '이단'을 지배적 정설에 반하는 견해 표현으로 여기고, 창의력의 표출이자 개인의 자유라고 환영할지도 모르겠다. 그러나 이단의 개념에 대한 이런 현대적 해석이 16세기에는 존재하지 않았다는 점을 기억해야 한다. 역사상의 주요 기독교 이단을 자세히 조사한 사회정치적 연구들에 따르면, 이단들은 단순한 종교적 사상이 아니라 훨씬 더 광범위한 사회적·정치적 의제와 관련이 있었다. 예를 들어, 후기 고전주의 시대의 도나투스파 논쟁은 단순히 기독교회의 본질을 놓고 대립하던 이론들 간의 다툼처럼 보일 수 있다. 그러나 근본적인 의제는 북아프리카 원주민 베르베르인과 로마 출신의 식민지 이주자 사이의 갈등에 관한 것이었다. 신학적 문제는 사회운동과 민족운동에 부과된 겉치레에 불과했고, 이들 운동은 '공인된' 종교적 견해 못지않게 사회정치적 '현상現狀'에 도전

제네바: 세력 강화

하는 것에 관심이 많았다.[34] 중세 시대 이단들이 꽤 인기를 끈 이유는 대중이 그들의 **종교** 사상에 관심이 있어서라기보다는 그런 사상이 당시 사회나 정치에 끼칠 파장을 인식했기 때문이다. 15세기 초얀 후스Jan Huss에게서 비롯된 '후스주의' 운동을 살펴보면 이 말이 무슨 뜻인지 더 쉽게 이해할 수 있다. 후스주의는 그 관념상 교회의 본질과 같은 추상적인 신학 개념에 초점이 맞춰진 것처럼 보였다. 그러나 사실 이 운동의 강점은 보헤미아 민족주의에 호소하는 힘이 강하다는 것과 그들이 원하는 사회 및 경제 프로그램을 제안했다는 데 있었다. 체제 안정에 위협이 될 수 있으므로 가톨릭교회는 이 이단에 민첩하게 대응해야만 했다. 가톨릭교회의 교리만큼이나 교회의 권력 또한 위협받고 있었다.

서유럽 도시들에서 종교개혁이 시작되면서 이단이 체제 안정을 위협하는 경향은 점점 더 확실해졌다. 종교개혁을 기존 체제 안에서 개혁가들과 행정 장관들이 협력하는 공생 과정으로 보는 개혁가들(루터, 츠빙글리, 불링거, 부처, 칼뱅 같은)과 부패한 기존의 사회 및 정치 질서를 깨끗이 쓸어 버리는 것이 진정한 종교개혁이라고 보는 급진적인 개혁가들(야코프 후터Jakob Hutter 같은) 사이에는 처음부터 갈등이 존재했다. 1520년대에 취리히 시의회는 이런 과격분자들에게 위협을 느끼고, 급진파가 취리히 안에서 어떠한 영향력도 행사하지 못하도록 할 수 있는 모든 조처를 했다. '재세례파'라는 다른 이름에서 짐작할 수 있듯이, 종교적 차원에서 이들 급진파의 가장 큰 특징은 유아세례를 거부한다는 점이다. 그러나 사회적 차원에서 이들의 견해는 철저한 반反권위주의였고, 조금은 공산주의 색채도 내비쳤

　　　　　　　　　　　　　　　　장 칼뱅의 생애와 사상

1620년 11월 8일 벌어진 30년 전쟁 초기의 백산 전투를 그린 그림. 2만 명의 보헤미아 프로테스탄트 군대와 2만 5천 명의 가톨릭 동맹군 사이에 벌어진 전투였다. 보헤미아가 이 전투에서 패하면서 보헤미아에 있던 수백 명의 칼뱅파 목사들이 추방당했고, 주요 지도자 27명이 처형당했다. 그리고 보헤미아는 다시 가톨릭의 영향을 받게 되었다.

다. 1534년, 급진파가 장악한 뮌스터에서 일어난 사건들로[35] 종교개혁 급진파가 기존 사회구조에 심각한 위협이 된다는 사실이 더 분명해졌다. 프로테스탄트 시의회들과 로마 가톨릭 시의회들은 여러 문제에서 이견을 보였지만, 이단이 도시의 안정, 나아가 도시의 존립을 위협한다는 믿음만큼은 서로 일치했다. 장기간에 걸친 잔혹한 포위 공격으로 겨우 탈환한 뮌스터의 최후는 이단이 단지 사상만이 아니라 훨씬 더 많은 것과 관련이 있다는 사실을 절실히 깨닫게 해 주었다. 이단은 도시의 존립에 심각한 위협이 되었다. 자국의 경계에서 체제 안정을 위협하는 세력을 허용할 도시는 없었다. 스트라스부르 시의회가 급진파의 위협을 제거하기 위해 1534년 이후에

제네바: 세력 강화

채택한 과감한 조처는 당시 이 위협을 얼마나 심각하게 받아들였는지 생생하게 보여 준다.[36]

제네바도 예외는 아니었다. 일단 세르베투스와 종교개혁 급진파가 동조하는 이론에 이단이 있다는 사실이 입증되자, 제네바 당국은 세르베투스가 엄밀히 말해 제네바 사법부 소관이 아니라는 사실 때문에 생긴 난관임에도 불구하고 그를 재판에 넘기지 않을 수 없었다. 세르베투스가 왜 제네바를 방문했는지 그 이유는 확실하지 않다. 어쩌면 전에 칼뱅이 그랬던 것처럼, 바젤로 피신하던 길에 제네바에 잠시 멈춘 건지도 모른다.[37] 프랑스 가톨릭 당국은 세르베투스에 대해 이미 이단자로 유죄판결을 내린 상태였다. 그러나 비엔에 갇혀 있던 그는 감옥에서 탈출했고, 제네바에 왔다가 1553년 8월 13일에 체포되었다. 세르베투스는 그 무렵 《기독교의 회복*Christianismi Restitutio*》이라는 책을 출간했다. (고의로 칼뱅의 《기독교 강요》와 유사한 형식을 취한 것은 아니었을까?) 이 책은 기독교 신앙의 핵심 조항 중 하나(삼위일체)와 전통 관례 중 하나(유아세례)를 부인했다. 세르베투스에게 공격적으로 쏟아 낸 격한 말들(이것은 칼뱅이 나이가 들수록 도량이 좁아지고 냉소가 심해졌다는 통념이 사실임을 확인해 준다)로 판단하건대 칼뱅이 훨씬 더 심각하게 여긴 것은 분명히 전자였지만, 시의회가 더 우려했던 것은 아마도 후자였을 것이다. 유아세례를 부인함으로써 세르베투스는 재세례파(문자 그대로 '재再-세례파'를 의미한다), 다시 말해 취리히, 뮌스터, 스트라스부르 등지에서 문제를 일으켰던 종교개혁 급진파와 손을 잡았다. 재세례파는 사유재산을 폐지하고 모든 소유를 공유물로 만들었다. 그들은 경제적 평등 원칙을 도입했다.[38] 요컨대, 그들은 제

장 칼뱅의 생애와 사상

네바시가 기대고 있던 경제 및 사회집단에 중대한 위협이 되었다. 제네바 시의회는 위협이 실재한다는 사실을 의심하지 않았다. 세르베투스의 고발과 체포를 계획한 인물은 칼뱅이라는 일개 개인이었지만, 당시 칼뱅에게 강한 적개심을 품고 있었음에도 열성적으로 사건을 넘겨받아 세르베투스를 기소한 장본인은 제네바 시의회였다.[39] (외부인들이 보기에는 깜짝 놀랄 일이었다. 볼프강 무스쿠루스Wolfgang Musculus는 시의회가 칼뱅에게 품은 적대감 때문에 세르베투스가 아무래도 덕을 볼 것 같다고 단언했다.)[40] 이 과정에서 칼뱅이 맡은 역할은 공소를 제기하는 검사가 아니라 처음에는 신학 고문, 나중에는 감정인이었다는 점에 주목해야 한다. 8월 21일에 제네바 당국은 비엔시에 죄수에 관한 추가 정보를 요청하는 편지를 썼다. 특히 세르베투스에 관한 '증거와 정보와 구속 영장의 사본'을 요청했다.[41] 비엔시 가톨릭 당국은 조사 중인 세르베투스를 즉시 비엔에 인도하라고 요구했다. 제네바 시의회는 세르베투스에게 선택권을 주었다. 본인이 원하면 비엔에 돌아갈 수도 있고, 제네바에서 재판을 받을 수도 있었다. 제네바에 있기로 선택한 장본인이 세르베투스였다는 점이 중요하다.[42]

사건이 진행됨에 따라 시의회에 주어진 선택지가 두 개라는 사실이 점차 분명해졌다. 제네바 시의회는 세르베투스를 제네바시에서 추방할 수도 있었고 사형에 처할 수도 있었다. 어떻게 해야 할지 확신이 서지 않았다. 그래서 제네바 시의회는 베른, 취리히, 샤프하우젠, 바젤에 있는 동맹들과 의논했다. 대답은 분명했다.[43] 목사회 기록부는 1553년 10월 25일 시의회의 결정을 다음과 같이 기록하고 있다.[44] "세르베투스 사건에 관하여 바젤, 베른, 취리히, 샤프하우젠

교회들의 의견을 취합한 결과 그들은 세르베투스를 샹페로 끌고 가서 그곳에서 화형에 처해야 한다고 규탄했다." 칼뱅은 좀 더 인간적인 참수형으로 처형 방식을 바꿔 보려고 시도했다.[45] 아마도 파리에서 화형당한 친구들이 생각나서 그랬을 것이다. 그러나 칼뱅의 의견은 묵살당했다. 다음날 세르베투스는 처형되었다. 제네바에는 전문 사형 집행인이 없었다. 교도관과 그 밖의 모든 공무원이 그랬듯, 사형 집행인은 비전문가였다.[46] 화형은 엉망진창이었다.

1903년, 세르베투스가 처형된 자리에 화강암 기념비가 세워졌다. 비석에는 '그의 시대가 저지른 잘못'을 규탄하는 문장이 새겨졌다. 그러나 안타깝게도 16세기까지 존재했던 모든 주요 기독교 기구는 자기 손에 피를 듬뿍 묻혀서 스스로의 자격을 증명했다. 로마 가톨릭, 루터파, 개혁파, 잉글랜드 국교회가 모두 그랬다. 이들 모두가 직접적으로든 칼뱅의 경우처럼 간접적으로든 자기들의 세르베투스 들을 규탄하고 처형했다. 칼뱅이 마치 깨어 있는 동시대인 대다수가 폐지하고 싶어 했던 이 악랄한 동향을 만들어 낸 창시자 또는 누구보다 격렬하게 이 관행을 옹호한 가증스러운 지지자라도 되는 것처럼, 그의 이름을 거론하는 것은 공정하지 않다. 사실 세르베투스 사건보다 에티엔 르 쿠르 사건이 훨씬 더 충격적이다. 그는 이런저런 말 가운데 특히 "여성들이 복음을 전할 것이다"라고 말했다는 이유로 1533년 12월 11일에 루앙에서 종교재판을 받고 공개적으로 모욕을 당하고 목이 졸리고 불에 태워졌다. 다른 보통 사람들처럼 역사가들에게도 저마다 다른 속셈이 있는 모양이다.

세르베투스 사건의 여파는 상당히 컸다. 사상과 행동의 자유를 존중하는 정책에 동조하는 분위기가 강해지던 바젤시는 사형 집행에 충격을 받았다.[47] 세바스티앙 카스텔리오Sebastian Castellio는 바젤에서 좀 더 현대적인 시각을 기대하면서 종교 문제(그리고 그 밖의 모든 문제)에 관용을 베풀어야 한다고 촉구하는 소책자를 집필했다. 이에 자극을 받은 테오도르 드 베즈는 제네바 시의회의 행동을 해명하고 정당화하는 통치 이론을 개발했다.[48] 세르베투스 사건은 칼뱅의 등을 떠밀어 프로테스탄티즘의 최전선에 서게 했고, 종교 저술가 겸 사상가로서 그동안 쌓은 그의 명성을 강화하는 역할도 했다. 독일 등지에서 동료들이 보낸 편지들을 보면 알 수 있듯이, 이제 프로테스탄트 사회는 칼뱅을 참된 신앙의 수호자로 여겼다. 그런데도 칼뱅은 제네바에서 여전히 심각하게 고립되어 있었다. 그러다 상황이 바뀌기 시작했고, 결국 1555년에 혁명이 일어났다. 이를 계기로 제네바에서 칼뱅의 권위는 완전히 확고해졌다.

1555년의 혁명

세르베투스 사건이 막을 내리고 다시 권력투쟁에 집중할 수 있게 되자 제네바 시의회는 칼뱅에 반대하는 전통적인 역할로 복귀했다. 1553년 부활절을 맞아 성찬에서 배제된 성도들의 명단을 검토하기로 한 시의회의 결정은 그해 9월 또 한 번의 성찬식이 다가오면서 새로운 국면을 맞이했다. 치리회에서 수찬정지를 당한 필리베르 베르틀리에Philibert Berthelier가 치리회의 평결에 불복하여 항소했다. 그

━━ 칼뱅은 자유 방임파에게 성찬 집례를 거부했다.

런데 그가 재심을 청구한 곳은 치리회가 아니라 칼뱅의 반대파가 장악한 '소평의회'였다. (성도를 성찬에서 배제할 권한이 시의회에 있음을 암시한다는 점에서) 아주 약삭빠른 행동이었다. 제네바 시의회는 때를 놓치지 않고 바로 치리회의 평결을 뒤집었다. 베르틀리에에게 다가오는 성찬 예식에는 참여하지 말라는 단서를 달기는 했지만, 칼뱅은 자신의 권위에 정면으로 도전하는 이 결정에 몹시 격분했다. 칼뱅은 '오직' 치리회만이 회개할 줄 모르는 악명 높은 죄인들을 성찬에서 배제할 권한이 있고, 치리회만이 수찬정지와 같은 판결을 재심할 권한을 가져야 한다고 주장했다. 11월 7일, 200인회에서 이 문제를 논의했다. 대다수가 수찬정지 문제의 최종 판결은 시의회에 맡겨야 한다고 결정했다.[49] 마침내 칼뱅의 위치가 확실하게 결정되는 듯했다. 칼뱅은 시의회의 손아귀에 있었다.

그러나 1555년에 권력 구도가 극적으로 재편되었다. 어떻게 이

장 칼뱅의 생애와 사상

런 일이 생겼는지 이해하려면, 당시에 발생한 제네바의 인구 변화를 살펴보아야 한다. 1550년에 제네바 인구는 13,100명이었던 것으로 추산된다. 1560년에는 21,400명이었다.[50] 인구가 급증한 주된 이유는 제네바로 피신한 프로테스탄트 망명객이 많았기 때문이다.[51] 제네바는 종교적 견해 때문에 망명하는 자들의 안식처로 세계적인 명성을 쌓았다. 망명객은 주로 프랑스 출신이었다. 1549-1560년에 《제네바 체류자 명부*Livre des Habitants de Genève*》에 등록된 4,776명 중에서 직업이 자세히 적혀 있는 사람은 2,247명이었다. 그중 1,536명(68.5퍼센트)이 전문 기술자들이었다.[52] 1547년에 쓴 글에서 칼뱅은 이들 망명객 중 많은 이가 재산을 두고 고국을 떠나야 했고, 지금은 형편이 매우 어려운 상태라고 적었다.[53] 그러나 개중에는 부유하고 교육수준과 사회적 지위가 높은 이들도 있었다. 로베르 에스티엔느 Robert Estienne 같은 인쇄업자들, 제르맹 콜라동Germain Colladon 같은 변호사들, 로랑 드 노르망디 Laurent de Normandie 같은 사업가들이 대표적이었다. 그들은 거의 언제나 칼뱅을 열렬히 지지했다.[54]

제네바 시의회는 한동안 재정 상태를 염려하고 있었다. 그러다 부유한 외국인들이 보유한 상당한 자원을 이용할 수 있을지 모른다는 사실을 불현듯 깨달은 듯하다. 소평의회는 사람들에게 부르주아 신분을 승인해 줄 권한이 있었다. 물론 부르주아 신분을 얻으려면 충분한 재산과 사회적 명성이 있어야 했다. 신청자들에게 입회금을 두둑이 받으면서 시 재정에 여유가 생겼다. 그런데 1540년부터 1554년까지는 그러한 승인이 거의 이루어지지 않았다. 예를 들어, 1554년에 부르주아 신분을 얻은 사람은 여섯 명에 불과했다.[55]

제네바: 세력 강화

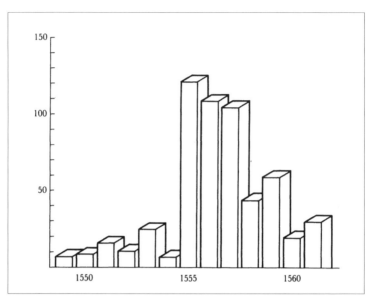

도표 6.1 1549년부터 1561년까지 《제네바 공화국의 부르주아 명부》에 매년 새로 추가된 사
람 수

1555년 4월 18일, 소평의회가 적합한 자격을 갖춘(즉, 부유하고 명망
있는) 망명객에게 부르주아 신분을 인정해 주면서 갑자기 수문이 열
렸다. 그해 5월 2일에는 57명이 부르주아 신분을 얻었고,[56] 그 결과
제네바시 재원이 많이 늘어났다. 재정적 위기를 잘 피했다고 생각
했는데, 곧 정치적 위기가 닥쳤다. 부르주아는 제네바 선거에 참여
해서 투표할 자격이 있었고, 그들은 즉시 그 권리를 행사했다. 무슨
일이 벌어진 것인지 뒤늦게 깨달은 페랭파는 5월 16일에 신新부르
주아들의 투표권을 차단하려고 했다. 그러나 페랭파의 시도는 성공
하지 못했다. 제네바 선거인 기구인 총회의 4월과 5월 회의에는 새
로 선거권을 얻은 칼뱅 지지자들이 회의장을 가득 채웠다. 칼뱅 반

장 칼뱅의 생애와 사상

대자들과 지지자들이 선거인단 안에서 이루고 있던 절묘한 균형이 깨졌고, 그리하여 칼뱅에게 반대할 길도 없어졌다. 1556년 선거에서도 이 과정을 그대로 밟았다. 이제 칼뱅의 지지자들이 제네바시를 책임졌다. 마침내 칼뱅은 평화롭게 일할 수 있었고, 무엇보다 고국 프랑스의 복음화를 고민할 여유가 생겼다.

칼뱅이 성공한 이유

칼뱅이 그 세대와 후세대들에 끼친 괄목할 만한 영향을 설명해 보라고 하면, 칼뱅의 종교개혁을 비판하는 자든 지지하는 자든 술술 풀어낼 것이다. 16세기 문헌들은 하나님의 섭리(칼뱅을 좋게 생각하는 문헌의 경우)와 사탄의 공모(칼뱅을 그다지 좋게 보지 않는 문헌의 경우)를 자주 언급한다. 역사적 사실에 바탕을 두고 칼뱅을 좀 더 정확히 평가하려면, 그를 다른 종교개혁가와 비교하는 것도 좋은 방법이다. 여러모로 칼뱅과 비슷한 지위에 있었고 활동 지역에서 비슷한 수준의 명성과 성공을 거뒀지만, 칼뱅이 이룬 세계적인 성공에는 근접해 보지도 못한 다른 종교개혁가와 비교해 보는 것 말이다. 그래서 나는 바디아누스Vadianus라는 라틴어 이름으로 더 유명한 스위스 동부의 종교개혁가 요아힘 폰 바트 바디안Joachim von Watt Vadian(1484—1551)과 칼뱅을 비교하고자 한다. 바디아누스는 장크트갈렌에 기반을 두고 있었다. 장크트갈렌은 스위스연방 국경에서 약간 동쪽에 자리 잡은 도시로 여러 면에서 제네바와 비슷했다. 칼뱅이 아직 파리에

장크트갈렌에 세워진 종교개혁가 바디아
누스의 동상. 바디아누스는 빈에서 세속
적 성공을 거둔 뒤 고향인 장크트갈렌으
로 돌아와 성공적으로 종교개혁을 이루
어 냈다.

서 공부하던 시기에 바디아누스는 장크트갈렌에 종교개혁으로 가
는 길을 확고하게 제시했다. 종교개혁을 이루기 위해 완력을 동원
하지도 않았고 유혈 사태가 벌어지지도 않았던 것으로 보인다. 장
크트갈렌에 있는 바디아누스 동상에는 손에 성경이 들려 있고 옆구
리에 찬 칼집에 칼이 들어가 있다(이와 달리 취리히에 있는 츠빙글리 동상은
검을 들고 언제든 행동에 나설 태세다). 장크트갈렌에는 세르베투스 같은 인
물을 기리는 기념물이 없다. 이는 종교개혁을 이루기 위해 사람의
목숨을 위협하는 물리력을 사용하지 않았고, 장크트갈렌시가 바디
아누스와 그가 제안한 종교개혁을 긍정적인 태도로 받아들였음을
암시한다.

칼뱅과 바디아누스를 비교하려면, 제네바와 장크트갈렌의 종교

장 칼뱅의 생애와 사상

개혁 궤적을 설명할 때 중요한 의미가 있는 요소들을 확인해야 한다. 개인적인 명성과 합법적으로 제도화된 권한을 따져 보면 바디아누스가 칼뱅을 훨씬 능가하긴 했지만, 두 도시와 두 종교개혁가에 관한 예비 조사 결과, 그들은 비슷한 점이 많았다.

1. 장크트갈렌과 제네바는 비슷한 규모의 도시로, 각각 스위스연방의 주州들과 동맹을 맺고 있었다.[57] 장크트갈렌과 제네바가 종교개혁에 성공한 부분적인 이유는 스위스연방에 속한 프로테스탄트 주들이 이들을 지지했기 때문이다. 취리히에서 정치적으로 힘을 실어 준 덕분에 바디아누스는 장크트갈렌에서 비교적 수월하게 종교개혁을 추진할 수 있었다. 개혁에 대한 초기 저항이 누그러진 것도 취리히 덕분이다.[58] 앞서 살펴보았듯이, 제네바 역시 중요한 시기에 베른시에서 정치적으로나 군사적으로 힘을 실어 준 덕분에 많은 도움을 받았다. 제네바는 교역의 중심지였고 장크트갈렌은 고급 리넨의 주요 생산지였기 때문에 두 도시 모두 교역망이 탄탄했다. 물론 교역망만 놓고 보자면 장크트갈렌이 훨씬 더 중요했다. 바디아누스는 어마어마한 가문의 연줄뿐 아니라 폴란드와 헝가리 같은 상업 무역 관계를 통해서 개인적 영향력을 키워 나갔다.[59]

2. 바디아누스는 세계적인 인문학자였다. 당시 인문주의의 중심이었던 빈대학교에서 화려한 경력을 쌓고 그 대학 학장에까지 오른 뒤 (의학박사 학위도 받았고 시학 교수로도 선임되었다), 글을 쓰며 살기 위해 (그리고 나중에 드러났듯이 종교개혁을 전파하기 위해) 고향인 장크트갈렌

으로 돌아왔다.[60] 빈의 학문 세계에는 이제 그가 더 정복할 영역이 없었지만, 장크트갈렌의 정치 세계에서는 수완과 웅변술을 십분 발휘할 수 있었다. 반면에 칼뱅은 인문학자로서 명성이 거의 없었고, 그가 다닌 어떤 대학에서도 교수 자리를 얻지 못했다.

3. 바디아누스는 장크트갈렌의 시민이었다. 일류 가문의 일원이었고,[61] 일곱 개 길드 중에서도 유명한 길드에 속해 있었다. 1529년에는 비교적 젊은 나이에 장크트갈렌 시장Bürgermeister이 되어 세계적으로 인정받았다.[62] 그는 사망할 때까지 20년 이상 장크트갈렌에서 세력 기반을 지켜 냈다. 바디아누스는 장크트갈렌과 내륙 지역에서 오랫동안 권력의 핵심에 있었고, 그래서 종교개혁 실행을 둘러싼 모든 결정에 깊이 관여했다. 이에 반해 칼뱅은 노년이 되어서야 간신히 '부르주아' 신분을 얻었고, 죽을 때까지 제네바 시민이 되지 못했다. 공직에 진출할 수도 없었고(1559년 12월 전까지는 제네바 선거에서 투표조차 할 수 없었다), 활동 기간에 단 한 번도 제네바 시의회에 들어가거나 직접적인 영향력을 행사하는 특권을 누리지 못했다.

4. 장크트갈렌에서 시행되는 종교개혁에 대해 시민들은 종교적으로 크게 반대하지 않았다. 개혁이 아무 어려움 없이 진행되었다는 말은 아니다.[63] 시행된 조치에 특별히 **종교적인** 반대가 없었다는 말이다. 그러나 제네바에서는 1차 시기(1536-1538) 내내, 그리고 2차 시기 초반(1541-1543)에 칼뱅의 종교개혁에 대한 내부 반대가 심했다. 칼뱅이 직면한 상황은 바디아누스가 직면했던 상황보다 훨씬 더 어려웠다. 1555년 혁명 이후에 들어서야 제네바를 칼뱅의

'세력 기반'이라고 부를 수 있게 되었다.

이런 상황을 고려하면 바디아누스가 더 성공한 종교개혁가여야 할 것 같다. 실제로, 각 도시에서 종교개혁을 놓고 대중의 합의를 끌어냈는지, 내부 반대를 최소화하면서 개혁 프로그램을 잘 실행했는지, 이 두 가지 요건을 성공의 기준으로 삼는다면 바디아누스를 훨씬 더 성공한 종교개혁가로 보아야 한다. 그러나 스위스 향토사를 연구하는 전문가들 말고는 바디아누스의 이름을 아는 사람이 거의 없다. 반면에 칼뱅은 16세기의 가장 유명한 이름 중 하나라고 보아도 무방하다. 그렇다면 그 이유를 어떻게 설명해야 할까?

여기에는 몇 가지 요인이 있다.

1. 칼뱅과 바디아누스는 '종교개혁'에 뒤따르는 일을 상당히 다르게 이해했다. 바디아누스가 생각하는 종교개혁은 주로 삶과 도덕의 기준을 개혁하는 것과 관련이 있었다.[64] 여러모로 이것은 특정한 종교적 관심사 및 현안과 연계된 지역 차원의 개혁 프로그램이었다. 그러나 칼뱅이 생각하는 종교개혁은 교회의 기존 조직과 관습과 교리에 도전하는, 훨씬 더 급진적인 개혁 프로그램이었다. 이 개혁 프로그램은 지역적 상황에 국한되지 않고 지리적, 문화적, 정치적 차이를 뛰어넘었다. 1555년부터 프랑스에서 칼뱅주의가 빠르게 퍼져 나간 데서도 이를 확인할 수 있다. 칼뱅주의에는 바디아누스가 이해하는 종교개혁의 목표에는 사실상 빠져 있는 선교사의 열정이 있었다. 종교개혁 과정의 본질을 다르게 이해하다 보

니 두 사람이 맡은 역할도 상당히 달랐다. 바디아누스는 지역 상황을 변화시키는 데 주로 관심을 보였다. 칼뱅은 처음에는 프랑스인들을, 나중에는 전 세계인을 청중으로 삼았다. 처음에는 정치적 현실 때문에 제네바가 처한 특정 상황을 놓고 고심해야 했지만, 칼뱅의 시야는 그보다 훨씬 더 넓었다. 제네바에서 자신의 위치가 굳건해지자(1555년 4월), 칼뱅은 프랑스 왕국에 복음주의를 퍼뜨리기 시작했다. 물론 처음에는 은밀하게 시작했다.

2. 두 사람은 상당히 다른 출판 계획을 세웠다. 두 사람이 종교개혁가로서 자신의 소명을 어떻게 이해했는지 짐작할 수 있는 대목이다. 바디아누스의 저작물은 일반적으로 인문주의 성격을 띤다. 한 가지 예외[65]라 할 수 있는 신학적 성격의 저술들(《상징에 관한 간략한 평가Brevis indicatura symbolorum》와 같은)은 장크트갈렌의 울타리 안에 미출간 원고 형태로 남아 있다. 그와 달리 칼뱅은 가능하면 많은 사람이 자신의 종교 사상을 접할 수 있도록 대규모 출간 계획을 세웠다(7장과 9장 참조).

3. 처음에 칼뱅은 주로 프랑스인과 프랑스어를 사용하는 주민들을 대상으로 책을 출간했다. 라틴어로 쓰긴 했지만 1536년판 《기독교 강요》를 쓸 때는 프랑스 '복음주의자들'의 필요와 어려움을 염두에 두었던 것 같다. 그의 조국은 프랑스어로 출간한 1541년판에 특별한 관심을 보였다. 이와 달리 바디아누스는 자국어인 스위스 독일어로 글을 썼다(그마저도 출간해서 유통하지 않고 원고 형태로 놔두었다). 따라서 독자층이 몹시 한정적일 수밖에 없었다. 독자가 있다고 해도 이미 종교개혁의 편에 서 있는 자들이 대부분이었다. 설

장 칼뱅의 생애와 사상

사 자국어로 쓴 저술들이 유통되었더라도 바디아누스는 이미 프로테스탄트로 회심한 자들을 주요 대상으로 삼았을 것이다. 이와 대조적으로 칼뱅의 《기독교 강요》는 기독교 신앙과 종교개혁의 본질을 밝힘으로써 처음에는 프랑스에서, 나중에는 프랑스 국경 너머에서 회심자를 얻는 데 중요한 역할을 한 것으로 유명하다.

4. 칼뱅은 그간의 이력을 바탕으로 바젤, 스트라스부르, 제네바에 있는 많은 인쇄소와 접촉했다. 그러나 장크트갈렌 지역에는 인쇄소가 비교적 적었다. 돌핀 란돌피^{Dolfin Landolfi}가 브레시아 또는 베네치아(둘 중 어느 쪽인지는 확실하지 않다)에 있던 인쇄소를 그라우뷘덴으로 옮긴 것은 16세기 중반이 되어서였다.[66] 따라서 바디아누스는 16세기 초 종교 논쟁의 성격을 완전히 바꾸어 놓은 기술 혁신을 직접 접하기가 어려웠다.

5. 장크트갈렌의 지역 상황을 염두에 둔 탓인지, 바디아누스는 '교회'와 '사회'를 자주 같은 집단으로 생각했다. 그 결과, 그가 생각하는 교회는 조직과 규율을 거의 강조하지 않는다. 그와 달리 칼뱅은 교회 조직과 규율의 중요성을 잘 알았다. 그래서 자신이 착수한 세계 진출 계획에 아주 잘 들어맞는 교회 모델을 고안했다. 세계에 진출하는 것과 진출해서 살아남는 것은 별개다. 칼뱅주의는 극도로 적대적인 환경에서 살아남았고, 사실상 지하운동의 양상을 띠었다. [1540년대부터 1550년대 초까지의 프랑스 칼뱅주의와 제2차 세계대전 중 나치가 프랑스를 점령했을 당시 독일에 맞서 싸운 프랑스 무장 게릴라 단체 마키^{Maquis} 사이에는 흥미로운 유사점이 있다.] 칼뱅주의 운동의 회복력은 칼뱅이 만들어 낸 조직과 규율에

적지 않은 빚을 졌다. 칼뱅은 레닌에 견주어도 좋을 만큼 조직의 체계를 세우는 데 탁월한 재능이 있었고, 칼뱅주의가 세계로 뻗어나가는 데는 칼뱅의 이런 재능이 결정적인 역할을 했다.

6. 마지막 요소는 주관적 인상에 관한 것이다. 바디아누스가 라틴어와 스위스 독일어로 쓴 글을 읽는 독자들은 그의 사상과 그 사상을 제시하고 옹호하는 데 쓰인 논증의 질보다 사상을 표현하는 웅변에 더 감명을 받을 것이다. 그러나 칼뱅은 참으로 흥미로운 사상을 제시하고 옹호할 수 있는 최고의 지성인으로서의 모습을 자신의 저술(특히 스트라스부르 체류 기간에 쓴 글)을 통해 드러낸다. 로테르담의 에라스뮈스처럼 바디아누스는 표현력은 뛰어나지만 알맹이는 부족한 경향이 있었다. 그러나 칼뱅은 두 가지 모두 뛰어났다. 종교개혁 과정에서 알 수 있듯이, 사람들의 마음을 사로잡은 것은 칼뱅이 쓴 글의 알맹이였다.

앞에서 살펴본 비교 항목에는 빈틈이 많지만, 칼뱅이 다른 종교개혁가보다 더 큰 영향력을 발휘한 이유를 어느 정도 설명해 준다. 칼뱅은 ('제네바 아카데미'와 같은) 적당한 기관과 ('덕망 있는 목사회'와 같은) 조직을 세우고 (인쇄술과 같은) 기술을 활용하여 칼뱅식 종교개혁을 수행할 수 있다는 사실을 인식했다. 그 덕분에 칼뱅은 처음부터 전 세계를 향해 있던 이 운동의 최전선에 서게 되었다.

그런데 세계 진출은 어떻게 이뤄졌을까? 제네바라는 작은 도시국가에 사는 한 사람이 제시한 사상이 어떻게 그렇게 널리 알려지고, 유럽 전역에서 그토록 강렬한 반응을 끌어낼 수 있었던 걸까?

장 칼뱅의 생애와 사상

칼뱅 생전에 그의 사상이 프랑스 왕국에 끼친 영향을 따라가는 것은 아마도 이 사상이 가진 놀라운 추진력을 이해하는 가장 유용한 방법일 것이다. 칼뱅이 프랑스에 준 충격이 얼마나 컸던지, 한때는 칼뱅주의 신조를 채택하는 첫 번째 국가가 프랑스가 될 것으로 짐작하는 이들이 많았다. 그래서 나는 칼뱅의 고향인 프랑스로 넘어가서 이 기이한 '사상의 침입'을 살펴보려 한다(9장).

그러나 이 사상 자체를 고찰하기 위해 역사 이야기는 잠시 접어두는 것이 좋을 것 같다. 칼뱅의 종교 사상은 무엇이고, 이 사상은 어떻게 전파되었을까? 이어지는 두 개의 장(章)에서는 칼뱅의 사상과 이 사상이 그의 시대에 제시된 방식을 살펴보려 한다. 그러나 칼뱅의 사상은 그 성격 면에서 순수하게 종교적이지 않다는 점, 그리고 칼뱅의 영향력이 부분적으로 그의 정치사상과 경제사상에 기대고 있다는 점(11장)을 강조해야겠다. '칼뱅이 말하는 기독교'는 추상적인 종교 사상을 훌쩍 뛰어넘는 사상과 태도, 그리고 아주 명확한 사회구조를 포용한다. 나는 이런 점에 주목하여 기독교의 본질에 관한 매우 영향력 있는 그의 설명을 들여다볼 것이다.

7 칼뱅이 말하는 기독교: 수단

"쓸개관에서 신조를 발견하고 그 신조를 이용해서 간에 병이 있다고 주장하는 재치 있는 의사를 알고 있다. 그 남자는 칼뱅파가 되었다." 랠프 월도 에머슨Ralph Waldo Emerson이 한 이 말은 귀가 솔깃해질 만한 얘기다. 그러나 칼뱅주의가 사람들의 마음을 사로잡은 이유를 추적하는 사람들은 일반적으로 쓸개관이 아니라 인간의 지성에서 칼뱅주의의 매력을 발견한다. 독일의 역사학자 카를 홀Karl Holl은 "칼뱅주의가 침투력이 뛰어난 이유는 지성을 존중하기 때문이다. 칼뱅파는 자기가 **무엇을** 믿는지, 그리고 그것을 **왜** 믿는지 안다"라고 했다.[1] 칼뱅이라는 종교개혁자의 삶과 영향력을 분석하는 글에서 가장 명예로운 자리를 차지하는 것은 늘 그의 종교 사상이다. 그러나 칼뱅의 종교 사상을 설명하려면 칼뱅이 자신의 사상을 전개하고 홍보하는 데 활용했던 매체를 먼저 살펴보아야 한다. 기독교 신앙에 관한 칼뱅의 설명에서 매체와 메시지는 불가분의 관계다.

설득력 있는 하나님의 말씀

하나님은 인간의 언어로 인간과 소통하실 수 있다. 칼뱅이 이해하는 기독교는 이 믿음 위에 서 있다. 칼뱅에게 이 믿음은 설명하거나 증명할 필요가 없는 자명한 진리였다. 20세기에 **"하나님이 말씀하셨다! 신께서 말씀하셨다! 주님이 말씀하셨다!"**라고 외치던 카를 바르트Karl Barth의 기대감이 칼뱅에게도 있었을 것이다. 비록 인간의 말이 단편적이고 단속적일지라도, 하나님은 인간의 말을 통해 자신을 드러내시고 신자들이 부활한 그리스도를 만나 변화되게 하신다.

칼뱅은 인간의 말이 하나님의 실재를 전달할 수 있다고 주장한다. 이 주장에는 인간 언어의 성질과 기능에 관한 매우 정교한 이론이 숨어 있다. 현대에는 'rhetoric'이라는 용어가 '표현은 고상하나 알맹이가 없는 말'을 의미한다. 그러나 16세기에는 단어들에 어떤 뜻이 담겨 있고 어떻게 쓰이는지를 연구하는 '커뮤니케이션학'을 지칭하는 용어였다.[2] 인문주의 운동이 부상하면서 말과 글이 인간의 경험과 기대를 전달하고 변형시키는 방식에 새로이 관심이 생겨났다. 칼뱅은 '하나님의 말씀'과 그 말씀이 구현된 성경 본문에 관한 시각을 정립하면서 수사학에 관한 통찰을 얻었다. 그는 수사학 지식을 가볍게 받아들이고, 심지어 어느 순간에는 철저히 무시하기까지 한다. 그런데도 칼뱅의 저술 곳곳에 수사학에서 얻은 통찰이 묻어난다. 이 통찰은 세네카 주석에서는 탐구 방식으로, 로마서 주석(1540)에서는 깊이와 절묘한 세련미로,[3] 그리고 뒤에 출간된《기독교 강요》에서는 가장 완전한 형태로 나타났다.

칼뱅은 성경에서 하나님이 말의 형태로, 즉 구두로 자신을 드러 내신다고 주장한다. 그러나 말이 어떻게 하나님의 위엄을 공정하게 보여 줄 수 있을까? 말이 어떻게 하나님과 죄 있는 인간 사이의 심연을 메울 수 있을까? 이 질문에 대한 칼뱅의 논고는 기독교 사상에 이바지한 그의 공로 중 가장 귀중한 공로로 손꼽힌다. 칼뱅이 전개한 이 사상은 흔히 '적응의 원리'라고 불린다.[4] 여기에서 '적응'이라는 말은 '상황에 맞춰 조정하거나 조절하는 것'을 의미한다.

칼뱅의 주장에 따르면, 하나님은 자신을 계시하실 때 인간이 머리와 마음으로 받아들일 수 있게 자신을 조정하신다. 하나님은 우리가 이해할 수 있는 자화상을 그리신다. 이 비유를 할 때 칼뱅은 속으로 연설가를 생각했다. 훌륭한 연설가는 청중의 한계를 알고 거기에 맞춰 말하는 방식을 조정한다. 소통이 이뤄지려면 화자와 청자 사이의 간극을 메워야 한다. 청중의 한계는 연설가가 쓰는 말과 수사를 결정한다. 예수님의 비유는 이 점을 완벽하게 보여 준다. 예수님은 비유를 드실 때마다 팔레스타인에 사는 시골 사람들에게 딱 맞는 말과 예증을 사용하셨다. 바울 역시 청중들의 상황에 맞는 개념, 독자 대다수가 살던 도시의 상업계와 법조계에서 끌어낸 개념을 사용한다.[5]

고대 시대의 연설가들은 교육수준이 높고 말을 능숙하게 잘했지만, 청중들은 대개 못 배우고 말주변이 없었다. 따라서 연설가가 청중과 소통하려면 청중의 수준으로 내려와야 했다. 연설가는 청중이 그가 쓰는 말과 수사와 개념을 이해하기 어렵다는 사실을 이해하고

칼뱅이 말하는 기독교: 수단

자신과 청중 사이의 틈을 메워야 한다. 이와 마찬가지로 하나님이 우리에게 자신을 드러내시려면 우리 수준으로 내려와야 한다고 칼뱅은 주장한다. 하나님은 우리 능력에 맞추고자 자신을 낮추신다. 엄마나 유모가 어른에게 맞는 말투와는 다른 말투를 쓰면서 아이에게 닿기 위해 허리를 숙이듯이, 하나님은 우리 수준이 되기 위해 허리를 숙이신다.[6] 계시는 하나님의 겸손에서 비롯된 행동이다. 하나님은 겸손히 자신과 죄 많은 인간 사이, 자신의 능력과 그보다 훨씬 약한 인간의 능력 사이의 간극을 메우신다. 훌륭한 연설가들이 그러하듯, 하나님은 자신의 청중을 아시고, 청중에게 맞춰 자신의 말을 조정하신다.

성경이 그리는 하나님의 초상화는 이러한 적응의 실례를 보여 준다. 성경은 마치 하나님께 입과 눈, 손과 발이 있는 것처럼 묘사한다고 칼뱅은 지적한다.[7] 마치 하나님이 인간임을 암시하는 것 같다. 어쩌면 영이고 영원한 하나님이 인간의 몸으로 낮아지셨음을 암시하는 것인지도 모른다. (신을 인간의 모습으로 묘사하는 이런 경향을 가리켜 '의인관'이라 한다.) 하나님은 우리의 지적 능력이 약하기 때문에 이렇게 그림을 활용하여 자신을 계시하실 수밖에 없다고 칼뱅은 주장한다. 마치 입이나 손이 있는 것처럼 묘사되는 하나님의 이미지는 하나님이 우리 인간을 위해 사용하시는 '유아어balbutire'(더듬거림)다. 이렇듯 하나님은 우리 수준으로 내려오셔서 우리가 이해할 수 있는 이미지를 사용하신다. 하나님에 관해 더 세련되게 말해야 옳지만, 그러면 우리가 이해하지 못할지도 모른다. 그래서 칼뱅은 창조와 타락 이야기(창세기 1-3장)의 여러 측면('엿새' 또는 '궁창 위의 물'의 개념 등)이 비교적 단순한 사람들의 사고방식과 표준에 맞춰져 있다고 지적한다.[8] 어떤 이들은 이런 방식이 세련되지 못하다고 항의한다. 그런 사람들에게 칼뱅은 복음을 막는 지적 장벽이 하나도 없게 하는 것이 하나님의 방식이라고 대꾸한다. 모두(좀 모자라고 못 배운 사람들까지도)가 하나님을 알고 하나님을 믿을 수 있게 하기 위함이다.[9]

칼뱅은 하나님이 자신을 계시하실 때 인간의 능력에 자신을 맞추신다는 이 사상을 전개하기 위해 주로 세 가지 이미지를 사용한다. 하나님은 우리 **아버지**시다. 그분은 우리와 소통하기 위해 아이들의 말을 사용하실 준비가 되어 있다. 그분은 유년기의 연약함과 미숙함에 스스로 적응하신다. 하나님은 우리의 **선생**이시다. 그분은 우리에게 자신에 관하여 가르치려면 우리 수준으로 내려와야 한다는 사실을 알고 계신다. 그분은 우리를 가르치기 위해 우리의 무지에 스스로 적응하신다. 하나님은 우리의 **재판관**이시다. 그분은 우리가 지은 죄와 반역과 불순종을 인정하도록 우리를 설득하신다. 법정에서 온갖 수사학을 동원하는 목적이 원하는 판결을 끌어내기 위함이듯, 하나님은 죄를 인정하도록 우리를 설득하고 우리에게 유죄판결을 내리고자 하신다. 실로 우리가 하나님에게서 멀어진 죄인임을 깨달을 때 **그분의** 판결은 **우리의** 판결이 된다. 참된 지식은 하나님과 우리 자신을 아는 지식에 있다고 칼뱅은 주장한다. 우리는 우리가 죄인이라는 사실을 인정함으로써 하나님이 우리의 구원자라는 사실을 깨닫는다.[10]

성육신의 교리는 우리를 만나기 위해 하나님이 우리 수준으로 내려오시는 것을 말한다. 그분은 우리 중 하나로 우리 가운데 오신다.

칼뱅은 이 원리를 계시의 언어와 이미지에까지 확대한다. 하나님은 우리가 감당할 수 있는 말과 그림으로 자신을 계시하신다. 소통하는 것, 즉 창조주인 자신과 피조물인 인간 사이에 입을 벌리고 있는 거대한 구렁을 메우는 것이 그분의 관심사이자 목적이다. 하나님은 우리의 능력에 맞추어 기꺼이 자신을 낮추고 내리고 조정하신다. 칼뱅은 이런 기꺼운 마음과 능력이 우리를 향한 하나님의 긍휼이자 우리를 위한 배려의 표지라고 여겼다.[11]

그러나 칼뱅은 하나님 또는 그리스도인의 경험을 말로 바꾸는 것이 가능하다고 보지 않는다. 이 점을 처음부터 강조해야 한다. 기독교는 말의 종교가 아니라 경험의 종교다.[12] 그 중심에는 신자들이 부활하신 그리스도를 만나서 변화되는 경험이 있다. 그러나 기독교 신학의 관점에서 그 경험은 그것을 생성하고 환기하고 알려 주는 말 뒤에 있다. 기독교는 책 중심이 아니라 그리스도 중심이다. 책 중심처럼 보인다면, 신자들이 성경 말씀을 통해 예수 그리스도를 만나고 (생명의 떡이신 그분을) 먹기 때문이다. 성경은 목적이 아니라 수단이다. 전달되는 메시지가 아니라 그 메시지를 전달하는 통로다. 칼뱅이 인간의 말에 집착하고 성경 본문에 심취한 이유는 그 본문을 읽고 묵상함으로써 부활하신 그리스도를 만나고 경험할 수 있다고 확신했기 때문이다. 수단에 집중하는 칼뱅의 모습은 그가 목적을 얼마나 중요하게 여기는지를 보여 준다. 칼뱅을 가리켜 책을 숭배하는 'bibliolater'라고 말하는 이가 있다면, 이는 칼뱅의 관심사와 방법론에 관한 통찰력 부재를 스스로 드러내는 꼴이다. 칼뱅은 예수 그리스도 안에서 자신을 계시하신 하나님께 온전하고 확실하게

장 칼뱅의 생애와 사상

나아가는 유일한 수단인 성경을 존중하고 정확하게 해석하는 것을 아주 중요하게 생각한다. 그 이유는 하나님을 바르게 경배하는 것이 최고로 중요하다고 보기 때문이다.

칼뱅과 프랑스어

17세기에 프랑스어가 관념적이고 명시적이고 분석적인 특성(흔히 '명료성'과 '논리성'이라고 하는)을 개발했다고들 말한다. 그러나 "데카르트와 파스칼 같은 프랑스 고전주의 시대 작가들의 특성이 어떻게 '프랑스어의 명료성'으로 발전했는가?"라고 묻는 것이 더 타당할 것이다. 요컨대, 미셸 드 몽테뉴, 프랑수아 라블레, 피에르 드 롱사르 같은 16세기 작가들이 쓰던 프랑스어 문체에는 이런 독특한 특징이 눈에 띄지 않는다. 나는 칼뱅이 이 중요한 발전을 촉발했다고 말하고 싶다. 한편으로는 그가 대단히 복잡한 기독교 신학의 추상적 개념을 대중화하려는 흐름에 동참했기 때문이고, 또 한편으로는 프랑스어의 형성에 칼뱅이 개인적으로 이바지했기 때문이다.[13]

16세기에 접어들고 처음 20년까지만 해도 상당한 양의 경건 문학이 프랑스어로 되어 있었다. (사실 프랑스어는 프랑스에 사는 소수민족의 모국어였다. 그 당시 중요한 지방어로는 오크어와 브르타뉴어가 있었다.) 파리대학교에서 분란의 중심이었던(127쪽) 마르그리트 드 나바르의 〈죄 많은 영혼의 거울〉은 이 문학 장르의 훌륭한 사례다. 그러나 대중에게 인기를 끈 이런 경건 서적들을 살펴보면, 프랑스어가 묘사나 묵상의 용도로는 훌륭하지만 세밀한 개념 논증은 감당하지 못한다는 사실을 알 수 있다. 인간의 영혼과 예수 그리스도가 나누는 간단한 대화는 신자의 사기를 높일 것이고, 신앙적으로 적절한 반응을 하도록 독자들을 고무할 수 있다. 그러나 세밀한 논증, 지적 정밀성과 명확성, 설명의 논리적 전개가 필요할 때는 라틴어로 되돌아가야 했다. 1500년경에 존재했던 프랑스어는 본래 정치 이론이나 법 이론, 교의학이나 철학과 같은 지적인 학문에는 적합하지 않았다. 프랑스 지식인층이 라틴어를 공통어로 사용했던 이유는 세계 시민이라는 의식 때문도 아니었고 서민들과 거리를 두고픈 바람 때문도 아니었다. 당시의 프랑스어로는 가장 지적인 학문들을 표현하고 전개할 수 없었기 때문이다.

종교개혁이 시작되면서 중대한 발전이 이루어졌다. 복잡한 성경 주석, 교회 조직, 교의학이 갑자기 대중의 영역이 되었다. 1520년에 마르틴 루터가 학구적인 개혁가(학구적인 사람들에게 라틴어로 논증하는)에서 대중적인 개혁가(더 폭넓은 대중에게 독일어로 논증하는)로 바뀐 순간은 종교개혁 역사에서 가장 중요한 순간 중 하나다. 종교개혁과 함께 성경 읽는 방식에 관한 기존 생각, 교회 조직, 기독교 교리에 이의를 제기하는 자들이 늘어났다. 종교개혁가들은 성직자들과 신학자들을 제쳐 놓으라고 민중에게 재차 호소했다. 개혁가들은 민중이 결정해야 한다고 주장했다. 복음주의자들과 가톨릭교도들이 토착어로 공개 토론을 벌이고, 이어서 시민총회에서 종교개혁 시행 여부를 투표에 부친 스위스 종교개혁의 사례는 이 기본 원리를 잘 보여준다.

장 칼뱅의 생애와 사상

━━ 루터파의 설교("하나님이 이렇게 말씀하신다")와 가톨릭의 설교("교황이 이렇게 말씀하신다")를 대비시킨 독일의 반(反)가톨릭 만화(1520, 베를린 예술역사기록 보관소)

그리하여 복잡한 기독교 신학과 교회 조직이 공개 토론 사안이 되었다. 이 토론은 학계라는 한정된 범위를 넘어 일반 대중에게까지 확대되었다. 토론은 꼭 토착어로 해야 했다. 1540년에는 관념적 성격이 강한 프랑스어로 신학 토론을 하는 일이 아주 흔해졌다. 파리 대학교는 이 놀라운 발전을 저지할 속셈으로 금서 목록을 발표했는데, 이 목록은 당시 토착어로 토론되던 종교 현안의 범위에 관한 귀중한 정보를 제공해 준다. 1543년 〈검열 도서 목록〉에는 프랑스어로 된 책 43권이 실렸다. 1544년에는 121권으로 늘어났고, 샤토브리앙 칙령이 선포된 1551년에는 프랑스어로 된 금서가 182권이 넘었고, 1556년에는 무려 250권이나 되었다. 1560년부터 1566년까지 7년 동안 프랑스어판《기독교 강요》를 12번이나 찍은 것으로 알

칼뱅이 말하는 기독교: 수단

려져 있다(자세한 내용은 도표 7.1을 참고하라). 하지만 주로 제네바와 리옹, 그리고 북쪽 끝에 있는 캉에서 출간되었다. 복음주의자들만 프랑스어로 신학을 공부한 것은 아니라는 점을 강조해야겠다. 1550년부터 1599년까지 파리 인쇄소에서 출간한 저작물만 훑어봐도 종교개혁에 반대하던 가톨릭교도들이 출간한 책이 약 250권에 달한다.[14] 지지자와 반대자 모두 프랑스어로 논증할 의무가 있었고, 결과적으로 상대방의 주장을 논박하고 자신의 사상을 표현하기 위해 쓰던 수단(프랑스어)을 개선하게 되었다.

추상적 관념을 논증하는 언어 도구는 프랑스 종교개혁 기간에 주조되어 17세기에 절정을 맞았다. 개혁 자체는 결국 실패했지만, 프랑스 종교개혁이 프랑스어에 남긴 유산은 되돌릴 수 없을 정도로 결정적이었다. 이때 종교 논쟁에서 처음 익힌 언어 기술은 법학, 정치학, 철학 등 논박이 필요한 여러 분야에 전승되었다.

제네바라는 출판 피난처에서 프랑스어로 종교적 저술을 출간하는 데 큰 역할을 한 칼뱅은 부분적으로나마 프랑스어를 개선하는 데 책임감을 느꼈을 것이다. 1541년 《기독교 강요》 프랑스어판 출간은 종교개혁과 프랑스어 발전에 있어서 획기적인 사건이다. '프랑스어의 웅변 능력을 처음 보여 준 기념비적 작품'[15]으로 널리 인정받는 이 책은 파리에서 공황恐慌에 가까운 반응을 끌어냈다. 1542년 7월 1일, 파리 고등법원은 이 책의 출판을 금지했다. 그 이유는 어렵지 않게 짐작할 수 있다. 이 책은 처음부터 끝까지 '프랑스어의 명료성'이 눈에 띈다. 종속절이 비교적 적어서 문장이 간결하다. (사실, 칼뱅의 문장 구조는 16세기 후반 프랑스 최고의 문장가로 널리 인정받은 자크 뒤 페롱의 것과 놀라

장 칼뱅의 생애와 시상

울 정도로 비슷하다.) 칼뱅의 문장은 단도직입적이고, 보통 접속사로 시작한다. 그 덕분에 독자들은 방향감각을 가지고 현 문장이 앞 문장과 어떻게 연결되는지 이해하게 된다. 예를 들면, 어떤 주장이 모순되는 이유를 서술하기도 전에 그 주장에 모순이 있다는 암시를 준다.[16] 1541년 프랑스어판은 처음부터 끝까지 명료함과 간결함의 본을 보여 주고, 관념적인 논쟁을 주고받는 매체로 프랑스어의 가능성을 확장했다. 흥미롭게도 이 책은 1539년에 출간한 라틴어판을 단순히 프랑스어로 번역한 것이 아니라, 프랑스어의 한계와 이 책을 읽을 대중들의 한계를 함께 염두에 두고 사실상 다시 작업한 원서다. 이는 (프랑스어를 자유롭게 구사하지 못하던) 칼뱅의 많은 반대자가 라틴어투가 심한 프랑스어 번역판을 출간한 것과 매우 대조적이다.

이후에 나온 프랑스어판 《기독교 강요》(1545년 번역판, 1551년 번역판, 1560년 번역판) 중에 놀라운 통일성, 자연스러움, 명랑한 필치 면에서 1541년 프랑스어판에 견줄 만한 작품은 하나도 없다. 1560년 프랑스어판이 포괄성과 신학적 통찰력 면에서 높은 평가를 받을지는 모르지만, 많은 부분에서 첫 번째 프랑스어판의 문학적 장점을 놓쳐 버렸다. 노년에 칼뱅은 문체를 기품 있게 다듬는 것보다 신학 사상의 알맹이를 정확하게 표현하는 데 더 관심을 두었던 것 같다.[17]

프랑스어를 쓰는 저술가로서 칼뱅이 얼마나 중요한 의미가 있는지 제대로 평가하려면, 우리가 전에 만난 복음주의 저술가 기욤 파렐이나 피에르 비레와 비교해 보는 것이 가장 좋을 것이다. 파렐은 1542년에 출간한 《개요*Sommaire*》에서 전년도에 나온 칼뱅의 《기독교 강요》를 '훌륭한 작품'이라고 칭찬한다. 그런데 파렐의 문체

칼뱅이 말하는 기독교: 수단

는 너무 복잡해서 이해하기가 매우 어렵다.《기독교 논쟁*Disputations chrétiennes*》(1544)으로 판단하건대, 유감스럽게도 피에르 비레 역시 마찬가지다. 파렐과 비레 둘 다 긴 문장에 애착을 보이고(비레의 문장은 칼뱅의 문장보다 보통 두 배 정도 길고, 파렐의 문장은 칼뱅의 문장보다 세 배 정도 길다), 종속절을 대단히 많이 사용한다(파렐은 한 문장에 종속절을 11개, 비레는 18개까지 사용한다). 그러니 읽기 어려운 문체가 나올 수밖에 없다. 명료하고 가벼운 칼뱅의 문장과 확연하게 차이 나는 두 사람의 문장은 칼뱅이 프랑스어를 쓰는 창의적인 저술가로서 얼마나 뛰어난 자질을 갖추고 있었는지 더욱 뚜렷하게 보여 준다.[18]

《기독교 강요》

마르쿠스 베르시우스Marcus Bersius는 바젤에서 1536년 3월 28일에 스위스 동부 도시 장크트갈렌의 시장이자 최고위 개혁자인 바디아누스에게 편지를 썼다. 베르시우스는 의례적인 인사를 몇 마디 건넨 뒤 바로 본론으로 들어간다. 그는 바디아누스에게 바젤 출판사들이 출간한 최신 서적들에 관한 정보를 알려 준다. 그중 가장 중요한 책은 키케로의 연설문에 대한 주석들, 외콜람파디우스가 쓴 창세기 주해서, 크리소스토무스의 바울 서신 해설, 부처의 로마서 해설이었다. 이 목록은 질로 보나 양으로 보나 꽤 인상적이고, 바젤이 출판지로서 점점 더 중요해지고 있었다는 사실을 알려 준다. 이 목록 한가운데에는 '프랑스인과 외국인 몇 사람이 프랑스 왕에게 헌정한 교리문답서'가 언급되어 있다.[19] 이 짧고 모호한 설명이 달린 책이 바로 같은 달에 바젤의 인쇄업자 토마스 플라터Thomas Platter와 발타자어 라시우스Balthasar Lasius가 출판해서 이후 칼뱅에게 명성을 안겨 준 《기독교 강요》다. 라틴어판 원제는 'Institutio Christianae religionis', 영어 번역판 제목은 'Institutes of the Christian Religion'이다.

이 라틴어 영어 번역에는 몇 가지 문제가 있다. '인스티투티오Institutio'라는 단어를 들으면 곧바로 고전주의 시대의 기본 법전이자 오를레앙대학교에서 법학을 공부한 칼뱅에게 익숙했을 《유스티니아누스의 법 교본Institutiones Justiniani》이 떠오르면서 둘 사이에 어떤 유사점이 있을 것이라는 생각이 든다. 그러나 구조와 내용 면에서 이 책은 법전과 조금도 비슷하지 않다. 에라스뮈스는 '교육' 또는 '입문서'라는 의미로 이 단어를 사용했다. (예를 들어, 그는 1516년에 출간한 책에 《기독교 군주 교육Institutio principis Christiani》이라는 제목을 붙였다. 어쩌면 칼뱅이 이 책 제목에서 영감을 받았을 수도 있다.) 'institution'이라는 영어 단어는 칼뱅의 또 다른 관심사를 전달한다. 중세 후기에 만난 것보다 더 진정한 형태의 기독교로 돌아가는 것 말이다. 이 기독교는 중세 시대에 개발된(또는 칼뱅의 관점으로 변형된) 기독교가 아니라 칼뱅이 관심을 가졌던 원래의 기독교다. 원제에 이미 대안이 제시되어 있는데도, 대다수의 영어판은 라틴어 제목을 굳이 'Institutes of the Christian Religion'으로 번역한다.

《기독교 강요》 초판은 마르틴 루터가 1529년에 출판한 《소교리문답》을 본뜬 것이다. 이 둘의 구조와 요지를 보면 칼뱅이 독일 종교개혁의 교육 교재인 루터의 교리문답을 얼마나 참고했는지 알수 있다.[20] 초판은 작은 판형에 총 6장 516쪽으로 이뤄져 있고, 처음 4장까지는 루터의 《교리문답》을 본떴다. 그러나 칼뱅은 각각의 질문에 대해 루터보다 더 자세히 논의한다. 칼뱅의 《기독교 강요》는 기계적으로 외워야 하는 교리문답이 아니기 때문이다. 1장에는 십계명 해석이, 2장에는 사도신경 해석이 실려 있다. 부처에게 영향을 받은 것도 바로 보인다. 루터는 사도신경을 성부, 성자, 성령, 세 부분으로 나누어 논의하지만, 칼뱅은 여기에 교회라는 네 번째 부분을 추가한다. 이론에서도 현실에서도 이 문제가 얼마나 중요한지 잘 알았기 때문이다. 칼뱅은 '율법', '믿음', '기도', '성례들'을 해설한 뒤에 논박의 성격이 강한 두 개의 장에서 '거짓 성례들'과 '그리스도인의 자유'를 다룬다.

　《기독교 강요》 2판은 칼뱅이 스트라스부르에 체류하던 시기에 쓰기 시작했다.[21] 1539년에 라틴어로 출간된 이 책은 1536년 초판의 세 배 분량이다. 초판에서 여섯 개의 장이 17장으로 늘어났다. 시작 부분에 해당하는 2장까지는 하나님을 아는 지식과 인간의 본성에 관한 지식을 다룬다. 삼위일체 교리, 신약과 구약의 관계, 회개, 이신칭의, 섭리와 예정의 본질과 관계, 기독교 신앙의 본질에 관한 내용이 추가되었다. 초판에서 끌어온 여러 주제를 그대로 유지하고 있지만, 그 주제들의 성격과 중요도는 많이 바뀌었다. 2판부터는 이제 더 이상 입문서가 아니다. 토마스 아퀴나스의 《신학대전 Summa Theologiae》에 견줄 만큼 기독교 신앙의 본질에 관한 최종 성명서가 되어 갔다. "내가 이 책을 쓰는 목적은 하나님의 말씀을 연구

장 칼뱅의 생애와 사상

하려는 신학생들이 아무 지장 없이 말씀에 쉽게 접근하고 계속 연구할 수 있도록 그들을 준비시키고 훈련하려는 것이다"라고 칼뱅은 썼다.[22] 다시 말해서, 칼뱅은 이 책이 성경 안내서가 되기를 바랐다. 신학생들이 반드시 휴대하고 다녀야 할 안내서 겸 해설서로서 난해하고 복잡한 성경의 의미를 이해하는 데 도움이 되길 바란 것이다.

칼뱅이 나중에 직접 강조했듯이, 《기독교 강요》를 자신의 종교 사상의 주요 자원으로 정했다는 점에서 이것은 중요한 의미가 있다. 이 점에서 성경 주석이나 설교와 같은 칼뱅의 다른 저술들은 그 가치가 어떠하든 별로 중요하지 않다. 앞에서 지적했듯이, 1541년에 출판한 《기독교 강요》 프랑스어판은 1539년 라틴어판을 그대로 번역한 것이 아니다. 1536년판에는 있었으나 1539년판에서 바뀌었다가 1541년 프랑스어판에 포함된 주제가 몇 개 있다. 칼뱅이 원래는 1536년 초판을 프랑스어로 번역해서 출간하려다[23] 포기했고, 그 과정에서 이미 번역해 둔 내용을 1541년 프랑스어판에 삽입했지만 1539년판에서 수정한 것은 반영하지 않은 것 같다는 생각이 드는 것도 그 때문이다. 1541년 프랑스어판에서는 사소한 부분을 많이 수정했는데, 모두 예상 독자층을 고려한 조처였다. 어렵게 느낄 법한 학술적 요소를 삭제하고, 예상 독자들이 익숙하게 생각할 법한 논거를 추가했다. (예를 들면, 헬라어 용어와 아리스토텔레스를 언급한 부분은 전부 삭제하고 프랑스 속담과 관용구를 추가했다.)

1543년에는 또 다른 라틴어판이 나왔고, 1545년에는 프랑스어 번역판이 나왔다. 이제 장은 21장으로 늘어났고, 교회론을 다룬 부

칼뱅이 말하는 기독교: 수단

분이 추가된 것이 가장 중요한 점이다. 사소한 변화지만, 서약과 인간의 전통을 다룬 장이 2장 추가되었고 천사들에 관한 내용도 별도의 장을 새로 추가해서 다루었다. 1543년 라틴어판에는 칼뱅의 종교적 반성이 고스란히 묻어나는데, 특히 교회 조직의 중요성을 논의하는 부분에서 그 영향이 눈에 띈다. 이 라틴어판은 장점을 여럿 갖추고 있지만, 1539년 라틴어판에서 이미 확인된 고유한 결함이 너무 뻔히 보인다. 구성이 엉성하다는 말이다. 책의 전체 구조와 구성에 어떤 영향이 있을지 고려하지 않고 새로운 내용을 여러 장 추가하다 보니 문제가 심각해졌다. 많은 장이 터무니없이 길고, 절을 세분하려는 노력조차 보이지 않는다.

1550년 라틴어판과 1551년 프랑스어판에서는 21개 장을 단락으로 세분하여 이 결함을 바로잡으려고 했다. 성경의 권위와 인간의 양심을 다루는 내용 등이 추가되었다. 그러나 근본적인 결함은 여전했다. 1543년 라틴어판과 마찬가지로 1550년판은 구성이 아주 형편없었다.

칼뱅은 전면 개정이 필요하지만 그러기에는 시간이 충분하지 않다는 사실을 인정하고(말년에 칼뱅은 병이 계속 재발해서 힘든 시간을 보냈다), 책 전체를 재구성하기로 했다. 놀랍게도 추가된 내용은 거의 없었다. 반대자들을 욕하고 비방하는 성향과 성마른 성격이 갈수록 심해져 칼뱅의 글은 대체로 아름답지 않았다. 가장 확실하고도 긍정적인 변화는 논거를 전체적으로 재정리한 것이다. 이로써 관련 없는 조각들을 얼기설기 이어 붙인 수준으로 퇴보했던 작품이 통일성을 거의 회복했다. 4권의 책에 다음과 같이 내용을 배분했다. 1권에서는 창조주 하나님을 아는 지식을, 2권에서는 구속자 하나님을 아는 지식을, 3권에서는 예수 그리스도의 은혜를 받는 길을, 4권에서는 하나님이 우리를 예수 그리스도에게 인도하기 위해 사용하시는 외적 수단 또는 방법을 설명했다. 1551년판에서 21개였던 장은 이제 80개로 늘어났고, 각 장은 읽기 편하도록 세심하게 세분되어 네 권에 배치되었다. 칼뱅은 내용을 새롭게 나누기 위해 1543년판에서 썼던 4부 구조를 채택했는지도 모른다. 어쩌면 《네 권으로 된 명제들Libri Quattuor Sententiarum》에서 피에르 롱바르Pierre Lombard가 활용한 4분할 방식을 주목하고 차용했을 수도 있다. 피에르 롱바르는 칼뱅이 자주 언급했던 인물이니, 이 설명도 일리가 있다. 칼뱅 자신은 피에르 롱바르의 프로테스탄트 후계자이고, 《기독교 강요》는 훌륭한 신학 교과서인 《네 권의 명제들》의 뒤를 이을 만한 작품이라고 스스로 생각했던 걸까? 알 길이 없다. 우리가 아는 것은 《기독교 강요》가 루터, 멜란히톤, 츠빙글리의 작품을 제치고 프로테스탄트 종교개혁의 가장 영향력 있는 신학 저술로서 확고하게 자리를 잡았다는 점이다.

1559년판 《기독교 강요》가 성공한 원인은 구성이 훌륭했기 때문이다. 필리프 멜란히톤은 1521년에 《신학총론Loci Communes》을 출판하여 루터파 조직신학 작품의 최종 양식을 확립했다.[24] 이 책 초판에서는 루터식 종교개혁과 관련이 깊은 여러 주제를 간략히 논의했다. 그러나 논박과 교육을 고려하여 분량을 차츰 늘릴 수밖에 없었다. 멜란히톤은 놀라울 정도로 부적절한 방식으로 이 문제를 해결했다. 단순하게 새로운 주제를 추가한 것이다. 통일성을 갖추었

필리프 멜란히톤의 초상. 독일의 인문주의자이
자 종교개혁가로, 《신학총론》을 출판해 프로테
스탄트 최초로 조직신학의 기초를 마련했다.

던 체계가 그 때문에 무너지는 느낌이 들었지만 개의치 않았다. 주
제를 이런 식으로 다루면 흐름이 어색해지고 구성이 무너지게 마련
이다. 이런 방식으로는 16세기 후반과 17세기의 신학 논쟁에 필요
했던 체계적 분석이 불가능했다. 반면에 칼뱅이 1559년판에 확립
한 체계적이고 유기적인 구성은 그의 세대뿐 아니라 최소 이후 한
세기의 필요를 충족하기에 충분했다. 루터주의는 멜란히톤이 잘못
내디딘 첫걸음을 제대로 만회하지 못했다. 개혁 전통의 신학자들이
프로테스탄티즘을 지성으로 제패할 수 있었던 것은 칼뱅의 《기독
교 강요》 최종판의 **내용**과 **구성** 덕분이다.

　인기 도서의 '학습 안내서'가 등장한 것이 20세기 종교 출판의
특징이다. 인기 도서의 내용을 요약하고 설명해서 매력을 강화하

는 것이 안내서의 목적이었다. 1559년판《기독교 강요》가 인기를 끌자 '요약' 또는 '개설'이라는 제목을 달고 비슷비슷한 파생 상품이 등장했다. 16세기에도 이 거대한 작품을 축약한 수많은 요약본이 유통되었고 상업적으로도 꽤 성공을 거뒀다.[25] 1562년에는 오귀스탱 마를로라Augustin Marlorat가 주제와 성경 구절의 위치를 쉽게 찾을 수 있도록 이 책의 색인을 출판했다. 1576년에는 칼뱅의 초기 전기 작가인 니콜라 콜라동이 피로한 신학생들의 지루함을 덜어 주고자 중요한 구절의 내용을 여백에 간략히 요약한 책을 출간했다. 위그노 망명객이었다가 런던에서 가장 중요한 종교 출판업자가 된 토마 부톨리에Thomas Vautrollier는 《기독교 강요》 학습 안내서 2권을 출간했다. 에드먼드 버니Edmund Bunny는 갈피를 못 잡는 학생들을 위해 간결한 문체의 특징과 중요한 논증의 세부 요소를 설명하는《개설서Compendium》를 1576년에 출간했다. 위그노 망명객으로 윌리엄 론William Lawne이라는 영어 이름을 쓰던 기욤 들론Guillaume Delaune은 7년 뒤 작은 8절 판형에 370쪽밖에 안 되는 요약본《적요Epitome》를 출간했다. 이 책은《기독교 강요》를 요약하는 데서 그치지 않고 당황스러워하는 독자들이 작품의 복잡한 구성을 이해할 수 있게 흐름을 정리한 순서도와 도표를 제공했다. 곧 영어로도 요약본이 출간되었다. 장 칼뱅M. Iohn Caluin의《기독교 강요 초본An Abridgement of the Institution of the Christian Religion》이라는 책이었다. '학습 지침서'도 계속 출간되었다. 카스파르 올레비아누스Caspar Olevianus가 1586년에, 요하네스 피스카토르Johannes Piscator가 1589년에, 콜로니우스Colonius라고도 하는 다니엘 드 콜로냐Daniel de Coulogne가 1628년에 각각 학습

━━━ 도표 7.1 1600년까지 출간된 칼뱅의 《기독교 강요》

출판년	출판지	발행인	언어
1536	바젤	토마스 플라터, 발타자어 라시우스	라틴어
1539	스트라스부르	벤델린 리헬	라틴어
1541	제네바	미셸 뒤 부아	프랑스어
1543	스트라스부르	벤델린 리헬	라틴어
1545	제네바	장 제라르	프랑스어
1550	제네바	장 제라르	라틴어
1551	제네바	장 제라르	프랑스어
1553	제네바	로베르 에스티엔느	라틴어
1554	제네바	아담 리베리, 장 리베리	라틴어
1554	제네바	필리베르 아믈랭	프랑스어
1557	제네바	프랑수아 자퀴, 앙투안 다보도, 자크 부르주아	프랑스어
I557	제네바	자크 부르주아, 앙투안 다보도, 프랑수아 자퀴	이탈리아어
I559	제네바	로베르 에스티엔느	라틴어
1560	제네바	장 크레스팽	프랑스어
I560	엠덴	미상	네덜란드어
I561	제네바	앙투안 르불	라틴어
1561	런던	R. 울프, R. 해리슨	영어
1561	제네바	콩라드 바디우스	프랑스어
1561	제네바	자크 부르주아	프랑스어
1562	런던	R. 해리슨	영어
I562	캉	피에르 필리프	프랑스어
1562	미상	미상	프랑스어
1562	리옹	루이 클로크맹	프랑스어
1562	제네바	자크 부르주아	프랑스어
1563	리옹	세바스티앵 오너라티	프랑스어
1564	리옹	토마 쿠르토	프랑스어
I565	제네바	장 마르탱	프랑스어
1565	제네바	피에르 오탱	프랑스어
1566	제네바	프랑수아 페랭	프랑스어
I568	제네바	프랑수아 페랭	라틴어
1569	제네바	프랑수아 페랭	라틴어
1572	하이델베르크	요한 마이어	독일어
I574	런던	R. 울프의 미망인	영어
I576	런던	토마 부톨리에	라틴어

장 칼뱅의 생애와 사상

1576	로잔	프랑수아 르 프뢰	라틴어
1577	로잔	프랑수아 르 프뢰	라틴어
1578	도르드레흐트	P. 페르하헌, C. 얀스	네덜란드어
1578	런던	토마 부틀리에	영어
1582	런던	H. 미들턴	영어
1584	런던	토마 부틀리에	라틴어
1585	에든버러	토마 부틀리에	영어
1585	제네바	외스타슈 비뇽, 장 르 프뢰	라틴어
1586	헤르보른	크리스토프 라벤	독일어
1587	런던	H. 미들턴	영어
1587	에든버러	미상	영어
1589	헤르보른	크리스토프 라벤	라틴어
1592	제네바	장 르 프뢰	라틴어
1593	레이던	J. P. 야콥스, 바우언스	네덜란드어
1595	레이던	J. P. 야콥스, 바우언스	네덜란드어
1596	브레멘	장 베셀	프랑스어
1597	런던	리처드 필드	스페인어
1599	런던	A. 햇필드	영어

이 도표는 1986년에 《기독교 강요》 초판 출간 450주년을 기념하여 안탈 뢰쾨스M. Antal Lökkös가 제네바에 있는 공공 대학 도서관에서 수집한 자료들과 함께 유럽의 주요 도서관에서 소장 중인 장서를 조사하여 작성한 것이다. 1527-1529년에 존 맥닐John T. McNeill과 포드 루이스 배틀스Ford Lewis Battles가 영어로 옮긴 《기독교 강요》 2권에서 제시한 목록에는 누락된 책이 많다.

지침서를 출간했다. 이런 매체들을 통해서 점점 더 많은 독자가 칼뱅의 사상을 접하고 이해하게 되었다.

칼뱅은 연이어 출간한 《기독교 강요》를 통해 동시대인에게 영향을 끼쳤다. 칼뱅의 기본 사상이 널리 퍼져서 많은 사람에게 미칠 수 있었던 것은 거의 전적으로 이 작품 덕분이다. 그렇다고 칼뱅의 명성이나 영향력이 전부 이 작품에 달려 있다는 말은 아니다. 칼뱅은 글말과 입말을 통달한 덕분에 목적에 따라 세 개의 다른 문학 장르

칼뱅이 말하는 기독교: 수단

로 자신의 사상을 전달했다. 다른 장르의 작품들도 문학적으로나 신학적으로 아주 중요하지만, **역사적으로는** 중요성이 조금 떨어진 다는 점을 강조하고 싶다. 칼뱅의 작품 중《기독교 강요》만큼 16세 기에 큰 영향을 끼친 작품은 없기 때문이다. 이 사실을 인정한다고 해서 칼뱅이 설교자나 주석가로서 형편없다는 말은 아니다. 현존하 는 자료들을 살펴보면 전혀 그렇지 않다는 사실을 알 수 있다. 예를 들어, 칼뱅은 그 시대에 최고로 손꼽히는 성경 주석가였다.[26] 칼뱅 의 다른 작품이《기독교 강요》만큼 중요하지는 않다고 인정하는 것 은 칼뱅이 살던 그 시대에 이 작품이 정말 놀라운 성공을 거뒀고 엄 청나게 큰 영향을 끼쳤다는 사실을 인정하는 것이다.

마지막으로, 칼뱅의 사상을 전달하는 또 하나의 수단은 편지였 다. 인문주의 운동은 오래전부터 사상과 미학적 가치를 전파하는 수단으로 편지를 중요하게 생각했다. 이탈리아 인문주의자들은 알 프스 북쪽에 사는 열성적인 청중들에게 웅변에 대한 자기들의 생각 을 편지로 전달하고 설명했다.[27] 그런데 칼뱅은 이 편지를 종교 및 정치 선전 형식으로 발전시켜서 자신의 급진적인 사상을 프랑스 전 역에 전파했다. 칼뱅은 아주네, 앙굴렘, 부르주, 브리, 샹파뉴, 그르 노블, 랑그도크, 리옹, 오를레앙, 파리, 푸아티예, 프로방스, 루앙, 툴 루즈에 있는 지지자들과 직접 얼굴을 보지는 못해도 연락은 계속 주고받았다. 1530년대와 1540년대 내내 법률가, 학생, 교사 등 중 산층 전문직 종사자들과 긴밀히 연락했고, 그들은 칼뱅에게 격변하 는 고국의 종교 상황을 알려 주었다.[28] 광범위한 서신 왕래를 통해 현상現狀에 불만을 품은 부르주아들이 칼뱅의 종교 사상과 경제관에

장 칼뱅의 생애와 사상

귀를 기울이게 되면서 칼뱅은 역사적으로 아주 중요한 시기에 프랑스 복음주의 운동에 영향을 끼쳤고, 계속 영향력을 강화해 나갔다.

그렇다면 그의 종교 사상은 대체 무엇이었을까? 메시지를 전달하는 수단을 살펴보았으니, 이제 메시지 자체를 들여다볼 차례다.

8 칼뱅이 말하는 기독교: 메시지

칼뱅을 이해하려면 칼뱅을 **읽어야** 한다. 칼뱅의 고국 프랑스에 관한 여행안내서가 그 나라에서 겪는 '직접' 경험을 대신할 수 없는 것처럼, 칼뱅이 쓴 글을 직접 읽는 것 외에 다른 대안은 없다. 물론, 그의 사상을 소개하는 글을 읽으면 '간접' 경험을 할 수 있고, 이 간접 경험은 실제로 효과가 있다. 그러나 칼뱅의 의식구조, 분석 방식, 비유와 수사修辭 활용 방식, 나올 법한 반론과 오해를 예방하는 방식을 이해하려면, 시간을 들여《기독교 강요》를 직접 읽어야 한다. 이번 장은《기독교 강요》를 읽도록 여러분을 이끄는 안내서다.

안내서 비유가 이 장의 기획 목적을 설명하는 데 도움이 될 것 같다. 이번 장은 독자들이《기독교 강요》를 구성하는 다양한 요소의 정확한 위치를 찾고 각 요소의 상호관계를 미리 이해하게 해 주는 지도와 같다. 이런 지도를 제공하는 이유는 눈여겨보아야 할 특징들에 주의를 집중시키고, 이 기준으로 선정된 항목들의 중요성을 이해하는 데 필요하거나 적합한 배경 지식을 제공하기 위해서다. 그러나 무엇보다도 발견을 돕고 만남을 자극하고 직접 경험을 장려하는 것이 이번 장의 목적이다.

《기독교 강요》의 핵심 주제

칼뱅이 생각하는 기독교의 골자를 제시하는 가장 편리하고 가장 믿을 만한 방법은 1559년판 《기독교 강요》의 핵심 주제를 골라내는 것이다. 칼뱅은 자신의 종교 사상을 해설한 권위 있는 작품은 《기독교 강요》뿐이라고 명쾌하게 인정했다. 성경 주석이나 설교처럼 그의 종교 사상을 담고 있을 법한 다른 저술들이 《기독교 강요》 앞에서는 완전히 빛을 잃는다는 말이 아니다. 또한 성경 주석가나 설교가로서 칼뱅이 발휘했던 놀라운 능력을 경시하는 것도 아니다. 칼뱅이 쓴 성경 주석들을 조사하면 그가 믿는 교리들의 기본 윤곽을 그릴 수 있는 것도 분명한 사실이다.[1] 더욱이 성경 주석에는 일반적으로 성마르고 짜증 가득한 말투가 없다. 1559년판 《기독교 강요》의 특정 부분에 '성미가 참 고약한 사람'이라고 할 정도로 이런 말투가 특징처럼 나타나는 것과 비교된다. 아마도 노화와 질병이 주는 고통으로 쇠약해진 탓이었을 테지만, 저자로서 보기 좋지 않은 이런 모습은 이 작품의 가장 큰 결점 중 하나다. 칼뱅은 반대자들을 공격하고 멸시했다. 사상만 비판하는 것이 아니라 그 사상을 지닌 자들의 인격까지 비난하는 유감스러운 경향을 보였다. 안드레아스 오시안더에게는 특히 더 심했다. 이런 점에서는 토마스 아퀴나스와 아주 대조적이다. 《신학대전》에서 아퀴나스는 본인이 그릇된 것으

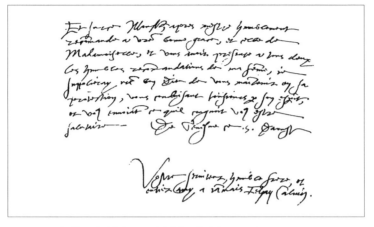

━━━ 1547년 2월 25일 칼뱅이 M. 드 파야에게 보낸 편지

로 여기는 사상을 묘사할 때조차도 상당한 자제력을 발휘한다. 이런 이유로 칼뱅이 쓴 주석을 읽을 때는《기독교 강요》를 읽을 때보다 마음이 한결 편하고 즐겁다. 그러나 주석을 더 중요하게 여길 때 생길 수 있는 위험이 두 가지 있다.

첫째, 세네카 주석에서 일찌감치 드러났듯이 칼뱅은 주석가의 역할을 엄격하게 제한한다. 그래서 성경 주해와 신학 주장 사이에서 해석학적으로 중요한 변화를 만들 자유를 주석가에게 거의 허용하지 않는다. 칼뱅은 성경 해설에서 신학을 분리할 생각도 없지만, '신학'이 단순히 '성경 해설'을 의미하는 것이라고 보지도 않는다.[2] 칼뱅은 신학이 '성경 본문에서 나온 메아리'라고 생각한다.[3] 하지만 엄밀히 말해서 신학은 성경 본문을 이해하게 해 주는 **해석의 뼈대**이지 성경 본문에 대한 **해설**이 아니다. 칼뱅은 성경 본문을 주해할 때 해당 구절에 숨겨진 교리적 의미를 처음부터 끝까지 모두 설명

칼뱅이 말하는 기독교: 메시지

하는 것이 적절치 않다고 생각했음이 분명하다. 부분적으로 이것은 해당 구절이 제기한 역사적, 언어적, 문학적 문제를 다루어야 한다는 인식 때문이었다. 그러나 또 한편으로는 독자들이 자신의 신학과 성경 해석법의 1차 자료인《기독교 강요》를 통째로 참고할 거라는 생각 때문이었다. 주석은 성경 본문에 있는 세부 사항들의 요점을 명확히 설명해 준다. 이와 달리《기독교 강요》는 성경이 선언하는 광범위한 요지를 파악하고 이해할 수 있도록 기본 뼈대를 제공한다. 칼뱅은 이 점에서 자신이 쓴 성경 주석을《기독교 강요》의 부속물로 생각했다.《기독교 강요》의 자리를 성경 주석으로 대체할 생각도 없었고 그럴 수도 없었다. 성경을 읽는 데 도움이 되는 책, 칼뱅이 쓴 책 중에서 으뜸이고 스스로 그런 의도로 쓴 책이 딱 한 권 있다면, 그 책은 성경에 포함된 특정한 책에 대한 주석이 아니라《기독교 강요》다.

둘째, 칼뱅은 자신의 신학을 구성하는 다양한 요소의 상호 관계를 자세히 분석하고, 이를 바탕으로 신학적 설명을 제시한다. 이 분석에는 나올 법한 반론을 탐구하고 상대가 제시한 대안을 검토하는 것까지 모두 포함된다. 이 거대한 계획은《기독교 강요》, 특히 1559년판에서 그대로 실현되었다. 따라서《기독교 강요》를 읽으면 사상의 뉘앙스, 중점, 중요한 세부 요소를 모두 발견하고 평가할 수 있다. 1559년판에서 어떤 주제를 다룰 때 칼뱅은 그 주제에 관한 자신의 견해를 이해하는 데 꼭 필요하다고 생각하는 것을 전부 설명한다. 그러니 독자들은 마음 푹 놓아도 된다. 그러나 성경 주석을 읽는 독자들은 이런 포괄적인 설명을 접할 수 없다. 따라서 관련이 있

장 칼뱅의 생애와 사상

을 법한 성경 구절에 관한 해설을 참작해서 칼뱅의 견해를 알아내려고 애써야 한다. 말하자면 해당 주제에 관한 칼뱅의 사상을 완성하는 필수 요소 중 일부가 빠진 것은 아닌지 알아보기 위해 《기독교 강요》를 찾아봐야 한다. 따라서 이 작품이 주석서보다 더 중요하다는 사실을 인정하지 않을 수 없다.

사상의 구조

칼뱅은 차분하고 냉정해서 체계를 잘 세우는 사람, 성품보다 머리가 뛰어난 사람, 살과 피와 인간관계가 있는 현실 세계보다 사상의 세계에서 더 편안함을 느끼는 내성적이고 사회적으로 고립된 인물로 널리 알려져 있다.[4] 칼뱅의 종교 사상이 예정론에 역점을 두는 엄격한 논리 체계라는 통념도 널리 퍼져 있다. 이 통념은 큰 영향력을 발휘했을지 몰라도 사실과 상당한 차이가 있다. 후기 칼뱅주의(353-368쪽 참조)에는 예정론이 중요했을지 모르지만, 칼뱅이 예정에 관한 생각을 설명할 때는 그렇지 않았다. 그런데 이 통념은 중요한 문제를 제기한다. 칼뱅의 사상이 처음부터 하나의 체계였다고 말할 수 있을까? '체계'라는 말에는 통일성이라는 기본 가정이 내포되어 있다.[5] 체계는 일관성을 요구한다. 그러나 칼뱅은 스콜라 신학자들이 모인 문학계를 몹시 혐오했다. 이들의 좌우명이 바로 '체계화'와 '일관성'이었다. 칼뱅을 가리켜 신학을 체계화한 인물이라고 말하는 건 중세 스콜라철학과의 연관성을 암시하는 것인데, 이는 이미 알려진 칼뱅의 태도와 모순된다. 또한 이는 칼뱅과 그가 쓴 작품 사이의 엄청난 균열을 암시한다. 칼뱅에게는 '조직신학' 책을 생산할 만한 지적 자원도 없었고 그럴 만한 이유도 특별히 없었다.[6] 게다가 칼뱅은 조직신학이라는 문학 장르를 자신이 경멸해 마지않는 스콜라철학의 전유물로 여겼다.《기독교 강요》를 극단적 예외로 보는 대신 칼뱅 시대의 성경 인문주의와 일치하는 것으로 보아야만 이 작품의 의미를 온전히 이해할 수 있다.[7]

포괄성과 영향 면에서 1559년판《기독교 강요》와 토마스 아퀴나스의《신학대전》이 자주 비교되는 것은 분명한 사실이다. (토마스 아퀴나스는 이 책에서 512개의 질문을 던지고, 이를 세분해서 2,669개 항목으로 답문을 쓰고, 그것도 모자라 나올 법한 반박 질문 1만 개에 답을 달았다.) 그러나 이 둘을 비교하는 이유는 순수한 책의 분량과 역사적 영향을 신학적 연관성과 혼동해서다.《기독교 강요》가 발전해 온 과정(246-253쪽)을 살펴봐서 알겠지만, 칼뱅은 원래 이 작품을 설명할 때 신중한 용어를 사용했고, 포괄적인 내용을 체계적으로 다루었다며 방법론을 내세우지 않았다. 1536년판부터 1559년판까지 내용을 재배열한 이유는 방법론에 대한 고민 때문이 아니라 교육상의 배려 때문이었다. 칼뱅의 관심사는 스콜라철학이 아니라 인문주의였다. 그는 자신의 사상을 방법론에 끼워 맞추는 것보다 자신의 독자들을 돕는 것에 관심이 있었다. 1559년판《기독교 강요》는 인문주의 교육학자의 기본 덕목인 명료성과 포괄성을 갖추고 있다. 그래서 이 작품을 읽는 독자들은 기독교 신앙의 핵심을 명쾌하고 철저하게 풀어낸 해설을 접하고 (칼뱅의 바람대로) 이해할 수 있다. 표현의 명확성 외에, 주요 원리나 원칙,

장 칼뱅의 생애와 사상

교리가 이 작품의 형식이나 내용을 지배했다는 증거는 어디에도 없다. 이 작품의 구성과 산문체가 표현하는 것은 르네상스 시대가 아주 높게 평가했던 '웅변'이다.

무슨 이유에서건 칼뱅의 사상 속에 통일된 원리가 있을 것으로 추정하는 분석가는 당연하게 그 원리를 찾으려 한다. 칼뱅의 사상에 통일된 원리가 있다고 가정하고, 예정론[8]이나 하나님을 아는 지식에 관한 교리[9]나 교회론[10]에서 그 원리를 찾아가는 연구가 아주 많다. 그러나 좀 더 신중하게(그리고 좀 더 현실적으로) 칼뱅을 연구하는 학자들은 칼뱅의 사상을 지배하는 중심 교리가 없다는 명백한 사실을 인정하고 받아들인다.[11] '중심 원리central dogma'라는 개념은 16세기 신학이 아니라 계몽주의의 연역적 일원론에서 비롯되었다.[12] 칼뱅의 종교 사상을 꿰뚫는 중심 주제나 근본 은유root metaphor를 찾아낼 수는 있겠지만, 그의 사상을 지배하는 중심 교리(또는 원리)라는 개념은 성립되지 않는다. 칼뱅의 종교 사상에는 '핵심'이나 '기본 원리', '중심이 되는 전제'나 '정수'가 없다.

그러나 칼뱅이 하나님과 인간의 관계를 논하면서 한 가지 패러다임을 마음에 둔 것은 분명하다. 문제의 패러다임을 가능하게 한 것은 성육신이다. 예수 그리스도의 인격 안에서 이뤄진 신성과 인성의 연합 말이다. 융합이 아니라 연합이다. 칼뱅은 그리스도론에 기반을 둔 공식, 즉 '구분되지만 분리되지 않는다distinctio sed non separatio'라는 공식에 거듭 호소한다.[13] 이런 점에서 두 가지 사상은 구분되지만 **분리되지** 않는다. '하나님을 아는 지식'과 '우리 자신을 아는 지식'을 구분할 수는 있다. 하지만 이 둘은 따로 떨어져 있는 것이 아니다. 성육신이 '반대되는 것의 결합complexio oppositorum'의 전형적 사례를 대표하듯이, 하나님과 인간의 관계를 명시한 다양한 자료에서도 같은 패턴이 반복되고 또 드러난다. 칼뱅은 '하나님을 아는 지식과 우리 자신을 아는 지식'Institutes I.i.1이 신학의 중심이라고 강조하는데, 이 대목에서 이 패러다임은 꽤 중요하다. 작품 전반에 걸쳐 칼뱅은 인간의 영역과 신의 영역을 철저히 구분하는 경향을 보이지만, 그와 동시에 둘의 연합을 주장한다. 하나님과 세상, 또는 하나님과 인간을 분리하는 것은 불가능하다.

《기독교 강요》전반에서 이 원리가 작동하는 것을 확인할 수 있다.[14] 설교할 때 하나님의 말씀과 인간의 말 사이에도, 성례를 베풀 때 표와 그 의미 사이에도, 우리를 의롭다 칭하실 때 신자와 그리스도 사이에서도(인간과 하나님 사이에 진정한 사귐이 있으나 둘이 융합되지는 않는다), 세속 권력과 영적 권력의 관계에서도 마찬가지다. 구분되지만 분리되지 않는다. 칼뱅의 사상은 철저히 그리스도 중심이다. 예수 그리스도 안에 나타난 하나님의 계시에 초점을 맞춘다는 점에서도 그렇고, 이 계시가 기독교 사상의 다른 중요한 영역들을 지배하는 패러다임을 드러낸다는 점에서도 그렇다. 하나님과 인간이 만나는 곳마다 성육신의 패러다임이 그들의 관계를 설명해 준다. 만약 칼뱅의 종교 사상에 중심이 있다면, 그 중심은 당연히 예수 그리스도일 것이다.[15]

칼뱅의 종교 사상을 '체계'라고 칭하는 것이 적절치 않다는 말은 그의 종교 사상에 논리 정연함이나 내적 일관성이 없다는 의미가 전혀 아니다. 오히려, 이 말은 철학 신학자가 아니라 성서 신학자로

장 칼뱅의 생애와 사상

서 사상의 전체 구성 안에 많은 요소를 통합해 낸 칼뱅의 능력을 강조하는 말이다. 칼뱅은 엄밀한 의미에서 '신학 체계'를 개발하지는 않았을지 모른다. 그러나 그가 체계적인 신학자였다는 점은 의심할 여지가 없다. 칼뱅은 종교 사상을 구성하는 다양한 요소 간에 내적 일관성이 있어야 한다는 사실을 제대로 인식하고 있었다.

칼뱅의 시대가 저물면서 방법론에 관한 관심이 새롭게 떠올랐다. 인문주의자들이 방법론에 관한 질문에 새삼 관심을 쏟으면서 사조思潮가 크게 바뀌었다. 그 결과로 이제 더는 체계화를 '경멸해 마지 않는 스콜라 신학자들의 전유물'로 여기지 않게 되었다. 부분적으로 이것은 파도바 인문주의 학파의 영향력이 커진 탓이다. 이 학파는 방법론의 중요성(과 방법론 연구에 힘쓴 아리스토텔레스의 공로)을 강조했고, 후기 르네상스 시대에 들어서면서 이 주장에 동조하는 이들이 늘어났다. 지적 위신과 신용을 지키는 길이 그 길뿐이라면, 칼뱅주의도 체계라는 새 거푸집에 넣고 다시 주조해야 했다. 16세기 후반 칼뱅의 후계자들은 그의 사상에 방법론을 도입할 필요성에 직면했고, 칼뱅의 신학이 후기 이탈리아 르네상스 시대가 선호하던 아리스토텔레스의 방법론에서 제안한 더 엄격한 논리 구조 안에서 다시 주조하기에 매우 적합하다는 사실을 깨달았다(362-366쪽). 이 깨달음은 칼뱅의 사상이 원래부터 개혁주의 정통 신학의 체계적 특성과 논리적 엄격함을 갖추고 있었다는 안일한 결론으로 이어졌고, 결국 예정론에 몰두한 채 1559년판 《기독교 강요》를 다시 읽기 시작했다. 앞으로 살펴볼 테지만(357-373쪽), 이 점에서 칼뱅과 칼뱅주의 사이에는 미묘한 차이가 있다. 이는 지성사에 생긴 일대 전기轉機가 반

영된 결과다. 만약 칼뱅 추종자들이 그의 사상을 발전시켰다면, 그
것은 체계화와 방법론에 관한 관심을 지적으로 존경할 만하고 바람
직하다고 여기던 그 시대의 새로운 정신에 대응하다 보니 그렇게
된 것이다. 루터주의는 이 결정적인 사조 변화를 알아채지 못했다.
루터파 저술가들이 새 방법론을 받아들였을 때는 사실상 한 세대가
지나가 버린 뒤였고, 칼뱅주의가 확실하게 지적 우위를 차지하게
되었다.

칼뱅 사상의 주요 특징을 살펴보기 전에, 칼뱅의 시각에 더 의미
있는 영향을 끼친 것들을 몇 가지 알아보는 것도 도움이 될 것이다.
첫째, 칼뱅이 성서 신학자라는 점을 강조해야겠다. 칼뱅의 종교 사
상을 형성한 1차 자료이자 가장 중요한 자료는 성경이다. 칼뱅이 집
필한 성경 주석들은《기독교 강요》를 꼼꼼히 읽으면서 받은 전체적
인 인상을 강화하는 역할을 한다. '칼뱅이 자신을 충실한 성경 해설
자로 여긴다'는 인상 말이다. 그러나 성경 본문은 해석이 필요하다.
칼뱅은 문예부흥 덕분에 자유로이 사용할 수 있게 된 문학 이론, 본
문 비평, 언어학적 분석 등의 새로운 기술에 접근할 수 있었고 주
저 없이 그 기술들을 사용했다. 칼뱅은 인문주의자였고, 성경 해설
가로서 자신이 하는 일에 문단文壇의 기술을 활용했다. 칼뱅이 가장
관심을 가진 것은 성경 해석이었지만, 성경 본문을 읽다 보니 기독
교 전통에 정통하게 되었다.[16] 칼뱅은 원래 '로잔 논쟁'에서 옹호했
던 논문을 망설임 없이 계속 진척시켜 나갔다. 종교개혁은 중세 시
대가 만든 왜곡과 거짓을 제거하여 초대교회의 참된 가르침을 회복
하는 것이라는 게 이 논문의 요지다. 무엇보다 칼뱅은 자신의 사상

이 히포의 주교 아우구스티누스의 주요 사상을 충실하게 해설하고 있다고 생각했다.[17] "아우구스티누스는 전적으로 우리 사람이다!"[18] 칼뱅은 베르나르 드 클레르보Bernhard de Clairvaux 같은 중세 초기 저술가들을 높이 평가했다.[19] 중세 후기 신학을 부적절한 것으로 여기는 경향이 있긴 했지만, 칼뱅이 중세 신학의 방법론과 전제 중 일부를 자신의 사상에 편입시킨 것은 분명하다.[20] 칼뱅은 주의주의 쪽으로 기울었고 미세하게나마 논리-비판적 방법론을 활용했는데, 이는 특정 저술가나 학파와의 유사성이라기보다는 그 시대 신학의 표준 지식과의 유사성이라고 보아야 한다. 마지막으로, 칼뱅은 1세대 종교개혁가들에게도 큰 빚을 졌다. 그중 딱 세 명만 꼽자면 루터, 스트라스부르에서 사귄 부처, 박식한 필리프 멜란히톤이 있다.[21]

허락된 지면 안에서 칼뱅의 사상을 자세히 분석하는 건 불가능하다. 그래서 칼뱅이 《기독교 강요》에서 설명한 것을 토대로 그가 말하는 기독교를 개관하고자 한다.

1559년판 《기독교 강요》: 개요

칼뱅이 《기독교 강요》에서 발표한 내용은 다음과 같이 네 권으로 나뉜다. 1권에서는 하나님에 관한 교리, 특히 창조와 섭리에 관한 사상을 다룬다. 2권에서는 인간의 죄에 관한 논의, 구속자 예수 그리스도의 위격과 사역에 관한 집중 분석을 포함하여 구속론의 기초를 다룬다. 3권에서는 믿음, 중생, 칭의, 예정의 교리에 관한 분석을 포함하여 이 구속을 개인에게 적용하는 문제를 다룬다. 4권에서는 사역자, 성례, 국가와의 관계 등 교회와 직접적인 관련이 있는 다양한 문제를 고려하여 구속 공동체의 생활을 다룬다.

분량이 많다 보니 《기독교 강요》의 구성을 간소화하려는 시도는 뭐든 환영을 받는다. 그런 점에서 이 작품이 삼위일체의 구성을 따른다고 보는 것도 도움이 된다. 1권은 성부 하나님을, 2권은 성자 하나님을, 3권은 성령 하나님을, 4권은 교회를 다룬다. 이런 식의 개요는 작품 안에서 각 내용의 위치를 쉽게 찾을 수 있게 해 준다. 그렇다고 내용을 구성할 때 칼뱅의 머릿속에 이런 개요가 있었다고 생각해서는 안 된다. 예를 들어, 칼뱅은 직접 3권의 내용을 요약할 때 성령을 언급하지 않았다.

1권

《기독교 강요》 1권은 기독교 신학의 기본 문제 중 하나를 논하며 시작한다. 우리는 어떻게 하나님에 관하여 아는가? 그런데 칼뱅은 이 문제를 제대로 논하기도 전에 "하나님을 아는 지식과 우리 자신을 아는 지식은 서로 연결되어 있다"(I.i.1)고 강조한다. 하나님을 아는 지식이 없으면, 우리는 우리 자신을 제대로 알 수 없다. 우리 자신을 알지 못하면, 우리는 하나님을 알 수 없다. 이 두 지식은 '갖가지 끈으로 서로 연결되어' 있다. 이 둘은 구분되나 분리되지 않는다. 어느 한쪽을 따로 떼어 놓는 것이 불가능하다. 이 원리는 세상을 강하게 긍정하는 칼뱅의 신학을 이해하는 데 아주 중요하다. 하나님을 아는 지식은 인간의 본성을 아는 지식 또는 세상을 아는 지식과 분리

장 칼뱅의 생애와 사상

할 수도 융합할 수도 없다. 변증은 하나님과 세상, 창조주와 피조물 사이에서 세심하게 균형을 맞춘 상호작용을 토대로 이뤄진다.

하나님은 '이 세상의 창조주이자 최고 통치자'이시다. 하나님을 아는 지식을 다루면서, 칼뱅은 하나님이 창조하신 온 세상에서, 즉 인간 안에서, 자연질서 속에서, 역사 과정 안에서 하나님에 관한 일반 지식을 파악할 수 있다고 단언한다. 이 지식의 주요 근거는 두 가지인데, 하나는 객관적인 것이고 다른 하나는 주관적인 것이다. 첫 번째 근거는 하나님이 모든 인간 안에 심어두신 '신 의식*sensus divinitatis*' 또는 '종교의 씨앗*semen religionis*'이다(I.iii.i; I.v.1). 하나님은 인간에게 하나님의 존재를 인지하는 천부적 감각 또는 육감을 주셨다. 마치 모든 인간의 마음에 하나님에 관한 무언가가 새겨져 있는 것 같다(I.x.3). 칼뱅은 본성에 심긴 '신 의식'의 세 가지 결과를 밝힌다. 첫째는 종교의 보편성(기독교 계시에 관한 지식이 없으면, 종교의 보편성은 우상숭배로 흐른다: I.iii.1), 둘째는 양심의 가책(I.iii.2), 셋째는 하나님에 대한 비굴한 두려움(I.iv.4)이다. 칼뱅은 이 모든 것이 기독교 복음 선포의 접촉점이 될 수 있다고 말한다.

두 번째 근거는 세상의 질서에 관한 경험과 반성에 있다. 인간 안에서 절정을 이룬 창조 질서를 둘러보면, 하나님이 창조주라는 사실을 깨닫고 이와 함께 하나님의 지혜와 공의에 감사하게 된다(I.v.1-15). "하나님은 아름답고 우아한 하늘과 땅의 구조 속에 자신을 드러내셨고, 또한 날마다 자신을 드러내기를 기뻐하셨다. 그러므로 사람은 눈을 뜰 때마다 하나님을 알아채지 않을 수 없다"(I.v.1). 체베리의 남작 에드워드 허버트Edward Herbert나 아이작 뉴턴Isaac Newton 같은 후세 저술가들의 이신론理神論를 떠올리지 않고는 《기독교 강요》의 이 부분을 이해하기 어렵다. 이 부분에 관해서는 칼뱅이 자연과학에 끼친 영향을 고찰할 때 다시 살펴볼 것이다.

칼뱅은 기독교 신자들만 특이하게 창조 질서에서 하나님에 관한 지식을 얻는다고 말하지 않는다. 이 점이 중요하다. 칼뱅은 창조 질서를 이성적으로 성찰하면 **누구나** 하나님에 관한 생각에 이를 수 있다고 주장한다. 창조 질서는 하나님의 존재와 본성과 속성을 보여 주는 '극장'(I.v.5)이자 '거울'(I.v.11)이다. 하나님은 볼 수도 없고 헤아릴 수도 없는 분이지만, 눈에 보이는 피조물로 자신을 알리신다. 보이지 않는 하나님이 창조의 옷을 입고 자신을 알리신다(I.v.1).

장 칼뱅의 생애와 사상

그래서 칼뱅은 천문학과 같은 자연과학을 칭찬한다. 경이로운 창조 질서를 더 잘 보게 해 주고, 그 질서가 가리키는 하나님의 지혜를 더 깊이 바라볼 수 있게 해 주기 때문이다(1.v.2). 그런데 의미심장하게도, 칼뱅은 계시를 드러내는 '기독교' 자료는 전혀 언급하지 않는다. 칼뱅의 주장은 경험적 관찰과 추론에 바탕을 두고 있다. 혹시라도 칼뱅이 성경 구절을 소개한다면, 그것은 하나님에 관한 일반적이고 자연적인 지식을 우선 규명하기 위해서가 아니라 그 지식을 강화하기 위해서다. 칼뱅은 '기독교 공동체 안에 있는 사람들과 밖에 있는 사람들이 공통으로'(1.v.6) 하나님을 포착하는 길이 있다고 강조한다.

칼뱅은 하나님에 관한 일반 지식의 토대를 다진 뒤 이 지식의 단점을 강조한다. 칼뱅의 대화 상대는 키케로다. 키케로가 쓴 《신들의 본성에 관하여De natura deorum》는 하나님에 관한 자연적 지식을 설명한 가장 영향력 있는 고전으로 꼽힌다.[22] 하나님과 인간의 지식 차이는 이미 어마어마한데, 인간의 죄 때문에 차이가 더 벌어진다. 자연을 통해 알게 된 하나님에 관한 지식은 불완전하고 혼란스럽고 때로는 모순되기까지 한다. 그래도 인간에게는 이 지식이 있으므로 하나님을 무시하는 자신의 행동을 변명할 수 없다. 그렇지만 자연적 지식은 하나님의 본성, 성격, 목적을 오롯이 묘사하기에 부적합하다. 그래서 칼뱅은 성경의 계시라는 개념을 소개한다. 성경은 자연을 통해 알려진 하나님에 관한 지식을 반복해서 말하는 동시에 이 일반 계시를 명확히 하고 강화한다(1.x.1). "하나님을 아는 지식은 세계의 질서와 모든 만물 속에 분명히 드러나 있지만, 하나님의 말

칼뱅이 말하는 기독교: 메시지

씀에 더 분명하고 친숙하게 나타나 있다"(I.x.1). 신자들은 오직 성경을 통해서만 하나님이 역사 속에서 행하신 구속 활동, 예수 그리스도의 삶과 죽음과 부활에서 절정을 이룬 하나님의 구속 사역을 알 수 있다(I.vi.1-4). 칼뱅은 계시가 예수 그리스도에게 초점이 맞춰져 있다고 본다. 하나님을 아는 지식은 예수 그리스도를 통해 우리에게 전달된다(I.vi.1).

오직 성경 기록을 통해서만 예수 그리스도를 알 수 있다. 그러므로 성경은 신학자들과 신자들에게 무엇보다 중요하고 꼭 필요하다. 그런데 칼뱅은 성령의 영감을 통해서만 성경을 제대로 읽고 이해할 수 있다고 덧붙인다(I.vii.1). 그렇다고 성경의 영감을 기계적으로나 문자적으로 이해하지는 않는다. 이따금 기계적인 영감관觀을 보여 주는 듯한 이미지를 사용한 것은 사실이다. 예를 들어, 칼뱅은 가끔 성경 저자들을 '서기'나 '필기자' 또는 성령이 하는 말을 '받아쓰는' 사람으로 언급한다. 그러나 이런 이미지는 '적응' 또는 '눈에 보이는 인물'처럼 은유로 이해해야 한다. 성경의 내용은 참으로 신성하지만, 그 내용이 구현된 형태는 인간적이다. 성경은 '하나님의 말 verba Dei'이 아니라 '하나님의 말들verbum Dei'이다. 성경은 말씀 자체가 아니라 말씀을 **기록**한 것이다. 칼뱅의 사상에서 다른 많은 부분이 그렇듯, 이 부분에도 성육신의 원리와 유사한 점이 있다. 신성과 인성은 서로 굽히거나 파괴하지 않고 공존한다. 성경은 그 근원 때문에 신의 권위를 부여받은, 인간의 말을 통해 전달된 하나님의 말씀을 대변한다.

따라서 하나님은 예수 그리스도를 통해서만 오롯이 드러나고, 예수 그리스도는 성경을 통해서만 드러난다. 물론 창조 질서 역시 이 계시의 중요한 접촉점과 불완전한 울림을 제공한다. 칼뱅은 이렇게 하나님을 아는 방법을 알아본 뒤 하나님에 관해 알려진 것들을 살펴본다. 이 시점에서 자연은 뒤로 밀려난다. 칼뱅이 하나님의 본성과 관련하여 가장 먼저 해설한 삼위일체 교리는 일반 계시나 자연을 통해 얻을 수 있는 통찰보다는 특별한 계시에 의존하는 성경 교리로 다뤄진다. 난해한 용어(특히 '위격'과 '본질' 같은) 때문에 이 교리가 난관에 부딪힐 것으로 생각한 종교개혁가가 많았다. 마르틴 부처는 하나님에 관한 교리를 해설하면서 성경에 없는 용어를 사용하는 것을 망설였다. 칼뱅은 "오직 하나님의 거룩한 말씀만을 인도자로 삼아서 말하고 생각하며, 그 이상을 벗어나지 않도록 해야 한다"(I.xiii.21)라는 원칙을 세웠다. 그렇다면 성경에 상세한 해설은커녕 명확한 표현조차 없는 삼위일체 교리는 어떻게 그 타당성을 증명할 수 있을까? 칼뱅은 이렇게 대꾸한다. "하나님은 자신이 한 분이라고 선언하시지만, 우리가 자신을 삼위三位로 이해하도록 분명하게 제시하신다"(I.xiii.2). 하나님 안에 계신 삼위는 분리가 아니라 구별로 이해해야 한다(I.xiii.17).

개혁주의 정통 신학은 독창적인 신학이 아니므로, 칼뱅은 주로 그리스도의 신성을 변호하는 방어적 교리로 삼위일체를 설명한다(I.xiii.22-28). 칼뱅은 예수 그리스도가 지식과 구원의 중재자이심을 강조한다. 따라서 본격적으로 삼위일체 교리를 다루기 전에 될 수 있으면 빨리 그리스도의 신성을 확고히 해야 했다. 하나님과 우리 자신을 아는 지식과 구원은 이 중재자를 통해 전달된다. 따라서 칼뱅이 이 토대 위에 세운 구조물이 단단한 땅에 기초하고 있다는 사실을 입증해야 했다.

칼뱅은 "우리가 가진 지혜는 … 거의 모두가 두 부분으로 이루어져 있으니, 하나는 하나님을 아는 지식이고 또 하나는 우리 자신을 아는 지식이다"(Ⅰ.i.1)라고 선언하며《기독교 강요》를 시작했다. 하나님에 관한 교리의 기본 특징을 다루었으니, 이제는 인간 본성에 관한 질문들을 살펴볼 차례다. 본론에서 벗어나 천사들의 본성과 습성을 비범하고 장황하게 설명한 뒤(Ⅰ.xiv.3-19), 칼뱅은 "하나님의 공의와 지혜와 선하심을 드러내는 가장 고귀하고 탁월한 표본"(Ⅰ.xv.1)인 인간의 본성에 관한 논의로 넘어간다. 인간은 하나님의 형상을 따라서 하나님의 모양대로 창조되었고, 자유의지를 부여받았으나 이 의지는 타락으로 말미암아 위태로워졌다. 인간은 다른 동물들과 구별되는 존엄성을 부여받았다. 하나님의 형상을 따라서 하나님의 모양대로 창조된 까닭에 인간은 '하나님의 영광을 비추는 거울'(Ⅰ. xv.4)로 불린다. 그러나 우리가 알고 있듯이, 인간의 본성은 이 영광을 불완전하게 비출 뿐이다. 하나님의 영광은 오직 그리스도 안에서만 온전히 드러난다. 초반부에서부터 그리스도가 중심이 되는 칼뱅 신학의 특징이 확연히 드러난다. 인간의 진정한 본성은 예수 그리스도의 위[12]에서 드러난다. 우리 인간의 본성과 예수 그리스도의 본성 사이에는 연속성과 불연속성이 동시에 존재한다. 우리가 회복되어야만 하나님과 온전히 교제할 수 있다면, 이는 인간의 쇄신 가능성과 필요성을 함께 보여주는 것이다.

칼뱅은 하나님의 섭리라는 개념을 설명하는 것으로 창조주 하나님에 관한 논의를 마친다. 1536년판에서는 이 교리에 따로 장(章)을 할애하지 않았다. 1539년판에서는 이 교리를 예정론과 함께 다루었다. 그런데 이 1559년판에서는 이 교리가 예정론에서 해방되어 창조 교리의 한 측면으로 모습을 드러낸다. 왜일까? 칼뱅은 섭리가 창조의 연장이라고 말하고 싶었던 것 같다. 세상을 창조하신 하나님은 안내하고 지탱하면서 그 세상을 계속 보살피신다(I.xvii.1). 모든 피조물은 창조주에게 지혜롭고 자비로운 영향을 받는다.

2권

"예수 그리스도가 우리의 구속주로 자신을 드러내신 점"을 고려할 때 2권에서 다루는 주제 역시 하나님을 아는 지식이라 할 수 있다. 창조주 하나님에 관한 지식은 창조 질서에서 불완전하고 단편적으로나마 얻을 수 있지만, 구속주 하나님에 관한 지식은 성경이 증언하듯이 오직 예수 그리스도를 통해서만 얻을 수 있다. 칼뱅은 타락과 그로 말미암은 결과, 율법과 복음의 관계, 구약과 신약의 관계 등 구속의 전제들을 분석하는 것으로 그리스도를 통한 구원에 관한 논의를 시작한다.

칼뱅은 죄의 본질과 죄가 인간의 본성에 미친 결과를 자세히 설명한다. 그래서 1권과 중복되는 내용도 조금 있다. 본래 하나님이 창조하신 인간은 모든 면이 좋았다. 타락으로 말미암아 타고난 인간의 은사와 능력은 근본적인 손상을 입었다(칼뱅은 타락이 파멸적인 결과를 불러왔다고 생각한다). 인류의 연대책임이라는 개념은 모든 인간이 아담의 타락을 공유한다는 주장의 기초가 된다(II.i.7). 인간의 자유의지는 파괴되지는 않았어도 무력해져서 죄와 맞서 싸우지 못한다. 우리가 "빼앗긴 것은 의지가 아니라 건강한 의지다"(II,iii,5). 결과적으로 인간의 이성과 의지 모두 죄에 오염되었다. 따라서 불신앙은 이성 못지않게 의지가 하는 일로 간주된다. 불신앙은 창조 질서 속에서 단순히 하나님의 손을 알아채지 못한 것이 아니라, 하나님의 손을 알아채지 **않고** 하나님께 순종하지 **않으려는** 의도에서 비롯된 결정이다.

칼뱅은 관련은 있으나 뚜렷이 다른 두 가지 차원에서 타락의 결과를 설명한다. 먼저, 지식의 차원에서 인간에게는 창조 질서 속에서 하나님을 오롯이 알아보는 데 필요한 이성과 의지가 없다. 둘째, 구원의 차원에서 인간에게는 구원을 얻는 데 필요한 것이 없다. 인간은 (죄로 말미암아 정신과 의지가 쇠약해져서) 구원받기를 **원하지** 않고, (구원은 하나님에 대한 순종을 전제로 하는데, 이제는 죄로 말미암아 하나님에게 순종할 수 없으므로) 자신을 구원**할 수도 없다**. 따라서 하나님과 구원에 관한 참된 지식은 인간 상황 밖에서 와야 한다. 칼뱅은 이런 식으로 중재자 예수 그리스도에 관한 교리의 기초를 다진다.

그런 다음 칼뱅은 이 중재자의 강림을 위해 역사 속에서 어떤 준비가 이뤄졌는지 설명한다. 칼뱅은 아브라함과 그의 후계자들에게 율법을 주신 것을, 인간 상황을 구원하시려는 섭리에 따른 계획의 첫걸음으로 본다.

칼뱅은 '율법'이라는 단어가 단순히 십계명을 의미하는 것이 아니라 '모세를 통해 전달된 신앙의 형식'을 가리키는 것으로 이해한다(II,vii,1). 이 율법은 유대인들에게 은혜의 선물이었고, 예수 그리스

장 칼뱅의 생애와 사상

도가 오셔서 율법에 제시된 징조와 약속을 모두 성취하실 것을 미리 알려 주었다. 칼뱅은 율법의 많은 부분을 별로 존중하지 않고, 고대 근동의 소농 국가에서 시작된 낡은 유대 전통 또는 미신에 지나지 않는 것으로 여긴다.

하나님께 동물의 비계와 냄새나는 내장을 바쳐서 그분과 화해할 수 있다는 발상보다 더 무의미하고 어리석은 생각이 어디 있겠는가? 핏방울이나 물방울 조금으로 당신 영혼에 생긴 얼룩을 없앨 수 있다고 생각하는가? 요컨대 율법이 한 좋은 일이 이게 전부라면(율법이 앞으로 올 무언가를 가리키거나 거기에 부합하는 어떤 진리를 상징하는 것이 아니라고 가정하면), 율법은 그저 농담 같은 것에 불과할 것이다.

칼뱅에 따르면 유대교의 목적은 예수 그리스도를 가리키는 것이다. 칼뱅은 이 사실을 밝히면서 구약의 독자들이 본문에 묘사된 이상한(솔직히 말하면 원시적인) 관행과 견해를 이해할 수 있게 해 주는 일련의 원리를 진술한다. 율법의 도덕적 측면과 의식적·사법적 측면은 구분된다. 의식 절차에 따라 동물을 도살하는 정확한 방법, 정화 의식, 다양한 음식 금기에 관한 자세한 규정이 포함된 의식적·사법적 성격의 율법은 이제 더는 쓸모없는 것으로 간주한다. 후대의 언어로 표현하려면, 이런 성격의 율법은 역사나 문화에 어울리게 조정되어야 하는 것으로 인식했다. (덧붙여 말하자면, 칼뱅은 나중에 이자를 받고 돈을 빌려주는 것을 금지한 구약의 금기에 관해서도 비슷한 주장을 편다. 386-387쪽) 이런 점에서 칼뱅은 구약 종교의 원시적 성격을 경멸하는 계몽주의 시대 이성론자처럼 말한다. 그러나 칼뱅은 문화적인 의식과 조건 아래서 사는 요즘 그리스도인과도 관계있는 행동 양식을 율법 안에서 발견할 수 있다고 주장한다. 예를 들어, 십계명에 명시된 도덕 규정들은 그리스도인에게 여전히 구속력이 있다.

도덕적 성격의 율법은 요즘 시대에 어떤 기능을 할까? 부처와 멜란히톤 같은 다른 개혁가들과 마찬가지로, 칼뱅은 여기에 세 가지 기능이 있다고 본다. 우선, 율법에는 교육적 측면*usus theologicus legis*이 있다. 율법은 죄의 실재를 깨닫게 하고, 그리하여 구원의 토대를 마련하는 능력이 있다(II.vii.6-7). 둘째로, 율법에는 정치적 기능이 있다*usus civilis legis*. 율법은 회개하지 않고 회심하지 않은 자들이 도덕적 혼란에 빠지지 않게 해 준다(도시 내에서 불안이 고조되는 것을 우려하던 유럽 도시들을 위한 배려). 마지막으로, 율법에는 세 번째 용도*tertius asus legis*가 있다. 그것은 바로 하나님의 뜻에 좀 더 온전히 복종하도록 신자들을 격려하는 기능이다. 게으른 나귀의 엉덩이를 채찍으로 때리는 것과 거의 같은 논리다(II.vii.12). 칼뱅을 비판하는 많은 사람, 특히 루터파에 속한 사람들은 이것을 율법과 복음을 혼동한 것으로 보고, 기독교 율법주의를 부추겼다며 자주 칼뱅을 비난했다.

이것은 구약을 신약과 같은 위치에 두는 것처럼 보일 수 있다. 그래서 칼뱅은 구약과 신약의 유사점과 차이점을 확인하여 이 둘의 관계를 조금 더 정확히 규명해야만 했다. 칼뱅은 다음 세 가지를 토대로 구약과 신약 사이에 근본적인 유사성과 연속성이 있다고 주장한다. 첫째로, 하나님의 뜻은 불변한다는 점을 강조한다. 구약에서 하나님이 하실 수 없는 어떤 일이 있다면, 하나님은 신약에서 전

장 칼뱅의 생애와 사상

혀 다른 일을 함으로써 구약에서 드러낸 자기의 뜻을 이으신다. 둘 사이에는 근본적으로 행동과 의도의 연속성이 있어야 한다. 둘째로, 구약과 신약 둘 다 예수 그리스도 안에 나타난 하나님의 은혜를 찬양하고 선포한다. 구약은 '멀리서 모호하게' 예수 그리스도를 증언할 수 있을 뿐이다. 그러나 그리스도가 오실 것이라는 구약의 증언은 진짜다. 셋째로, 구약과 신약 둘 다 하나님의 은혜를 증언하는 '같은 표징과 성례'(II.x.5)를 담고 있다.

그래서 칼뱅은 본질과 내용 면에서 구약과 신약이 일치한다고 주장한다. 근본적으로 둘 사이에는 불연속성이 없다. 구약은 연대기상 하나님의 구원 계획에서 신약과 다른 위치에 있다. 하지만 (올바로 이해하기만 한다면) 그 내용은 같다. 계속해서 칼뱅은 구약과 신약의 차이점 다섯 가지를 알아본다. 물론 이 차이점들은 본질의 차이가 아니라 시행 방식의 차이다.

1. 신약은 구약보다 훨씬 더 분명하다(II.xi.1). 특히 보이지 않는 것들에 관해서 구약보다 확실하고 분명하게 드러낸다. 구약은 눈에 보이고 손으로 만질 수 있는 것에 대한 집착에 사로잡히는 경향이 있다. 이런 성향은 눈에 보이고 손으로 만질 수 있는 것들 뒤에 있는, 보이지 않는 목표, 희망, 가치를 가릴 수 있다. 칼뱅은 가나안 땅을 예로 들어 이 점을 설명한다. 구약은 가나안 땅을 현세에서 소유하는 것 자체를 목적으로 여기는 경향이 있지만, 신약은 가나안 땅이 신자들을 위해 하늘에 마련된 미래의 유산을 가리키는 것으로 여긴다. 그래서 유대인들은 세속적인 성공과 성취의 비유를

사용하여 불멸이라는 희망을 얻었다. 이 열등한 방식은 이제 한쪽을 향해 있다.

2. 구약과 신약은 상당히 다른 방식으로 형상에 접근한다(II.xi.4). 구약은 다양한 비유와 시각적 이미지를 통해 실체를 표현한다. 이런 표현 방식으로는 진리를 간접적으로 만날 수밖에 없다고 칼뱅은 지적한다. 이와 달리 신약은 진리를 즉시 경험할 수 있게 해 준다. 구약은 "진리의 이미지, … 실체 대신 그림자만" 보여 주고, "언젠가는 명확히 드러날 그 지혜를 미리 맛만 보게 해 준다"(II.xi.5). 이와 달리 신약은 진리를 직접 충분히 보여 준다.

3. 구약과 신약의 세 번째 차이점은 율법과 복음의 차이 또는 조문과 성령의 차이가 중심이다(II.xi.7). 구약은 힘을 북돋는 성령의 활동을 가리키되 불러오지 못하지만, 신약은 이 힘을 전달할 수 있다. 율법은 명령하고 금지하고 약속할 수 있지만, 애초에 그런 명령이 필요하게 만든 인간의 본성에 근본적인 변화를 불러오는 데 필요한 자원이 없다. 복음은 "모든 인간 안에 자연스레 존재하는 삐뚤어진 성미를 바꾸거나 고칠" 수 있다. 율법과 복음을 극단적으로 대립시키는 것이 루터(와 그 이전의 마르키온)의 특징인데, 칼뱅은 그러지 않는다는 점도 흥미롭다. 율법과 복음은 서로 연관되어 있고, 대척점에 서 있지 않다.

4. 칼뱅은 세 번째 차이에서 네 번째 차이가 나온다면서, 율법과 복음이 자아내는 감정이 다르다고 주장한다. 구약은 두려워 떠는 반응을 불러오고 양심을 속박하지만, 신약은 자유와 기쁨의 반응을 낳는다(II.xi.9).

장 칼뱅의 생애와 사상

5. 구약의 계시는 유대 민족으로 한정되지만, 신약의 계시는 모든 인류를 포괄한다(II.xi.11). 칼뱅은 옛 언약의 범위를 이스라엘로 한정한다. 그런데 예수 그리스도가 오시자 이 벽이 무너졌고 유대인과 헬라인, 할례를 받은 자와 받지 않은 자의 구분이 없어졌다. 이방인들을 부르신 것은 신약이 구약과 다른 점이다(II.xi.12).

구약과 신약의 차이점과 신약이 구약보다 뛰어난 이유를 설명하는 내내, 칼뱅은 옛 언약에 속한 사람들(예를 들면, 족장들)이 새 언약에 관한 힌트를 알아챌 수 있었다는 사실을 조심스럽게 인정한다. 하나님은 마음을 바꾸거나 목적을 전면 수정하는 법이 없으셨다. 인간이 헤아릴 수 있는 이해력의 한계를 고려하여 더 명확하게 보여 주셨을 뿐이다. 한 가지 예를 들자면, 하나님은 원래 유대 민족에게만 은혜를 베풀려고 하셨다가 나중에 모든 사람에게 은혜를 베풀기로 마음을 바꾸신 것이 아니다. 예수 그리스도가 오시자 점진적으로 드러나던 거룩한 계획의 취지가 더 분명해졌을 뿐이다(II.xi.12). 칼뱅은 이 일반 원칙을 다음과 같이 요약한다. "율법 전체와 비교해 보건대, 복음이 율법보다 명확한 표현을 쓴다는 점이 다를 뿐이다"(II.ix.4). 구약과 신약 둘 다 그리스도를 보여 주고 성령의 은혜를 제시하지만, 신약이 더 명확하고 더 완전하게 보여 준다(IV.xiv.26).

구약과 신약이 같지는 않아도 예수 그리스도의 강림을 공통으로 증언한다는 사실을 강조한 뒤, 칼뱅은 이제 이 인물의 정체성과 중요성을 논할 때가 되었다고 판단한다. 그런데 구약과 신약의 일치를 강조한 탓에 아주 심각한 문제가 생겼다. 표현의 명확성을 제외

칼뱅이 말하는 기독교: 메시지

하면 옛 언약과 새 언약 사이에 근본적인 차이는 없어 보인다. 이는 구약에 나온 모호한 표현을 명확히 한 것을 빼면, 예수 그리스도의 삶과 죽음과 부활에서 비롯된 근본적인 변화가 없다는 말처럼 들린다. 새 방식(비아 모데르나)으로 구원론을 고찰하는 이들은 이 부분에 무게를 둔다. 그들은 옛 언약과 새 언약의 근본적인 차이를 인정하지 않는다. 따라서 예수 그리스도의 중요성은 신자들을 더 깊이 이해할 수 있게 해 주는 차원에서 설명해야 한다고 본다.[23]

그러나 사실은 정반대라고 칼뱅은 주장한다. 하나님의 구원 계획에서 가장 중요한 것은 예수 그리스도의 위격과 사역이다. 예수 그리스도의 공로가 없다면, 구원이 있을 수 없고, 따라서 은혜 언약도 없다. 구약과 신약이 우리에게 다른 방식으로 보여 준 이 공로는 하나님이 그리스도를 통해 이루신 일에 의존한다. 다시 말해서, 신약이 아니라 구약과 신약이 함께 그리스도의 존재와 사역을 비춘다. 이 점에서는 신약을 구약과 대비시키면 안 된다. 오히려 구약과 신약, 이 둘을 하나로 묶어서 구원받지 못한 자연질서와 대비시켜야 한다.

칼뱅은 하나님을 아는 지식과 인간의 죄에 관한 지식을 분석하는데, 이 분석은 그의 기독론의 토대가 된다. 예수 그리스도는 하나님과 인간의 중재자이시다. 중재자의 역할을 하려면, 예수 그리스도는 하나님이신 동시에 인간이어야 한다(II.xii.1). 우리의 죄 때문에 우리가 하나님에게 올라갈 수 없으니 대신 하나님이 우리에게 내려오기로 하셨다. 예수 그리스도 자신이 인간이 아니라면(칼뱅은 그리스도가 **남성**임을 중요하게 생각하지 않고 언제나 그가 **인간**임을 중요하게 생각한다. 그래서

　　　　　　　　　　　　　　　장 칼뱅의 생애와 사상

나 역시 '남성'이라는 단어를 쓰지 않는다), 그리스도의 존재나 활동으로 다른 인간들이 이득을 얻을 수 없다. "하나님의 아들이 사람의 아들이 되셨고, 본질상 그의 것을 은혜로 우리의 것이 되게 하셨고, 그의 것을 우리에게 베푸심으로써 그가 우리의 것을 취하셨다"(II.xii.2).

그리스도가 우리를 죄에서 구원하시려면, 하나님을 향한 인간의 원시적 불순종이 순종 행위보다 무거워야 한다고 칼뱅은 주장한다. 그리스도는 **인간으로서** 하나님께 순종함으로써 속죄 제물을 아버지에게 바치셨다. 갚아야 할 빚을 갚고 치러야 할 값을 치르셨다(II.xii.3). 그는 제물이 되어 죄의 빚을 갚으셨고, 죽음으로써 인류를 억압하는 죽음의 권세를 깨뜨리셨다. 흥미롭게도 칼뱅은 그리스도의 신성에 속한 모든 성질이 그분의 인성 안에 계신다(루터와 연관이 깊은 교리)고 인정하길 꺼렸다. 후기 저술가들은 칼뱅의 이런 사상에 '엑스트라 칼비니스티쿰*extra Calvinisticum*'이라는 이름을 붙였다. 칼뱅에 따르면, 하나님의 아들은 성육신할 때 스스로 인성을 취하셨지만 그분은 인성의 죄수가 되지 않으셨다. 하나님은 성육신하셨지만, 여전히 하늘에 계신다고 말할 수 있다(II.xiii.4). 하나님이 자신의 모든 것을 예수 그리스도라는 단 하나의 역사적 존재에게 다 쏟아붓는다고 말할 수 없다. 게르마누스 덕분에 유명해진 크리스마스 성가 가사가 칼뱅이 강조했던 요점을 완벽하게 표현하고 있다.

말씀이 육신이 되셨으나,
여전히 높은 곳에 계신다!

그리스도의 위격에 관한 질문들을 다룬 뒤, 칼뱅은 그리스도의 사역에 관한 문제로 넘어간다. 에우세비우스Eusebius of Caesarea까지 거슬러 올라가는 전통을 바탕으로, 칼뱅은 그리스도의 사역이 선지자와 제사장과 왕이라는 세 가지 직분munus triplex Christi으로 요약된다고 주장한다(II.xv.2). 기본 요지는 예수 그리스도가 구약에 나오는 세 가지 중요한 직분을 자신 안에 하나로 합치셨다는 것이다. 선지자의 직분을 맡은 그리스도는 하나님의 은혜를 알리고 증언하신다. 그분은 하나님의 지혜와 권위를 타고나신 교사다. 왕의 직분을 맡은 그리스도는 이 세상이 아니라 하늘에 속한 나라, 세속적인 나라가 아니라 영적인 나라의 왕이 되셨다(II.xv.3-4). 왕권은 성령의 사역을 통해 신자들에게 행사된다. 또한 사악한 자들에게도 이른다. 왕이 권한을 행사하시면 그들의 반란은 물거품이 되고 만다(II.xv.5). 마지막으로, 제사장으로서 그리스도는 자신을 속죄 제물로 바침으로써 다시 하나님의 은혜를 받을 수 있도록 우리를 회복시키신다(II.xv.6). 이 모든 면에서 그리스도는 구약의 다양한 직분을 맡아 수행하시고, 우리가 그 직분들을 새롭고 더 확실하게 이해하게 하신다.

그런 다음 칼뱅은 그리스도의 순종, 특히 그리스도의 죽음이 구원과 어떤 관계가 있는지 자세히 밝힌다(II.xvi.1-19). 구원은 오직 그리스도를 통해서만 얻을 수 있다고 칼뱅은 주장한다. 이 주장은 그리스도가 이루신 숭고한 공로에 의문을 제기한다(II.xvii.1-5). 예수 그리스도의 죽음이 죄 많은 인간을 구원할 정도로 가치 있다고 여기는 이유는 뭔가? 그리스도의 죽음에 어떤 **고유한** 가치가 있는가? 이것은 확실히 루터가 취했던 입장이다. 루터는 예수 그리스도의

장 칼뱅의 생애와 사상

신성이 그분의 고난과 죽음에 고유한 가치를 만들어 냈다고 주장했다. 그러나 칼뱅은 이 해석을 따르길 거부한다. 대신에 칼뱅은 중세 주의주의 전통과 보조를 맞춘다. 주의주의 전통은 던스 스코터스의 저술에 뚜렷이 드러나 있지만, 원숙한 형태로 표현된 것은 '비아 모데르나'와 '신 아우구스티누스 학파'의 저술에서였다. 둘 다 파리대학교와 관련이 깊다. 그리스도의 죽음의 공로는 그 죽음에 담긴 고유한 가치가 아니라 하나님이 그 죽음에 어떤 가치를 부여하기로 선택하셨는가에 달려 있다. 이것은 칼뱅의 사상과 중세 후기 사상의 가장 중요한 유사점 중 하나일 것이다.[24]

3권

구속이 예수 그리스도의 위격 및 사역과 어떤 관련이 있는지 살펴본 뒤, 칼뱅은 '그리스도의 은혜를 얻는 방법, 이 은혜가 주는 혜택, 거기에서 비롯된 결과'를 논한다. 구원의 **근거**를 논한 다음 구원의 **실현**을 논하는 것이 논리적 순서다. 그런 점에서 뒤에 나오는 주제들의 순서는 칼뱅을 연구하는 학자들을 끊임없이 곤혹스럽게 했다. 칼뱅은 다음 순서로 일련의 문제들을 논의한다. 믿음, 중생, 그리스도인의 삶, 칭의, 예정. 구원의 순서에 맞춰 이들의 관계를 다룬다고 하면, 이것과는 조금 다른 순서를 예상하게 마련이다. 특히 예정에 관한 논의가 칭의보다 먼저 나오고 거듭남이 그 뒤를 이을 것으로 예상하는 게 보통이다. 칼뱅은 신학적으로 정밀함을 꾀하기보다 배우는 사람들을 배려해서 순서를 정한 듯하다.

칼뱅은 그리스도의 은택이 우리 것이 되지 않는 한 그 은택은 여전히 우리와 무관하다는 사실에 주목함으로써 이 은택을 우리 것으로 만드는 것에 관한 논의를 시작한다. 우리가 그리스도와 떨어져 있는 한, 그가 십자가에서 이루신 모든 것은 아무 소용이 없다(III. i.1). 신자들은 믿음으로 이 은택을 자기 것으로 만든다. 따라서 첫 번째로 논의할 문제는 믿음의 본질이다. 칼뱅은 믿음을 이렇게 정의한다. 믿음은 "우리를 향한 하나님의 선하신 뜻을 아는 확고하고 정확한 지식이다. 그리스도 안에서 은혜로 받은 약속에 기반을 둔 이 지식은 성령을 통해 우리 지성에 알려지고 우리 마음에 새겨진다"(III.ii.7). 신중하게 작성한 이 정의는 몇 가지 점에서 설명이 필요하다.

믿음이 목표로 하는 대상은 **하나님**이 아니라 성경에 계시된, 우리를 향한 하나님의 뜻과 사역이다(III.ii.6). "우리의 관심사는 하나님이 원래 어떤 분인지를 아는 것이라기보다 그분이 우리에게 무엇을 바라시는지를 아는 것이다. … 믿음이란 하나님의 말씀을 토대로 우리를 향한 하나님의 뜻을 아는 것이다"(III.ii.6). 성경도 믿음의 대상은 아니다. 우리는 하나님이 하신 말씀을 모두 믿지만(III.ii.7), 믿음의 구체적인 대상은 자비를 베풀겠다고 하신 하나님의 약속이다.

하나님의 말씀 한마디 한마디가 사람의 마음에 믿음을 불러일으키는 것이 아니므로, 우리는 믿음과 말씀이 과연 무슨 관련이 있는지 살펴야 한다. 하나님은 아담에게 "네가 … 반드시 죽으리라"라고 선언하셨고, 가인에게는 "네 아우의 핏소리가 땅에서부터 내게 호소하느니라"라고 말씀하셨다. 그러나 이런 말씀은 믿음을 굳건히 하기는커녕 믿음을 흐트

장 칼뱅의 생애와 사상

러뜨릴 가능성이 크다! 물론, 하나님이 언제 무엇을 어떻게 말씀하시든 거룩한 진리를 지지하는 것이 믿음의 본분이라는 걸 부인하는 것은 아니다. 오히려 말씀 안에 숨겨져 있고 묻혀 있는 어떤 것을 믿음이 발견하는지 묻는 것이다(III.ii.7).

믿음은 자비를 베풀겠다고 하신 하나님의 약속에 기반을 두고 있다(III.ii.29). 믿음과 복음을 상관 명사('아버지와 아들', '형과 아우'처럼 늘 함께 따라다닐 정도로 연관이 깊은 명사들을 가리킴-옮긴이)로 여겨도 좋을 정도다.

그러나 믿음의 가치는 중재에 있다. 믿음은 목적이 아니라 신자 안에 실재하고 살아 계신 그리스도의 임재를 불러오는 수단이다. 믿음을 통해 그리스도는 "우리를 자기 몸에 접붙이시고 자신이 가진 유익만이 아니라 자기 자신도 함께 얻게 하신다"(III.ii.24). 믿음을 통해 예수 그리스도의 추상적인 자질이나 비인격적인 특성들만 우리 것이 되는 게 아니다. 믿음을 통해 우리는 살아 계신 그리스도와 인격적인 관계를 맺는다. (칼뱅은 약간의 시간을 들여 안드레아스 오시안더와 자신이 이 관계의 본질을 얼마나 다르게 이해하고 있는지를 설명한다. 오시안더는 이 관계가 인성을 지닌 그리스도가 느끼는 지독한 혼란에 불과하다고 본다.)[25] 믿음이 의지하고 감사히 여기는 약속들은 우리에게 그리스도를 보는 눈과 그분을 아는 지식 이상을 제공한다. 그리스도와 인격적인 교제를 나누게 해 준다(III.xvii.1). 따라서 믿음은 예수 그리스도의 임재를 신자의 삶에 흘려보내서 신자의 삶을 완전히 바꾸어 놓는다. "우리는 예수 그리스도를 얻고 그를 알게 된다. 자비로우신 하나님이 그를 우리에게 주셨기 때문이다. 그리스도에게 참여함으로써 우리는 두 가

칼뱅이 말하는 기독교: 메시지

지 은혜를 받는다. 첫째는 흠 없으신 그리스도를 통해 하나님과 화목하게 된다. … 둘째로, 그리스도의 영으로 말미암아 거룩하게 된다"(III.xi.1). 계속해서 칼뱅은 우리가 믿음으로 그리스도와 연합할 때 생기는 결과를 알아보고, 칭의와 성화의 교리에 관한 논의로 넘어간다.

이신칭의 교리는 종교개혁의 중심 교리이자 '교회와 운명을 같이하는 조항'이라는 인식이 널리 퍼져 있다. 루터가 개혁 신학을 전개한 중요한 출발점이었고 일평생 가장 중요하게 생각한 교리이기도 하다.[26] 그러나 2세대 종교개혁가들은 1세대 종교개혁가들만큼 이 교리를 중요하게 생각하지는 않았다. 칼뱅 역시 이신칭의를 '기독교 신앙의 으뜸가는 조항'(III.xi.1)이라고 언급하긴 하지만, 이는 앞 세대에게 이 교리가 얼마나 중요했는지를 인정하는 말에 가깝다. 칭의 교리가 기독교 신앙에서 **그의** 중심 사상은 아니었다. 실제로 처음 종교개혁의 바람이 불 때는 칭의론, 나아가 행위를 기준으로 신앙심을 판단하는 가톨릭교회 때문에 괴로워하는 개인의 양심과 칭의의 관계를 줄기차게 이야기했다. 그러나 두 번째로 종교개혁의 바람이 불 때는 도시 사회의 필요에 맞는 교회 조직과 규율 같은 문제들로 투쟁의 장場이 바뀌었다.[27] 루터는 개인주의 관점에서 그리스도인의 존재를 바라보았다. 지역적 배경에 영향을 받은 이 시각은 그가 설명하는 칭의 교리에 잘 나타나 있다. 그러나 츠빙글리, 부처, 칼뱅과 같은 유럽 남서부 도시의 종교개혁자들은 루터와 달리 단체의 개념으로 그리스도인의 존재를 이해했다.

그러나 칼뱅의 시대에도 칭의 교리가 제기한 문제는 여전히 해결되지 않은 상태였다. 그중 두 가지 문제가 특히 중요했다. 첫 번째는 예수 그리스도가 칭의에 개입하는 방식에 관한 문제였다. 필리프 멜란히톤은 '법정적 칭의'라는 개념을 발전시켰다. 그는 '그리스도의 의가 전가됨으로써 의롭다고 선언되는 것'으로 칭의를 이해했다. 이 정의로 칭의라는 용어의 뜻이 꽤 명확해지긴 했지만, 그 대가로 그리스도가 순전히 비본질적이고 비인격적인 방식으로 칭의에 개입하는 꼴이 되었다. 멜란히톤의 이론에 따르면, 칭의는 그리스도의 속성이나 자질, 또는 그가 가진 유익이 신자에게 전가되는 것을 뜻하지, 루터가 칭의 개념의 중심 요소로 생각했던 그리스도와 신자의 인격적인 만남을 의미하지 **않는다**. 비인격적 속성의 단순한 전가가 아니라 그리스도의 실재를 강조한 루터의 견해를 복원하는 동시에 멜란히톤이 주장하는 법정적 칭의 교리를 지지할 방법은 없을까?

두 번째는 하나님의 계획과 인간의 반응에 관한 문제다. 하나님이 아무 대가 없이 죄인을 의롭다 하시는 것과 의롭다 하심을 얻은 신자에게 나중에 순종을 요구하는 것을 과연 어떻게 조화롭게 설명할 수 있을까? 하나님이 은혜를 거저 주신다는 루터의 말은 공교롭게도 그리스도인의 삶에 행위가 설 자리가 없다는 말처럼 들렸다. 물론 그것은 오해이고, 칭의가 거저 받은 선물이라는 점을 강조하려한 루터의 의도를 이해하지 못할 것도 아니었다. 츠빙글리는 도덕적 중생이 칭의를 좌우하게 만듦으로써 이 문제를 해결했다. 신자가 스스로 얻은 도덕적 지위를 하나님이 칭의 과정에서 확인 또는 확정하시는 것이다. 루터는 그리스도인의 삶에서 순종이 거할 자리를 내주지 않는 듯했고, 츠빙글리는 순종이 그리스도인의 삶을 좌우하게 만

칼뱅이 말하는 기독교: 메시지

드는 듯했다. 확실히 이 문제는 명확한 정리가 필요했다.[28]

칼뱅은 이 두 가지 문제를 모두 해결했다. 첫 번째 문제는 '신자를 그리스도 안에 접붙인다_insitio in Christum_'는 개념으로 해결했다. 신자는 믿음을 통해 예수 그리스도와 영적으로 연합한다. 그리하여 우리는 "그리스도가 가진 유익만이 아니라 그리스도 자신도 함께 얻는다"(III.ii.24). 믿음을 통해 그리스도의 모든 것이 우리 것이 된다. 그와 함께함으로써 우리는 그가 가진 유익을 공유한다. 이는 신자들 안에 그리스도가 실재하신다는 사실을 강조한 루터의 견해와도 일치하고, 신자들이 그리스도가 가진 유익(그리스도의 '의'와 같은)을 공유한다고 주장한 멜란히톤의 견해와도 일맥상통한다.

두 번째 문제는 첫 번째 문제에서 바로 이어진다. 하나님의 판단으로 죄인을 받아들이시는 것(칭의)은 도덕적 진보나 도덕적 중생(성화)에 좌우되지 않는다. 그렇다고 칭의가 성화를 불필요하게 만드는 것도 아니다. 칼뱅은 칭의와 성화 둘 다 신자가 그리스도에게 접붙여져서 생긴 직접적인 결과로 이해했다. 만약 신자가 믿음으로 말미암아 그리스도와 연합하게 되었다면, 그는 연합과 동시에 하나님에게 받아들여지고(칭의), 도덕적 진보의 길(성화)로 나아간다. 칼뱅은 이제까지 서로를 이을 끈이 필요한 독립체로 여겼던 두 요소를 신자와 그리스도가 연합하면서 생긴 부차적 결과로 취급한다. 그렇게 해서 하나님이 아무 대가 없이 우리를 받아들이신다는 주장과 우리에게 순종을 요구하신다는 주장을 모두 지지했다.

칼뱅 사상에서 칭의가 가장 중요한 교리가 아니라면, 예정 역시 마찬가지다. 칭의 교리를 무척이나 강조한 루터에게 익숙해진 나머지 칼뱅 역시 그럴 것으로 예상하는 저술가들이 더러 있는 것처럼, 후기 개혁주의 정통 신학 안에는 예정론에 특별한 관심을 쏟으며 칼뱅의 글을 다시 읽는 저술가들이 더러 있다. 그러나 칼뱅은 예정 교리에 겨우 4개 장章을 할애할 정도로 이 교리를 그리 중요하게 다루지 않는다(III.xxi-xxiv). 칼뱅은 예정을 '하나님의 영원한 작정'으로 정의한다. "영원 전부터 하나님은 각 사람이 어떻게 될지에 관하여 자기가 원하는 뜻대로 미리 정하셨다. 하나님은 모든 사람을 같은 조건으로 창조하지 않으셨다. 어떤 사람은 영원한 생명에 이르고 어떤 사람은 영원한 파멸에 이르도록 정하셨다"(III.xxi.5). 예정은 우리 안에 경외심을 불러일으키는 교리다. 'decretum borribile'(III. xxiii.7)는 '무시무시한 작정horrible decree'이 아니다. '무시무시한 작정'은 라틴어 단어의 뉘앙스에 전혀 신경 쓰지 않고 대충 옮긴 표현이다. 그보다는 '경외심을 불러일으키는' 작정, 또는 '두려워할 만한' 작정이라고 해야 한다.

1559년판《기독교 강요》에서 예정론이 등장하는 위치가 중요하다. 칼뱅은 은혜 교리를 해설한 뒤에 예정론을 다룬다. 이신칭의와 같은 은혜 교리의 위대한 주제를 자세히 설명한 뒤에야 칼뱅은 예정이라는 이해하기 어렵고 매우 까다로운 주제로 넘어간다. 논리상 예정은 은혜에 관한 분석보다 앞에 나와야 한다. 예정은 결국 하나님이 개개인을 선택하시는 근거, 그리고 선택된 이들의 칭의와 성화의 근거가 되기 때문이다. 그런데 칼뱅은 그런 논리 규범에 굴복하길 거부한다. 왜일까?

칼뱅은 정확한 맥락에서 예정을 고찰해야 한다고 생각했다. 예정은 인간의 추측의 산물이 아니라 하나님의 계시의 신비다(I.ii.2; III. xxi.1-2). 그러나 예정은 특정한 **맥락**에서 특별한 **방식**으로 드러난다. 예정이 드러나는 방식은 예수 그리스도와 관계가 있다. 예수 그리스도는 '우리가 선택되었다는 사실을 볼 수 있는 거울'(III.xxiv.5)이기 때문이다.[29] 예정이 드러나는 맥락은 복음 선포의 효험과 관계가 있다. 왜 어떤 이들은 기독교의 복음에 반응하고 어떤 이들은 반응하지 않을까? 어떤 이들이 반응하지 않는 이유는 복음이 효험이 없어서, 복음에 고유한 결함이 있어서일까? 아니면 다른 이유가 있어서 이렇게 반응이 엇갈리는 걸까?[30]

칼뱅은 무미건조하고 추상적인 신학상의 추측이 아니라 눈에 보이는 사실에서부터 예정에 관한 분석을 시작한다. 어떤 이들은 복음을 믿고, 어떤 이들은 믿지 않는다. 예정론의 주된 기능은 왜 어떤 이들은 복음에 반응하고 어떤 이들은 반응하지 않는지를 설명하는 것이다. 예정은 '은혜를 대하는 인간 반응의 개별성'에 관한 '사후 *ex post facto*' 설명이다. 칼뱅의 예정론은 하나님이 전능하시다는 선입관을 바탕으로 '연역적'으로 추론해 낸 결론이 아니라, 인간의 경험을 성경에 비추어 해석한 자료를 '귀납적'으로 설명한 것으로 이해해야 한다. 예정에 대한 믿음은 그 자체로 신앙이 아니라, 경험에 비춰 볼 때 은혜가 개개인에게 어떤 영향을 끼치는지 성경을 바탕으로 심사숙고한 끝에 내린 최종 결론이다. 경험에 비춰 볼 때 하나님은 모든 사람의 마음을 움직이지는 않으신다(III.xxiv.15). 왜 안 하실까? 능력이 없어서 안 하시는 걸까, 깜빡 잊고 빠뜨리신 걸까? 칼뱅은 성경에 비춰 볼 때 하나님 또는 복음에 어떤 약점이나 결함이 있

장 칼뱅의 생애와 사상

을 가능성은 없다고 본다. 사람들이 복음에 반응하는 양상을 관찰해 보면, 어떤 이들은 하나님의 약속에 감응하고 어떤 이들은 하나님의 약속을 거부하도록 미리 정해진 것 같다. "어떤 이들은 영원한 생명에 이르고 어떤 이들은 영원한 파멸에 이르게 하셨다"(III.xxi.5).

이것이 획기적인 신학 사상이 아니라는 점을 강조할 필요가 있다. 칼뱅은 지금 이제껏 알려진 적이 없는 개념을 기독교 신학에 소개하고 있는 것이 아니다. 그레고리우스 드 리미니, 우골리노 디 오르비에토Hugolino di Orvieto 같은 중세 시대 주요 신학자들이 속한 '신 아우구스티누스 학파'에서도 절대적 이중 예정의 교리를 가르쳤다. 하나님은 그들의 공과功過는 전혀 언급하지 않으신 채 어떤 이들에게는 영원한 생명을, 어떤 이들에게는 영원한 죽음을 배정하셨다. 그들의 운명은 전적으로 하나님의 뜻에 달린 것이지, 각 사람의 특성에 달린 것이 아니다.[31] 실제로 칼뱅이 중세 후기 아우구스티누스주의의 이론을 적극적으로 수용했을 가능성이 있다. 확실히 이 이론은 칼뱅의 가르침과 신기할 정도로 닮았다.

따라서 구원은 개인이 통제할 수 있는 성질의 것이 아니다. 그에게는 이 상황을 바꿀 힘이 없다. 칼뱅은 이 '선택'이 특이하게 구원 문제에만 적용되는 게 아니라고 강조한다. 우리는 삶의 전 영역에서 이 불가해한 미스터리를 고려해야 한다고 칼뱅은 주장한다. 왜 어떤 사람들은 나머지 사람들보다 운이 좋을까? 왜 어떤 이에게는 다른 이에겐 없는 지적 재능이 있는가? 심지어 자기 잘못이 아닌데도 태어나 보니 전혀 다른 환경에 처한 아이들도 있다. 한 아이는 모유가 가득한 젖을 빨아 영양분을 얻는데, 다른 아이는 거의 마른

칼뱅이 말하는 기독교: 메시지

젖을 빠느라 영양실조에 걸린다.[32] 칼뱅에게 예정은 인간 존재의 보편적 미스터리를 보여 주는 또 하나의 사례일 뿐이다. 어떤 사람은 다른 사람에게는 없는 재물이나 지능을 선물로 받는 불가사의한 특권을 누린다. 예정은 인간 존재의 다른 영역에서 이미 제기되었던 불만을 제기할 뿐이다.

예정론은 하나님이 선이나 정의, 합리성 같은 사회 통념에 지배를 받지 않는다고 말하는 것인가? 칼뱅은 하나님을 절대적이고 전제적인 권력으로 보는 개념을 명확히 거부한다. 하지만 칼뱅의 예정론은 하나님이 피조물과 맺고 있는 관계가 언제 어떻게 변할지 모른다는 불안, 어떤 법과 질서에도 얽매이지 않는 권력을 가지신 하나님이 실제로 그 권력을 휘두르실지 모른다는 불안을 불러일으킨다. 이 지점에서 칼뱅은 논란이 많은 이 안건에 관한 중세 후기의 논의, 특히 하나님과 기존 도덕 질서의 관계에 관한 비아 모데르나와 신 아우구스티누스 학파의 견해에 동조한다. 하나님은 어떤 의미에서든 법의 지배를 받지 않으신다. 하나님이 법의 지배를 받는다면, 이것은 창조의 한 측면에 불과하고 심지어 창조 이전에 하나님 밖에 있던 법을 창조주이신 하나님 위에 두는 것이다. 하나님의 뜻은 변덕스럽지 않으므로 하나님은 법의 테두리를 초월해 계신다고 말할 수 있다. 오히려 하나님의 뜻은 기존 도덕 개념의 토대다(III.xxiii.2). 이 간결한 진술은 중세 후기 주의주의 전통과 가장 확실한 유사점 중 하나다.

결국 칼뱅은 예정이 헤아릴 수 없는 하나님의 판단에 달려 있음을 인정해야 한다고 주장한다(III.xxi.1). 우리는 왜 하나님이 어떤 사람은 선택하시고 어떤 사람은 유기하시는지 알지 못한다. 어떤 학자들은 이 태도가 '하나님의 절대 권력 *potentia Dei absoluta*'에 관한 중세 후기의 논의에 영향을 받은 것일 수 있다고 주장한다. 이에 따르면, 변덕스럽고 제멋대로인 하나님은 자신의 행동을 해명할 필요 없이 무엇이든 자기 하고 싶은 대로 할 자유가 있다.[33] 그러나 이 주장은 절대 권력과 위임받은 권력의 차이를 심각하게 오해한 중세 후기 사상에서 비롯된 것이다.[34] 하나님은 자기가 원하는 사람을 자유롭게 선택하셔야 마땅하다. 그렇지 않으면 외부 요인에 의해 하나님의 자유가 위태로워지는 셈이다. 창조주가 자신이 창조한 피조물의 지배를 받는 꼴이다. 그럼에도 하나님의 결정에는 그분의 지혜와 공의가 반영된다. 하나님의 지혜와 공의는 예정과 모순되지 않고 오히려 예정을 확정한다(III.xxii.4, xxiii.2).

예정은 칼뱅의 신학 '체계'(어떤 경우에든 매우 부적절한 용어다)의 중심 전제가 절대 아니다. 오히려 은혜의 복음을 선포할 때 나타나는 영문 모를 결과를 설명해 주는 보조적인 교리라 할 수 있다. 그러나 칼뱅의 후계자들이 새로운 사조에 비춰 칼뱅의 사상을 확장하고 재구성하는 과정에서 생긴 구성상의 변화는 불가피한 것이었을지도 모른다.

4권

《기독교 강요》의 마지막 권은 교회와 관련된 문제에 초점이 맞춰져 있다. '하나님이 아들이신 그리스도와 교제하도록 우리를 부르시고 그 교제 안에 계속 거하게 하시는 외적 수단 또는 보조물'을 다루면서, 칼뱅은 교회를 조직해 본 실제 경험은 물론이고 교회의 본질과 성직자, 성례에 관한 풍부한 이론 분석을 함께 동원한다. 여기에 추상적 개념이라는 유령은 나오지 않는다. 칼뱅은 구체적으로 자세하게 설명하고, 추상적 관념에 의존하고픈 유혹을 뿌리칠 준비가 되어 있다. 사실상《기독교 강요》는 교회 개척, 성장, 조직, 규율을 위한 지침서다.《기독교 강요》는 격렬한 신학 분석으로 시작해서 이 분석을 일상의 현실 속에 내려놓으면서 끝난다.

애초에 교회는 왜 필요한가? 여기에서 교회는 건물이 아니라 기관을 말한다. 성육신을 통해 역사 속에서 인간을 구원하셨던 것처럼, 하나님은 인류 구원이라는 목표를 위해 헌신할 기관을 설립하심으로써 역사 속에서 그들을 거룩하게 하신다. 하나님은 선택받은 자들의 구원을 이루시기 위해 이 땅에 있는 확실한 수단들을 활용하신다. 이런 수단에 얽매이시는 건 절대 아니지만, 하나님은 보통 이런 수단들 안에서 일하신다. 따라서 교회는 하나님이 설립하신 기관으로 간주된다. 하나님은 교회 안에서 자기 백성들을 거룩하게 하신다. 칼뱅은 카르타고의 키프리아누스Cyprianus가 교회를 두고 했던 두 개의 격언으로 교회론의 중요성을 다시 확인한다. "교회를 어머니로 모시지 않는 사람은 하나님을 아버지로 모실 수 없다." "교회 밖에는 죄 사함이나 구원의 희망이 없다"(IV.i.4).

그런 다음 칼뱅은 중요한 차이점을 끌어낸다. 어떤 면에서 교회는 기독교 신자들의 공동체로 눈에 보이는 집단이다. 그러나 또한 교회는 성인들의 모임이자 선택받은 자들의 모임으로서 **눈에 보이지 않는** 실체다. 불가시적 측면에서 교회는 하나님에게만 알려진

장 칼뱅의 생애와 사상

선택받은 자들의 모임이다. 가시적 측면에서 교회는 이 땅에 사는 신자들의 공동체다(IV.i.7). 불가시적 교회는 선택받은 자들로만 이루어져 있지만, 가시적 교회는 선한 자와 악한 자, 선택받은 자와 버림받은 자를 모두 포함한다. 불가시적 교회는 믿음과 소망의 대상이나 가시적 교회는 현재 경험의 대상이다. 칼뱅은 가시적 교회가 안고 있는 약점에도 불구하고 진정한 그리스도의 몸인 불가시적 교회 때문에 모든 신자가 가시적 교회를 존중하고 교회에 헌신해야 한다고 강조한다. 이렇게 구분하긴 했지만, 그럼에도 교회는 예수 그리스도를 머리로 하는 오직 하나의 교회뿐이다.

가시적 교회와 불가시적 교회의 구분은 두 가지 중요한 결과를 불러온다. 첫째, 가시적 교회는 선택받은 자와 버림받은 자를 모두 포함한다. 히포의 주교 아우구스티누스는 가라지 비유(마 13:24-31)를 근거로 도나투스파에게 이 점을 지적했다. 선택받은 자와 버림받은 자를 구분하는 것은 인간의 능력 밖의 일이다. 이 둘을 구분하려 하다가는 자칫 인간의 자질과 하나님의 은총을 연결 짓는 우를 범할 수 있다(어떤 경우에도 칼뱅은 인간의 자질을 선택의 근거로 인정하지 않는다). 둘째, 가시적 교회의 어떤 점이 불가시적 교회와 일치하는지 물어볼 필요가 있다. 그래서 칼뱅은 가시적 교회의 진실성을 판단할 분명한 객관적 기준이 필요하다는 사실을 인정하고, 다음 두 가지 기준을 명시한다. "어디서든 하나님의 말씀이 순결하게 전해지고 사람들이 그 말씀에 귀를 기울이고, 그리스도가 정하신 규례에 따라 성례가 시행되면, 거기에 교회가 존재한다는 사실을 의심할 수 없다"(IV.i.9). 따라서 참된 교회를 이루는 것은 구성원들의 자질이 아니라 진정한 은혜의 수단이다. 흥미롭게도 칼뱅은 부처와 달리 권징을 참된 교회의 표지로 삼지 않는다. 교회 구성원들에 대한 권징의 필요성에 열정적으로 관심을 쏟긴 하지만(IV.xii.1), 칼뱅은 권징이 교회의 자격을 정의하거나 평가하는 데 꼭 필요한 기준이라고 보진 않는다.

루터는 교회 구성을 신학적 처방이 필요하지 않은 역사적 우연으로 여겼지만, 칼뱅은 성경에 교회 조직체의 명확한 양식이 정해져 있다고 주장했다. 기이하게도, 칼뱅이 《기독교 강요》에서 제시한 교회 직분 목록(IV.iii.3; IV.iii.4; IV.iv.1)은 조화롭지 못하고, 장로의 지위와 사역자의 숫자에도 의혹이 조금 남아 있다.

교회는 '영적인 권세'를 부여받는다(IV.viii.1). 하지만 칼뱅은 이것을 중세 교회의 교회법과 비교하는 방식으로 설명하지 않으려고 조심한다. 교회의 영적 권세는 세속 권위의 권한을 침해하지 않는다. 행정 장관들은 교회에 종속되지 않는다는 사실에 주목하라. 칼뱅이 신정 독재 정권의 이론적 토대를 마련했다는 기이한 주장을 반박하는 데 쓰일 중요한 사실이다. 종교 권력과 세속 권력은 이론상 상호 보완적인 것으로 보아야 한다. 그러나 실제로는 이 둘의 관계가 사납게 요동치곤 했다.

일찍이 성례의 시행을 '교회의 표지 *notae ecclesiae*' 중 하나로 정의한 칼뱅은 이제 성례의 세부 사항을 살펴본다(IV.xiv-xix). 중세 교회는 세례, 성찬, 서품, 고해, 견진, 결혼, 종유 등 성례를 일곱 가지로 규정했다. 그러나 종교개혁자들은 복음의 참된 성례를 그리스도가 직접 정하셨다면서 성례를 두 가지, 즉 세례와 성찬으로 줄였다. (종

장 칼뱅의 생애와 사상

교개혁가들은 성찬 성례를 '감사' 또는 '주의 만찬', 혹은 간단히 '만찬'이라 칭하는 경향이 있었지만, 나는 요즘 추세를 따라 문자적으로 '감사'를 뜻하는 '성찬'이라는 용어를 사용한다. 어떤 신학적 의견을 따라 이렇게 결정한 것은 아니다. 다른 용어에 비해 단어가 훨씬 명료하고 표현도 적절해서 '성찬'이라는 용어를 쓰기로 한 것뿐이다.)

칼뱅은 성례를 두 가지로 정의한다. 성례는 "주님이 우리의 연약한 믿음을 북돋우시고자 우리를 향한 선의의 약속들을 우리 양심에 보증하시는 외형적 상징"이며 "신성한 것의 가시적 표標이자 보이지 않는 은혜의 가시적 형태"다(IV.xiv.1). 앞에 나오는 정의는 칼뱅이 내린 것이다. 뒤에 나오는 정의는 간결해서 되레 모호한 점이 있다면서도 칼뱅이 아우구스티누스에게서 끌어온 것이다. 성례는 '주님의 약속과 명령'(IV.xix.5)에 근거해야 한다면서 칼뱅은 가톨릭교회가 전통적으로 인정했던 일곱 가지 성례 중 다섯 가지를 거부했다(IV.xix.1). 그래서 세례와 성찬만 남았다.

1520년대에는 성례의 본질을 두고 루터와 츠빙글리 사이에 심각한 논쟁이 벌어졌다.[35] 루터는 성찬의 떡과 포도주가 실제로 예수 그리스도의 몸과 피라고 주장했다. 이와 달리 츠빙글리는 성찬의 떡과 포도주가 그리스도의 몸과 피를 상징할 뿐이라고 주장했다. 루터는 성례의 표標와 그 표가 뜻하는 것이 동등하다고 주장했지만, 츠빙글리는 표와 그 표가 뜻하는 것은 전혀 다르다고 주장했다. 양립할 수 없는 두 입장은 성례의 본질을 둘러싼 종교개혁 논쟁의 경계를 나타내는 경곗돌과 같았다.

칼뱅은 이 양극단의 중간쯤에 자리를 잡고 있다. 칼뱅은 성례의 상징물과 그것이 상징하는 영적 선물 사이에는 밀접한 관계가 있다면서, 우리는 "하나에서 다른 하나로 쉽게 나아갈 수 있다"고 주장한다. 표는 가시적이고 물질적이지만, 표가 뜻하는 것은 불가시적이고 영적이다. 그러나 표와 그 표가 뜻하는 것의 관계는 아주 밀접해서 하나를 다른 하나로 충당해도 무방하다(IV.xvii.21). 표가 가리키는 실체는 표를 통해 목적을 이룬다(IV.xvii.3). 칼뱅은 상징이 지닌 힘에 관한 분석과 하나님의 지혜에 관한 생각을 토대로 표와 표가 뜻하는 것의 유사성(**동일성**이 아니다. 칼뱅은 표와 표가 가리키는 것을 같은 것으로 보는 가톨릭의 견해를 지지하지 않았다)을 강조했다. 하나님이 우리에게 아무 의미 없는 상징을 주셨겠는가?(IV.xvii.10) 표와 그 표가 뜻하는 것은 구분된다(IV.xvii.34). 그러나 여기서 우리는 기독론에 근거한 칼뱅의 공식, 즉 '**구분**되지만 **분리**되지 않는다distincto sed non separatio'는 공식이 작동하는 것을 다시금 확인할 수 있다(265-266쪽 참조). 표와 그 표가 뜻하는 것은 구분되지만 분리되지는 않는다.

칼뱅의 입장은 츠빙글리와 루터의 견해를 조화시키려는 시도이자 종교개혁사에서 아주 적절한 때에 발휘된 외교술로 볼 수 있다. 사실, 그의 의견을 뒷받침할 증거는 거의 없다. 그러나 성례에 관한 칼뱅의 신학은 그의 일반적인 관점과 일치한다. 따라서 정치적 타협의 산물로만 보기는 어렵다.

세례에 관한 칼뱅의 해석은 츠빙글리와 루터의 의견을 조합한 것으로 보인다. 츠빙글리의 입장에 동의를 표하면서 칼뱅은 세례가 하나님을 향한 충성을 공표하는 것이라고 주장한다(IV.xv.1). 츠빙글리가 성례는 교회와 시민 공동체를 향한 신자들의 충성을 표명하는 교회 행사라고 주장한 것처럼, 칼뱅은 성례의 선언적 역할을 강조한다. 그러나 칼뱅은 세례가 예수 그리스도 안에서 신자들이 얻은 죄 사함과 새 생명의 표징임을 강조하는 루터의 고유한 입장도 받아들인다(IV.xv.5).

관료주도형 종교개혁가들이 다 그랬듯이, 칼뱅은 유아세례의 타당성을 옹호한다. 유아세례는 초대교회의 전통이지 중세 후기에 새로 생긴 관행이 아니라고 칼뱅은 주장한다(IV.xvi.8). 츠빙글리는 유대인의 할례 의식을 언급하면서 유아세례를 옹호했다. 할례 의식과 외형적 표를 통해 남아들이 언약 공동체의 일원이 되었음을 공표했다고 츠빙글리는 주장했다. 비슷한 방식으로 세례는 유아가 새로운 언약 공동체인 교회에 소속되었다는 표시다.[36] 칼뱅은 스트라스부르에 체류하던 시절 재세례파의 영향력을 직접 경험한 바 있다. 재세례파의 영향력이 커짐에 따라 그들이 격렬히 거부하던 유아세례 관행의 타당성을 입증하는 문제 역시 중요해졌다. 그래서 칼뱅은 언약의 관점에서 유아세례의 타당성을 주장한 츠빙글리의 논리를 반복하고 확장한다. 만약 그리스도인 유아들이 세례를 받지 못한다면, 할례를 통해 언약 공동체에 소속되었음을 공개적·외형적으로 보증받는 유대인 유아들에 비해 불이익을 받는 것이다(IV.xvi.6). 그래서 칼뱅은 유아에게 세례를 주어야 하고 이 세례로 얻는 유익을 부정해서는 안 된다고 주장한다.

성찬을 논하면서 칼뱅은 떡과 포도주라는 가시적 요소가 보여 주고*monstretur* 제공하는 영적 진리를 세 가지 측면으로 구분한다. 성찬의 **의미**는 하나님의 약속이고, 이 약속은 표 안에 포함되어 있다. 신자들은 예수 그리스도가 성찬식을 제정하시며 하셨던 말씀에 귀를 기울이며 그들을 위해 예수 그리스도의 몸이 찢기고 피가 쏟아졌다는 사실에 안심한다. 성례는 "자기 살은 참 양식이고 자기 피는 참 음료라며 그것들이 우리에게 영생을 줄 것이라고 선언하신 예수 그리스도의 약속이 사실임을 확인해 준다"(IV.xvii.4). 성찬의 **실체**[37]는 우리가 그리스도의 몸을 받는 데 있다. 하나님은 자신이 우리에게 약속하셨던 것을 우리에게 전달하신다. 우리는 그리스도의 몸을 뜻하는 표(다시 말하자면, 떡)를 받으면서 동시에 그리스도의 몸을 받는다(IV.xvii.10). 다시 한번 우리는 '구분되지만 분리되지 않는다'는 원리가 작동하는 것을 깨닫는다. 표와 그 표가 뜻하는 것은 다를지 모른다. 그러나 그 둘은 분리되지 않는다. 마지막으로, 성찬의 **효과**는 그리스도의 유익benficeia Christi, 즉 그리스도가 순종을 바탕으로 신자들을 위해 얻은 유익이다. 신자는 믿음으로 구속, 의, 영생 등 그리스도의 모든 유익에 참여한다(IV.xvii.11).

이것은 16세기 종교개혁 때 나온 가장 중요한 기독교 신학 저술의 내용을 최대한 짧게 간추린 것이다. 포괄적인 내용을 다룰 때 특히 빛을 발하는 특유의 명쾌함은 루터파와 로마 가톨릭이라는 경쟁자들을 능가하는 엄청난 장점이다. 이 작품은 지금도 여전히 현대 기독교 신학의 중요한 자원이자 대화 상대다. 칼뱅이 역사적으로 중요한 의미가 있는 이유는 한편으로는 그의 사상 때문이고, 또 한편으로는 칼뱅이 자신의 사상을 제시하고 전파한 방식 때문이다. 이 부분은 역사가들도 주목할 필요가 있다. 놀라운 사상의 침입을 살펴봄으로써 이 부분을 설명할 수 있을 것이다. 칼뱅의 종교 사상이 그의 고국 프랑스에 중대한 영향을 끼치기 시작했기 때문이다.

9 사상의 침입: 칼뱅과 프랑스

1541년에 의기양양하게 제네바로 돌아온 뒤, 칼뱅은 망명지 제네바에서 조국 프랑스로 돌아간 적이 없는 것 같다. 앞서 살펴보았듯이, 1551-1552년 누아용에서 장 코뱅은 비도덕적 행위(악정을 베푼 여인을 칼뱅 집안이 비호했다)로 기소되었지만,[1] 우리 이야기의 중심인 칼뱅은 그 시기에 제네바에 닥친 정치적 위기와 제네바에서 자신의 입지가 약해지는 문제에 신경 쓰느라 여념이 없었다. 그러다 반프랑스 태도를 보이던 페랭파가 1555년 4월 혁명에서 참패하면서 칼뱅과 그의 동료들에게 새로이 활동의 자유가 생겼다. 종교개혁의 명분을 얻은 제네바는 프랑스로 눈을 돌렸다. 1555년 4월, '덕망 있는 목사회'는 조직적으로 프랑스에 요원을 침투시키는 계획에 착수했다. 계획은 아주 은밀하게 진행되었다. 위그노전쟁의 씨앗을 뿌리고 있었던 셈이다.[2]

이번 장에서는 칼뱅이 프랑스 교회에 끼친 영향력이 어디에서 시작되어 어떻게 전개되었는지 살펴보려 한다. 여러모로 이것은 혁명적 이데올로기의 상징으로 제네바를 모스크바에 비교하는 사람들에게 힘을 실어 주는 놀라운 이야기다. 그러나 이 이야기는 칼뱅이

조국에 영향을 끼칠 수 있게 기반을 다져 준 사건들부터 시작해야
한다.

프랑스에 대한 영향력 증대

이 책 서론(21-39쪽)에서 나는 종교개혁 직전의 프랑스 종교 생활을
간략히 설명했다. 개혁의 필요성은 명명백백했다. 그러나 이 개혁
을 순수하게 영적 또는 종교적 용어로 생각하면 안 된다.

사회적 요인에 경제적 요인이 겹치면서 변화의 필요성이 부각되
었고, 그 결과 종교상의 개혁 못지않게 사회 개혁과 경제 개혁까지
이뤄 줄 것 같은 혁명 운동에 유리한 환경이 조성되었다. 1520년대
와 1530년대에 모 교구에서 발생한 사건들은 당시 프랑스인들이
복음주의 영성과 사회경제적 개혁을 연결 지어 생각했다는 사실을
보여 준다.[3] 가톨릭 성직자는 시골 주민의 요구와 관심사에서 점점
멀어졌다. 가톨릭교회가 상류층의 관심사에만 온 신경을 쏟느라 학
식 있는 평신도들이 꼭 필요하다고 여겼던 교육, 빈민구제, 질병 퇴
치 사업에는 아무런 공헌도 하지 못하는 듯 보였다. 평신도들은 점
점 더 정통에서 벗어난 종교관으로 기울었다. 빈민을 구제하기 위
해 파리시에 시립대학과 병원을 설립한 사람들은 대개 평신도 실천
주의를 내세운 새로운 소모임 출신이었다.[4]

1520년대와 1530년대 프랑스 도시 생활에 관한 잇따른 조사가
보여 주듯이, 글을 읽고 쓸 줄 아는 부르주아들 사이에서 근본적인

장 칼뱅의 생애와 사상

불안감이 감지되었다.[5] 인문주의와 '루터주의'(파리 당국에서 사용하던 이 용어는 너무 광범위해서 단순히 루터의 견해를 가리킨다고 보기 어려웠다)에 대한 파리 사람들의 관심은 글을 읽고 쓸 줄 아는 평신도 도시 문화가 생겨났다는 사실을 암시한다. 이 도시 문화는 주로 출판물을 기반으로 퍼져 나갔다. 인문주의라는 신학문과 루터가 던진 종교적 질문에 영향을 받아 세력들 간에 결합이 이뤄졌다. 파리에서, 그리고 지식인이 모여 있는 프랑스의 다른 여러 도시에서 가톨릭교회가 내세우는 교리와 관례에 회의적이고 비판적인 태도를 보이는 경향이 짙어졌다.

칼뱅이 프랑스 사회의 근본적인 변화를 모를 수는 없었을 것이다. 칼뱅은 파리와 프랑스 여러 도시에서 살았을 뿐 아니라 앙굴렘, 부르주, 오를레앙, 파리, 푸아티에 같은 도시에서 인맥을 쌓았다. 칼뱅은 스트라스부르에서 프랑스 망명자들이 모인 교회의 목사로 활동하던 시기(1538-1541)에 프랑스 생활과 정치 문제에 관한 최신 동향을 빠짐없이 챙겼다. 제네바는 칼뱅이 통신원들의 도움을 받아 프랑스의 중대한 발전 상황을 조사하는 망루 역할을 했다. 1550년대에 피난처를 찾아 제네바의 성벽 안으로 모여드는 프랑스 망명자도 갈수록 늘어났다.[6] 1540년대 초부터 리옹 같은 프랑스 대도시와 제네바 간에 교역이 증가하는 틈을 이용해 이득을 취하는 프랑스 상인들과도 칼뱅은 개인적인 연줄이 있었다. 이들은 칼뱅에게 프랑스 소식을 계속 전해 주었다.[7]

처음에 많은 추종자를 얻은 프랑스 복음주의가 시간상 칼뱅보다 앞서고, 츠빙글리보다는 루터의 영향을 더 많이 받았다는 사실

사상의 침입: 칼뱅과 프랑스

을 알아야 한다. 모 교구 개혁 단체와 연관이 있는 신앙 지침서《예수 그리스도의 기도*L'oraison de Jésuchrist*》(1525)는 루터의 개혁 프로그램과 그 의미를 가장 명료하게 설명한 책으로 루터가 쓴 로마서 주석의 서문도 실려 있다. 가톨릭 영성에 기초한 신앙 지침서《진실하고 완벽한 기도의 책*Le livre de vraye et parfaicte oraison*》(1528)에도 루터의 글이 다수 실려 있다. 클로드 데스팡스Claude d'Espence가 마르그리트 드 나바르에게 헌정한 소책자《역경 속에서 얻는 위안*Consolation en adversité*》(1547)은 조사 결과 루터의 작품을 프랑스어로 옮긴 번역본으로 밝혀졌다. 일반화는 위험하지만, 1541년까지만 해도 프랑스 복음주의는 루터 사상과 가톨릭 신앙 사이에서 양립할 수 없는 모순을 발견하지 못했다고 보는 것이 타당하다. 교황의 권위를 부정하면서도 그 시대 가톨릭교회와 결별할 필요는 없다고 보았다. 이때까지도 칼뱅은 프랑스 복음주의에 아직 이름을 알리지 못했다.[8]

1530년대와 1540년대 초반에 칼뱅이 어떤 외교 활동에 나섰는지를 보면 그가 프랑스 일에 어디까지 개입했는지 판단할 수 있다. 제네바와 베른의 동맹 관계를 최대한 이용해서, 칼뱅은 복음주의자들에게 관용을 베풀도록 프랑스 당국에 어떻게든 영향력을 행사하게끔 베른시를 압박했다.[9] 프랑수아 1세는 이때쯤 사실상 프로테스탄티즘과 완전히 멀어졌지만, 스위스 주들, 그중에서도 특히 베른과 정치적 친선을 도모할 필요가 있었다. 한쪽으로는 프랑스와 사부아 공국 사이에, 다른 한쪽으로는 프랑스 왕 프랑수아 1세와 신성로마제국 황제 카를 5세 사이에 긴장 상태가 이어졌기 때문이다. 따라서 프랑스는 스위스 북서부 주들의 정치적 지지를 얻어야만 했다.[10] 비록 결과는 그리 인상적이지 않았지만, 칼뱅의 전략은 지극히 현실적이었다. 그런데도 칼뱅의 이런 외교 활동은 그가 글로써 프랑스에 끼친 영향에 가려져 전혀 빛을 보지 못하고 있다.

칼뱅은 사상의 수준과 그 사상을 적용하는 단계에서 프랑스 종교개혁에 중요한 공헌을 했다. 칼뱅이 없었다면, 프랑스 프로테스탄티즘은 자기 성찰과 내부 반대에 취약하고 정치적 실권이 전혀 없는 미완성 분파에 지나지 않았을 것이다. 칼뱅은 처음 이 운동을 위해 조언하고 방향을 제시하고 온갖 영감을 주었다. 칼뱅은 1540년에 루앙에 있는 복음주의자들에게 조언하기 위해 글을 썼다. 같은 해에 푸아티예에 있는 복음주의자들에게도 열정을 불어넣었다. 1541년에는 도피네와 프로방스에 있는 발도파와 접촉했다.[11] 1542년에는 리옹에 있는 복음주의자들에게 발생 가능한 위협을 경고했다.[12]

《기독교 강요》 프랑스어판 출간은 중요한 전환점이 되었다. 이책 덕분에 조리 있게 설명하고 정성 들여 그 타당성을 증명한 철저한 개혁 교리를 갑자기 프랑스어로 접하게 되었다. 누군가 비상 버튼을 누른 듯했다. 1542년 7월 1일, 파리 고등법원은 비정통 교리를 담고 있는 모든 저작, 특히 칼뱅의 《기독교 강요》를 사흘 안에 당국에 넘기라고 명령했다.[13] 같은 해에 루앙에서 순교자가 나왔다. 그는 1541년판 《기독교 강요》 서문을 인용하며 죽음을 맞았다.[14] 공무원들은 성장 중인 비정통 신앙 운동을 진압하기 위해 대대적인 서점 순찰에 나섰다. 이듬해에 파리대학교 신학부는 조사를 거쳐 라틴어로 된 책 22권, 프랑스어로 된 책 43권 등 총 65권의 목록을 작성했다(그중 두 권이 중복된 탓에 다 합하면 41권이다). 목록에 오른 순간부터

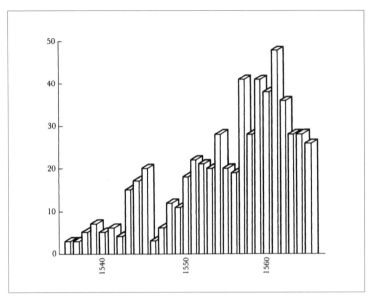

━━━ 도표 9.1 1536년부터 1565년까지 제네바에서 매해 발간된 신간 수

이 책들에는 혹평이 쏟아졌다. 개연성 있는 단서로 발행인의 신원 확인이 가능하고 발행 날짜가 적힌 36권 중 23권이 제네바에서 출간되었다.[15] 칼뱅의 《기독교 강요》는 출판물을 이용해 제네바가 프랑스 교회에 퍼부은 공격의 선봉이었다. 1545년 6월 23일, 고등법원의 지휘 아래 금서 목록 확장판이 발표되었다. 프랑스어로 된 책 121권 중 거의 절반이 제네바에서 발행되었다. 파리 서적상들은 즉각 대응에 나섰다. 그 책들을 판매 금지하면 서적상은 망하고 말 거라고 항의했다. 신학부에서 이단으로 간주한 작품들을 찾는 사람들이 절대로 적지 않았던 것 같다. 이는 글을 읽고 쓸 줄 알고 부유한 평신도가 칼뱅의 종교개혁 사상을 홍보하는 데 중요한 역할을 했다

장 칼뱅의 생애와 사상

성 바르톨로메오 축일의 대학살. 1572년 8월 24일(성 바르톨로메오의 축일)부터 10월까지 로마 가톨릭교회 추종자들이 개신교 신도들을 학살한 사건. 이들은 샤를 9세의 누이와 프로테스탄트를 지지하는 나바르의 앙리의 결혼식을 이용해 위그노 교도를 학살했다. 3만 명에서 7만 명이 희생된 것으로 알려졌다.

는 추가 증거다.

제네바에서 출간된 책이 계속 파리에 쏟아져 들어왔다. 그러자 1551년에도 18권을 새로 추가한 금서 목록이 발표되었다. 그중 13권이 제네바에서 발행되었다. 그러나 제네바 출판사에서 발행한 전체 작품 수는 금서로 지정된 작품 수를 훨씬 능가했다. 장 제라르Jean Gérard나 장 크레스팽Jean Crespin 같은 제네바 출판업자 명단을 손에 넣지 못한 프랑스 당국은 프랑스어로 칼뱅의 종교개혁 사상을 전파하는 자료가 물밀 듯 밀려오는 것을 막을 수 없었다. 예를 들어, 1546년부터 1551년까지 프랑스어로 출간된 칼뱅의 책이 12권이 넘는데, 1551년 금서 목록에는 이 책들이 포함되지 않았다. 게

사상의 침입: 칼뱅과 프랑스

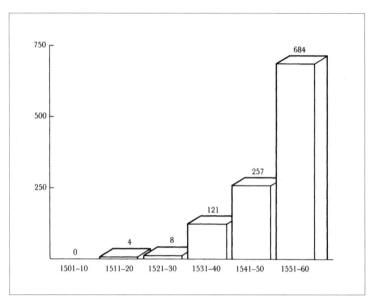

750 ┐   684

500 ─

                             257

250 ─   121

            4   8

   0

1501-10   1511-20   1521-30   1531-40   1541-50   1551-60

▬ 도표 9.2 1500년부터 1560년까지 툴루즈 고등법원에 이단 혐의로 기소된 사건 수

다가 제네바에서 발행한 책을 프랑스에 들여오지 못하게 하려고 시
행한 판매 규제는 암거래만 부추길 뿐이었다. 결국 위그노전쟁으
로 1565-1580년에 제네바 출판 산업의 프랑스 시장 진출에 제동
이 걸리기 전까지는 파리에서 그런 서적을 구하는 것이 어렵지 않
았다.[16] 칼뱅의 친구이자 서적상이었던 로랑 드 노르망디Laurent de
Normandie는 밀수 도서 거래가 돈이 된다는 걸 알고 그런 책을 판매
하느니 아예 출간을 하겠다는 생각으로 제네바로 이주했다. (테오도
르 드 베즈의《시편》은 그가 출간한 책 중 가장 주목할 만한 작품으로 꼽힌다.) 1559년
에 파리 고등법원의 판사 한 명이 이단 혐의로 재판을 받았다. 그는
"이 나라 저 나라를 오가는 도붓장수들에게 칼뱅과 다른 저자들의

                                         장 칼뱅의 생애와 사상

책을 사서" 읽다가 비정통 종교 사상을 갖게 되었다고 시인했다. 위그노전쟁으로 1565년쯤부터는 도붓장수들도 마음대로 외국을 오갈 수 없게 되었다. 그러나 그때는 이미 칼뱅이 죽은 뒤였기 때문에 피해를 볼 일도 없었다.

칼뱅의 사상이 얼마나 빠르게 프랑스에 침투했는지 확인하려면, 랑그도크 지방을 담당하던 툴루즈 고등법원의 기록을 참고하면 된다. 1500년부터 1560년까지 툴루즈 고등법원에 이단 혐의로 기소된 사건 1,074건을 10년 단위로 나눠 분석하면 도표 9.2와 같은 양상이 나타난다.[17] 절정은 1554년이었다. 1554년에만 208명이 이단 혐의로 소환되었다. 1551-1560년에 이단 사건이 급속히 증가하는데, 이는 칼뱅파의 영향력이 새로운 정점에 도달했음을 가리킨다. 프랑스 전역에서 이런 현상이 반복되었다.

1540년부터 1555년까지 프랑스 사회의 어느 계층이 칼뱅의 사상과 가치관에 영향을 받았을까? 공인工人들 사이에서 꾸준하게 가장 큰 지지를 받은 것은 확실하다. 1560년에 몽펠리에에서 817명이 이단 혐의로 기소되었고, 이 중 직업이 기재된 사람은 561명이다. 그중 387명이 공인이었다. 69퍼센트에 해당하는 수치다. 1568년 베지에에서도 비슷한 양상이 나타났다.[18] 1549년부터 1560년까지 제네바에 망명을 요청한 프랑스인의 68.5퍼센트가 공인이었다.[19] 앙리 아우저Henri Hauser의 말마따나 칼뱅주의는 처음에 소시민의 종교였다. 프랑스 사회에서 중간계급에 속하는 소시민들이 칼뱅주의에 매력을 느낀 이유는 뭘까? 칼뱅주의가 프랑스 중산층이 소중히 여기는 사회적 가치와 그들이 몸담은 생산 활동을 존엄히 여긴다는

사상의 침입: 칼뱅과 프랑스

데서 부분적인 답을 찾을 수 있다(399-402쪽 참조).

이와 대조적으로 귀족들 사이에서는 처음에 별다른 영향력을 발휘하지 못했다. 칼뱅의 노동관에 잠재된 반反귀족 편향은 제네바의 평범한 사람들이 귀족에게 느끼던 염증과 관련이 깊다.[20] 이런 반귀족 편향이 프랑스에서 사회 양극화 요인으로 작용했을 수 있다. 또한 전통, 가족 간의 충성심, 연줄(프랑스 주교들 대다수가 귀족이었다) 같은 요소들과 소시민을 향한 혐오가 합쳐진 결과, 초기에는 귀족들 사이에서 칼뱅주의에 대한 적대감이 강했다. 귀족 계급 안에 프랑스 혁명을 옹호하는 투사들이 있었고 부르주아 계급 안에 볼셰비키 혁명을 지지하는 지지자들이 있었듯, 프랑스 귀족 중에 칼뱅을 후원하는 이가 전혀 없었던 것은 아니다. 그러나 1555년 전까지는 크게 의미 있는 수준이 아니었다.

마지막으로 칼뱅주의는 소농 계급에는 사실상 아무 영향도 끼치지 않은 것처럼 보인다. 반귀족 편향이 잠재되어 있음에도 불구하고 칼뱅주의는 농민들 사이에서 의미 있는 진전을 이루지 못했다. 여기에는 여러 가지 이유가 있을 것이다. 칼뱅주의를 이해하려면 지적으로 어느 정도 수준이 되어야 했다. 그렇다고 뭐 그리 대단한 수준을 요구한 것은 아니지만, 교육받지 못한 농민들에게는 그 정도도 쉽지 않았다. 칼뱅주의는 농민들과는 거리가 먼 사상과 가치를 지지했다. 칼뱅주의는 적어도 어느 정도는 '책의 종교'였다. 그러니 글을 모르는 시골 농부에게는 별로 매력이 없었다. 그들은 책을 읽는 것은 고사하고 책을 살 여유조차 없었다. 어차피 시골 주민들은 칼뱅파가 복음을 전파할 때 사용했던 프랑스어를 하나도 몰랐다. 그때까

장 칼뱅의 생애와 사상

지도 프랑스 언어 지도에는 다양한 지방어가 대다수였다.

그러나 주목할 가치가 있는 고려 사항이 하나 더 있다. 프랑스 농민의 민간신앙은 시골 생활의 리듬과 패턴, 관심사에 단단히 발을 딛고 있다[21]. 가톨릭 영성은 어느 정도 융통성이 있어서 시골 농민들의 관심사와 염려가 반영된 제례 의식과 교회의 가르침을 함께 수용하는 것이 가능했다. 칼뱅주의는 그런 민간신앙을 너그럽게 수용할 아량이 없었다. 칼뱅주의는 농민들의 민간신앙을 미신과 우상숭배의 혼합물로 간주했다. 칼뱅주의가 보여 준 이런 엄격한 태도에 농민들은 매력을 느끼지 못했다. 그래서 프랑스 소농 계급은 전통적으로 그래 왔듯이 계속 가톨릭교회에 충성하면서 가톨릭 신앙을 지켰다.

1536-1555년 기간에 칼뱅이 프랑스에 끼친 영향은 과장되는 경향이 있다. 열렬한 팬이 많았다는 점은 의심할 여지가 없지만, 칼뱅은 정치권력의 중심부에는 전혀 영향력을 행사하지 못했다. 예를들어, 프랑스 내에서 활동하는 칼뱅의 통신원 중에는 힘 좀 쓴다는 귀족이 한 명도 없었다. 더욱이 칼뱅이 1543-1544년에 맹렬히 비난했던 '니고데모 현상' 때문에 복음주의 운동의 잠재적 영향력이 줄어들었다. 복음주의가 널리 퍼지긴 했지만, 복음주의에 동조하는 자들이 겉으로는 가톨릭교회의 관행을 따르는 경향이 있었다. 남부 도시들에서 이런 경향이 특히 심했다. 이들은 가톨릭 당국의 반응이 두려워 주로 밤에 개인 주택에서 비밀리에 복음주의 집회를 열었다. (요한복음 3장 1-2절에서 유대교 사람들이 뭐라고 할지 두려워 밤늦게 예수를 찾아왔던 니고데모에 견주어 이들을 니고데모파라 불렀다.)[22] 그런데도 1541년판

사상의 침입: 칼뱅과 프랑스

━━ 1545년 발도파 학살 사건. 로마 가톨릭교회의 타락을 비판하며 성경대로 살아가기를 주장하다 이단으로 파문당한 프로테스탄트 종파 중의 하나로, 주로 마녀와 점성술사로 몰려 박해와 처형을 당했다.

《기독교 강요》에 관한 당국의 공식 대응이 나오자 개혁 의지를 다지며 칼뱅을 영도자로 받드는 이가 점점 더 많아졌다. 목사와 성례, 교회 조직도 없이 프랑스 복음주의 모임이 무한정 이어지길 기대할 수는 없었다. 1545년에는 메렝돌에 숨어 있던 발도파가 학살당했고, 1551년에는 리옹에서 복음주의 계열의 학생 다섯 명이 순교했다. 그리고 1554년에는 제네바에서 장 크레스팽의 《순교자의 책 *Livre des Marytrs*》이 출간되었다. 이로써 갈수록 복음주의에 적대적인 프랑스에서 복음주의자가 되는 것이 얼마나 어렵고 얼마나 큰 대가

를 치러야 하는 일인지 분명해졌다. 그러다 1555년, 제네바에서 칼
뱅의 권력 기반이 단단해지자 더 야심 차게 프랑스 교회에 영향력
을 강화할 길이 열렸다. 기성 교회를 지원하고 새 교회를 개척할 요
원들을 침투시키는 전략이었다. 제네바에서 프랑스로 사람들을 잠
입시켜 '사상思想 침공'을 지원하기로 한 것이다.

제네바에서 온 사람들

1555년 4월, 덕망 있는 목사회 등록부에 해외 전도를 위해 제네바
에서 파견한 요원들 명단이 처음 기록되었다. 4월 22일자 기록에는
한때 이단 발도파와 관련이 있었으나 칼뱅주의를 심을 비옥한 땅
이 될 가능성이 있는 피에몬테에 제앙 베르누Jehan Vernou와 제앙 로
베르자Jehan Lauvergeat를 파견했다고 적혀 있다.[23] 프랑스 칼뱅파 모
임에서 도움을 요청하자 이에 대응하여 급히 다른 이들도 파견되었
다. 프랑스에 파견된 첫 번째 요원인 자크 랑글로아Jacques l'Anglois는
푸아티예에 있는 칼뱅파 모임의 요청으로 그 도시에 파견되었다.

　제네바와 프랑스 양쪽 진영을 위해 이 작전에는 비밀 유지가 필
수였다. 도피네 알프스의 깊은 계곡에 은신처를 갖춘 안전 가옥을
마련해서 하루의 노정을 중간에 쉬어 가게 했다. 제2차 세계대전 중
에 프랑스 저항군이 사용했던 것과 비슷한 지하조직 덕분에 제네바
에서 온 사람들은 경계가 모호한 국경을 넘어 프랑스에 잠입할 수
있었다. 덕망 있는 목사회는 철저한 비밀 유지를 위해 온 힘을 다했

다. 원칙상으로는 모든 것을 알고 있어야 하는 시의회에도 작전을 숨길 정도였다. 그러나 1557년에 목사회는 해외 전도 활동을 언제까지 비밀리에 진행할 수 없다는 사실을 깨달았다. 그해 말, 시의회에 출석한 칼뱅은 상황을 설명하고 추가 파견을 허가해 달라고 요청했다. 시의회는 이 활동으로 말미암아 제네바시에 닥칠 심각한 위험을 명확히 인식하고 있었다. 종교 활동가를 해외에 침투시키는 일을 제네바 정부 차원에서 계획했다는 의심을 사면, 덩치 큰 이웃들이 자기네 도시에서 폭동을 선동했다면서 제네바 정부에 죄를 물을 수도 있었다. 그러면 그 결과가 어떨지(그리 유쾌하지 않을 게 뻔하지만) 예측하기 어려웠다. 그러나 제네바 시의회는 시의회가 이 일에 연루되지 않게 한다는 조건을 걸고 비밀리에 이 정책을 계속 추진하는 것에 동의했다.

1561년 1월, 이 결정이 참으로 지혜로운 결정이었다는 사실이 명백히 밝혀졌다. 프랑스의 새로운 왕 샤를 9세가 보낸 특사가 제네바에 도착했다. 샤를 9세가 시의회에 보낸 전갈은 "최근 프랑스에서 발생한 소요騷擾가 제네바에서 파견한 설교가들과 관련이 있다는 사실을 알게 되었다"는 내용이었다. 제네바 사람들이 프랑스에서 조직적인 체제 전복 정책에 착수한 것처럼 보였다. 샤를 9세는 프랑스에 파견한 제네바 요원들을 다시 불러들이고, 어떤 경우에도 두 번다시 이들을 파견하지 말라고 요구했다.[24] 제네바 시의회는 **자기들은** 프랑스에 그 누구도 파견한 적이 없다고 답변했다. 목사회에서 그런 일을 벌인 것은 사실이지만, 민간 교회 기구에서 한 일을 시의회가 책임질 수는 없었다. 그렇게 프랑스 왕의 의심을 소설에 지나

장 칼뱅의 생애와 사상

지 않은 일로 치부함으로써 제네바와 프랑스의 관계가 심각하게 틀어지는 사태를 피할 수 있었다.

제네바는 프랑스에 목사들을 공급했다. 그런데 프랑스 지역 교회들은 치리회와 같이 제네바가 세운 나머지 교회 기구들도 제공해 주길 기대했다. 1555년, 장로들과 집사들로 구성된 치리회를 갖춘 칼뱅파 교회가 파리에 설립되었다. 1555년부터 1562년 사이에 종교 연구회, 즉 기도하고 예배하고 성경을 읽는 모임에 지나지 않는 '심어진 교회*églises plantées*'가 좀 더 조직적인 '세워진 교회*églises dressées*'로 서서히 대체되었다. 프랑스 전역에 정기적으로 모여 기도하고 서로 신앙을 북돋던 소모임이 우후죽순 생겨났다가, 이런 소모임들이 일반적인 교회 조직과 규율을 갖춘 단체로 서서히 변모해 갔다. 푸아티예는 1555년에, 오를레앙은 1557년에, 라로셸은 1558년에, 님은 1561년에 치리회를 만들었다. 중요한 해인 1562년에 접어들자 프랑스에 치리회 수가 1,785개로 늘어났다.[25] 제네바는 신자들 모임에 목사를 보내 줄 작정이었다. 하지만 장로들과 집사들은 각 지역에서 직접 세워야 했다.

결국 프랑스에서 칼뱅파 교회가 급증하는 바람에 필요한 수의 목사를 제네바에서 다 감당할 수 없게 되었다. 칼뱅은 엄격한 교육을 받은 사람만 목사로 세우도록 방침을 정했다. 이 때문에 매우 제한적인 사람들만이 그 자격을 갖출 수 있었다. 실제로 목사들은 다른 도시 출신에 프랑스어를 쓰는 부르주아가 대부분이었다. 그래서 본토박이 제네바인들은 그들을 외부인으로 여기는 경향이 있었다. 칼뱅이 사망한 해인 1564년 당시 제네바에는 목사가 22명에 불과했다. 칼뱅이 요구하는 높은 기준에 맞게 목사들을 훈련하기 위해 1559년 6월 5일에 제네바 아카데미를 개관했다.[26] 그러나 제네바에서 훈련받고 인정받은 목사들을 원하는 교회가 급증하는 상황에서 그 수요를 감당하기에는 너무 늦은 감이 있었다. 사실상 칼뱅은 충족시킬 수 없는 수요를 창출한 셈이었다.

1555년부터 1563년까지 105개 지역으로 파견된 요원 88명에 관한 연구는 칼뱅주의의 초기 성공에 관한 중요한 통찰을 전해 준다. 도시에 사는 중산층이 칼뱅주의에 특별한 매력을 느꼈다는 사실 말이다. 푸아티에는 여섯 명, 파리와 리옹에는 다섯 명, 베르주라크와 디에프(잉글랜드와 스코틀랜드로 가는 중요한 출발점), 이수덩, 오를레앙에는 세 명이 파견되었다.[27] 흥미롭게도 이 도시들은 모두 주요 무역로에 자리하고 있다. 이는 이슬람과 마찬가지로 칼뱅주의가 상업적 관계를 통해 퍼져 나갔고, 공인과 상인들처럼 상업 분야에 종사하는 사람들에게 호소력 있게 다가갔다는 사실을 다시 한번 확인해 준다. 앙리 아우저는 칼뱅의 사상이 담긴 소책자를 머리핀과 머리빗 사이에 숨긴 채 이 새로운 종교를 전파하는 데 결정적 역할을 한 미천한 봇짐장수들에게 찬사를 보냈다.

프랑스 칼뱅주의의 정치적 관점

칼뱅주의가 호소력이 있었던 부분적인 이유는 일찍부터 경제의 중요성을 인식했기 때문이다. 나중에(399~402쪽) 살펴보겠지만, 프랑스에서는 현지 특성에 맞춘 프랑스식 칼뱅주의가 등장했다. 칼뱅의 종교적 견해와 제네바의 원시 자본주의 경제정책을 하나로 합친 형태였다. 프랑스에서 실질적으로 중요한 사회집단으로 새롭게 떠오른 제3계급이 이 해방적 경제관에 상당한 매력을 느꼈다. 칼뱅주의 (여기서 칼뱅주의는 칼뱅과 칼뱅파 목사들이 실제로 상징했던 것이 아니라 그들이 상징한다고 여겨졌던 것을 가리키는 말로 이해해야 한다)가 경제적 측면에서 프랑스 제3계급의 마음을 움직인 점을 과소평가하면 안 되지만, 칼뱅주의는 정치적 측면에서도 상당히 매력적이었다. 그래서 나는 이 점을 설명하기 위해 2천 년도 더 전에 동남아시아에서 일어난 유사한 사례를 살펴보고자 한다.

불교라는 새로운 종교가 출현한 이유는 뭐였을까? 기원전 6세기에 출현한 불교는 브라만교의 엄격한 카스트제도에 저항하는 운동에서 그 기원을 찾을 수 있다. 불교는 도시화가 사회적으로 중요한 의미를 지니게 된 인도 문명 시대에 출현했다. 비교적 부유한 도시 계층이 등장하자 태생에 따라 신분이 정해지는 엄격한 카스트제도 내부에서 긴장이 고조되었다. 이 사회질서가 우주의 토대에 기초한 것이라고 말하는 베디에의 〈푸루샤 찬가〉는 카스트제도에 종교적 정당성을 부여했다. 그런데 자신의 운명을 개척할 수단을 소유한 사회집단이 출현하면서 전통에 매인 브라만교의 질서를 견디지 못하는 이들이 생겼다. 기존 질서에 소외감을 느끼던 이들 도시 거주자들은 개인의 책임과 자기 운명을 스스로 개척하는 개인의 능력을 강조하는 부처의 사상에 상당한 매력을 느꼈다. (처음에 부처를 따르던 이들이 도시 가구 출신이라는 몇 가지 증거가 있다.) 사회질서와 이 질서 안에서 개인의 위치는 우주 구조에 붙박이로 붙어 있는 불가침 영역이 아니라 바뀔 수 있는 것으로 이해되었다. 인류 문명에서 기존의 경직된 사회구조에 대한 좌절감, 특히 억압적 전통에 묶인 계급제도에 대한 좌절감은 이 시기에 종교적으로 의미 있는 요소였다. 그때까지 힌두교 신자인 것에 만족하며 살던 이들에게 불교의 미덕을 권하는 역할을 했기 때문이다.

19세기 초반부터 일부 역사가들 사이에서 프로테스탄트 종교개혁, 특히 칼뱅파 종교개혁이 진보적인 현대 정치사상의 기초를 놓은 것으로 여기는 경향이 있었다.[28] 일반적으로 이런 경향은 종교개혁을 교회가 개인을 억압하던 시대에 개인의 자유를 지키고자 벌인 운동으로 보는 낭만적 자유주의 관점에 기반을 두고 있었다. 실제로 어떠했는지와 상관없이, 칼뱅 시대의 제네바는 종교 면에서든 다른 면에서든 '자유주의'로 세계적 명성을 얻지는 못했다. 오히려 교회와 시市의 규율을 대표하는 상징으로 여겨졌다. 칼뱅의 정치사상은 대개 독창적이지도 흥미롭지도 않은 사상으로 평가받는다.[29] 그러나 제네바에서 나와 새로운 활동지를 찾아 나서면서, 칼뱅주의는 창시자 칼뱅에게는 없었거나 꼭 그가 제안했다고는 볼 수 없는 사상을 받아들이고 수정해 나감으로써 기초 유산을 개발하고 개조할 수 있다는 사실을 입증했다.

그런 사상 중 하나가 기존 사회구조의 '소여성所與性, givenness'에 관한 것이다.[30] 어떤 사람들은 칼뱅주의가 '당연하고 영원할 것으로 상상했던 질서' 위에 세워진 세속 질서라는 중세의 관념과 '변화 위에 세워진' 현대 질서 사이에서 그 변화를 일으키는 수단이었다고

장 칼뱅의 생애와 사상

주장한다. 다시 말하자면, 중세의 세계관은 정적靜的이다. 태생과 전통에 근거하여 사회에서 위치가 정해지고 나면 이 상황을 바꿀 수 없었다. 그런데 칼뱅주의는 세상 속에서 개인의 위치는 적어도 어느 정도는 각자의 노력에 달려 있다고 선언하는 '이행移行 이데올로기'를 제시했다.[31] 프랑스 제3계급이나 유럽 각지의 부르주아들이 솔깃해할 만한 이야기였다. 전통과 가족 간의 유대가 지배하는 사회에서 의미 있는 진전을 이룰 수 없어서 좌절한 사회 계급에는 기존 사회집단의 근본적인 **변화 가능성**을 말하는 교리가 상당히 매력적으로 다가왔을 것이다. 잉글랜드의 칼뱅파 존 포넷John Ponet과 크리스토퍼 굿맨Christopher Goodman은 이 원리를 근거로 국왕 살해를 정당화하는 이론(국왕 살해를 허용하지 않았던 칼뱅의 입장과 정면으로 모순되는)을 전개했다. 이것은 기존 사회구조는 하나님이 정하신 것이므로 '침범할 수도 바꿀 수도 없다'는 중세 관념과의 근본적인 결별을 의미한다.[32] 스코틀랜드 종교개혁에서 이 교리의 의미가 명백히 드러난다.

성 바르톨로메오 축일에 있었던 대학살의 여파로 프랑스 안에서도 비슷한 사상이 전개되었다. 처음에 프랑스 칼뱅주의는 양심의 자유라는 일반 영역에 한해서만 정치적 성찰을 허용했다.[33] 1550년 대 내내 프랑스에서 칼뱅파의 영향력이 꾸준히 증가함에 따라 정치운동에 나선 프랑스 칼뱅파 교도에게 가장 큰 부담은 종교적 관용에 관한 부분이었다. 칼뱅파가 되는 것과 프랑스인이 되는 것 사이에는 근본적인 모순이 없었다. 프랑스인이 되는 것과 칼뱅파(또는 위그노: 프랑스에서는 칼뱅파와 거의 같은 의미로 쓰였다)가 되는 것은 프랑스 왕권에 대한 불충을 의미하지 않았다. 누구보다 칼뱅에게 칭찬받은

이 입장의 깔끔한 논리와 설득력은 앙부아즈 음모로 1560년 5월에 산산이 조각나고 말았다. 귀족 고드프루아 드 라 르노디Godefroi de La Renaudie가 여러 칼뱅파 목사들의 부추김과 도움을 받아(이 때문에 칼뱅이 무척 화를 냈다) 프랑수아 2세를 납치하려고 했다.[34] 그러나 프랑스 칼뱅파가 정치적 견해를 근본적으로 바꾸게 한 사건은 성 바르톨로메오 축일 대학살이었다.

모나르코마크Monarchomaques, 즉 왕권을 엄격히 제한하길 원하는 사람들, 폭군에게 저항하는 것은 국민의 **권리**일 뿐 아니라 **의무**라고 생각하는 사람들이 등장했다. 이것은 성 바르톨로메오 축일에 있었던 대학살로 충격에 휩싸인 사회 분위기가 한동안 이어지면서 나타난 반응이었다.[35] 아마 이때쯤 칼뱅도 현실적으로나 정치적으로 이것이 얼마나 중요한 문제인지 인식했을 것이다. 1559년에 칼뱅은 통치자가 스스로 하나님을 대적하는 위치에 서서 자신의 권한을 넘어서기도 한다는 사실을 인정했다. 나아가 칼뱅은 그런 행동을 함으로써 그 통치자는 자신의 권력을 스스로 폐기해 버린 것이라고 말했다. 행정 장관들(사사로운 개인이 아니라)은 그런 통치자에게 맞서 어떤 조치를 단행할 수 있는 위치에 있었다(할 수 있는 조치가 뭔지 구체적으로 명시하지는 않았다).[36] 1572년 사건의 여파로 프랑스에 있는 칼뱅 추종자들 사이에서 이런 생각이 생겨나고 퍼져 나갔다.

프랑수아 오트망François Hotman은 그 유명한《프랑코 갈리아Franco-Gallia》를, 테오도르 드 베즈는《행정 장관의 권리Droits des Magistrats》를, 필리프 뒤플레시스 모르네Philippe Duplessis-Mornay는《폭군에 대한 판결Vindiciae contra tyrannos》을 출간했다. 그 밖의 군소 저술가들도 소책자를 연이어 내놓았다. 논점은 모두 같았다. 폭군에게는 저항해야 한다. 하나님께 복종할 의무를 인간 통치자에게 복종할 의무보다 중시해야 한다.

(설사 칼뱅의 가르침과 반대된다 할지라도) 프랑스 칼뱅주의라는 도가니 안에서 주조된 이런 급진적인 새 이론들은 봉건제도에서 현대 민주주의로 넘어가는 중요한 전환점으로 볼 수 있다. 이와 함께 천부인권 개념도 신학에 근거하여 명확히 표현되고 옹호되었다. 앙리 4세가 통치하던 시기, 특히 낭트칙령이 공포된 뒤, 프랑스 칼뱅파 대다수가 드러내 놓고 군주제에 반대하는 것을 포기했지만, 프랑스 정치 무대에 중요한 새 이론들이 쏟아져 나왔다. 이 이론들이 프랑스 계몽주의 시대에 완전히 세속적인 형태로 다시 떠올랐다고 볼 수도

있다.

볼테르의 《왕론*thèse ryoale*》, 몽테스키외의 《귀족론*thèse nobilaire*》과 반대되는 《공화론*thèse républicaine*》이라는 책에서 장 자크 루소는 신학적 장식을 뺀 천부인권 개념을 칼뱅 시대의 제네바 공화제와 혼합했다. 루소는 16세기 제네바야말로 공화국의 모범 사례라면서 18세기 프랑스 상황과도 관련성이 깊고 흡수할 수 있는 요소가 가득하다고 선언했다. 그래서 칼뱅 시대의 제네바는 활기차고 강력한 이상理想이 되었고, 혁명 이전 프랑스는 그 이상이 현실이 되는 모습을 상상했다. 그렇다면 1789년 프랑스혁명은 1535년 제네바 혁명이 낳은 자식일까? 이 질문은 이 책 다른 장에서 다룰 만한 질문이다. 지금은 1550년대 프랑스가 처한 현실로 되돌아가서 프랑스 주민들이 느낀 칼뱅주의의 매력을 한 번 더 살펴볼 때다.

프랑스 칼뱅주의의 사회적 배경

칼뱅주의는 정치, 종교, 경제를 망라하여 프랑스 중간계급이 매력을 느낄 법한 복합적인 사상과 가치를 제시했다. 따라서 처음 이 운동의 지지자들이 중간계급에서 나온 것은 놀랄 일이 아니다. 부분적으로 여기에는 프랑스에 파견된 제네바 요원들의 사회적 배경도 반영되어 있다. 그들은 거의 전부가 중간계급에 속했고 프랑스어를 썼다. 아마도 이 점이 도시에 사는 중산층들의 입맛에 잘 맞았을 것이다. 프랑스 남부 지역에서는 특히 더했는데, 남부 사람들은 자기

장 칼뱅의 생애와 사상

들이 역사적으로 중요한 프랑스어권에 속해 있다는 사실을 늘 의식했고 거기에 자부심을 느꼈다. 그러나 시골 지역에서는 프랑스어를 알아듣지 못했다. 시골에서는 여전히 지방어가 대세였다. 툴루즈 주변 지역으로 '오크어langue d'oc'를 쓰는 랑그도크에서는 프랑스어가 외국어나 마찬가지였다. 제네바 요원들은 사회적으로나 언어적으로 프랑스 시골 주민들과 다른 세계에 속해 있었다. 시골에서 '덕망 있는 목사회'가 할 수 있는 일은 거의 없었다. 목사회는 자기들이 마음껏 쓸 수 있는 사람들, 즉 중상류층에 속하고 프랑스어가 모국어인 사람들만 파견했다. 제네바에서 파견한 42명의 배경을 조사한 결과 소농 계급과 어떤 식으로든 관계가 있는 사람은 한 명도 없었다.[37] 처음부터 제네바의 복음 전도는 소농 계급을 배제한 상태로 진행되었다.

그러나 정상에 올랐다고 자부하던 목사회는 이 점을 그리 중요하게 여기지 않았다. 1561년에 제네바 목사회는 프랑스에 목사를 파견해 달라는 요청이 쇄도하자 난처해졌다. 니콜라 콜라동에 따르면, 그해에 프랑스에 파견된 사람만 151명이다.[38] 제네바 목사들은 교구 주민들에게 예고도 없이 자취를 감췄다가 나중에 프랑스 벽지에서 나타나곤 했다. 급증하는 수요를 채우고자 대책 없이 프랑스 교회에 목사들을 파견하는 바람에 정작 제네바 지역 교구 주민들이 목사를 빼앗기는 상황이 벌어졌다. 심지어 로잔시에도 한동안 목사들이 없었다. 로잔시 성직자들이 프랑스 복음화라는 대업에 힘을 보태기 위해 자원한 탓이었다. 섭정하던 카트린 드메디시스Catherine de Médicis가 프로테스탄트에게 관용적인 태도를 보이기로 한 덕분에

사상의 침입: 칼뱅과 프랑스

프랑스에 잠입하기가 훨씬 수월했다. 극비로 진행하던 작전에 여유가 생겼고, 제네바로 피신했던 프랑스인들이 조국으로 돌아가기 시작했다. 도시 토착 주민들을 구제하기 위해서였다.

적어도 표면적으로는 프랑스를 복음화하려는 제네바의 정책이 제대로 성과를 내는 듯했다. 프랑스 전역에 복음주의 모임이 생겨났고 제네바에 지원과 지도와 조언을 요청했다. 그러나 중요한 변화는 프랑스 안에서 일어났다. 칼뱅주의가 프랑스 귀족들 사이에서 중요한 회심자들을 얻은 것이다. 처음에 주로 소시민들에게 호소력을 갖던 종교를 귀족들이 받아들였고 심지어 이 종교에 매력을 느꼈다.[39]

뤼시앵 로미에Lucien Romier에 따르면, 1558년부터 1562년까지 아주 많은 귀족이 회심하면서 프랑스 칼뱅주의의 성격이 되돌릴 수 없을 정도로 크게 달라졌다.[40] 오래전부터 철저한 점검이 필요했던 프랑스 경제가 마침내 무너지기 시작했다. 프랑스 재정 제도와 정실주의 인사 관행을 연구한 자료에 따르면, 프랑스 경제는 1557년에 위기를 맞았고 1559년에는 사실상 황폐해졌다.[41] 교회 소득 감소가 경기 침체에 영향을 끼쳤다. 죽은 사람을 위한 기도와 미사 같은 전통적인 가톨릭 의식에서 얻는 수입이 고갈되기 시작했기 때문이다.[42] 귀족들은 국가 경제라는 외면할 수 없는 사실로부터 더 이상 보호받지 못했다. 칼뱅주의로 전향할 의욕을 꺾어 놓던 경제적 불이익이 이제는 예전만큼 힘을 발휘하지 못했다. 인사와 재정의 전통적 양식이 무너지자 전통적 양식으로 추정되는 세력과 아직 정형화된 양식을 보이지 않는 새로운 세력 사이에서 갈등하던 귀족들

장 칼뱅의 생애와 사상

가운데 사실상 별개의 파벌이 출현했다. 전통적인 귀족의 협조와 충성이 흔들리기 시작한 것이다.

나빠지는 경제 상황에 비춰볼 때 1559년부터 1561년 사이에 제1계급에 맞서 제2계급과 제3계급이, 즉 성직자들에게 맞서 귀족들과 부르주아들이 손을 잡는 모습이 나타나는 건 당연했다.[43] 이제까지 칼뱅주의에 무관심했거나 적개심을 숨기지 않던 도시 최상류층이 드러내 놓고 칼뱅파와 어울리기 시작했다.[44] 제2계급 안에서 교회와 교회가 쌓은 부를 비판하는 목소리가 갈수록 거세졌다. 1560년 오를레앙에서 열린 삼부회*États généraux*(제1계급부터 제3계급까지 세 신분의 대표자가 모여 중요 의제를 놓고 토론하는 프랑스의 신분제 의회─옮긴이)에서는 귀족과 부르주아가 대놓고 손을 잡았다. 그 모습은 흡사 이 두 계급이 칼뱅파에게 영감을 받아 교회의 특권과 부를 공격하는 것처럼 보였다. 제2계급과 제3계급의 동맹 체결은 상당히 중요하다. 이 동맹의 출현은 위그노전쟁이 계급 간의 충돌이 아니라 귀족이 주도하는 두 경쟁 파벌 간의 충돌임을 의미하기 때문이다.

앙리 2세의 죽음으로 불확실성의 시대가 시작되었다. 처음에는 프랑수아 2세가 프랑스 왕이 되었다. 당시 그의 나이는 열다섯 살이었다. 이듬해인 1560년 12월에는 그의 동생인 샤를 9세가 왕위를 계승했다. 샤를 9세는 아직 성년(프랑스 법으로 14세)이 아니었다. 그래서 어머니인 카트린 드메디시스가 권력을 장악하고 섭정을 선포했다. 이 시기에는 중앙 정부가 힘이 없다 보니 앙리 2세가 세운 칼뱅주의 박해 정책을 계속 밀고 나갈 수가 없었다. 앙부아즈 칙령(1563년 3월)은 이 사실을 암묵적으로 인정한 것이라 할 수 있다.[45] 카트린

사상의 침입: 칼뱅과 프랑스

드메디시스는 1561년 1월 28일에 봉인장lettres de cachet을 발부했고,[46] 이로써 종교적 신념 때문에 투옥된 자들은 석방되고 이단 재판은 중단되었다. 1562년 1월 17일에 공표된 생제르맹앙레 칙령으로 마침내 칼뱅파들은 제한된 조건 아래서이긴 하지만 함께 모여 예배를 드릴 수 있게 되었다.[47]

이 기간에 칼뱅과 그의 동지들은 새로이 전개되는 국면을 제어하려고 최선을 다했다. 그러나 그들이 프랑스 상황을 최대한 활용하지 못했다는 증거가 많다. 부분적으로는 계획을 잘 세우지 못한 탓일 수도 있다. 그러나 또 한편으로는 칼뱅과 그의 동지들이 미처 생각하지 못했던 큰 성공에 당황한 탓일 수도 있다. 그들은 큰 그림을 그리지 못했고 대담함이 필요한 순간에 신중했다. 1555년부터 1562년까지는 일생일대의 기회였다. 제네바 교회는 그 기회를 잘 활용해야 했지만, 결과적으로는 그러지 못했다. 칼뱅은 계속해서 정치적으로 비현실적인 방식으로 프랑스 상황에 접근하려 했다. 하나님의 섭리로 프랑스 왕실과 라인팔츠 선제후국과 뷔르템베르크 공작의 마음이 움직이기를 마냥 기다렸다.[48] 칼뱅이 프랑스 왕을 설득해서 수용 가능한 노선을 따라 프랑스 교회를 개혁할 수 있다고 믿고 복음주의 교회의 성장과 발전을 의도적으로 제한했다는 증거가 많다.[49] 신자들 모임에 치리회 조직을 도입하기로 한 결정도 정치적인 이유로 '심어진 교회'의 성장을 억제하려고 시도했던 행위로 볼 수 있다. 만약 이것이 사실이라면, 잘 알지도 못하면서 프랑스 군주의 의사를 근거 없이 낙관한 데서 비롯된 심각한 오판으로 봐야 한다.

장 칼뱅의 생애와 사상

프랑스 개혁 교회의 〈신앙고백서〉 발표를 놓고 칼뱅이 취한 태도에도 이런 접근 방식이 명확히 나타난다. 대표자 전체 회의를 소집해서 프랑스에서 개혁 교회의 입지를 강화해야 한다는 요구가 1558년 말경 푸아티예에서 처음 제기되었다. 회의 준비는 앙투안 드 라 로슈샹디외Antoine de la Roche-Chandieu에게 부탁했다. 그래서 파리 목사 프랑수아 드 모렐François de Morel은 칼뱅에게 편지를 써서 어떻게 진행하면 좋을지 조언을 구했다. 칼뱅은 이 편지를 받지 못한 게 분명하다.[50] 회의를 소집해서 신앙선언문을 발표하자는 제안을 칼뱅이 반대했다는 사실은 잘 알려졌다. 칼뱅은 그만큼 프랑스 상황에 대해 신중하게 접근하고 싶어 했다. 공식 신앙선언문을 발표하면 프랑스 왕실에서 개혁 교회를 박해할 게 뻔했기 때문이다. 니컬러스 스록모턴Nicholas Throckmorton이라는 잉글랜드 대사가 1559년 5월 15일에 프랑스에 보낸 편지가 아직 남아 있다. 이 편지에 그 가능성이 명시되어 있다.

가스코뉴, 기엔, 앙주, 푸아투, 노르망디, 멘 지방에서 약 1만 5천 명이 제네바의 신앙고백과 비슷한 신앙고백에 서명했다고 들었습니다. 그들이 이 〈신앙고백서〉를 곧 왕에게 제출할 거라더군요. 그들 중에는 중요한 인물이 많습니다. 일각에서는 그들이 왕에게 〈신앙고백서〉를 제출하자마자 왕이 그 교회들을 절멸하겠노라고 확언할 것이라는 말이 돕니다.[51]

그러나 칼뱅의 바람은 무시당했다. 프랑스 개혁 교회 제1차 전국 회의가 1559년 5월 25-29일에 파리에서 비밀리에 개최되었다.[52]

사상의 침입: 칼뱅과 프랑스

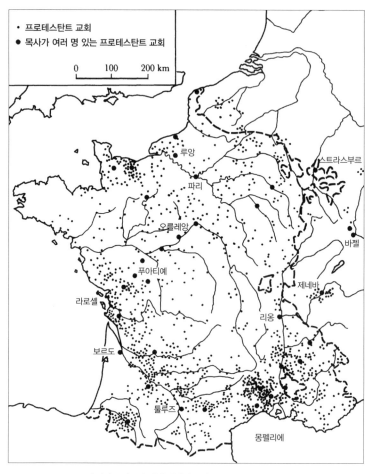

━━ 도표 9.3 1562년 당시 프랑스에 있던 칼뱅파 교회

이 자리에서 35개 조항으로 구성된 〈신앙고백서〉가 작성되었다. '프랑스에 흩어져 있는 교회들이 협의하여 작성한 신앙고백'이라는 제목으로 발표된 이 〈신앙고백서〉는 이듬해 프랑수아 2세에게 제출되었다. 그러나 두려워했던 박해는 없었다.

장 칼뱅의 생애와 사상

프랑스의 대표적인 칼뱅파 가스파르 드 콜리니(1519-1572)의 초상화(파리 개신교박물관, 사진: 포토그라피 지로동)

지나치게 신중한 태도를 고수했음에도 프랑스에서 칼뱅의 영향력은 1562년에 상당한 수준에 도달했다. 칼뱅파 모임과 영향력은 폭발적으로 증가했다. 프랑스의 완전한 개혁도 이루어질 것 같았다. 전체 귀족 중 3분의 1이 칼뱅의 종교 사상을 받아들인다는 의사를 표했다. 1562년 3월에 가스파르 드 콜리니Gaspard II de Coligny 제독이 작성한 목록에 따르면, 그 당시 프랑스에는 2,150개의 위그노 교회가 있었다. 이 수치가 정확한지 확인하기는 어렵다. 하지만 프랑스에 적어도 1,250개의 위그노 교회가 있었고, 프랑스 전체 인구 2천만 명 중 칼뱅파 교도의 총수가 2백만 명이 넘었다는 말은 타당성이 있어 보인다.[53] 프로테스탄트 교회는 프랑스 전역에 고르게 분포

사상의 침입: 칼뱅과 프랑스

되어 있지 않았다. 여기에는 정치지리, 지역 밀어주기, 문화적·언어적 요인이 반영되어 있다. 특별히 관심을 끄는 지역은 '위그노 초승달'로 불리는 지역으로 대서양 연안의 라로셸부터 동쪽 도피네까지 뻗어 있고, 미디피레네에 특히 집중되어 있다.

이것은 위그노전쟁 직전에 칼뱅의 영향력이 어느 정도였는지를 보여 준다. 혹시라도 칼뱅이 칼뱅파 기독교로 프랑스가 통일될 거라는 생각을 했었다면, 1562년 4월 오를레앙에서 '종교 문제'로 전쟁이 일어나서 현실을 마주했을 때 그런 환상은 산산이 부서졌을 것이다. 위그노전쟁(1562-1598)은 프랑스가 칼뱅주의 때문에 지역적으로, 사회적으로, 정치적으로 분열되었다는 사실을 여실히 보여 주었다. 프랑스 사회에 생긴 균열은 너무 깊어서 시간이 오래 걸리는 실용적인 외교 수단으로는 도저히 치유할 수 없을 정도였다. 위그노전쟁과 성 바르톨로메오 축일 대학살[54]에 관한 잔혹하고 끔찍한 기억(훗날 혁명파의 '공포정치'에서 폭발하게 될 난폭 행위를 불길하게 암시하는 듯했다)으로 조국 프랑스에서 칼뱅의 명성은 무척이나 애매해졌다. 위그노전쟁의 발발에 다른 요인들이 작용했다는 점은 사실이다. 그러나 위그노전쟁은 종교 문제, 그중에서도 장 칼뱅이 제네바에서 정한 의제가 중심이 되어 벌어진 최초의 전쟁이었다. 프랑스에서 패권을 잡으려던 칼뱅파의 투쟁은 한 세대가 지나기 전에 실패하고 말 터였다. 칼뱅파의 지위는 기껏해야 낭트칙령(1598)이라는 회유정책 아래서 '국가 안의 국가imperium in imperio'로 존재할 뿐이었다. 그러나 그때까지 프랑스에서 입은 손실을 메울 만큼 다른 곳에서 큰 소득을 얻었다. 칼뱅주의가 세계적인 운동으로 발돋움한 것이다.

장 칼뱅의 생애와 사상

10 운동의 시작

1564년 초봄, 칼뱅의 병이 위중해졌다. 1563년에서 1564년으로 넘어가는 겨울, 칼뱅이 치리회 주간 회의에 참석하는 횟수가 갈수록 뜸해졌다.[1] 건강이 악화된 탓이었다. 그해 몽펠리에에서 의사들에게 진찰받을 때 나열한 증상을 살펴보면 편두통, 통풍, 폐결핵, 장내 기생충, 혈전성 치질, 과민대장증후군에 시달린 것으로 추측된다. 칼뱅은 2월 6일 일요일 아침 생피에르 강단에서 마지막 설교를 했다. 4월 무렵에는 살날이 얼마 남지 않은 게 확실해졌다. 숨쉬기가 어려웠고, 만성적으로 숨이 찼다.[2] 그런데도 칼뱅은 4월 28일에 제네바 목사들에게 작별의 글을 남겼다.[3]

〈목사들에게 건네는 고별사〉는 이따금 애처로운 기분이 들 정도로 감동적인 글이다. 칼뱅은 자신이 그리스도의 복음을 위해 헌신해야 한다는 압박감에 짓눌린 가련하고 소심한 학자에 지나지 않았다고 고백했다.[4] 이 글에는 특히 흥미로운 부분이 있다. 처음에는 두서없이 내뱉는 여담인 것 같았으나, 칼뱅은 제네바에 머무는 동안 자신에게 닥친 다양한 재앙을 하나씩 풀어놓았다. 사람들은 그의 문 앞에 화승총을 쐈고, 개를 풀어 그에게 달려들게 했다. 사람들은

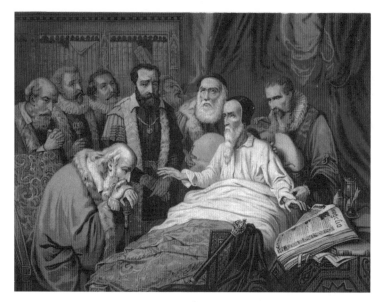

━ 임종 직전의 칼뱅

〈목사들에게 건네는 고별사〉 중 이 부분을 특별히 중요하게 여기지
않았다. 그러나 칼뱅은 고전주의 시대 저술에 나오는 '역경 목록'에
영향을 받아 이 부분을 작성한 게 분명하다.[5] 아마도 두 가지 자료
를 통해 이 문학 장르를 알게 되었을 것이다. 하나는 바울이 고린도
교회에 보낸 편지다. 루돌프 불트만Rudolf Bultmann은 고린도전서 4장
9-13절, 고린도후서 4장 8-9절과 6장 4-10절의 특징을 '역경 목록'
으로 묘사했다. 또 하나는 세네카 같은 고전주의 도덕주의자들의
저술이다. 칼뱅은 역경을 소명의 필수 요소로 이해했던 것 같다.

　칼뱅은 5월 27일 저녁 8시에 사망했다. 그의 요청에 따라 비석을
세우지 않고 공동묘지에 매장했다. 제네바에서 칼뱅을 숭배하는 일

은 없었다. 생전에 그랬듯이 죽어서도 칼뱅은 자기를 내세우지 않았다. 그러나 그의 죽음으로 세상에 대한 그의 영향력은 이제 겨우 시작되었을 뿐이었다.

사방으로 뻗어 가는 칼뱅의 영향력

16세기의 4분의 3이 끝나 갈 무렵 칼뱅주의는 국제 종교로서 위상을 다졌고, 새 거푸집으로 사회를 주조할 능력과 권리가 있다고 자신했다.[6] 칼뱅주의자들은 사회 현실에 맞춰 자기들의 원칙을 굽힐 필요가 없다고 보았다. 이론상, 그리고 미국의 경험(434-437쪽 참조)에 비춰 보면 실제로도, 사회는 새로운 종교의 요구에 맞춰 변할 수 있다. 칼뱅의 가장 큰 업적은 칼뱅주의자라는 새로운 유형의 인간을 창조한 것이라고 한 에밀 레오나르Emile G. Leonard의 주장은 일리가 있다.[7] 칼뱅주의자는 하나님이 자신을 부르셨고 자신에게 힘을 주신다는 믿음 아래 '할 수 있다'는 긍정적 자세로 삶에 임한다.

1530년대와 1540년대 초반의 유럽 상황만 보면, 칼뱅의 사상이 16세기의 남은 기간에 그만큼 관심을 받고 그만큼 영향력을 얻게 될 것이라는 조짐이 거의 없었다. 상반기에 유럽 전역에 파고든 것은 루터식 종교개혁이었다. 요한 에크와 벌인 라이프치히 논쟁(1519년 6-7월)의 여파로 루터의 사상은 많은 비평을 받았고, 그 결과 루터는 자유주의적 인문주의 가치를 대변하는 인물로 널리 인정받았다. 루터가 파리에서 영향력을 갖기 시작한 건 1519년 말부터였을 것

운동의 시작

이다. 그때 파리대학교 신학부는 루터가 라이프치히에서 제안한 내용을 검토해 달라는 요청을 받았다. 1520년대 중반, 루터의 영향력은 교수, 성직자, 일반 시민을 아우르며 파리 곳곳으로 뻗어 나갔다. 최초의 루터 교도는 1524년에 공개적으로 화형당했다. 이듬해, 프랑수아 1세가 파비아 전투에서 패한 뒤 스페인 마드리드 감옥에 유폐되자 모후母后는 자기 아들의 왕국에서 '루터라는 사악하고 가증스러운 종파이자 이단'을 전부 없애 버리라고 명령했다. 루터는 동쪽에 있는 빈에서도 관심을 받았다. 라이프치히 논쟁 직후에 빈대학교 신학부는 자기네 대학교에까지 뻗어 오는 가증스러운 루터의 영향력을 최소화하기 위해 여섯 개 항으로 이루어진 방침을 세웠다.[8] 그러나 이런 조처에도 불구하고 1520년대와 1530년대 초반 루터가 서유럽 종교에 끼치는 영향은 더 커졌다. 1530년대 프랑스에서 유통되던 경건 문학은 가톨릭 영성에 루터의 신학을 섞어 놓을 정도였다(306-308쪽).

잉글랜드에서는 윌리엄 틴들William Tyndale과 로버트 반스Robert Barnes 같은 개혁가들이 공개적으로 루터와 뜻을 같이하면서(루터가 가르치는 비텐베르크대학교에 출석할 정도였다) 1520년부터 루터의 저술이 널리 유포되었다.[9] 루터의 사상은 1520년대 네덜란드 복음주의 운동에도 영향을 끼쳤다. 복음주의 운동이 이제 겨우 형태를 갖추어 가고 있을 때였다.[10] 시작은 상서롭지 못했지만, 루터주의는 1520년대와 1530년대에 스코틀랜드에서 점차 영향력을 키웠고, 마침내 1543년에 절정에 이르렀다.[11] 스페인과 프랑스에서도 비슷한 양상을 보였다. 종교개혁에 대응하기 위해 1540년대에 가톨릭교회에서 소집한 트리엔트 공의회는 신학적 중포重砲를 가져와서 루터와 그의 지지자들에게 쏘아 댔다. 하지만 그 때문에 괴로워하는 사람은 한 명도 없었다. '그 지역 종교는 그 지역에서 정한다cuius regio eius religio' 는 원칙을 채택하여 독일 종교 문제를 해결하고자 했던 아우크스부르크 종교 화의(1555)는 칼뱅이나 칼뱅주의의 존재를 인정할 필요가 있다는 사실조차 알지 못했다. 루터주의와 로마 가톨릭은 기독교 신앙을 지키려는 자들에게 공인된 대안이었다. 요컨대 많은 사람이 루터와 종교개혁의 대의를 동일시했다. 종교개혁자가 되는 것은 곧 루터파가 되는 것을 의미했다.

루터의 죽음(1546)과 슈말칼덴 동맹의 패배(1547)로 루터주의는 지적으로 빈사 상태에 빠졌고, 심각한 내부 반대로 점점 더 약해지다가 독일 영토 안에 고립되었다. 루터가 세운 작은 체계는 이미 한물 갔고, 루터식 종교개혁이 처음 등장했을 때 넘쳐나던 활력도 다 소진된 듯했다. 종교개혁의 첫 번째 파도는 해안과 부딪쳐 스러지고 말았다. 그리고 두 번째 파도가 밀려왔다. 칼뱅의 별이 떠올랐고 곧 우위를 차지했다. 이렇게 발전하기까지 여러 요인이 중요한 역할을 했다.

다른 책에서 광범위하게 인용할 정도로 많은 사람이 칼뱅의《기독교 강요》를 읽고 그 진가를 인정했다. 1541년에 익명으로 발표된 뒤 종교재판을 통해 금서로 지정되기 전 빠르게 인기 도서 목록에 오른 이탈리아 논문 〈그리스도의 유익〉은 1539년판《기독교 강요》를 상당 부분 인용하고 있지만,[12] 그 사실에 주목하는 사람은 별로 없었다. 1550년대 후반까지 네덜란드의 프로테스탄트 신학자들은 칼뱅의 작품을 아주 잘 알고 있었다.[13] 《기독교 강요》는 종교개혁의 두 번째 파도를 이끌 사상을 한 곳에 깔끔하고 우아하게 담아낸 독립형 입문서로서 빠르게 자리매김했다. 앞에서 살펴보았듯이(147-149쪽), 1541년 프랑스어판은 대중의 요구에 맞춰 연달아 개정판을 냈다. 그것은 칼뱅의 사상을 완전히 이해하고 적절한 행동에 나서도록 촉구하는 작은 발걸음에 불과했다.

앞서 언급했듯이, 제네바는 프랑스어를 쓰는 목사들을 파견해서 《기독교 강요》가 주창한 개혁 프로그램을 적극적으로 전파했다. 칼뱅의 영향력은 곧 프랑스 너머까지 뻗어 나갔다. 프랑스어를 쓰는 네덜란드 지방에서 칼뱅이 영향력을 발휘하기 시작한 것은 1550년경부터다. 칼뱅파 성향의 지식인들도 칼뱅의 사상을 전파하기 위해 해외로 나갔다. 성과가 가장 컸던 곳은 잉글랜드였을 것이다. 에드워드 6세 치하의 잉글랜드는 칼뱅파이거나 칼뱅주의에 동조하는 목사들이 잉글랜드에 정착해서 신생 개혁 교회에 신학적 방향을 제시하도록 장려했다. 마르틴 부처, 피에트로 마르티레 베르미글리 Pietro Martire Vermigli, 얀 와스키 Jan Łaski 같은 인물들이 잉글랜드 교회에 새로운 자극제가 되었다. 이들은 경박하게 루터주의에 기웃거리던 태도를 버리고 칼뱅의 제네바와 관련된 사상에 진지하게 관심을 쏟도록 잉글랜드 교회를 자극했다. 1559년 5월, 제네바에서 망명 생활을 하던 존 녹스 John Knox가 조국 스코틀랜드에 돌아왔다. 그가 온 뒤 며칠 만에 퍼스에서 폭동이 일어나서 종교개혁이 위태로워졌다.[14]

'망명자와 망명지' 현상은 칼뱅주의를 퍼뜨리는 데 적지 않은 역

할을 했다. 제네바는 다수의 유럽 망명지 중 하나일 뿐이었다. 제네
바 외에도 프랑크푸르트, 엠덴, 스트라스부르 같은 도시가 조국에
서 추방당한 프로테스탄트들을 받아 주었다. 사실, 제네바의 원주
민들은 자기네 도시에 외국인이 들어와 사는 걸 싫어했다. (1550년대
초에는 페랭파를 지지하는 것으로 외국인에 대한 반감을 표출하기도 했다.) 그런 상
황에서도 칼뱅은 개혁주의 신앙을 지닌 자들이 제네바로 망명할 수
있게 애썼다. 망명자들은 제네바에서 생활하는 동안 칼뱅의 관점을
흡수했고 조국으로 돌아가 칼뱅주의를 전파했다. 프랑스에서 온 망
명자가 가장 많았지만, 그들이 가고 나면 다른 이들이 와서 자리를

메웠다. 메리 1세의 박해를 피해 제네바로 온 잉글랜드 출신 프로테스탄트들도 그중 하나였다. (1559년 집단 사퇴의 여파로 엘리자베스 1세가 임명한 주교 18명 중 12명이 메리 1세 치하에서 유럽으로 피신했던 자들이었다.) 다른 나라들도 칼뱅파 망명자들을 받아들이면서 칼뱅파 회중뿐 아니라 훨씬 많은 이들에게 영향력을 확장할 잠재력을 갖춘 칼뱅파 활동의 중심지로 성장했다.[15]

물론 여러 가지 다른 요인들, 즉 사회적, 정치적, 경제적 요인도 무시할 수 없다. 이는 칼뱅의 사상을 퍼뜨리는 역사적 수단이 아니라 칼뱅 사상의 본질과 관련이 있다. 물론 적절한 때에 이 부분도 살펴볼 것이다. 그러나 지금은 당시 많은 사람이 칼뱅주의를 진보적인 사상으로 여겼다는 점에 주목할 필요가 있다. 칼뱅주의는 과거 봉건시대의 유물로 사람들에게 족쇄를 채우는 구식 제도나 관습, 관행과 단호하게 결별하는 진보적 사상처럼 보였다. 루터가 신중하고 보수적인 인물 같았다면, 칼뱅은 대담하고 진보적인 인물로 보였다. (이런 인상을 형성한 데는 제네바시의 진보적인 정치 구조와 정책도 일정 부분 이바지했다.) 미래는 칼뱅의 것 같았다. 라인팔츠 선제후국에서 칼뱅주의를 채택했고, 이와 함께 엄청난 영향력을 지닌 〈하이델베르크 교리문답〉이 1563년에 작성되었다.[16] 다른 곳도 아닌 루터의 조국에서 벌어진 이 사건은 이제 프랑스인 개혁가 칼뱅이 독일인 개혁가 루터보다 영향력이 훨씬 크다는 사실을 상징적으로 보여 주는 듯했다.

1591년에는 칼뱅주의가 유럽 전역에서 진전을 이룬 듯했다. 그리고 그 독일인 칼뱅파 아브라함 스쿨테투스Abraham Scultetus(1566-

장 칼뱅의 생애와 사상

1624)는 이 운동에 스며 있는 성취감에 관해, 나아가 이 운동의 운명 (칼뱅파 저술가들은 '하나님의 섭리'라는 용어로만 조심스럽게 이야기하는)에 관해 다음과 같은 글을 썼다.

1591년 개혁 교회 상황을 숙고할 때면 나나 다른 많은 사람이 느꼈던 낙관적인 분위기를 떠올리지 않을 수 없다. 프랑스의 용맹한 왕 앙리 4세, 잉글랜드의 엘리자베스 여왕, 스코틀랜드의 박식한 왕 제임스, 팔츠 선거후령의 영주인 용감한 영웅 요한 카지미어, 용맹하고 강인한 작센의 선거후 크리스티안 1세, 슬기롭고 신중한 헤센의 영주 빌리암 백작. 이들 모두가 개혁 신앙 쪽으로 마음이 기울었다. 네덜란드에서는 모든 일이 오라녜 공작 마우리츠의 바람대로 되었다. 그는 브레다, 줏펀, 휠스트, 네이메헌을 점령했다. … 우리는 황금시대가 시작되었다고 생각했다.[17]

칼뱅주의는 16세기 하반기에 유럽 전역으로 빠르게 뻗어 나갔고, 다음 반세기 동안 아메리카 대륙이라는 신세계에서 놀라운 성과를 거두었다. 그런데 본래의 권력 기반인 제네바에서는 오히려 세력이 약해졌다.[18] 칼뱅주의가 세계로 뻗어 나간 과정을 살펴볼 때는 제네바의 이런 상황을 염두에 두어야 한다. 1575년부터 제네바에서 칼뱅파의 영향력이 줄어들고 있다는 근거 있는 소문이 돌았다.[19] 이는 부분적으로 제네바시가 맞닥뜨린 심각한 경제 상황과 관련이 있었다. 프랑스 금화 대비 제네바 금화 플로린의 가치가 급격히 하락했다. 스위스 역사학자 샤를 질리아르Charles Gilliard가 1934년에 연구한 바에 따르면, 16세기 하반기에 스위스 서부 지역에서 통화가치가

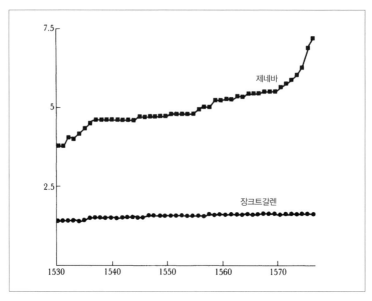

━━ 도표 10.1 프랑스 금화 대비 제네바와 장크트갈렌의 금화 플로린의 가치 하락, 1530-1577

폭락한 것으로 나타났다. 그는 이 지역의 통화 등락을 자세히 연구
하여 이러한 사실을 확인했다. 조사 결과 정치지리와 통화가치 하
락이 정확히 일치하는 양상을 보였다.[20] 스위스 동부와 라인강 계곡
에 있는 도시들(장크트갈렌과 바젤 등)의 통화가치는 이 기간에 비교적
안정세를 유지했지만, 스위스 중부에 있는 도시들(취리히, 샤프하우젠,
루체른, 베른 등)의 통화가치는 내림세를 보였다. 그런데 스위스 서부에
있는 도시들의 경우는 통화가치가 심하게 하락했다. 프리부르와 로
잔도 상당한 손해를 입었지만, 가장 서쪽에 있는 제네바의 손해가
막심했다. 1550년부터 1590년까지 아주 중대한 시기에 프랑스 금
화 대비 장크트갈렌 플로린의 가치는 거의 일정하게 유지되었지만,

장 칼뱅의 생애와 사상

제네바 플로린의 가치는 1570년부터 1577년 사이에만 30퍼센트가
량 하락했다.

경제 상황이 나빠지면서 제네바 교회의 운명도 함께 쇠퇴했다.
무시 못 할 권위를 지닌 칼뱅과 더 이상 씨름할 일이 없어지자 이제
까지 목사들의 소관으로 여겼던 도시 생활 영역을 제네바 시의회
가 차츰 통제하기 시작했다. 1535년에 시작했다가 칼뱅의 영향으
로 (끝났다기보다는) 방향이 바뀌었던 세속화 과정이 다시 확대되었다.
세속 권력은 제네바시에서 목사들이 차지했던 지위를 서서히 침식
하면서 자신들의 권한을 넓혀 나갔다. 그래도 테오도르 드 베즈가
자리에 있을 때는 목사회가 제네바시의 공무公務에 제한적으로나마
영향력을 행사할 수 있었는데, 1580년에 그가 목사회 의장직을 사
임하자 그마저도 중단되었다. 목사는 순수하게 도덕적 권위를 가질
뿐 제네바시에서 법적 권위나 헌법적 권위가 전혀 없다는 사실이
점차 분명해졌다. 1580년부터 목사회는 칼뱅은 고사하고 베즈가
가졌던 권위와 비슷한 정도의 권위를 가진 대표자도 없었다.

부분적으로 제네바의 국제적 명성은 칼뱅이 1559년에 설립한 제
네바 아카데미에 기초했다. 그런데 이 저명한 아카데미마저도 곧
매력을 잃고 말았다. 칼뱅주의가 국제 운동이 되면서 점점 더 많은
대학이 이 새로운 종교에 우호적인 태도를 보였다. 레이던대학교와
하이델베르크대학교는 학문의 중심지이자 칼뱅주의의 근거지로서
순식간에 국제적인 명성을 얻었고, 칼뱅이 설립한 제네바 아카데미
의 명성을 훌쩍 뛰어넘었다. 신생 칼뱅주의 학교들로 보충된 새로
운 학문의 전당들이 (그 유명한 벡셀 출판사[21]가 있는) 하나우, 헤르보른 같

은 도시들에 전략적으로 자리를 잡았다. 낭트칙령 이후 프랑스 디, 몽토방, 소뮈르, 스당에 설립된 학교들이 특히 유명했다. 1636년에는 하버드대학이 설립되어 뉴잉글랜드에서 칼뱅주의의 지적 주도권을 장악하고, 아메리카 대륙에서 당시에는 그리 새롭지 않았던 개혁주의 신앙이 살아남을 수 있게 지켜냈다.

성직자 교육을 독점할 수 없게 되자 별처럼 반짝이던 제네바 아카데미는 유성처럼 떨어지며 본래의 명성을 잃었다. 제네바는 여전히 칼뱅과 강하게 연결되어 있고 칼뱅을 생각하면 제네바가 떠올랐지만, 칼뱅파 목사들은 제네바 아카데미보다 하이델베르크, 소뮈르, 스당 같은 곳에 있는 세계적인 교육 기관에 더 매력을 느꼈다.[22] 제네바는 칼뱅주의의 초상화에서 여전히 중요한 부분을 차지했지만, 갈수록 근거 없는 가공의 토대에 의존하게 되었다.[23] 칼뱅 시절의 '황금기'에 관한 매혹적인(하지만 완전히 정확하지는 않은) 기억은 제네바 종교 상황의 가혹한 현실에 점점 더 짙은 그늘을 드리웠다. 한때는 칼뱅주의라는 새 종교의 원천이었던 제네바가 1585년에는 칼뱅주의의 상징에 불과한 존재가 되었다.

한 운동이 발전하게 된 전환점으로 단일 사건을 보는 시각은 위험할 수 있다. 그러나 때로는 감수할 가치가 있는 위험도 있다. 1564년 칼뱅의 죽음은 칼뱅주의 역사의 분수령이라 할 수 있다. 창시자가 죽자 칼뱅주의는 제네바라는 작은 도시와 본래 맺고 있던 매우 한정적인 관계를 끊고 국제 무대로 나아갈 수 있었다. 칼뱅주의와 제네바의 제도적 관계는 유지되었지만, 실제로 그 관계는 추상적이고 관념적이었다. 거기다 결정적으로 제네바와 칼뱅의 개인

━━ 제네바 아카데미를 그린 그림

적 관계마저 끊어져 버렸다. 칼뱅이 사망하자 칼뱅주의라는 국제
운동과 이 운동의 본산인 제네바의 관계는 갈수록 막연해지고 쓸모
없어지더니 결국 무시해도 좋을 정도가 되었다. 그러나 더 중요한
사실은 창시자가 죽으면서 이 운동이 창시자와 상관없이 독립적으
로 발전할 수 있게 되었다는 점이다. 칼뱅이 죽자 칼뱅주의는 자신
만의 개성을 갖추기 시작했다. 이 변화는 아주 중요하므로 더 관심
있게 살펴볼 필요가 있다.

칼뱅에서 칼뱅주의로

16세기 하반기의 첫 번째 10년에 종교개혁 교회들을 놓고 격론을

운동의 시작

벌이는 문헌에 새로운 표현이 등장했다. '칼뱅주의'라는 용어는 독일인 루터파 논객 요아힘 베스트팔^{Joachim Westphal}이 일반적인 스위스 종교개혁가들과 장 칼뱅의 신학적 견해, 그중에서도 특히 성례에 관한 견해를 지칭하기 위해 처음 사용한 것이다.[24] 이 용어가 나오자 독일 루터파 교회에서는 곧바로 이 용어를 받아들여 일상적으로 사용했다. '칼뱅주의'라는 새로운 용어를 빠르게 받아들인 배경에는 역사적으로 루터파로 여겼던 독일 지역에서 개혁주의 신학의 영향력이 강해지는 것을 우려한 루터파 진영의 극심한 불안감이 있다.[25] 아우크스부르크 종교 화의(1555년 9월)의 조건에 따라 독일 영토에서 공인받은 특별한 형태의 프로테스탄티즘은 '루터주의'로 정의했다. 작센의 선거후選擧侯 프리드리히 3세가 1563년에 그 유명한 〈하이델베르크 교리문답〉을 채택한 데서 여실히 드러났듯이, 칼뱅의 영향력은 팔츠 지역에까지 확장되었다. 루터파 진영에서는 이 점을 특히 우려했다. 작센의 선거후가 루터주의를 버리고 칼뱅과 관련이 있는 프로테스탄티즘으로 갈아탄 것은 아우크스부르크 종교 화의를 공공연히 위반하고 이 지역의 불안정을 조장하는 행위라고 보는 이들이 많았다. '칼뱅주의자'라는 용어를 만들어 쓴 것은 불안에 떨던 독일 루터파가 독일에서 칼뱅의 사상을 외세外勢로 낙인찍고 신빙성을 떨어뜨리려는 시도였다. 칼뱅은 사람들이 이 용어를 쓰는 것을 알고 경악했다. 칼뱅은 개혁주의 신앙을 지지하는 선거후의 평판을 떨어뜨리려는 얄팍한 시도로 이런 용어를 만들어 쓰는 것이라고 보았다.[26] 그러나 칼뱅은 그로부터 몇 달 뒤 사망했고, 칼뱅의 항의는 아무 효과가 없었다. 이처럼 '칼뱅주의'라는

독일에서 일어난 종교 갈등을 풍자한 그림(1598). 루터, 교황, 칼뱅이 길길이 뛰며 승강이하는 모습(왼쪽)과 이를 보고 실망한 경건한 신자의 모습(오른쪽)

용어는 **반대파**가 칼뱅 추종자들의 종교관을 언급하기 위해 만든 것이다. 종교개혁 시대를 공부하는 현대의 학생들은 초기 프로테스탄트 내부 분쟁이 남긴 미심쩍은 유산의 상속인이 되려 하지 않는다. 칼뱅과 개혁주의 사상의 정확한 관계, 특히 칼뱅 사망 이후 이 둘의 관계는 예상보다 훨씬 더 복잡하다. 이 신학을 언급하기 위해 '칼뱅주의'라는 용어를 사용하면 여러 가지 위험이 따를 수 있다. 그러나 역사는 단어들과 그것들의 연상 기억을 한쪽으로 치워 버린 심리적 공백 속에서 진행되지 않는다. '칼뱅주의'는 이미 역사가들의 어휘집에 단단히 새겨져 있다.

그렇다 하더라도 '칼뱅주의'는 애매하고 불분명한 용어다. 도르

운동의 시작

트 총회(1618-1619)나 헬베티아 협약(1675)에서 정한 용어로 이 개념에 정밀성과 정확성을 부여할 수는 있다. 신학적 엄밀함의 관점에서 보면 그러는 게 바람직하다. 하지만 그렇게 세밀하게 구분하기 시작하면 칼뱅주의자의 수는 우려할 정도로 제한될 수밖에 없다. 이상적인 '칼뱅주의자'와 역사에 비춰 자신을 칼뱅주의자로 여기는 많은 사람을 어쩔 수 없이 구별하게 된다. 예를 들어, 1685년 10월에 낭트칙령이 폐지된 뒤 스위스로 피신했던 위그노 목사들은 헬베티아 협약에서 정한 이른바 '칼뱅주의자'의 조건에 공감하지 못한다. 설교자로서 노력을 다하고 신앙고백과 교리문답을 위해 애썼지만, 역사상의 칼뱅파는 꼭 엄격한 교리 체계에 복종하는 융통성 없는 교리 신봉자는 아니었고 오히려 일반 사회인과 행동을 같이하는 개인들이었다. 칼뱅과 그의 후계자들의 위대한 신념과 가치가 그들의 성격을 형성하고 특징짓긴 했지만, 이들은 근본적으로 칼뱅의 신학적 뿌리에서 분리되었다. 칼뱅주의를 서유럽과 북아메리카 문화에 엄청난 영향을 끼친 역사적 힘으로 이해할 때는 본래 신앙으로 **빚어졌으나** 신앙에서 벗어난 뒤에도 남아 있는 도덕적·사회적 신앙 유산을 살펴보아야 한다. 세속적 칼뱅주의가 생겨나기 시작하더니 결국은 우위를 차지하면서 현대 미국의 문화 경관에는 그런 유산들이 어지럽게 흩어져 있다. 세속적 칼뱅주의는 본래의 종교적 활력은 없지만, 칼뱅주의의 도덕관과 사회관은 많이 간직하고 있다.

처음에 나는 칼뱅과 칼뱅주의의 관계에 초점을 맞췄다. 사람들과 그 사람들이 벌이는 운동의 관계를 다루는 연구는 지성사에서 가장 호기심을 자극하는 분야 중 하나다. "이 세계의 역사는 위대한 인물의 전기다"라고 한 토머스 칼라일^{Thomas Carlyle}의 말에 반론을 제기할 수는 있다. 하지만 어떤 인물이 엄청나게 중요한 역사 과정에 자극을 주어 일관성 있는 운동에 초점과 토대를 제공한다는 주장을 반박할 사람은 없을 것이다. 나사렛 예수와 카를 마르크스는 이 현상을 설명해 주는 훌륭한 예다. 이 두 역사적 인물도 칼뱅주의를 연구하는 역사가들이 해결해야 할 중요한 질문을 던진다. 특정 인간에게서 비롯된 운동과 그 인간은 어떤 관련이 있는가?

이 질문에는 이렇게 답할 수도 있을 것이다. 칼뱅주의는 장 칼뱅과 역사적으로 관련이 있는 사상의 몸통이다. 그러나 이 가정은 사실 비판받기 쉽다. 존 랭쇼 오스틴^{John Langshaw Austin}이 〈단어의 의미 *The Meaning of a Word*〉라는 글에서 '파시즘'이라는 용어에 관해 한 말이 쟁점을 이해하는 데 도움이 될 것이다.[27] '파시즘'이라는 용어는 보통 베니토 무솔리니^{Benito Mussolini}의 정치적 사상과 계획에서 영감을 받은 정부 형태를 의미하는 것이다. 그러나 샤를 모라스^{Charles Maurras}와 악시옹 프랑세즈^{Action Française}의 정치사상[28]처럼 무솔리니 이전에 돌아다니던 특정 정치사상도 '파시스트'라고 칭할 수 있다. 비록 이들 정치사상에는 무솔리니 운동의 패러다임을 따르는 역사적 인과관계가 없다 하더라도 말이다. '파시스트'라는 용어가 단순히 '역사적으로 무솔리니에게서 파생된 것'을 의미하지 않듯이, '칼뱅주의자'라는 용어 역시 역사적으로 칼뱅 이전 사람이나 사상을 지칭할 수 있다고 생각한다. 예를 들어, 보헤미아 후스파 운동의 가장 급진적인 생존자들인 보헤미아 형제단^{Jednota bratrská}은 바로 그런 이유로 '칼뱅 이전의 칼뱅주의자^{Calviniani ante Calvinum}'로 알려지게 되었다.[29] 그러나 실제로 칼뱅주의는 최소한 어느 정도는 칼뱅에게서 영감을 얻은 일관된 신념을 의미하는 것이 분명하다. 칼뱅의 사상과 그 이전 저술가들의 사상이 어떤 면에서 분명한 유사점이 있다 할지라도, 칼뱅의 사상은 전체적으로 하나의 유기적인 체계(나는 이 용어를 느슨한 의미로 사용한다)를 갖춘 독창적이고 창의적인 종합체에 해당한다. 칼뱅과 보통 '칼뱅주의자'로 지칭되는 저술가들, 그리고 '칼뱅주의'로 알려진 운동을 연결하는 역사적 인과관계의 패러다임이 존재한다.

랠프 월도 에머슨은 이렇게 말했다. "위대해지는 것은 오해를 받는 일이다." 어떤 운동을 생성한 사람과 그 운동의 관계를 고찰할 때는 그 사람과 그 운동 사이에 생긴 변화를 설명하는 것이 특히 중요하다. 옥스퍼드 문학평론가 C. S. 루이스[C. S. Lewis]가 한 말을 들어보면 맨 처음 숙고해야 할 것이 무엇인지 알 수 있다.

자유주의 계열의 신학은 모두 '예수를 따르던 자들이 예수의 실제 행동과 목적과 가르침을 성급하게 오해해서 사람들에게 잘못 전달했다면서, 예수를 본래대로 복원하거나 발굴한 것은 현대 학자들뿐'이라고 주장한다. 나는 신학에 관심을 갖기 훨씬 전에 다른 곳에서 이런 이론을 접했다. 내가 위대한 작품들을 읽을 때도 벤저민 조윗의 전통이 여전히 고대 철학 연구를 지배했다. 아리스토텔레스가 오해하고 신플라톤주의자들이 졸렬하게 희화화했던 플라톤의 참뜻을 복원한 것은 현대인들뿐이라고 줄곧 믿어 왔다. 복원하고 보니, (아주 다행스럽게도) 플라톤은 토머스 힐 그린 같은 잉글랜드의 헤겔파 철학자였던 것으로 밝혀졌다.[30]

장 칼뱅의 생애와 사상

('위대한 작품들'은 옥스퍼드에서 '인문학 연구'를 지칭할 때 쓰던 상용어로 다른 곳에서는 흔히 '고전 연구'라고 한다.) 추종자들이 칼뱅을 오해하거나 칼뱅에 관해 잘못 전했는지 잘 생각해 보라는 것이 루이스가 우리에게 던진 과제다.

칼뱅의 것과 같이 세심하게 균형을 맞춰서 한 덩어리로 뭉쳐 놓은 사상을 추종자들이 해석하고 부연하다 보면 **어느** 정도 긴장과 왜곡이 생길 수밖에 없다. 1830년대 우파 헤겔 운동과 좌파 헤겔 운동의 급성장은 이 현상을 특히 잘 설명해 준다. 헤겔이 뭉쳐 놓은 것을 그의 추종자들이 산산조각 내 버렸다. 칼뱅은 죽음을 앞두고 이런 위험을 감지했던 것 같다. "아무것도 바꾸지 말고, 아무것도 혁신하지 마라!"[31] 그러나 칼뱅의 후계자들이 스승의 의견을 소극적으로 되풀이하기만 한다면 모를까, 특정한 필요와 상황과 기회에 대응하다 보면 살짝 바꾸지 않을 수 없었다. 칼뱅의 원原 사상에서 조금이라도 벗어나면 변질된 것으로 의심받기 때문에 많은 칼뱅학자는 그런 변화를 허용하길 꺼린다. 그러나 발전은 가치 판단이 배제된 역사적 개념이다. 국제 칼뱅주의의 역량과 활력을 갖춘 어떤 운동도 눈앞에 닥친 특정 상황에 맞춰 자신을 수정해 나가지 않았으면 번영은 고사하고 생존하기도 어려웠다. 그러한 변화를 알아보는 것은 역사가의 일이고, 변화의 의의를 평가하는 것은 신학자의 일이다. 그러나 어떤 변화도 부정하는 태도는 역사적으로 수긍할 수 없다.

어떤 운동이 창시자의 사상을 어떻게, 그리고 어디까지 자기 것으로 만들 것인가 하는 문제는 마르크스주의와 마르크스의 관계를

운동의 시작

살펴보면 이해할 수 있다.[32] '마르크스주의'는 마르크스의 저술에 기반을 두되 그의 사상을 다듬고 정교하게 만든 광범위한 운동을 가리킨다. 추종자들이 마르크스의 사상을 전혀 개조하지 않고 있는 그대로 자기 것으로 삼기라도 한 것처럼, 마르크스주의를 '카를 마르크스의 사상'으로 정의하는 것은 적절하지 않다. 오히려 마르크스주의는 특정한 사회경제적 상황의 요구와 기회에 맞춰 마르크스 사상을 제것으로 만들고 개선하고 응용했던 광범위한 방식을 지칭하는 용어다.[33] 마르크스주의의 기원과 발전, 성공과 실패를 설명하려면, 이 운동의 이념적 기원을 살펴보되 마르크스가 직면했던 것과 똑같지는 않은 상황에 이 유산을 적용했던 방식도 함께 살펴보아야 한다. 카를 카우츠키Karl Kautsky와 에두아르트 베른슈타인Eduard Bernstein의 논쟁은 마르크스가 다뤘던 특정 사회경제적 상황을 지나치게 강조하는 탓에 마르크스주의가 이미 경제발전을 이룬 서구 사회의 요구와는 동떨어질 수 있다는 인식을 반영한 것이다.[34] 역사발전으로 원래 마르크스가 고심했던 상황에 변화가 생긴 만큼 새로운 상황에 자신을 맞추지 않으면 마르크스주의는 현실과 동떨어질 수 있다는 것이 베른슈타인의 견해다.

마찬가지로 칼뱅주의의 기원과 발전, 성공과 실패를 설명하려면, 추종자들이 칼뱅의 사상을 어떻게, 어디까지 자기 것으로 만들었는지 물어볼 필요가 있다. 원래 이 사상을 전개했던 16세기 제네바의 상황과는 별로 관련이 없는 사회, 정치, 경제 상황에 이 사상을 어떻게 적용할 수 있었나? 균형과 강조점에 미묘한 변화가 생긴 이유는 칼뱅의 대리인들과 추종자들이 새로운 상황과 기회에 대응하기 위해 칼뱅의 사상을 선별해야 할 필요성을 인식했기 때문이다. 예를 들어, 칼뱅은 합법적으로 구성된 정부에 맞서는 무장 반란을 완고하게 반대했다(IV.xx.25). 그러나 프랑스 칼뱅주의자들은 이 점을 무시하거나 간과하기로 하고, 무력으로 반대파를 제거하여 프랑스혁명을 앞당기려 했다가 실패한 앙부아즈 음모(1560)를 명백히 지지했다.[35] 특히 정치 영역에서[36] 칼뱅주의는 결국은 칼뱅이 제시했던 방안에서 영감을 얻은 것이긴 하지만, 제네바에서 보낸 신중한 권고보다 훨씬 더 과감한 사상과 관점을 발전시켰다. 칼뱅주의가 거둔 엄청난 성공은 이 점에서 칼뱅이 남긴 유산이 매우 유익했다는 것을 암시한다.

칼뱅의 사상과 어느 정도 관계가 있는 신학 체계가 연상되기는 하지만, 엄밀한 의미에서 '칼뱅주의자'로 볼 수 없는 사람들 때문에 문제가 더 복잡해진다. 피에트로 마르티레 베르미글리와 기롤라모 찬키Girolamo Zanchi가 대표적인 예다. 이들은 이탈리아 출신으로 칼뱅과는 전혀 다른 신학 방법론을 택했다.[37] 이들은 여러모로 칼뱅의 사상과 비슷하긴 하지만, 칼뱅과는 전혀 다른 신학 방법론을 통해 자신들의 사상을 펼쳐 나갔다. 나중에 칼뱅주의는 이들과 칼뱅이 어떤 점에서 얼마나 다른지 그 미묘한 차이를 미처 깨닫지도 못한 채 고마운 마음으로 두 사람의 저술을 활용한 듯하다. 그리하여 '칼뱅주의'는 많은 요소를 포함하게 되었다. 이것들은 주로 진정한 칼뱅주의로 평가받는 신학 방법론과 관련이 있는데, 역설적으로 칼뱅에게서 처음 시작되지는 않았다. 이런 흡수 과정이 후기 칼뱅주의자들에게 어떤 영향을 끼쳤는지는 예정에 관한 논의를 살펴보면 확실

운동의 시작

하게 알 수 있다. 예정론과 관련하여 이들은 칼뱅보다 베르미글리와 찬키에게 훨씬 더 큰 영향을 받은 것처럼 보인다(357-373쪽 참조).

따라서 '칼뱅주의'라는 용어는 오해의 소지가 있다. 이 용어가 칼뱅의 지적 유산을 자기 것으로 만드는 것에 관심이 있는 운동을 암시하기 때문이다. 그러나 역사적으로 '칼뱅주의자'로 평가받는 신학자들은 자신들이 신학적 측면에서나 방법론적 측면에서나 칼뱅의 저술 이외의 다른 자료를 자유롭게 활용할 수 있다고 보았다. 칼뱅은 칼뱅주의의 창공에서 가장 중요한 발광체였을 수 있다. 그러나 그 창공에는 자신의 사상과 방법론으로 칼뱅의 사상과 방법론을 수정한 다른 발광체들이 있었다. 바로 이런 이유로 흔히 '칼뱅주의'라는 용어보다 '개혁주의'라는 용어를 선호한다. 개혁주의라는 용어에는 오로지 칼뱅에게만 의존한다는 뜻이 담겨 있지 않기 때문이다.

국제 칼뱅주의는 지적인 추상 관념이 아니었다. 다른 국제 운동과 마찬가지로 여러 역사적 우연에 영향을 받는 각 지역의 양식을 따랐다. 전혀 다른 사회에서 그 사회에 맞게 현지화되었고, 따라서 지역 요인에 따라 다른 모양으로 나타났다. 각각의 사회에는 자기들만의 역사가 있고, 자기들만의 특별한 관심사와 용인되는 관습이 있고, 자기들만의 내적 갈등과 욕구가 있다.[38] 우리는 앞에서 1570년대 프랑스 칼뱅주의가 지역 상황에 대응하여 칼뱅과 관련이 있다고 알려진 사상과는 닮은 구석이 별로 없는 정치사상을 어떻게 개발하게 되었는지 살펴보았다(321-326쪽 참조). 그리하여 '칼뱅주의'는 지역마다 다른 것을 의미하게 되었다. 다양한 장소에서 각 지역의 독특한 요소가 결합해서 다른 모양, 다른 모습으로 나타났기 때문이다. 미국 식

장 칼뱅의 생애와 사상

민지들, 제네바나 라로셸 같은 도시국가들, 네덜란드 같은 유럽 강국들, 팔츠 선거후령 같은 공국들. 이 모두를 '칼뱅주의자'로 쉽게 일반화하는 경향이 있지만, 문제의 '칼뱅주의'는 각자의 상황에 따라 독특한 모습으로 나타났다. 역사가들은 칼뱅주의 운동의 다양성을 설명하고 각각의 의의를 평가해야 한다.

종교 체계

칼뱅주의는 본래부터 체계화에 대한 의지가 집요했다. 로마 가톨릭의 반대는 체계화 필요성을 더욱 절감하게 했고,[39] 서유럽의 지적 토양에 생긴 중요한 변화는 체계화 욕구를 한층 더 자극했다. 르네상스의 영향이 시들해지자 체계화에 대한 반감도 줄어들었다. 신학을 포함한 모든 학문에 적용할 수 있는 보편적인 방법론을 개발하는 것이 얼마나 중요한지 새삼 깨닫기 시작하면서, 파도바대학교 아리스토텔레스학파 인문주의자들이 제시한 새로운 통찰에 귀를 기울이고 동조하는 이들이 많아졌다. 이에 항상 상대들보다 지적 환경에 더 예민했던 칼뱅주의 저술가들은 새로운 학문 풍조의 자원과 태도를 활용할 수 있는 정교한 신학 체계를 개발했다. 이 점에서 칼뱅주의 저술가들은 루터주의보다 한 세대 앞서 있었고, 이 때문에 루터주의는 자신들의 거점인 독일의 경계를 벗어나면 칼뱅주의에 가려 빛을 잃었다. 17세기 중엽, 칼뱅주의는 매사추세츠주에 있는 하버드대학뿐 아니라 많은 유럽 대학교에서 뛰어난 학술 운동으로 확고히 자리를 잡았다.[40] '칼뱅주의 스콜라철학'이라고 불리는 이 학술적인 형태의 칼뱅주의가 어떻게 발전했는가 하는 질문은 상당히 흥미롭다. 칼뱅이 사망한 1564년까지 칼뱅주의는 서유럽에서 로마 가톨릭을 대체할 가장 강력한 대안으로 자리 잡았다. 이는 한 운동이 세대를 넘어 살아남으려면 교회 기구와 조직을 잘 갖춰야 한다는 사실을 인정한 칼뱅의 명석함에 힘입은 바가 크다. 칼뱅의 후계자들은 칼뱅과 교회 기관에 똑같이 회복력이 뛰어난 지적 구조를 보충하기 위해 이 과정을 칼뱅의 종교 사상에까지 확장하는 것이 중요하다는 사실을 인정했다. 이 과정에서 새로이 예정 교리를 강조하게 되었다. 후기 칼뱅주의자들이 예정론을 두고 벌인 논쟁의 범위와 강도(특히 아르미니우스주의자와의 논쟁에서 잘 나타난)는 칼뱅의 후계자들이 이 교리를 얼마나 중요하게 여겼는지를 보여 준다. 칼뱅주의는 칼뱅이 많이 다루지 않았던 예정 교리를 무척이나 강조한다. 여기에는 두 가지 이유가 있는데, 하나는 사회학적인 이유고 다른 하나는 신학적인 이유다.

예정론의 사회적 기능

기독교 교리의 기원, 성격, 기능을 분석한 최근 연구들은 기독교 교리가 사회적 구분 인자로 기능하는 방식에 주목한다.[41] 종교 집단은 다른 종교 집단과의 관계에서, 그리고 일반적으로 세상과의 관계에서 자신을 정의할 필요가 있다. **교리**라는 일반 현상(특정 교리를 가리키는 것이 아니다)은 사회적으로 자신을 정의해야 할 필요성과 관련이 있다. 특히, 다른 요인들이 그 집단을 적절하게 정의하지 못할 때

장 칼뱅의 생애와 사상

는 교리에 더 의존하게 된다. 집단의 존재를 정당화할 이념이 필요하기 때문이다. 최근 기독교 교리의 사회적 기능에 관한 문제를 다룬 중요한 저술가 니클라스 루만Niklas Luhmann은 종교 집단의 독특한 정체성이 위협받을 때 이에 대한 대응으로 교리가 생긴다고 강조한다. 이런 위협은 다른 종교 체계와 만나거나 충돌할 때 발생할 수 있다. 루만에 따르면, 교리는 종교 공동체의 자아 성찰이다. 종교 공동체는 교리를 통해 자신의 정체성을 유지하고 다른 종교 공동체들과의 관계, 나아가 일반적인 사회조직 전체와의 관계를 조정한다. 오래된 종교 집단과의 불화로 새 종교 집단이 생긴 경우 교리의 사회적 기능은 특히 더 중요하고 분명하게 나타난다. (유대교라는 모체에서 기독교가 생긴 경우나 중세 가톨릭교회에서 종교개혁 교회가 생긴 경우가 대표적인 예다.)

종교개혁 초창기에 교리의 사회적 기능에 대한 인식은 마르틴 루터와 특히 관련이 있다. 비텐베르크에서 루터파는 교리상의 명쾌한 기준으로 자기네 집단을 정의하기로 했다. 바로 이신칭의 교리다. 곧 루터 교회가 될 루터파는 이 교리를 기반으로 세상과 교황에 맞서 자신들의 태도를 정했다.

일단 루터 교회가 중세 교회를 대체할 진지하고 믿을 만한 대안으로 자리를 굳히자, 가톨릭교회 역시 교리 공식화를 통한 자기정의自己定義가 매우 중요하다는 사실을 다시금 절감했다. 트리엔트 공의회는 가톨릭교회가 교리 차원에서 **이단**을 정의하기보다는 **자신**을 정의해야 할 필요성을 인식했다는 데 그 의의가 있다. 중세 초기의 공의회는 단순히 이단의 견해를 규탄하는 경향이 있었다. 그래서 그런 견해를 마음에 품은 사람을 이단자요 교회 **밖에** 있는 자로 정의했다. 다시 말해서, 공의회는 교회 **안에** 있는 나머지 사람들은 따로 정의할 필요가 없다는 전제 아래 교회 **밖에** 있는 사람이 어떤 사람인지를 정의했다. 트리엔트 공의회는 칭의론을 논하다가 단순히 루터의 사상을 비난하는 데서 그쳐서는 안 된다고 생각했다. 그래서 교회의 지적 경계를 명확히 정의했다. (지적 경계를 정하는 것은 곧 사회적 경계를 정하는 것과 같았다.)

가톨릭 공의회가 이렇게 한 걸음 진보한 것은 16세기에 유럽, 특히 독일 같은 분쟁 지역에서 복음주의자들과 가톨릭교도를 구분할 필요성이 커졌다는 증거다. 프로테스탄트의 위협에 직면한 가톨릭 교회가 자기들의 경계를 정하려면 자아 정체성의 기준을 제시해야 했다. 따라서 종교개혁을 계기로 종교 집단들이 자기 집단을 사회적으로 구분하는 기준으로 교리를 이용했다고 볼 수 있다. 중세 시대에는 그리 중요하게 여기지 않았던 기능이 종교개혁을 통해 활성화된 셈이다.

16세기에 지정학적으로 중요한 유럽의 특정 지역에서 사회적 구분 인자로써 교리의 중요성을 명확히 보여 주는 사건이 발생했다. 이른바 '2차 종교개혁' 기간에 독일에서 일어난 사건이다.[42] 1560년 대와 1570년대에 루터파 공동체와 개혁주의 공동체 사이에 긴장이 고조되었다. 이제까지 루터파 독점 지역으로 여겨졌던 곳까지 개혁주의 교회가 진출했기 때문이다. 아우크스부르크 종교 화의(1555)에서 정한 원칙, 즉 '그 지역 종교는 그 지역에서 정한다'라는 원칙은 정치지리를 종교적 구분의 기준으로 삼아도 된다는 뜻 같았다. 칼뱅주의가 발흥하면서 이 가능성은 사라졌고(아우크스부르크 종교 화의 때는 예상하지 못했던 일이다), 어쩔 수 없이 다시 교리를 기준으로 각 종교 집단을 사회적으로 구분하게 되었다. 16세기 후반에 루터파 공동체와 개혁주의 공동체는 자기네 교리를 명확하게 정리해서 광범위하게 공표함으로써 자기 집단을 정의했다. 이를 '교파화' 현상이라고 하는데, 이는 같은 지역에서 두 교회 집단이 자신을 정의하려다 생긴 불가피한 결과였다. 그래서 양측 모두 이것을 종교개혁의 합당한 결과라고 주장한다. 사회적·정치적 차원에서는 두 공동체를 구별하기가 어려웠다. 따라서 교리는 두 집단이 상대방에 견주어 자신을 정의할 수 있는 가장 믿을 만한 수단이었다.

그러나 교리만 놓고 보면 루터주의와 칼뱅주의는 많은 점에서 매우 비슷했다. 둘 다 성서 우위, 자국어 예배, 설교의 긍정적 기능을 강조했고, 교황의 권한, 일종 성찬식(평신도들이 포도주는 받지 않고 빵만 받게 하는 성찬식), 로마 가톨릭교회의 성직 구조를 거부했다. 신앙 관습면에서도 두 집단은 매우 비슷했다. 루터주의와 칼뱅주의 사이에 교리상의 차이가 있는 것은 분명하다. 그러나 대부분은 그 차이가 아주 미묘해서 신학자가 아니면 차이점을 완전히 파악하기가 어려웠다. 그래서 두 집단의 신학적 차이를 극적으로 (알기 쉽게) 보여 주는 것이 바로 예정론이었다.[43] 사회적 실체로서 두 집단을 구분해야 할 필요성 때문에 자연스럽게 예정론을 우선시하게 된 것이다. 꼭 칼뱅주의자들이 이 교리를 특별히 강조해서 그런 것이라기보다는 비슷한 집단을 구분해 주는 수단으로 이 교리가 그만큼 유용했기 때문이다.

예정론의 신학적 기능

앞에서 언급했듯이(263-264쪽), 엄밀한 의미에서 칼뱅이 '체계'를 만들었다고 말하는 것은 옳지 않다. 1559년판《기독교 강요》를 보면 알 수 있듯이, 칼뱅의 사상은 배우는 학생들을 고려하여 체계적으로 정리된 것이지, 주된 이론적 원리에 근거해서 조직적으로 파생된 것이 아니다.[44] 칼뱅은 후기 개혁주의 사상의 특징이 된 조직신학과 성경 해설 간 방법론상의 근본적인 차이를 알지 못했다.

그러나 칼뱅이 사망한 뒤, 방법론에 쏟아진 새로운 관심에 탄력이 붙었다. 칼뱅의 종교 사상을 계승한 개혁주의 신학자들은 루터파와 로마 가톨릭을 상대로 개혁주의 사상을 변호해야 한다는 압박을 점점 크게 느꼈다. 테오도르 드 베즈, 랑베르 다노Lambert Daneau, 피에트로 마르티레 베르미글리, 기롤라모 찬키 같은 신학자들이 반대파에 맞서 대승까지는 아니라도 살아남는 것만이라도 확실히 하기 위해 쓸 수 있는 모든 무기를 쓸 태세를 갖출 만큼 이 투쟁은 중요했다. 그래서 이들은 칼뱅이 의심의 눈초리로 대하던 이성理性을 자기편으로 삼았다.[45] 칼뱅주의의 내적 일관성과 통일성을 증명하는 것이 점점 더 중요해졌다. 그 결과, 많은 칼뱅주의 작가가 방법론에 관한 후기 르네상스 저술에 눈을 돌렸다. 어떻게 하면 더 견고한 이성적 토대 위에서 개혁주의 신학을 전개할 수 있을지 실마리라도 얻을 수 있을까 해서였다.

이 새로운 접근법에는 네 가지 특징이 있다.[46] 첫째, 기독교 신학은 실증된 원리에 근거를 둔 삼단 추론에서 파생된, 논리적으로 일관성이 있고 이성적으로 변호할 수 있는 체계로 제시해야 한다. 둘

장 칼뱅의 생애와 사상

째, 인간의 이성은 기독교 신학을 탐구하고 변호하는 과정에서 중요한 역할을 한다. 셋째, 신학은 아리스토텔레스의 철학, 특히 방법론의 본질을 꿰뚫는 아리스토텔레스의 통찰에 기반을 두고 있다. 이런 점에서 후기 개혁주의 저술가들은 성서 신학자보다는 철학 신학자라고 하는 편이 더 적절하다. 넷째, 신학은 형이상학적이고 사변적인 질문들, 특히 하나님의 본성, 인류와 창조 세계를 향한 하나님의 뜻, 그리고 무엇보다 예정론에 관한 질문들에 관심이 있다.

그런데 어떻게 이런 일이 일어났을까? 처음에는 일반적인 스콜라철학, 특히 아리스토텔레스 철학에 반대했던 운동이 어떻게 창시자가 죽은 지 얼마 되지 않아 아리스토텔레스학파의 스콜라철학을 발전시키게 된 걸까? 왜 예정의 교리를 그토록 강조하게 된 걸까? 이런 질문을 탐구하려면, 베즈와 찬키 같은 칼뱅주의 저술가들이 채택한 방법론을 살펴보아야 한다.

후기 르네상스 시대 내내 파도바대학교는 아리스토텔레스 철학의 중심지로서 인문주의를 지향하는 대학 가운데 단연 돋보였다. 그러나 여기에서 말하는 아리스토텔레스 철학은 주로 형이상학적 문제에 관심을 가진 중세 스콜라철학의 아리스토텔레스 철학이 아니라 방법론에 관심을 가진 아리스토텔레스 철학이다.[47] 야코포 차바렐라Jacopo Zabarella(1532-1589) 때 정점에 이른 파도바 학파의 저술가들은 이론상 모든 학문에 적용할 수 있는 보편적인 방법론을 개발할 수 있다고 보았다. 이 방법론은 원칙적으로 논리와 동일시되었다.[48] 따라서 삼단논법의 역할을 강조하는 아리스토텔레스 논리학이 중요해질 수밖에 없었다. 16세기 후반에 활동한 현역들 대다수의 생각처럼 신학이 하나의 학문이라면, 이론상 파도바 학파가 모든 학문을 위해 마련한 방법론의 일반 규칙을 따를 수 있어야 했다. 그래서 하이델베르크대학교 취임 기념 공개 강의에서 찬키는 신학이 논리학이나 수학을 능가할 정도는 아니더라도 이들 학문과 같은 수준으로 기초를 놓고 원리를 세우는 일에 관심을 기울여야 한다고 강조했다.[49]

1560년대에는 이제껏 종교개혁과 관련을 맺고 있던 주요 대학을 포함하여 유럽 대학 전반에 아리스토텔레스 철학이 널리 확립되었다. 테오도르 드 베즈가 제네바에서 그랬던 것처럼 필리프 멜란히톤은 비텐베르크대학교 교육과정에 아리스토텔레스 철학을 도입했다.[50] 페트뤼스 라뮈Petrus Ramus의 방법론처럼 경쟁자가 될 만한 것들은 일찌감치 제거했다. 그러나 루터파 대학들은 일반적으로 아리스토텔레스 철학을 교육과정에 다시 넣기를 꺼렸다. 이들 대학은 17세기에 접어들고 10년이 더 지나서야 아리스토텔레스 철학을 다시 가르치기 시작했다.

아리스토텔레스가 16세기 후반 개혁주의 신학에 끼친 영향은 분명하다. 연역적 삼단논법은 어떤 글에서든 발견할 수 있고, 찬키가 쓴 글에서는 특히 더 눈에 띈다. 신학의 출발점은 특정한 역사적 사건이 아니라 일반 원칙이다.[51] 그렇다고 이런 일반 원칙이 순수하게 이성적이라고 생각해서는 안 된다. 그보다는 하나님의 계시에 관한 공표로 보아야 한다. 이로써 우리는 후기 칼뱅주의자들이 예정론을 새삼 중요하게 다룬 이유를 이해하게 된다.

칼뱅은 기독교 신학에 접근할 때 예수 그리스도가 이루신 특정한 역사적 사건에 초점을 맞추고 그 사건의 의미를 탐구하는 귀납적이고 분석적인 방식을 택했다.[52] 반면에 테오도르 드 베즈는 일반 원칙에서 출발해서 결과를 추론하는 연역적이고 종합적인 방식을 택했다.[53] (베즈가 파도바대학교에서 아리스토텔레스 철학을 가르치던 피에트로 폼포나치의 저술에서 이런 방법론을 직접 터득했을 수도 있지만,[54] 베르미글리나 찬키를 통해 파도바 학파의 방법론을 소개받았을 가능성도 있다.) 예정 교리와 관련한 일반 원칙(하나님의 작정)이 정해졌다. 예정 교리가 지배적 원리로 떠오르면서 삼위일체 교리, 그리스도의 두 본성에 관한 교리, 이신칭의 교리, 성찬의 본질에 관한 교리 등 다양한 교리의 위치 설정과 논고에 영향을 끼쳤다.[55] 예정의 실제는 예정하기로 하신 하나님의 결정 또는 작정을 의미하는 것으로 간주했다. 이것이 베즈의 신론에서 중요한 위치를 차지하는 예정에 관한 하나님의 뜻이다. (칼뱅은 예정을 구원론의 부수적 측면으로 다루는데, 베즈는 토마스 아퀴나스를 따라 신론 안에서 예정을 다룬다는 점도 흥미롭다.) 베즈는 하나님의 작정이 인간의 상상력에서 비롯된 사변적 해석이 아니라 성경에 기원을 둔 것이라고 강조한다. 그러나 그는 이 성경을 '예정의 본질을 추정할 수 있는, 예수 그리스도가 이루신 중요한 사건에 관한 증언'으로 대하지 않고 '하나님의 작정을 추론할 수 있는 일련의 진술'로 대한다.

선택에 관한 하나님의 작정이 무엇이고 이 작정이 어떻게 실행되는지를 도표로 정리한 테오도르 드 베즈의 '작정하신 일들의 순서'를 살펴보면 예정론의 중심적 위치를 바르게 이해할 수 있다(도표 10.2). 이 도표에 따르면, 구원의 역사 안에서 모든 일은 '하나님의 영원하고 변치 않는 목적' 아래서 논리적 순서에 따라 실행된다.

여기에서 눈길을 끄는 중대한 결과가 하나 있다. 그리스도는 누구를 위하여 죽으셨는가? 이 질문은 9세기 예정설 논쟁 때 제기되었던 질문이다. 이 논쟁에서 베네딕트회 수사 고트샬크Gottschalk of Orbais는 훗날 칼뱅과 그의 추종자들이 제시한 것과 비슷한 이중 예정의 교리를 전개했다.[56] 고트샬크는 하나님이 어떤 이들에게는 영원한 형벌을 예정하셨다는 가차 없는 논리를 펴면서 그리스도가 그런 자들을 위해 죽으셨다고 말하는 것은 매우 부적절하다고 지적했다. 만약 그러셨다면, 그리스도는 헛되이 죽으신 것이다. 그들의 운명은 아무 영향을 받지 않을 테니 말이다. 그래서 고트샬크는 그리스도가 **선택된 자들만을 위해** 죽으셨다는 의견을 제시했다. 그리스도의 죽으심으로 말미암아 유익을 얻기로 예정된 자들로 그리스도의 구속 사역의 범위를 한정한 것이다. 9세기의 저술가 대다수는 이 주장에 반발했다. 그러나 이 주장은 훗날 칼뱅주의 안에서 다시 모습을 드러냈다.

테오도르 드 베즈의 '선택된 자들의 구원과 유기된 자들의 파멸의 원인에 관한 서술과 분류'를 살펴보면 문제의 핵심이 드러난다. 그리스도의 죽으심으로 말미암아 유익을 얻는 사람은 선택된 자들뿐이다. 실제로 이 도표에서 그리스도는 선택된 자들의 운명을 다루는 왼편에만 나온다. 유기된 자들이 영원한 죽음을 향해 나아가는 과정을 개략적으로 보여 주는 오른편에는 그리스도가 언급되지 않는다. 베르미글리와 찬키는 독자들에게 구원의 경로를 추적할 수 있는 도표를 제공하지는 않았지만, 같은 입장이었다는 증거가 출간된 책에 충분히 나와 있다. 그들은 오직 선택된 자들만 예수 그리스

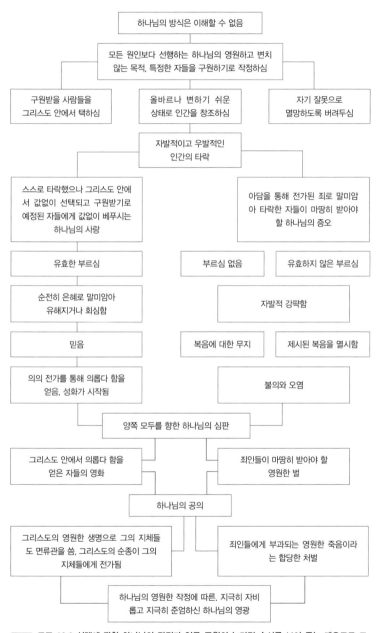

기독교 신앙의 요체, 또는 성경에 나온 선택된 자들의 구원과 유기된 자들의 파멸의 원인에 관한 서술과 분류

하나님의 방식은 이해할 수 없음

모든 원인보다 선행하는 하나님의 영원하고 변치 않는 목적, 특정한 자들을 구원하기로 작정하심

구원받을 사람들을 그리스도 안에서 택하심

올바르나 변하기 쉬운 상태로 인간을 창조하심

자기 잘못으로 멸망하도록 버려두심

자발적이고 우발적인 인간의 타락

스스로 타락했으나 그리스도 안에서 값없이 선택되고 구원받기로 예정된 자들에게 값없이 베푸시는 하나님의 사랑

아담을 통해 전가된 죄로 말미암아 타락한 자들이 마땅히 받아야 할 하나님의 증오

유효한 부르심

부르심 없음

유효하지 않은 부르심

순전히 은혜로 말미암아 유해지거나 회심함

자발적 강퍅함

믿음

복음에 대한 무지

제시된 복음을 멸시함

의의 전가를 통해 의롭다 함을 얻음, 성화가 시작됨

불의와 오염

양쪽 모두를 향한 하나님의 심판

그리스도 안에서 의롭다 함을 얻은 자들의 영화

죄인들이 마땅히 받아야 할 영원한 벌

하나님의 공의

그리스도의 영원한 생명으로 그의 지체들도 면류관을 씀, 그리스도의 순종이 그의 지체들에게 전가됨

죄인들에게 부과되는 영원한 죽음이라는 합당한 처벌

하나님의 영원한 작정에 따른, 지극히 자비롭고 지극히 준엄하신 하나님의 영광

━━━ 도표 10.2 선택에 관한 하나님의 작정과 인류 구원의 논리적 순서를 보여 주는 테오도르 드 베즈의 도식

제네바 성경에 나오는 이중 예정론에
관한 질문과 답변

도의 성육신과 죽음과 부활로부터 유익을 얻을 수 있다고 보았다.[57] 그러나 칼뱅은 그리스도가 오직 선택된 자들만을 위해 죽으셨다고 말하지 않았다. 제한적 속죄에 관한 칼뱅주의 교리는 이 두 이탈리아 저술가에게 어느 정도 영향을 받은 것으로 보인다. 신학적 결말을 지어야 할 필요성을 점점 더 강하게 느꼈던 것도 부분적인 이유라면 이유였을 것이다. 이것은 칼뱅주의가 활용할 수 있다고 보았던 자료의 다양성, 그리고 칼뱅주의자와 칼뱅의 미묘한 관계를 떠올리게 한다.

절대적인 이중 예정론과 제한적 속죄의 논리적 결과로 칼뱅주의는 두 개의 파벌로 나뉘었다. 저지대 국가에서 두 파벌 간의 갈등이 특히 심했다. 아르미니우스는 목회적 관점에서나 방법론적 관점에

장 칼뱅의 생애와 사상

서나 예정의 본질과 기능에 관한 베즈식 해석을 수정해야 한다고
격렬하게 주장했다. 아르미니우스의 발언이 특히 중요한데, 방법론
상의 동기가 예정론에 관한 태도를 정하는 데 한몫했다는 사실을
인정하는 발언이기 때문이다. 아르미니우스는 예정을 통해 신학에
접근하는 베즈의 방식이 연역적이고 종합적인 방법론을 적용한 결
과라고 보았다. 귀납적이고 분석적인 방법론을 사용하는 것이 신학
을 하는 올바른 방법이라고 아르미니우스는 주장한다.

> 방법론과 질서의 대가인 철학자들이 오랫동안 지켜 온 원리가 있다. 이
> 론 학문은 종합적 방식으로 전달하되, 실용 학문은 분석적 질서에 따라
> 전달해야 한다는 것이다. 신학은 실용 학문이기 때문에 분석적 방법으
> 로 전달해야 한다.[58]

아르미니우스는 신학을 이론 학문으로 대하는 것, 다시 말해 야
코포 차바렐라를 따르는 테오도르 드 베즈가 채택한 신학 방법론이
아주 부적절하다고 보았다.

17세기 프랑스의 프로테스탄트 학술원인 소뮈르 아카데미도 방
법론상의 이유로 베즈식 예정론에 반발했다. 베즈의 영향력 아래서
아리스토텔레스의 삼단논법은 제네바 아카데미의 필수 과목이었
다.[59] 베즈는 페트뤼스 라뮈가 제네바 아카데미에서 교수 자리를 얻
지 못하게 했는데, 그 이유는 라뮈가 가르치는 반(反)아리스토텔레스
논리학 수업이 못마땅했기 때문이다. 유럽 전역의 많은 개혁주의
학교가 제네바 아카데미에서 가르치는 아리스토텔레스 논리학을

운동의 시작

━━━ 도르트 총회의 모습. 아르미니우스의 영향을 받아 하나님의 절대적인 주권과 무조건적인 선택을 강조하는 예정론을 거부하는 무리들이 생겨나고 이로 인해 이중 예정론을 믿는 칼뱅주의자들과 부딪치게 되었다. 네덜란드 도르트에서 1618년 8개국의 개혁교회 대표 총회가 소집되어 7개월간 154번의 회의를 거쳐 구원에 대한 하나님의 절대적인 주권을 인정하는 5가지 교리를 담은 신조가 채택되었다.

채택했지만, 프랑스 소뮈르 아카데미에서는 라뮈의 논리학을 가르쳤다. 그리고 일반 원리에서 개별 원리를 추론하기를 거부하는 이 논리학을 기반으로 모세 아미로^{Moïse Amyraut} 같은 후기 소뮈르파 학자들이 정통 예정론의 근거에 이의를 제기했다.[60] 베즈식 예정 교리에 이의를 제기한 이 두 부류 모두 파도바 학파가 전해 준 방법론상의 전제 조건을 비판한다. 베즈식 예정 교리가 파도바 학파의 방법론에 기반을 두고 있다고 보기 때문이다.

아르미니우스의 견해에 동조하는 네덜란드 프로테스탄트 세력인 '저항파'는 그리스도가 모든 사람을 위해 죽으셨고 그 공로로 모

장 칼뱅의 생애와 사상

든 사람의 구원을 온전히 이루셨으나 그리스도를 믿는 자들만 구원의 유익을 얻는다고 주장했다.[61] 다시 말하자면, 그리스도는 모두를 위해 죽으셨으므로 그리스도에게 믿음으로 반응하기로 선택한 모든 이에게 그리스도의 죽음은 충분하고 유효하다는 말이다. 예정 교리는 신의(信倚)라는 일반 원리를 나타내도록 재해석되었다. 하나님은 구원받기 위해 믿음으로 그리스도에게 의지하는 모든 사람을 예정하셨다. 그러나 대다수 학자는 예정이 특정 개인에 관한 언급이라고 보았다. 특정인에게 생명을 주실지 죽음을 주실지 선택하는 것은 하나님의 일이다.[62]

도르트 총회(1618-1619)를 개최한 이유는 예정과 제한적 속죄 교리를 둘러싼 의견 차이로 저지대 개혁주의 교회에 생긴 분열을 끝내기 위해서였다.[63] 많은 사람이 이 총회가 베즈 학파의 승리로 끝났다고 여긴다. 네덜란드가 아직 튤립 재배의 중심지로 명성을 쌓지 못했을 때였지만, 영어권 세계에서는 네덜란드가 그렇게 되리라고 예상했는지도 모르겠다. 도르트 총회의 '5개 요점'을 TULIP이라는 머리글자로 요약한 것을 보면 말이다.

T - 인간 본성의 전적인 타락total depravity of human nature.

U- 개개인에 대한 무조건적 선택unconditional election of the individual.

L - 제한적 속죄limited atonement: 그리스도는 선택된 자들만을 위해 죽으셨다.

I - 저항할 수 없는 은혜irresistible grace: 하나님은 자신이 뜻하신 바를 이루실 수 있다.

P – 성도의 견인 perseverance of the saints: 하나님이 선택하신 자들은 부르심에서 이탈하지 않는다.

지금 나는 이런 견해들이 칼뱅의 견해와 같지 않다는 점에 주목하면서 후기 칼뱅주의가 창시자의 견해를 왜곡했다고 말하는 것이 아니다. 그보다는 후기 칼뱅주의가 활용할 수 있다고 생각했던 자료들의 다양성에 주목하고 있다. 칼뱅주의가 단순히 칼뱅의 유산을 자기 것으로 소화했다고 말하는 것은 역사적으로 부적절하다. 칼뱅주의는 베르미글리와 찬키 같은 다른 저술가들의 사상도 자기 것으로 소화해서 덧붙였다. 후기 칼뱅주의는 수많은 원천에서 나온 요소들을 합쳐 놓은 복잡한 혼합물이다. 칼뱅은 여러 원천 중 하나일 뿐이다. 칼뱅주의는 오로지 칼뱅에게만 의존하여 칼뱅의 교리를 반복하는 것에 만족하는 운동이라고 생각하는 사람들이 대부분일 것이다. 그러나 지성사를 연구하는 학자들은 칼뱅주의를 전혀 다르게 알고 있다. 그들이 아는 칼뱅주의는 지성계에 일어난 최신 발전 상황에 예민하게 대응하는 역동적이고 창의적인 운동이다. 이 운동은 칼뱅 외에 개혁주의 저술가들의 교리를 활용하고, 기독교 교리의 일관된 체계를 개발하기 위해 칼뱅은 몰랐던 체계, 방법론, 추론의 개념(이런 개념들을 폼포나치 같은 저술가들의 글을 통해 직접 접했는지, 찬키 같은 저술가들의 글을 통해 간접적으로 접했는지는 확실하지 않다)을 배워서 자기 것으로 만들었다.[64]

후기 칼뱅주의가 강조했던 예정이라는 일반 주제는 이 세상의 일이나 관심사와는 전혀 무관해 보일 수 있다. 그토록 추상적이고 막연한 관념이 어떻게 세상사와 관련이 있을 수 있느냐고 묻는 것이 타당하다. 예정에 그토록 집착하면 영원이라는 불가해한 원리에만 푹 빠져 사느라 현세에는 별로 관심도 없고 적극적으로 참여하지도 않을 것으로 짐작할지 모른다. 그러나 사실, 칼뱅주의의 예정 관념은 사회적으로나 경제적으로 상당히 중요한 일상생활에 임하는 자세를 결정하는 역할을 했다. 후계자들이 수정한 칼뱅의 예정론은 노동의 본질과 목적을 이해하는 데 결정적으로 중요한 노동관을 만들어 내는 역할을 했고, 현대 자본주의가 발생하는 과정에도 부분적으로나마 영향을 끼쳤다. 다음 장에서는 종교, 사회, 경제를 대하는 각 태도의 미묘한 상호작용을 살펴볼 것이다.

세상에 대한 헌신: 칼뱅주의, 노동, 자본주의

16세기 교회사가 롤런드 베인턴^{Roland H. Bainton}은 기독교가 자신을 진지하게 받아들일 때면 세상을 등지거나 세상을 지배하게 마련이라고 말했다.[1] 두 가지 입장 모두 유럽에서 종교개혁이 일어난 대격변의 시대를 배경으로 한다. 급진적인 종교개혁가 중 많은 이가 강압적이었던 당시 사회조직을 배척했다. 선서하거나 공직에 진출하거나 군 복무를 하거나 무기를 소지하는 것조차 거부했다.[2] 이렇게 철저하게 정치에 무관심하고 속세를 등지는 태도로 일관하면 결국 세상과 분리될 수밖에 없다. 급진주의자들은 로마제국 안에 있었으나 로마제국에 소속되지는 않았던 콘스탄티누스 이전 세대의 교회를 본받아, 자기네 공동체를 더 큰 사회 안에 있지만 그 사회에 소속되지는 않는 '대안 사회'로 여기곤 했다.

칼뱅주의는 이와 극명한 대조를 이룬다. 16세기 종교운동 중 세상을 긍정하는 운동이 있다면, 그것은 바로 칼뱅주의다. 그러나 칼뱅주의는 세상을 지배하기 위해 세상을 긍정했다. 느긋하게 관념적 사색을 즐기기보다는 특정 상황에 대처했다. 재차 말하지만, 칼뱅은 신학 면에서도 영성 면에서도 안일한 일반화나 비현실적 관념을 탐닉하지 않았다. 카를 바르트의《교회 교의학*Kirchliche Dogmatik*》과 앤서니 트롤럽*Anthony Trollope*의 《워틀 박사의 학교*Doctor Wortle's School*》를 통찰력 있게 비교한 글에서 스탠리 하우어워스*Stanley Hauerwas*는 바르트의 도덕원리가 매우 추상적이라고 지적한다. 바르트가 설명하는 도덕적 삶은 비현실적인 분위기를 물씬 풍긴다. 트롤럽이 들려주는 구체적인 이야기와 비교하면 이 추상성은 더 분명하게 드러난다. 트롤럽이 설명하는 도덕은 특정 개인과 상관없는 일반 원칙 대신 개개의 인물과 사회에 기반을 두고 있기 때문이다.[3] 간단히 말해서, 바르트의 윤리 사상은 인간의 현실에 단단하게 발을 딛고 서 있지 않다.

칼뱅에게는 이런 약점이 보이지 않는다. 우리는 칼뱅의 글을 읽으면서 인간의 실제 사회생활, 그리고 거기에 따르는 다양한 문제와 기회에 적극적으로 임하겠다는 결의를 발견한다. 라인홀트 니부어*Reinhold Niebuhr*가 1920년대에 디트로이트 시내에서 배운 교훈을 칼뱅은 스트라스부르에서 배운 것 같다. 니부어는 1929년에 출간한 《길든 냉소주의자의 노트에서 떨어진 잎새*Leaves from the Notebook of a Tamed Cynic*》에 이렇게 적었다.

만약 목사가 인간다운 인간이 되고 싶다면, 모든 사람이 이론적으로는 받아들이고 실제로는 부인하는 추상적인 이상理想에 헌신하지 말고, 자신과 타인이 현 문명사회에서 맞닥뜨린 사회문제의 타당성과 실행 가능성을 고민하라. 그러면 그 즉시 사역에 현실감각과 힘이 생길 것이다.

장 칼뱅의 생애와 사상

칼뱅의 설교집과 종교 저술에서 도드라지는 것이 바로 이 점이다. 칼뱅은 사회, 정치, 경제 등 현실적이고 구체적인 인간의 상황과 그에 따르는 모든 위험성을 놓고 고민한다. 심지어 16세기 사상의 주된 요소인[4] 근심에 관해 분석한 글에서도 칼뱅은 추종자들에게 근심을 이겨 내는 것을 딴 세상에 속한 활동이 아니라 명확하게 세속적인 활동으로 여기게 한다.[5] '반反신학적 신학'이라는 말을 신학의 **결핍**이라는 필연적 결과를 수반하는 것으로 이해하지 않고, 명확하게 세상을 긍정하고, 사변적 태도에 반대해 온 칼뱅 사상의 궤적을 강조하는 것으로 이해한다면, 칼뱅의 사상을 '반신학적 신학'[6]으로 묘사하는 것은 지극히 온당하다.

칼뱅은 '거룩함의 세속화(앙리 아우저)'를 통해 인간 생활의 전 영역을 거룩한 성화와 인간적인 헌신의 범위 안에 넣었다. 칼뱅은 이것이 바로 삶의 성화이고, 노동의 성화는 삶의 성화를 떠받치는 주요 기둥이라는 인상을 추종자들에게 강하게 심어 주었다.

앞으로 살펴볼 테지만, 칼뱅의 후계자들은 이론과 실제를 연관시키려는 이 끈질긴 투지를 공유했고 그로부터 이득을 얻었다. 테오도르 드 베즈의 저술을 읽다 보면 세속적 수단에 대한 과도한 집착이 글 전체를 지배한다는 느낌이 들 정도로 비종교적인 분위기가 팽배하다. 그러나 이런 집착이 세상을 긍정하는 베즈의 신학에서 비롯되었다는 사실이 금방 드러난다.[7] 정치철학자 레오 스트라우스 Leo Strauss는 후기 칼뱅주의자들이 세상일에 참여하는 것을 두고 칼뱅의 사상이 계속해서 발전하고 있다는 뜻이라면서, 이를 두고 '영적 가르침에 관한 육체적 해석'이라고 말했다.[8] 그러나 이 말은 옹호하기 어렵다. 칼뱅의 신학은 본래 세속적 행동을 지향하기 때문이다.[9] 칼뱅의 후계자들이 발전시킴으로써 좀 더 엄격한 이념적 토대 위에 놓이게 된 칼뱅의 신학은 이런 세속적 경향을 원래부터 지향했다. 세속의 영역에서 불굴의 의지로 활동하는 칼뱅주의자들의 성향은 깊고 깊은 신학의 샘을 통해 키워지고 터득된 것이다. 그런데도 역사학자들은 이 샘을 간과하기 일쑤다.

그러나 주의할 필요가 있다. 세상을 지배하는 것처럼 보이는 이들이 실상은 세상에 지배당하는 자들인 경우가 많기 때문이다. 세상에서 성공했다고 평가받는 그리스도인들은 세상의 기준에 굴복한 그리스도인인 경우가 너무 많다. 칼뱅주의자의 인생관을 뒷받침하는 강한 긍정의 자세를 계속 유지하기는 쉽지 않다. 교회와 세상 사이의 절묘한 균형은 너무 쉽게 깨져서 결국 철저히 분리되거나 한 덩어리로 합쳐지기 일쑤다. 보통은 후자가 훨씬 더 위험한 법이다. 칼뱅주의에는 삶을 대하는 아주 세속적인 자세가 잠재되어 있어서, 하나님과 세상이 대립하는 적절한 상태를 유지하지 못하면, 거룩한 것이 무너져 세속적인 것이 되고 만다. 도덕, 경제, 사회, 정치를 아우르는 칼뱅주의의 체계와 가치는 신학에 확고한 **기반**을 두고 있지만, 쉽게 신학적 토대에서 떨어져 나와 독립적으로 존재할 수 있다. 문화적 침식 과정을 거쳐 이런 체계와 가치가 신앙으로부터 자유로워지는 것이 서구 사회, 특히 북아메리카가 칼뱅주의를 수용하고 흡수하는 과정에서 가장 중요한 측면 중 하나다.

칼뱅은 신앙과 세상이 대립하는 정교한 관계를 구축하여 세상 속에서 긍정적인 행동을 할 기회를 주되 그에 따르는 위험을 인지하고 피할 수 있게 했다.[10] 하나님이 보시기에 가장 칭찬할 만한 삶의 형태는 사회에 도움이 되는 삶이다. "우리는 수도사의 독신 생활이나 일상과 단절된 철학적 삶을 무척 존경하지만" 교회와 사회를 관리하기에 가장 적합한 사람은 일상을 경험하고 그 습관에 열중해 본 사람이다.[11] 그리스도인은 이 세상에 자신을 쏟아붓고 헌신하라는 격려와 요구를 받는다. 중세 시대에는 수도사 개개인이 세상을 등지고 그들이 섬기는 종교 기관은 세상에 찬동하는 일이 벌어졌는데, 칼뱅의 사상에는 이런 중세 수도사의 태도가 발붙일 곳이 없다 (III.xi.3-4). 그러나 그리스도인은 세상일과 세상 근심에 열중하는 동안에도 비판적 시각을 잃지 않도록 일정한 거리를 유지하는 법을 배워야 한다. 겉으로는 세상에 투자하고 헌신하는 한편, 속으로는 세속의 일과 거리를 두고 비판적인 태도를 길러야 한다. 신자들은 능동적으로 세속의 영역에 열중하되 수동적으로 그 속으로 가라앉아서는 안 된다. "우리는 이 세상에 속한 모든 것을 대수롭지 않게 대하고 그것들에 우리 마음을 두지 않고, 마치 외국을 지나가듯 이 세상을 지나가는 법을 배워야 한다."[12]

이런 태도로 볼 때 칼뱅주의는 자신들의 종교 체계 못지않은 역량과 포괄성을 갖춘 사회, 자본, 정치권력에 관한 이론을 개발할 것이다. 따라서 우리는 이 운동의 경제적 의의를 깔끔하게 요약한 '칼뱅주의와 자본주의'라는 광범위한 주제에 주목하려 한다. 많은 사람이 칼뱅주의가 자본주의에 우호적이라고 믿는다. 칼뱅과 그의 후계자들이 자본주의를 대하는 태도의 기원과 특이성을 분석하기 전에 이 주제에 관한 학술 논의를 지배해 온 이론인 베버 테제를 소개

세상에 대한 헌신: 칼뱅주의, 노동, 자본주의

하는 것이 적절할 듯하다.

베버 테제

카를 마르크스는 《자본론Das Kapital》에서 자본주의가 생겨난 때가 16세기라고 선언했다. 프로테스탄티즘과 자본주의에 격렬한 반감을 표출하던 아민토니 판파니Amintoni Fanfani는 중세 가톨릭이 철저한 반反자본주의자였다고 주장했다.[13] 그러나 역사를 더 잘 아는 이들은 이런 주장을 부정한다. 중세 시대에 메디치 가문이나 푸거 가문 같은 금융기관이 운영되었다는 것은 종교개혁 이전에 자본주의의 전제와 방식이 존재했다는 명백한 증거다. 종교개혁 직전의 앤트워프, 아우크스부르크, 리에주, 리스본, 루카, 밀라노 같은 도시는 모두 중세 자본주의를 계승하고 있었다. 종교개혁 이전부터 존재했던 자본주의의 종교적 의의도 무시할 수 없다. 메디치 가문은 돈을 주고 교황직을 샀고, 푸거 가문은 독일과 폴란드, 헝가리에서 주교를 임명할 때마다 거의 모두 관여했다(카를 5세를 신성로마제국 황제로 선출할 때도 자금을 댔다). 이는 종교개혁 직전에 자본주의가 중요한 종교 세력이었다는 사실을 보여 준다. 1521년에 루터를 파문한 교황 레오 10세는 은행을 매각해서 교황직 매수 자금을 마련한 메디치 가문 출신이었다. 회계사였다가 중세 사학자가 된 레이먼드 드 루버Raymond de Roover의 선구적 연구에 따르면, 자본주의의 전제와 방식은 중세 사회 전반에 깊이 배어 있었다.[14] 단순히 성직 매수에만 관여했던 것

이 아니다. 좀 더 최근의 연구들은 사회생활과 지성 생활 모두에 영
향을 끼칠 정도로 자본주의가 중세 생활의 필수 요소였다는 점을
확인해 준다.[15] 그렇다고 자본주의가 프로테스탄티즘을 만들어 냈
다거나 프로테스탄티즘 때문에 자본주의가 생겼다고 말하는 건 정
말 터무니없다.

막스 베버Max Weber는 그렇게 말하지 않았다. 대중적인 형태의 베
버 테제, 즉 자본주의가 프로테스탄트 종교개혁의 직접적인 결과라
는 설명은 베버의 진의眞意와도 어긋나고 역사적으로도 이치에 맞지
않는다. 베버는 "자본주의 정신이 … 종교개혁에 어떤 영향을 받아
서 오직 그 결과로 생겼다는 어리석고 비현실적인 주장을 펼 생각
이 조금도 없다"고 강조했다. "종교개혁이 일어나기 꽤 오래전부터
의미 있는 형태의 자본주의 사업체가 존재했다는 사실만으로 그 주
장을 충분히 반박하고 남는다."[16] 베버 테제는 훨씬 더 미묘하므로
더 세심하게 주의를 기울일 필요가 있다.

베버는 종교개혁이 일어나기 오래전부터 자본주의가 존재했다
고 주장했다.[17] 물욕이나 소유욕은 중세 호상豪商의 특징이자 전통적
인 소농 사회의 특징이다. 설명이 필요한 것은 새로운 '자본주의 정
신'이다. 베버는 근대 초기에 이 정신이 생겨난 것으로 파악했다. 베
버는 스스로 '모험가적 자본주의'라고 이름 붙인 중세 시대 자본주
의와 **근대 자본주의**를 비교함으로써 근대 자본주의의 특징을 짚어
냈다. 베버에 따르면, 모험가적 자본주의는 기회주의적이고 파렴치
하다. 화려하고 퇴폐적인 생활방식으로 자본소득을 소비하는 경향
이 있다. 그러나 근대 자본주의는 합리적이고 윤리적으로 기초가

세상에 대한 헌신: 칼뱅주의, 노동, 자본주의

탄탄하다. 물품을 사용하는 것과 관련하여 금욕주의를 실천했다. 베버의 진술을 뒷받침할 증거는 매우 부족하지만,[18] 어쨌거나 베버는 삶을 즐기는 것을 의도적으로 피할 정도로 근대 자본주의에는 향락주의가 없다고 주장했다. 이런 극적인 방향 전환을 어떻게 설명할 것인가, 라고 베버는 묻는다.

종교가 그 원인임을 암시하는 듯했다. 베버는 중세 사회가 영리 활동을 용인하긴 했지만, 보통 비윤리적인 행동으로 간주했다는 점에 주목했다. 14세기와 15세기 피렌체에 관한 분석을 토대로, 아우크스부르크에서 금융회사를 운영한 푸거 가문의 역사를 이따금 거론하면서, 베버는 '자본의 축적'과 '자본을 축적한 자들의 영혼 구원' 사이의 팽팽한 긴장감에 주목했다. 예를 들어, 야코프 푸거Jakob Fugger는 자기가 하는 금융 사업이 가톨릭교회가 전통적으로 구원을 얻는 데 도움이 된다고 여기는 행동들과 거리가 멀다는 사실을 잘 알았다.

그런데 금욕적인 프로테스탄티즘이 발흥하면서 자본의 축적을 바라보는 새로운 태도가 나타났다. 베버는 벤저민 프랭클린Benjamin Franklin 같은 17세기 칼뱅주의 저술가들에게서 이런 태도를 발견했다. 이들은 세상에 적극적으로 참여하여 자본을 축적하는 행동을 칭찬하는 한편, 그렇게 축적한 자본을 낭비하는 행동을 비판했다. 자본은 낭비하지 말고 늘려야 했다. 크리스토퍼 힐Christopher Hill은 프로테스탄트와 가톨릭의 태도 차이를 이렇게 요약했다. "성공한 중세 사업가들은 죄책감을 안고 죽었고, 수익이 나지 않는 곳에 쓰도록 교회에 돈을 남겼다. 성공한 프로테스탄트 사업가들은 생전에

장 칼뱅의 생애와 사상

생산 활동을 부끄러워하지 않았고, 죽을 때 다른 이들이 자신의 행동을 본받도록 돈을 남겼다."[19] 이로써 프로테스탄티즘은 근대 자본주의 발전에 꼭 필요한 심리적 전제 조건을 만들어 냈다. 실제로, 베버는 칼뱅주의가 신념 체계로 자본주의 발전에 이바지하는 심리적 충동을 유발했다고 보았다. 베버는 '소명'이라는 개념을 특별히 강조했다. 그리고 이 개념을 칼뱅주의의 예정론과 연결 지었다.[20] 칼뱅주의자들은 세속적인 활동에 종사하면서도 가톨릭교를 믿는 동시대인들은 불가능한 방식으로 자신의 구원을 확신할 수 있었다. 용납할 수 없는 방식으로 자본을 손에 넣거나 방탕하게 자본을 낭비하지만 않으면, 자본을 생성하고 축적하는 행위는 도덕적으로 문제가 되지 않았다.

근대 자본주의의 출현은 서구 문명의 형성에 견줄 만큼 중요하므로, 장 칼뱅이라는 종교개혁가는 좋은 쪽으로든 나쁜 쪽으로든 사람들에게 근대 세계의 근간이 되는 충동을 부추긴 공이 있는 셈이다. 물론 칼뱅과 근대 자본주의의 출현을 연결지을 수 있다는 전제 아래 하는 말이다.

그런데 정말 칼뱅이 그랬을까? 칼뱅이 근대 자본주의의 출현과 정말 관계가 있을까? 베버가 분석한 것은 주로 17세기 상황이다. 존 버니언 John Bunyan과 리처드 백스터 Richard Baxter처럼 베버의 주장을 뒷받침하는 주요 증인들은 칼뱅이 죽고 한 세기가 지난 뒤에 전혀 다른 사회 상황에서 글을 쓴 잉글랜드의 칼뱅주의자들이었다.[21] 칼뱅과 후기 칼뱅주의자의 태도에 어떤 연관성이 있는지 추적할 수 있을까? 만약 베버의 주장대로 이 둘 사이에 연관이 있다면, 그것으

세상에 대한 헌신: 칼뱅주의, 노동, 자본주의

로 근대 자본주의의 기원을 설명할 수 있을까? 이 질문에 답하려면 자본주의를 대하는 칼뱅의 태도를 조사하고 후기 칼뱅주의자들의 저술에 나타난 변화를 추적해야 한다.

제네바의 초기 자본주의

16세기 초 많은 도시가 심각한 내분을 목격했다. 전통과 타성惰性, 상속받은 부, 현상 유지를 선호하는 정치 구조 같은 요소가 한데 뒤섞여 사회적 지위를 떠받치는 기존 귀족 계급과 드디어 자기들의 때가 왔다고 느낀 신흥 상공인 계급 간에 갈등이 고조되었기 때문이다. 한 가지 예를 들자면, 취리히에서 벌어진 종교개혁 투쟁은 전통에 매인 귀족 세력과 경제적으로도 정치적으로도 진보적인 신흥 공인 세력의 갈등으로 볼 수 있다.[22] 여기에서 중요한 질문이 제기된다. 종교개혁과 자본주의가 공통으로 신흥 도시 엘리트들에게 호소력을 발휘했음을 시사하는 사례는 없을까?

만약 그런 사례가 있다면, 프로테스탄티즘이 새로운 자본주의 정신을 만들어 냈다고 말하는 건 적절하지 않다. 베버가 '근대 자본주의'라고 칭한 경제적 활력을 지향하는 특정 사회 계층은 종교개혁을 받아들이는 것을 자신들의 정치적·경제적 목적을 성취하게 해줄 수단으로 간주했을 수 있다. 다시 말해서, 역사적으로 자본주의와 프로테스탄티즘 사이에 뜻밖의 연관성이 있을 수 있으므로 후자가 전자를 만들어 냈다고 할 수 없다. 오히려, 둘 다 근대 초기 도시

사회의 권력 구조에 생긴 변화와 관련이 있을 수 있다.

자본주의와 프로테스탄티즘은 신흥도시 상공인 계층과 경제적·종교적으로 밀접한 관계가 있는 것으로 여겨졌다. 자본주의와 프로테스탄티즘은 이들 계층이 제약이 많은 중세 후기의 경제적·종교적 신념과 관습 안에서는 불가능했던 자기표현과 자아실현을 어느 정도 이룰 수 있게 해 주었다.

제네바의 경우에는 친사부아 세력인 마멜루크파와 친스위스 세력인 동맹파 간의 싸움을 전통과 진보의 충돌로 설명할 수 있다. 오랫동안 사부아 공국과 전통적인 가족 관계를 맺어 온 마멜루크파는 제네바가 계속 사부아 공국에 의존하기를 바랐다. 이와 달리 동맹파는 일반적으로 좀 더 진보적인 세력을 대표했다. 이들은 자기들의 정치적·경제적 미래를 자유와 연결 지어 생각했고, 당시에는 스위스 도시들과 동맹을 맺는 것이 자유에 한 걸음 더 다가가는 것으로 여겼다.[23] 그래서 제네바시의 경제 활력을 책임지는 구성원들은 1520년대에 베른시나 프리부르시와의 관계를 발전시키는 것이 매우 바람직하다고 보았다. 이 무렵 이들과 프로테스탄티즘 사이에는 어떠한 연관성도 보이지 않았다. 베른시와 프리부르시 둘 다 아직 가톨릭 도시였다. 제네바 동맹파가 이들에게 매력을 느낀 이유는 이 두 도시가 스위스연방에 속해 있어서 동맹을 맺으면 경제적으로나 정치적으로 이득이 있을 것으로 생각했기 때문이다. 베른시가 츠빙글리식 종교개혁을 받아들였을 때 프로테스탄티즘은 이미 복잡한 경제 방정식과 정치 방정식에 추가된 종교 인자였으나 그렇다고 필수 **구성 인자**까지는 아니었다.

세상에 대한 헌신: 칼뱅주의, 노동, 자본주의

앞에서 살펴보았듯이, 1535년에 제네바는 이웃인 사부아 공국으로부터 정치적으로 해방되어 독립적인 프로테스탄트 도시국가가 되었다. 종교적 독립과 정치적 독립이 거의 동시에 이루어졌고, 일련의 중요한 역사적 우연을 거쳐 이 둘 사이에 밀접한 관계가 생긴 것처럼 보였다. 그러나 정치적 독립을 뒷받침할 경제적 기반이 없었다. 어렵게 얻은 독립을 지켜내려면, 경제적으로 어느 정도라도 자급자족이 이루어져야 했다. 13세기 이래로 제네바 경제는 국제적으로 명성이 자자했던 무역 박람회에 의존해 왔다.[24] 주요 무역로가 교차하는 지점에 있는 제네바는 15세기가 밝아 올 무렵 서유럽의 중요한 화물 집산지로 자리매김했다. 메디치가를 비롯하여 이탈리아에서 은행업을 하는 주요 가문들이 제네바에 지점을 개설할 가치가 있다고 보았다.[25] 15세기 중엽, 제네바는 베버가 말한 '구식 자본주의'의 중심지였다.

15세기 후반에 접어들면서 제네바의 상황은 불리해지기 시작했다. 1464년부터 1466년까지 이탈리아 상인들이 이웃 도시 리옹에서 열리는 무역 박람회에 가느라 제네바 무역 박람회에 오지 않았다.[26] 부르노 카이치Bruno Caizzi의 표현대로 실제로 두 도시 간에 '경제 냉전'이 시작되었다. 바람의 방향이 바뀐 것을 알아채고 이탈리아 은행업자들은 제네바 지점을 폐쇄했다. 이탈리아 상인들은 여전히 제네바를 자주 찾았지만, 1520년부터 1535년 사이에 은행이 문을 닫고 정치 불안이 심해지면서 제네바는 무역 중심지로서 유리한 지위를 잃고 말았다.[27] 역설적이지만, 무역업자들이 유입되면서 정치 불안이 조장되었다. 독일 상인들이 제네바시에 들어올 때 루터파 출판물을 가지고 온 것이다. 이 출판물들은 통상적인 상품만큼이나 잘 팔렸다.[28] 1518년부터 1523년까지 경제 성장기에 접어드나 싶었지만, 불확실한 정치 상황 때문에 곧바로 역전되었다. 1524년부터 1534년까지 불경기가 이어졌다.[29] 제네바시에 닥친 고유한 어려움 때문에 더 심각해지긴 했지만, 일반적으로 제네바의 상황은 스위스 도시들이 겪던 경제난과 비슷했다.[30]

화물 집산지로서 전통적으로 해 오던 경제적 역할을 상당 부분 빼앗긴 제네바는 독립한 해인 1535년에 도시의 생존을 위협하는 중대한 도전에 직면했다. 침체와 불황의 악순환에 빠진 가난한 도시는 인근 약탈 국가들의 침략 위협에 맞서 거액을 들여 국방력을 강화하는 것은 고사하고 자기 힘으로 살아갈 수조차 없었다. 1535년부터 1540년 사이에 스위스 여러 도시에서 경기 침체가 시작되었지만,[31] 제네바는 놀라운 회복세를 보였다. 1540년부터 1559년 사이에 회복세는 더 견고해졌다. 이때 제네바시 전역에서 경제활동이 활발해지면서 경기가 점차 회복되기 시작했다.[32] 이것을 어떻게 설명해야 할까?

부분적으로, 독립을 지키겠다는 시의 결단이 경기회복에 도움이 되었다.[33] 독립 투쟁으로 얻은 자유를 지키겠다는 기업의 의지가 있었다. 그런데 최근 제네바 공화국의 운명이 걸린 이 기간에 이 도시가 경제적으로 자립할 수 있었던 원인에 관심이 쏠렸다. 그것은 바로 스위스 프로테스탄트 도시들의 재정 연대連帶다.[34] 근대 스위스 은행 제도, 특히 국제금융 벤처기업에 강하게 개입하는 제도의 기원은 16세기의 네 번째 10년이 시작된 1531년까지 거슬러 올라간

세상에 대한 헌신: 칼뱅주의, 노동, 자본주의

다. 앞에서 살펴보았듯이, 헬베티아 연방 도시들과 다른 도시들이 맺은 협약이 이러한 발전을 촉진한 중요한 원인이다. 특히, 1519년에 로잔과 베른이 맺은 협약, 1526년에 제네바와 베른이 맺은 협약은 이러한 동향을 보여 주는 대표적인 사례다.

처음에는 도움이 필요한 시기에 동맹 도시들을 정치적으로나 군사적으로 지원해 주는 것이 이 협약의 기본 목적이었다. 그러나 1530-1531년에 재정적 지원까지 그 범위가 확대되었다. 취리히는 1차 카펠 전쟁의 여파로 정치적·경제적 위기에 직면했다. 이에 바젤시는 가톨릭 동맹에 맞서 프로테스탄트 동맹의 진실성을 지키기 위해 곤경에 빠진 취리히시에 1만 4,300에퀴를 빌려주었다. 1531년 말부터 1532년 초에 헬베티아 연방에 속한 프로테스탄트 도시들에 다시 불운이 닥친 이후에 베른시는 바젤시에 1만 2,750에퀴를 빌렸다.[35] 1530년대 초에 일어난 스위스 종교전쟁은 프로테스탄트 도시들이 어려운 시기를 버틸 수 있게 해 준 금융 제도가 출현하고, 바젤이 이 금융 제도의 중심으로 자리매김하게 된 사건이라 할 수 있다.

제네바가 종교개혁을 받아들이기 전에는 그런 재정 지원을 받을 수 없었다. 그러나 1536년부터는 무장, 방어 시설 확충 등의 목적으로 바젤시에서 자금을 빌릴 수 있었다. 1536년 혁명의 여파로 동맹 도시들 사이의 차관을 조정하기 위해 '방주의 보물*trésor de l'Arche*'이라는 기관이 설립되었다.[36] 제네바는 1567년부터 외국 자본을 끌어올 다른 자금원을 광범위하게 확보하기 시작했다. 1590년에는 잉글랜드, 프랑스, 독일, 헝가리, 저지대 국가들, 스위스 도시들에 있는 다양한 프로테스탄트 자금원으로부터 약 21만 1,000에퀴를 받

장 칼뱅의 생애와 사상

았다.[37] 이런 자금 덕분에 제네바는 이웃 가톨릭 도시들의 위협에도 불구하고 경제적 독립을 지킬 수 있었다. 1567년에 설립한 '공공거래소 _Le change public_'[38]처럼 도시 안에 새로운 금융기관이 문을 열면서 제네바가 자주 독립체로서 살아남을 가능성도 더 커졌다.

그런데도 제네바 안에 독립적인 자금원을 마련해야 한다는 인식이 갈수록 강해졌다. 1551년 제네바시 재정 기록에는 '바젤에 대한 의존도를 낮춰야' 한다는 메모가 적혀 있다. 외국 자본의 원천이라 할 수 있는 제조업이 제네바에서도 발달하면서 시의 재정 자립도를 높이는 데 크게 이바지했다. 1540년대 초에 이런 동향이 포착되었지만, 가장 중요한 발전기發展期는 외국 망명자가 대거 유입된 시기와 겹친다. 1549년부터 1560년까지 프랑스를 떠난 약 4,776명의 망명자가 제네바에 도착했다. 그중 1,536명은 공인工人이었던 것으로 알려져 있다.[39] 귀족에게 적대적이던 제네바 당국의 태도에 용기를 얻은 것이 틀림없다.[40] 대다수 망명자가 프랑스에서 소규모 제조업이나 공예나 상거래에 종사했었기 때문에 많은 이가 제네바에 정착한 뒤 별 어려움 없이 생계 활동을 재개했다.[41]

몇몇 사례는 제네바에서 제조업이 성장한 배경을 설명해 준다. 단기간에 제네바는 벽시계와 손목시계 제조업의 중심지가 되었다. 이 분야에 전문성을 갖춘 프랑스인들이 제네바에 망명을 온 덕분이었다.[42] 종이와 활자 생산 같은 보조 산업과 함께 중요한 의미가 있는 출판업도 발전했다.[43]

보르디에 가문과 말레 가문처럼[44] 옷감과 의복 거래에 종사하던 프랑스 가문들이 이주하면서 제네바에서도 이런 산업이 성장했다.

세상에 대한 헌신: 칼뱅주의, 노동, 자본주의

프랑스와 이탈리아에서 망명한 숙련공들의 전문성과 상황 판단이 빠른 이탈리아인 어음 인수업자들이 제공한 자본을 바탕으로 비단 산업은 중요한 수출산업으로 발전했다.[45] 낡아 빠진 영주領主 교회 제도와 함께 사실상 '근대 자본주의'의 마지막 세속적 장애물이라 할 수 있는 길드 제도가 폐지되면서 제네바에 이제 막 도착한 사람들도 큰 제약 없이 사업체를 세우고 제조업과 상업을 시작할 수 있었다.

그 결과로 아주 밀도 높은 기술이 제네바에 집중되었다. 거기다 필요한 자본을 마련하기도 쉬워지자 제네바는 베버가 '근대 자본주의'라고 칭한 경제 활력의 중심지가 되었다. 한때 이탈리아 제품을 서유럽에 유통하는 거점이었던 제네바 박람회는 이제 제네바에서 제조한 상품을 널리 유통하는 유통망의 중심이 되었다. 스위스 경제사가 장 프랑수아 베르지에Jean-Francois Bergier가 지적했듯이, 근대 자본주의 사회 발전의 필수 요소인 자본, 제조 기술 및 능력, 유통망이 이 기간에 제네바에 거의 동시에 생겼다.[46]

그러나 제네바를 **현대적** 의미의 자본주의 사회로 묘사하는 것은 정확하지 않다는 점을 강조할 필요가 있다. 자본주의를 산업혁명 이후에 발전한 경제 관계 체제와 동일시한다면,[47] 제네바는 자본주의 사회로 보기 어렵다. 예를 들어, 제네바 시의회는 자본주의의 핵심 원리인 자유방임주의를 격렬히 반대했다. 제네바 안에서 이뤄지는 모든 상업 활동은 중앙의 정밀 조사와 간섭을 받았다. 이는 인쇄업자 앙리 에스티엔Henri Estienne과 프랑수아 에스티엔François Estienne이 매 단계에서 상당한 제재를 받은 것을 보아도 잘 알 수 있다.[48]

장 칼뱅의 생애와 사상

시의회에서 경제 거래를 조사하고 심각한 제재를 가했다. 도덕 생활, 경제생활, 정치 생활을 막론하고 생활 전반을 엄격하게 통제하는 시의회의 활동은 제네바가 완전한 자본주의 사회로 발전하지 못하게 하는 걸림돌이었다. 16세기 자본주의는 19세기 자본주의와는 조금 다르다. 그래도 자본주의인 것은 맞다.

그렇다면 칼뱅은 이런 발전에 어떤 영향을 끼쳤을까? 어떤 의미에서는 이 모든 것이 우연처럼 보인다. 역동적 자본주의가 발전하기 유리한 역사적 상황이 계속되다 보니 우연히 발전이 이뤄진 것 같다. 제네바의 자본주의는 주로 **간접적으로** 칼뱅의 종교 사상에 기인하는 요인들에 대응하여 생겨나고 발전했다. 예를 들어, 1540년대와 1550년대에 경제활동을 하는 이민자가 제네바에 대거 몰려든 이유는 분명히 칼뱅의 종교 사상 때문이다. 칼뱅의 종교 사상 때문에 그들은 첫째로 조국 프랑스에서 이주해야 할 필요성을 느꼈고, 둘째로 제네바에 정착해야겠다고 생각했다. 신앙이 얼마나 독실한가와 상관없이 이들 이민자가 종교개혁 기간에 유럽에 자본주의를 퍼뜨리는 역할을 했다고 휴 트레버 로퍼 Hugh Trevor-Roper 는 강조한다.[49] 따라서 부분적으로라도 칼뱅은 프랑스 사회에서 경제활동에 힘쓰던 계층이 제네바로 이주하도록 부추기는 요인을 촉발했다는 점에서 의미가 있다.

그렇지만 칼뱅이 영향력을 행사하기 전에 신앙에 기반을 둔 스위스의 재정 연대가 먼저 이뤄졌다. 칼뱅 시대에 제네바에 자본이 모이게 도와준 금융기관과 기구가 있는데, 이들이 제네바에 힘을 실어 준 것은 칼뱅 때문이 아니다. 제네바가 종교개혁을 받아들이기

세상에 대한 헌신: 칼뱅주의, 노동, 자본주의

로 한 것도, 그래서 이런 자본에 접근할 수 있게 된 것도 칼뱅의 영향력 덕분이 아니다. 거의 같은 시기에 경제활동의 중심지이자 종교 활동의 중심지가 된 제네바에서 자본주의와 칼뱅주의가 처음 손을 잡았다고 말하는 데는 그만한 이유가 있다. 그러나 이 둘이 손을 잡은 것은 거의 우연이었다. 이 둘은 역사적으로나 이념적으로 아무 관계가 없었다.

더욱이 제네바에서 자본주의 경제가 발전한 것은 종교개혁을 받아들이기로 마음먹었기 때문이 아니라, 처음에는 사부아로부터, 그다음에는 베른으로부터 정치적 독립을 지켜야 할 필요성을 절감한 결과라고 보는 것이 합리적이다. 제네바 공화국의 역사적 진화는 종교 발전과 정치 발전이 서로 얽히는 방식으로 진행되었다는 점에서 이 둘을 완전히 떼어 놓을 수는 없다. 그럼에도 불구하고, 특히 1550년대에 공공연히 자본주의 전략을 채택하도록 제네바를 부채질한 것은 경제적 자립과 그에 따른 정치적 자립을 지켜내야 한다는 인식이었다고 보는 것이 타당하다. 이 과정에 불가피하게 얽이긴 했지만, 종교의 역할은 그리 크지 않았다.

그럼에도 이러한 발전에 호의적이었던 칼뱅의 태도 역시 제네바에서 자본주의가 번성할 수 있었던 환경 중 하나였다는 점은 인정해야 한다. 루터와 비교해 보면 쟁점이 분명해진다. 일반 사회사상과 마찬가지로 루터의 경제관은 그가 개혁을 시작했던 소박한 독일 시골 지역의 사회 현실에 큰 영향을 받았다. 그곳은 소작농과 귀족의 갈등과 같은 봉건 말기 시골 생활의 고질적인 문제에 몰두하는 세계였다. 루터는 이자를 받고 돈을 빌려줘야 하는지와 같은 그 시대의 경제 문제는 어느 정도 알고 있었지만,[50] 도시 재정을 좌우하는 문제는 잘 몰랐던 것 같다. 루터는 농민이 중심이 된 봉건 농경사회에서 신흥 자본주의 경제를 갖춘 사회로 독일을 바꿔 나가던 경제 세력을 전혀 알지 못했다. 1524년 여름에 쓴 〈상거래와 고리대금업에 관하여〉라는 논문에서 루터는 어떤 형태로든 상업 활동에 종사하는 사람들에게 매우 비판적인 태도를 보이는 경향이 있다. 영어 단어 'finance'에 해당하는 독일어 단어 'fynanzte'는 루터에게 중립적인 의미가 아니라 사기, 속임수, 폭리 취득 행위 등 완전히 부정적인 뜻이 담긴 용어였다. 루터의 경제사상(실은 이런 거창한 이름을 붙일 것도 없지만)이 모든 형태의 자본주의에 적대적이었다는 사실은 그가 위대한 자유도시들에서 최근 생겨난 정교한 금융의 세계를 잘 몰랐다는 증거다.

그러나 칼뱅은 제네바의 재정 상황과 그 의미를 아주 잘 알았다.[51] 그는 어떤 의미로든 '경제 이론'을 전개하지는 않았지만, 자본의 기본 원리를 제대로 알고 있었다. 칼뱅은 자본과 노동의 생산적 성질을 완전히 인정했다.[52] 인간의 상호 의존성과 사회적 존재의 의의를 강조하는 수단으로써 분업의 경제적 편익과 매력 때문에 분업을 높이 평가했다. 종교개혁 급진파가 부인했던 개인의 사유재산권도 지지했다. 기업 윤리를 다룬 신명기 구절들은 지나간 시대의 사회상에 뿌리박고 있는 것이라고 시인했다. 칼뱅은 원시 유대 농경사회와 관련된 명령들을 16세기 제네바와 같은 진보적인 근대 도시 사회에 강요하지 않는다.[53] 예를 들어, 이자를 받고 돈을 빌려주는 행위, 일명 고리대금업을 절대 금지하는 규정은 원시 유대 사회의 특별한 필요에 맞춘 것이라며 일축했다. 그런 사회와 제네바는 유사점이 없다고 보았다. 이자는 자본에 대한 임차료일 뿐이다.[54] 칼뱅은 또한 변동 이율을 기꺼이 허용하려 했다. 이것은 완전 자유 시장은 아니지만 거의 자유로운 시장에서 자본에 가해지는 압박을 칼뱅이 알고 있었다는 증거다. 이를 금지함으로써 얻는 윤리적 이익은 다른 수단으로 보호할 수 있다고 보았다. 더욱이 칼뱅은 자본을 투입해서 새로운 산업을 창출하는 것의 가치를 잘 알고 있었다. 1540년대에 섬유 산업을 지원하도록 시의회에 로비 활동을 한 데서 이 점이 분명히 드러난다.[55]

칼뱅은 자본주의를 가로막는 종교적 장벽을 제거하는 데서 그치지 않고 자본주의의 발전을 촉진하는 노동관을 명확히 밝혔다. 신자들은 이 세상에서 하나님을 섬기도록 부름을 받았다. 칼뱅은 신자들이 세속적인 생활의 전 영역에서 하나님을 섬기도록 부름을 받을 수 있다고 주장함으로써 노동에 새로운 의미와 존엄성을 부여했다. 이 세상은 하나님이 아닌 데도 너무 쉽게 하나님으로 오인되므로 괄시를 받아야 마땅하다. 그러나 이 세상은 하나님이 지으신 피조물이므로 또한 긍정해야 마땅하다. "신자들은 이 땅에서의 삶을 멸시하는 데 익숙해지되, 인생 자체를 혐오한다든가 하나님의 고마움을 모르고 불평해선 안 된다"(III.ix.3). "그 자체로는 복된 것도 바람직한 것도 아닌 일이지만 경건한 자에게는 유익이 될 수 있다"(III.ix.4). 따라서 그리스도인은 이 세상에 갇히지 않고 기뻐하고 감사하며 이 세상을 살아야 한다. 현대의 실존 범주로 표현하자면, 이 세상은 우리의 '활동 공간'이다. 이 세상과 일정한 거리를 유지하며 비판적 초연함을 잃지 않되, 그리스도인으로서 하나님의 피조물이자 선물인 이 세상을 긍정해야 한다. 그리스도인은 이 세상에서 살아가되 이 세상에 푹 빠지거나 세상 속에 가라앉거나 세상에 삼켜져서는 안 된다.

그래서 칼뱅은 세속적인 일상의 걱정과 염려에서 벗어나기보다는 바로 그 한복판에서 그리스도인의 묵상과 기도가 이루어져야 한다면서 약간은 냉소적으로 '정관적靜觀的 삶'을 다룬다(IV.xiii.10, 16). 신자들은 이 세상을 떠나 수도원에 들어가라고 부름을 받은 것이 아니라, 세상의 삶으로 완전히 들어가서 세상을 변화시키라고 부름을 받았다. 스스로 육체노동 위에 있다고 여기는 사람들을 넌지시 책망한다는 점에서 이 교리는 반反귀족적이라고 봐야 한다.[56] 칼뱅은 찬성을 표하며 바울의 격언을 인용한다. "일하기를 싫어하는 사람은 먹지도 말라"(살후 3:10). 칼뱅의 노동관을 해설하는 사람들은 실업자들의 상황에 대한 고려가 부족하다고 보았다. 아마도 1920년대 실업 상황을 염두에 두고 한 논평일 것이다. 사실 칼뱅의 발언은 제네바로 피신한 프랑스 귀족들을 포함하여 특별히 귀족 계층을 겨냥한 것이었다. 전통적으로 그들은 자기가 육체노동자 위에 있다고 생각했다.[57] 칼뱅은 추기경들의 웅장한 저택과 소유물, 귀족들의 육중한 몸집을 겨냥하여 노동의 존엄성을 강조하고 게으름을 비판했다. 칼뱅의 동료인 테오도르 드 베즈가 프랑스 귀족 가문 출신이었지만, 그런데도 제네바 사회는 귀족 계층의 낡은 사회관을 참을 수 없어 했다. 제네바로 피신한 옛 귀족들이 일을 해야 한다는 사실을 알고 프랑스 귀족 계층이 보인 반응을 담아낸 당대의 흥미로운 기록이 지금까지 남아 있다. 프랑스 귀족 피에르 드 부르데유 브랑톰^{Pierre} de Bourdeille Brantôme은 제네바에 갔다가 옛 귀족 프랑수아 도베테르 ^{François d'Aubeterre}가 단추 만드는 일을 하며 생계를 꾸리는 것을 보고 충격을 받았다. 왜 그런 귀족 출신이 단추나 만들며 자기 품위를 떨어뜨려야 하는가, 라고 그는 물었다. 이 이야기는 시대착오적인 프랑스 귀족 계층과 혁신적인 제네바 사업가들이 일반적인 노동, 특히 육체노동을 대하는 전혀 다른 태도를 생생하게 보여 준다.[58] 노동은 제네바를 평등한 사회로 만들었다.

칼뱅의 복잡한 노동관을 한 문장으로 압축하는 것은 불가능하지만, 그래도 고린도교회 그리스도인들에게 바울이 한 말은 주목할 필요가 있다. 여기에 그 핵심이 담겨 있기 때문이다. "각 사람은, 주님께서 나누어 주신 분수 그대로, 하나님께서 부르신 처지 그대로 살아가십시오"(고전 7:17). 각 신자는 정당하고 공인된 직업으로 부르심을 받는다(IV.xiii.10, 16).[59] 일상 속 노동은 칼뱅의 영성을 구성하는 일부가 되었고,[60] "노동하는 것이 곧 기도하는 것"이라는 중세 수도원의 구호에 새로운 의미가 부여되었다.[61] 제네바에서 육체노동은 단순히 표준이 아니었다. 종교적으로 인정받은 숭고한 목표였다. 설사 가장 보잘것없는 생산자라 할지라도 그가 하는 일상적인 활동에 처음으로 종교적 의미가 부여되었다. 이 세상에서 하는 활동은 존엄하고 성결했다. 어쩌면 영국의 시인 조지 허버트^{George Herbert}가 칼뱅 본인보다 더 웅변적으로 그의 통찰을 표현했다고 볼 수 있다.

나의 하나님, 나의 왕이시여

장 칼뱅의 생애와 사상

나를 가르치소서

만물 안에서 주님을 볼 수 있게 하시고

내가 무엇을 하든

그 일이 주님을 위한 일임을 알게 하소서

법 조항에 매인 종을 위해

지루하고 고된 일을 거룩하게 하소서

누가 방을 쓸거든, 주의 법으로

그와 그 행동을 만족스럽게 하소서

이들이 스스로 자본주의자라고 밝히지는 않았지만, 집단으로 보인 이런 태도는 자본주의, 특히 제네바와 역사적으로 관련이 있는 형태의 자본주의가 성장하는 것을 찬성했다고 말할 수 있다. 칼뱅의 공헌은 두 단계로 이뤄졌다. 첫째, 의욕을 꺾는 요소를 제거했다. 중세 시대에 영리 활동을 하는 사람들에게 쏟아지던 사회적·종교적 비난 같은 것을 없앴다. 둘째, 자본주의가 출현하기 유리한 태도와 습관을 육성해서 긍정적으로 의욕을 북돋웠다. 절약, 근면, 인내, 노력, 헌신 등 부르주아의 가치들은 모두 칼뱅의 이론을 통해 종교적으로 인정받았다. 그러나 자본주의는 칼뱅의 종교관이 의도한 주산물이 아니라 부산물이다. (베버는 칼뱅주의가 자본의 축적과 재투자를 명쾌하게 장려했다고 말한 적이 없다. 오히려 베버는 칼뱅주의가 부르심을 받은 일에 성실하게 임할 것과 이 세상일에 관심을 기울이는 금욕 생활을 강조한 결과 의도치 않게 자본의 축적과 재투자를 촉진했다고 주장했다.)

자본주의의 발전을 촉진하는 태도를 종교적으로 인정해 준 것은

세상에 대한 헌신: 칼뱅주의, 노동, 자본주의

맞다. 그러나 이것이 제네바에서 자본주의가 발흥한 중요한 원인은 아니다. 제네바 자본주의는 종교적 선동 때문이 아니라 경제적 필요 때문에 탄생했다. 도시경제에 도시의 생존이 달린 듯했다. 경제적 자급자족에 정치적 자립이 달려 있었다. 제네바의 경제발전은 칼뱅에게 영향을 받은 강력한 종교적 활력보다 더 근본적인 충동 때문이었다. 그것은 원초적이고 영속적인 인간의 생존 본능이다. 칼뱅이 자본주의 발전에 일반적으로 도움이 되는 종교적·사회적 태도를 키우는 데 영향을 끼쳤을 수는 있다. 그러나 조금은 막연한 칼뱅의 태도라는 기본 뼈대에 뚜렷한 계획과 정책과 기관으로 살을 붙여서 자본주의라고 부를 만한 형체와 사양仕樣을 부여한 것은 제네바시였다. 결과적으로, 칼뱅은 기존에 있었거나 새로 생겨난 제네바의 태도와 기관을 옳다고 인정해 준 셈이다. 이것은 제네바시가 국제 칼뱅주의의 윤곽을 형성하는 과정에서 중요한 역할을 했다는 사실을 다시 한번 증명해 준다.

그러나 칼뱅이 칭찬한 경제적 태도는 단순히 자본주의에 우호적이기만 했던 것이 아니다. 그것은 또한 철저하게 반봉건적이었다. 칼뱅의 사상이 프랑스에 끼친 영향을 설명할 때 상당한 역할을 하는 것은 칼뱅 사상 중에 바로 이 측면이다. 지금부터는 이 부분을 살펴보자.

칼뱅주의와 자본주의: 프랑스 사례

1550년대 프랑스에서 칼뱅파의 거점은 도시였다. 칼뱅주의는 주로 도시에 거주하는 숙련공들과 상인들 사이에서 호소력을 발휘했다. 프랑스 귀족 계층 중에도 칼뱅의 개혁 프로그램을 지지하는 이들이 있었던 것은 분명한 사실이다. 그러나 좀 더 자세히 들여다보면 이 귀족들은 원래 상인이었다. 장사하며 번 돈으로 말년에 귀족의 작위를 사고 귀족의 생활양식을 몸에 익힌 이들이었다. 예를 들어, 칼뱅의 종교개혁을 지지하던 주요 인물인 앙뒤즈 남작과 바루 남작은 각각 1535년과 1545년까지 상인이었다.[62] 어쨌거나 개혁의 대의를 지지했던 귀족들은 '오래된' 귀족이 아니라 '새로운' 귀족인 편이었다. 개중에는 부르주아였다가 귀족으로 신분이 상승한 이들도 있었다. 그러나 칼뱅의 지지자 대부분은 기능인, 소매상, 도제徒弟, 상인 공장주, 시골 공예가를 포함하여 다양한 직업군으로 이뤄진 공인 계층이었다.

칼뱅파로 회심했다가 다시 가톨릭교로 돌아간 플로리몽 드 레몽은 "하룻밤 새 훌륭한 신학자가 된 금세공인, 석공, 목수, 그 밖의 처량한 임금 노동자들"을 신랄하게 비꼬는 글을 썼다. 1540년부터 1560년까지 프랑스에서 이단 혐의로 소환된 사람들을 자세히 분석해 보면 70퍼센트에 이르는 대다수가 이 사회 계층에 속해 있었다.[63] 부분적으로 이것은 프랑스 가톨릭교회는 지도부도 모두 귀족 출신이고 귀족들에게만 관심이 있으며(32-34쪽 참조), 부지런히 몸을 움직이는 하층 계급과는 연결고리도 없고 관심도 없다는 인식이 널

세상에 대한 헌신: 칼뱅주의, 노동, 자본주의

리 퍼져 있었기 때문이다. 당시 제3계급 대부분이 성직자 계급에 반감을 품고 있었지만, 칼뱅주의를 지지하면서부터는 그런 반감을 드러내지 않았다. 그들은 프랑스 교회를 개혁하는 데 희망을 걸었던 것 같다. 프랑스 도시들에서 활동하던 칼뱅파는 거대한 빙산의 일각에 지나지 않을 정도로 성직자 계급에 반감을 품은 이들이 많았다.

그러나 더 중요한 사실은 공인들이 이제 막 태동한 중산층을 대표했다는 점이다. 이들의 가치와 염원은 칼뱅의 종교 사상을 통해 존엄성과 종교적 가치를 부여받았고, 이들의 경제적 미래는 당시 제네바시에서 채택한 것처럼 경제적으로 역동적인 정책 채택에 달린 것처럼 보였다. 프랑스 사회는 여전히 봉건제도의 영향에서 벗어나지 못했고 시대착오적인 사회관을 고수하는 교회가 지배하고 있었다. 그런 사회에서 사는 사람들의 눈에는 제네바에서 나온 새로운 사상이 진보적이고 해방적인 사상처럼 보였다. 칼뱅주의가 프랑스 경제를 해방하고, 나아가 칼뱅주의에 매력을 느끼는 '소시민'들을 해방할 열쇠를 쥐고 있는 것 같았다.

당대에 프랑스 안에도 이런 정책을 간청하던 이가 있었다. 베르나르 팔리시Bernard Palissy는 《진정한 처방Recepte véritable》이라는 책에서 프랑스 농업을 탈바꿈시켜서 16세기 초 프랑스를 괴롭혔던 것과 비슷한 식량 위기를 예방할 정책을 제시했다.[64] 1560년부터 1580년까지 파리시의 밀 가격에 관한 연구는 이 기간에 얼마나 자주 위기가 발생했는지를 보여 준다. 팔리시는 과학적 원리에 따라 만든 비료의 장점을 옹호했고, 나아가 일반적인 프랑스 경기 침체의 문제, 특히 프랑스 농업의 핵심 문제가 무엇인지 밝혔다. 농업은 개발도

덜된 데다 자원도 부족해서 제2차 산업으로 확장할 수 없는 상태였다. 농업에 자본을 투자해야만 상황을 바꿀 수 있었다.[65] 농업 투자와 생산성 향상은 토지와 그 자원을 적절하게 사용하지 못한 데서 생긴 문제를 해결해 줄 방책이었다. 토지를 집중 개발이 가능한 상품이 아니라 지료地料를 받을 수 있는 편리한 수입원으로 간주했다. 자본은 프랑스 안에도 있었지만, 비생산적인 용도로 쓰이고 있었다. 게다가 토지를 대하는 새로운 태도가 필요했다. 노동은 소작농에게만 맡겨 둘 것이 아니었다. 토지 소유 계급인 부르주아들 역시 일을 해야 했다.

팔리시의 책은 이미 제네바에서 채택한 재정 대책과 노동관을 분명하게 지지했다는 점에서 중요하다. 이 책은 또한 프랑스 공인들이 칼뱅주의에 매력을 느끼는 원인을 분석하면서 종교적 요인이나 사회적 요인 못지않게 경제적 요인이 중요한 역할을 했다고 아주 분명하게 밝힌다. 칼뱅주의는 단순히 귀족 계층과 프랑스 교회의 기성 권력에 적대적인 운동으로 인식되지 않았다. 만약 프랑스에서 시행된다면 프랑스 경제를 탈바꿈시킬 정책을 갖춘 운동으로 인식되었다.

16세기 프랑스의 '생산자 겸 행동가'로 묘사할 수 있는 무정형無定形의 거대 집단인 프랑스 공인들은 칼뱅주의가 프랑스 사회에서 생산 계층의 가치와 염원을 지지하고 정당화해 주는 신념 체계라는 사실을 파악한 듯했다. 이들의 현재 상황과 미래 전망은 프랑스 교회와 영주들로 대표되는 사회 기득권층에 의해 철저히 제한되었다. 기득권층은 공인들이 경제적으로나 사회적으로 진보하지 못하

게 장벽을 세웠다. 제네바는 1535년 혁명으로 사회 기득권층을 해
체하고 공인 계층이 온갖 제약에서 해방될 수 있도록 길을 열어 주
었다. 이 과정에서 칼뱅은 지엽적인 역할을 했을 뿐이다. 그런데도
프랑스를 떠나 제네바로 피신하고 싶지는 않고 그저 부러운 눈으로
바라보던 사람들은 1550년대와 1560년대 제네바의 종교, 정치, 경
제 체제를 하나의 통일체로 간주했다. 그리고 자기들의 영향권 안
에서 프랑스의 가치를 정립하려 했다. 프랑스가 칼뱅주의에 매력을
느낀 이유는 의심할 여지없이 칼뱅의 종교 사상 때문이다. 그러나
또 한편으로는 1535년 제네바 혁명으로 도입된 새로운 정치 질서
와 경제 질서 때문이기도 했다. 이 질서는 칼뱅의 사상이나 행동과
는 거의 상관이 없다. 그러나 멀리서 보는 사람들은 대개 이 질서를
칼뱅주의의 구성 요소로 간주한다. 사실 '칼뱅주의와 자본주의'라
는 주제는 칼뱅의 종교적 태도와 제네바의 기존 경제정책 및 기관
이 역사 속에서 우연히 합쳐진 혼합물로 보는 것이 합리적이다. 칼
뱅과 제네바는 대중의 상상 속에서 '칼뱅주의'와 한 덩어리로 합쳐
지는 경향이 있다. 그런데 이 칼뱅주의에는 칼뱅이 아니라 제네바
에 기원을 두고 있는 중요한 경제적 요소들(정치적 요소들은 말할 것도 없
고)이 포함되어 있다.

칼뱅주의 노동관과 자본주의

17세기 중반까지 자본주의와 칼뱅주의는 사실상 같은 공간에 있었

장 칼뱅의 생애와 사상

다. 사회 이론가들은 바로 이 현상에 주목했다. 예를 하나 들어 보자. 그때까지 문화적 동질성을 갖추고 있던 플랑드르는 프로테스탄트의 반란과 스페인 가톨릭 왕국의 재정복으로 갈가리 찢겼다. 200년 동안, 프로테스탄트를 채택한 지역은 북적이고 번영했지만, 가톨릭을 고수한 지역은 경기 부진과 낮은 생산성을 보였다. 프랑스나 오스트리아 같은 가톨릭 국가에서도 산업과 자본의 잠재 능력을 개발한 이는 칼뱅파였다. 자본주의를 발전시킨 이들은 포괄적으로 프로테스탄트라고 총칭해서 말할 수 없다. 그중에서도 더 특별히 칼뱅파가 그런 역할을 했기 때문이다. 17세기 초에 루터주의를 강력히 지지했던 덴마크 국왕 크리스티안 4세와 스웨덴 국왕 구스타부스 2세 아돌푸스도 자국의 재정 자원과 산업 자원을 결집하고 싶을 때는 네덜란드 칼뱅주의자들에게 도움을 청했다. 결과는 아주 성공적이었다. 칼뱅주의자 겸 자본주의자인 네덜란드 귀족이 곧 스칸디나비아에 자리를 잡았다.[66] 예를 들자면 끝이 없다. 유럽 북부와 남부 사이, 아일랜드 북부와 남부 사이, 북아메리카와 남아메리카 사이. 칼뱅주의가 번성한 곳에서는 자본주의도 번성했다.

베버의 논문은 관찰 가능한 사실과 명백히 일치한다는 데 그 매력이 있다. 칼뱅주의와 자본주의의 밀접한 관련성은 분석의 결과가 아니라 분석의 전제로 쓰인다. 따라서 그것은 입증해야 할 사항이 아니라 설명해야 할 사항이다. 17세기 초 유럽의 경제 엘리트들이 칼뱅파였다는 점에는 의심의 여지가 거의 없다. 가톨릭 국가에서도 그랬고 프로테스탄트 국가에서도 그랬다. 산업과 재정을 집약할 수 있고, 도시와 국가의 상업 생활에 꼭 필요한 자극을 주입할 수 있는

세상에 대한 헌신: 칼뱅주의, 노동, 자본주의

운동은 칼뱅주의뿐인 것 같았다. 자본주의가 번성할 수 있는 조건을 칼뱅주의가 간접적으로 조성했다는 말은 꽤 그럴듯하다. 그러나 신학자들은 이 경향을 **종교적으로** 설명하는 데 어려움을 겪는다. 신랄하게 말하자면, 이 시기의 종교 사상에 익숙한 기독교 신학자는 칼뱅주의 영성과 베버가 찾아낸 '근대 자본주의 정신'의 밀접한 관계를 파악하기가 어렵다.

칼뱅주의와 자본주의의 관계를 다룬 방대한 문헌에 진지한 비판을 쏟아 내는 책이 있다면, 일반적으로 그 책은 특정 종교 교리와 태도의 의미를 제대로 이해하는 데 필요한 **신학** 지식이 없는 저술가의 작품이다. 베버 스스로 이러한 어려움을 잘 보여 준다. 논문 전반에서 베버는 '자본주의 사고방식'에서 '소명'이라는 칼뱅주의 교리로 아무렇게나 논의를 진행하는 경향이 있다. 베버는 이 둘의 관련성을 자주 주장하되, 좀처럼 명확히 설명하지 않고, 한 번도 **이론적으로** 정당성을 증명하지 않는다. 칼뱅의 추종자들이 새로 **강조한** 예정론은 그 자체로 새로운 **교리**로 오해받곤 했다. 마치 '하나님의 선택'이라는 개념이 종교개혁 이전에는 없었고, 심지어 프로테스탄트 진영에서도 한쪽에서만 아는, 신학적으로 참신한 개념으로 오해받은 것처럼 앞에서 살펴보았듯이(357-373쪽), 후기 칼뱅주의 사상에서 예정, 선택, 섭리와 같이 '부르심'에 관한 문제를 핵심으로 여긴 이유가 있다. 신학적 체계화 및 방법론에 관한 새로운 관심(토마스 아퀴나스 같은 로마 가톨릭 신학자들의 체계만큼 빈틈없는 체계를 발전시키기 위해서)과 독일에서 두 운동이 경쟁한 탓에(358-361쪽) 사회적 실체로서 칼뱅주의를 루터주의(특정 문제에 관하여 조금 다른 견해를 밝혔던)와 구분해야 할

장 칼뱅의 생애와 사상

필요성을 깨달았기 때문이다.

스위스 사학자 헤르베르트 뤼티Herbert Lüthy는 '칼뱅파의 예정 개념을 성공의 길로 보고 섣불리 정신분석을 시도하려고 거꾸로 달려드는' 역사가들의 성향을 한탄한다.[67] 이들은 중세 후기와 종교개혁 초기의 신학적 기반에서 칼뱅파의 예정 개념을 따로 떼어 내려고 한다. 칼뱅의 이중 예정 교리는 14세기 아우구스티누스 르네상스(신 아우구스티누스 학파)에 뿌리를 두고 있다.[68] 따라서 '근대 자본주의 정신'의 발전과 관계가 있는, 신학적으로 참신한 개념으로 볼 수 없다. 칼뱅만큼 엄격한 이중 예정 교리를 강력히 옹호했던 14세기의 두 신학자 그레고리우스 드 리미니와 우골리노 디 오르비에토는 자기들이 지지하는 예정론 때문에 경제적 행동주의나 원시 자본주의자의 태도로 기우는 경향을 전혀 보이지 않는다.

게다가 베버는 절대적인 이중 예정 교리를 옹호하는 수준이 각기 다른 칼뱅파들을 구분하지 못한다. 아르미니우스파는 이 교리를 사실상 버렸지만(366-372쪽), 정통 칼뱅파는 이 교리를 고수했으며 심지어 보강하기까지 했다. 그러나 '연합주州'라 불리던 네덜란드 북부 일곱 개 주에서 놀라운 부를 창출한 것은 아르미니우스파의 암스테르담이었고, 칼뱅파의 헬데를란트는 낙후된 지역으로 남았다. 베버의 이론에 따르면 그 반대가 되어야 했는데 말이다.

베버가 비중 있게 해석한 '노동관'의 개념을 좀 더 자세히 살펴볼 필요가 있다. 칼뱅파 노동관의 기원은 목회적인 동시에 신학적이다. 초기 종교개혁에서 논의했던 핵심 질문 중 하나는 하나님의 은혜와 인간의 도덕적 행위의 관계에 관한 것이었다. 하나님은 인

세상에 대한 헌신: 칼뱅주의, 노동, 자본주의

간이 전에 했던 행위나 전에 세운 공로를 조건으로 은혜를 베푸시는가? 만약 인간의 행위보다 은혜가 앞선다면, 어떻게 '반反율법주의'(적당한 표현이 없으니 영적 무정부주의라고 해 두자)의 위협을 피할 것인가? 어떻게 하면 은혜와 인간의 도덕적 반응을 잇는 핵심 고리를 끊지 않고 선물과도 같은 은혜의 성격을 옹호할 수 있을까?

종교개혁 초기에 이 문제에 관해 합의가 이뤄졌고, 칼뱅은 그 관점을 계승했다.[69] 하나님의 은혜는 조건 없는 선물로서, 인간의 행위나 공로에 앞서서, 인간의 행위나 공로와 관계없이 주어진다. 그렇지만 은혜는 변화시키는 특질, 그것을 받는 사람 안에서 원하는 효과를 내는 능력이 있다. 은혜를 받으려면 은혜로 새로워져야 한다. 갱신과 갱생 과정(칼뱅 시대부터 '성화'로 알려졌다)의 핵심은 신자가 선한 일을 하도록 동기와 힘을 불어넣는 것이다. 신자 안에 은혜가 존재하고 활동하고 있다는 외적이고 가시적인 표지가 선행이라고 보았다.

루터와 마찬가지로 칼뱅은 은혜가 순전한 선물이라는 점을 강조한다. 은혜는 선물이지 보상이 아니다. 하나님은 은혜를 주실 의무가 없다. 은혜라는 선물이 보여 주는 것은 하나님의 의무가 아니라 하나님의 너그러움이다. 은혜는 일부에게만 주어지는 것이지 모두에게 주어지는 것이 아니다. 칼뱅에 따르면, 예정론은 선물과도 같은 은혜의 특징을 강조하는 역할을 한다(III.xxi.1).

하나님의 영원한 선택을 알기 전에는 우리의 구원이 하나님의 긍휼이라는 샘에서 흘러나온다는 사실을 (합당한 만큼) 확실하게 납득하지 못할 것이다. 영원한 선택은 다음과 같은 대조적인 사실을 통해서 하나님의 은혜를 밝혀 준다. 곧 하나님은 차별 없이 모든 사람을 구원의 소망으로 받아 주시지 않고 어떤 사람에게는 구원을 베푸시고 어떤 사람에게는 그러지 않으신다는 사실 말이다.

다시 말해서, 은혜는 선택된 자들에게만 주어진다. 그렇다면 명백한 의문이 떠오른다. 그가 선택된 사람인지 아닌지 어떻게 알 수 있는가? 은혜가 눈에 보이지 않고 인간이 탐지할 수 없는 것이라는 점을 고려할 때 은혜의 존재는 은혜의 결과를 통해 알아챌 수 있는가?

베버는 칼뱅이 이런 질문을 문제로 여기지 않았다고 주장하지만, 증거를 보면 정반대다. 칼뱅은 불신앙과 싸우는 것이 그리스도인의 삶의 영구적인 특징이라고 말한다(III.ii.17-18). 칼뱅은 그러한 의심을 반박할 신학적 또는 영적 수단을 보여 준다. 예를 들면, 예수 그리스도 안에서 드러나고 그리스도 안에 기반을 둔 하나님의 약속을 바라보는 것도 한 방편이다(III.ii.24). 그러면서도 칼뱅은 '선행'이라는 좀 더 실제적인 수단도 활용하라고 호소한다. 칼뱅은 행위는 **구원의** 근거가 아니라고 강조하지만, 그런데도 선행을 **확신의** 근거로 이해하게 허용한다. 행위는 "하나님이 우리 안에 거하시고 통치하시는 증거"가 될 수 있다(III.xiv.18). 신자들은 행위로 구원받는 것이 아니다(III.xiv.6-11). 오히려 그들의 구원이 행위로 입증된다(III.xiv.18). "선을 행하게 하는 은혜야말로 … 우리가 양자의 영을 받았다는 증거가 아니겠는가"(III.xiv.18). 행위를 선택의 증거로 여기는 이 경향은 중요한 목회적 의미가 담긴 노동관을 명확히 표현하는 첫 단계라

세상에 대한 헌신: 칼뱅주의, 노동, 자본주의

할 수 있다. 신자는 세속적인 행동을 통해 자신이 선택받은 자임을 자기 양심에 확언해 줄 수 있다.

자신이 선택받은 자가 맞는지 불안해하는 마음은 칼뱅주의 영성의 보편적 특징이고, 일반적으로 칼뱅파 설교자들과 영성 작가들이 심도 있게 다루는 주제다. 그러나 이들이 하는 대답은 대체로 같다. 선을 행하는 신자들은 실제로 선택받은 자들이다. 테오도르 드 베즈는 다음과 같이 말한다.

> 이런 이유로 베드로는 선을 행함으로써 소명과 선택을 받았다는 사실을 확신하라고 우리에게 충고한다. 선행은 소명과 선택의 근거가 아니다. … 하지만 선행은 예수 그리스도가 우리 안에 거하신다는 사실과 따라서 우리가 멸망하지 않고 구원에 이르도록 선택받았다는 사실을 우리 양심에 증언해 준다.[70]

이번에도 요점은 같다. 행위는 구원을 증명하지만 구원을 일으키지는 않는다. 행위는 구원의 결과이지 전제 조건이 아니다. **귀납적** 추론 과정을 통해 신자는 선행이라는 결과에서 자신이 선택받았다는 사실을 추론한다. 인간이 하는 도덕적 행동은 하나님을 영화롭게 하고 그분에게 감사를 표현하는 역할을 한다. 그리고 그 외에도 신자가 자신이 실제로 선택받았다는 사실을 확신하게 하여 불안해하는 양심을 안심시키는 심리적으로 중요한 역할을 한다.

이 관념은 보통 '실천적 삼단논법'으로 서술되는데, 다음과 같은 논거로 이루어져 있다.

장 칼뱅의 생애와 사상

선택받은 모든 사람은 선택의 결과로서 어떤 표징을 보인다.

그런데 내게 그런 표징이 보인다.

그러므로 나는 선택받은 자 중 하나다.

이 실천적 **삼단논법**은 신자의 삶에 어떤 표징*signa posteriora*이 나타나는 데서 선택받은 것이 확실하다는 근거를 찾는다.[71] 그러므로 신자에게는 표징을 보임으로써 자신이 선택받았다는 사실을 자신과 이 세상에 증명해야 한다는 심리적 압박이 상당하다. 자신이 사는 세상에서 노동함으로써 하나님을 섬기고 영화롭게 하는 데 전심전력을 다하는 것도 표징을 보이는 방식 중 하나다.

'언약 신학'이 도입되면서 이 관념은 더 견고한 토대 위에 서게 되었다.[72] 상당히 많은 정치적 의미를 담은 '언약 신학'이라는 개념은 칼뱅주의 영성과 목회신학을 더 단단한 신학적 토대 위에 올려놓았다. 케임브리지 신학자 윌리엄 퍼킨스William Perkins(1558-1602)는 〈한 사람이 은혜 안에 있는지 심판 아래 있는지 밝혀 주는 논문〉이라는 엄청난 제목을 붙여 1589년에 발표한 글에서 선택받은 자는 하나님과 맺은 언약 안에 서 있다고 주장했다.

하나님의 언약이란 영원한 생명을 얻는 조건에 관하여 하나님이 인간과 맺은 계약이다. 이 언약은 두 부분으로 구성된다. 하나는 하나님이 인간에게 하신 약속이고, 또 하나는 인간이 하나님께 한 약속이다. 하나님은 인간이 조건을 이행하면 당신이 그의 하나님이 되겠노라고 맹세하셨다. 인간은 주께 충성을 맹세하고 둘 사이에 맺은 계약 조건을 이행하겠노

라고 약속했다.[73]

하나님은 신자들과 계약을 맺으셨고, 이 계약으로 신자들은 도덕적인 행동을 한다는 조건 아래 구원을 확신하게 된다. 도덕적인 행동을 하는 즉시 신자들은 자신이 선택받았다는 사실을 확신해도 된다.

따라서 도덕적, 경제적, 정치적 행동주의를 지향하는 초기 칼뱅파의 성향은 중요한 신학적 토대 위에 놓여 있다고 볼 수 있다. 성경의 가르침에 따라 세상일에 적극적으로 참여함으로써 신자는 자신의 소명을 이뤄 내고, 선택과 관련하여 마음의 평화(청교도들이 항상 소중히 여기지만 얻기 어려운 것)를 얻을 수 있다. '소명vocatio'의 개념은 다음과 같이 해석해야 한다. 선을 행하라는 명령은 꼭 이 세상의 특정 직업(예를 들면, 푸주한이나 제빵사나 촛대 제작자가 되는 것)과 연결되는 것은 아니다. **하나님이** 자신을 부르셨다는 사실을 자신과 이 세상에 증명해야 할 필요성이 있는 것이다. 스코틀랜드의 신학자 존 데이비드슨John Davidson(1549-1603)이 이 노동관의 근거를 잘 설명해 준다. 그가 쓴《교리문답Catechisme》에는 이런 진술이 나온다.

스승: 우리가 진정으로 구원받았다는 사실을 입증할 때 나타나는 결과는 무엇입니까?

제자: 성화를 통해 거듭남의 네 번째 열매를 보여 줌으로써 하나님을 영화롭게 하는 것과 우리 자신과 이웃의 덕성을 북돋는 것입니다.[74]

장 칼뱅의 생애와 사상

17세기 중반, 프로테스탄트와 로마 가톨릭을 막론하고 유럽 교회들 사이에서 일상 윤리에 관한 전반적인 합의가 이루어졌음이 분명하다. 교리나 교회 정치 문제에서 어떤 차이가 있든지 주요 교회들, 즉 로마 가톨릭과 루터파와 칼뱅파는 모두 일상생활에 필요한 기본 자질을 하나같이 강조했다. 바로 도덕적 진지함, 헌신, 양심적 태도다.[75] 이 시점에서 칼뱅주의를 구별 짓는 것은 도덕적 진지함이 아니라 도덕적 진지함이 담당하는 신학적·영적 기능이다. '부르심' 또는 '소명'이라는 개념은 칼뱅주의의 특징이고, 이것의 독특한 존재론적 의의는 칼뱅주의 예정론이 불러일으킨 불안과 관련이 있다. 이 교리가 세속적 행동주의의 씨앗을 품고 있음은 의심할 여지없는 사실이다. 이론적으로 예정은 정적주의靜寂主義(상황을 바꾸려 하지 않고 그대로 묵묵히 받아들이는 삶의 자세―옮긴이)를 장려하는 것처럼 보일 수 있다. 어떤 이가 선택을 받았다면, 어떤 일을 적극적으로 하려고 애쓸 이유가 뭔가? 그러나 사실 선택의 결과는 정반대다. 선택받은 사실을 확실히 하기 위해서 그는 이 세상에서 적절한 행동을 하고자 전심전력을 다해야 한다.

노동을 대하는 이런 긍정적이고 역동적인 자세 덕분에 16세기에 칼뱅파는 진보의 선두에 서게 되었다. 그러나 17세기 중반에 칼뱅주의의 이 차별성은 상당한 역사적 침식을 겪은 듯하다. 이 시기에 정통 칼뱅파의 예정 교리와 이 교리가 낳은 불안을 공유하지 않는 다른 프로테스탄트 집단들(아르미니우스파, 메노파, 독립파, 경건파, 퀘이커파 등)도 세속적인 활동에 전심전력하는 듯했다. 노동을 통해 선택받은 것이 사실임을 보여 줘야 한다는 이론적 틀이 없는데도 불구하

세상에 대한 헌신: 칼뱅주의, 노동, 자본주의

고, 이들은 칼뱅주의와 비슷한 사회 활동 양식을 채택한 것으로 보인다. 마치 일상적인 활동에 헌신하고 투자하는 칼뱅주의의 독특한 특성이 신학적 기반에서 분리된 채 본래의 종교적 뿌리와는 **관계없이** 서유럽 사회에 흡수된 듯했다. 16세기와 17세기 초반에만 해도 칼뱅주의의 독특한 특성이었던 것이 1650년경 북유럽 부르주아의 공통 화폐가 되었다.

칼뱅파 노동관의 신학적 기반이 침식되면서 17세기 중반 훌륭한 칼뱅파 사업가 중 많은 이가 실제로 정통 칼뱅주의 종교관에서 멀어졌다는 트레버 로퍼의 논평에 신빙성이 생겼다.[76] 베버는 칼뱅파가 적극적으로 이 세상일에 헌신하는 밑바탕에 예정 교리와 거기서 비롯된 존재론적 불안이 있다고 이해했는데, 이제 그들이 지지하는 '칼뱅주의'는 그런 엄격한 교리 기준에 맞지 않았다. 그들은 계속해서 적극적으로 세상일에 헌신했지만, 원래 그 헌신을 불러일으킨 종교적 동기는 대부분 증발해 버린 듯했다. 세속적인 태도는 계속 유지하면서 그 태도가 원래 뿌리박고 있던 종교적 토대는 거부하거나 잊어버리거나 제쳐 두었다. 노동과 세속적 행동주의에 관한 17세기 후반의 일반적 태도(더는 칼뱅주의만의 독특한 특성이 아닌)는 일찍이 하나님의 선택이라는 문제가 불러일으킨 **불안**의 잔재라고 보는 것이 타당하다. 이 불안을 해결할 방법을 제시한 덕분에 칼뱅주의는 갑자기 서유럽 경제활동의 선두에 섰다. 그러나 17세기가 흘러가면서 다른 이들도 칼뱅주의의 태도와 방법을 받아들이기 시작했다. 대신 종교적 압박에는 동의하지 않았다. 종교적 압박이 있었기에 그런 태도와 방법이 나온 것인데도 말이다.

베버 테제의 근본적인 난제는 한쪽에는 노동관이 있고 다른 한쪽에는 자본의 축적과 재투자가 있는데, 이 둘 사이에 명확한 관계를 구축하지 못한다는 점이다. 실제로 이 노동관은 '**실리**' 활동과 관계가 없다. 칼뱅파 노동관을 아주 제한적으로 경제에 응용한다 해도 그 바탕에는 금욕주의가 있다. 베버는 아주 보편적이면서도 독특한 이 금욕주의를 정통 칼뱅주의 영성의 특성으로 보았다. 신자에게 노동으로 얻은 재정적 보상을 즐기지 못하게 하면, 손에 들어온 자본을 축적하거나 재투자하는 것 외에는 선택의 여지가 거의 없다.[77]

칼뱅주의는 선택을 매듭짓고 적절한 세속적 활동을 통해 자신이 선택받았다는 사실을 자신과 이 세상에 증명하라는 명령을 전달했다. 하지만 이 활동의 구체적인 방식은 열려 있었다. 역사적 분석에 따르면, 이 방식은 역사적 우연의 문제로 시대와 역사적 위치에 따라 달라진다. 예를 들어, 1603년부터 1640년까지 잉글랜드 칼뱅주의(일반적으로 청교도주의로 알려진)의 특징은 돌풍처럼 휘몰아친 정치적 행동주의였다. 정치 활동은 의회파와 왕당파의 싸움, 찰스 1세의 처형, 청교도 연방의 시작으로 정점을 찍었다. 마이클 윌저 Michael Walzer 의 말대로 정치는 "행동으로 이뤄진다."[78] 1660년에 청교도 연방이 실패하고 찰스 2세가 복위한 뒤, 청교도들은 자기들이 잉글랜드 정계에서 주변부로 밀려난 것을 깨닫고, 문만 열려 있으면 어떤 분야에든 뛰어들어 전심으로 노력하고 헌신했다. 정계에서 물러나기로 신중히 결정한 덕분에 청교도주의는 경제적 활력의 시대를 맞았다. 중요한 사실은 베버가 칼뱅주의와 경제적 행동주의의 관계를 입증하는 사례로 1660년 이후에 집필 활동을 한 잉글랜드 청교도 리처

세상에 대한 헌신: 칼뱅주의, 노동, 자본주의

드 백스터와 존 버니언에게 주로 의존했다는 점이다.[79] 베버는 단순한 역사적 우연 위에 크고 튼튼한 이론상의 구조물을 세운 셈이다.

그러나 세상을 긍정하는 칼뱅의 신학과 자본주의의 관계는 필연적인 듯하다. 잉글랜드 설교가 겸 신학자 존 웨슬리John Wesley는 이 관계를 전제로 다음과 같이 말했다. "세상 이치라는 게 있는데, 어떤 종교의 부흥이 오랫동안 계속되는 것이 어떻게 가능한지 모르겠다. 종교는 필연적으로 산업과 절약을 낳게 마련이고, 산업과 절약은 부를 낳을 수밖에 없다. 그러나 부가 쌓이면, 교만과 분노와 세상에 대한 사랑도 다 함께 쌓이는 법이다." 웨슬리는 번영이 신앙에 어려움을 불러올 것으로 여기지만, 복음주의 기독교가 자본주의의 초석인 "산업과 절약을 낳게 마련"이라고 믿는다.

칼뱅주의와 자본주의가 정확히 어떤 관계든 간에, 칼뱅주의가 서구 문화에 남긴 가장 위대한 유산 중 하나는 노동, 특히 육체노동을 대하는 새로운 태도라 할 수 있다.[80] 노동은 생존에 필요한 기본 물품을 얻는 불가피하고 지루한 방편이 아니라, 인간이 하는 모든 활동 중에 가장 칭찬할 만하고, 이 점에서 다른 모든 것을 능가하는 활동이다. 하나님께 '부르심'을 받으면, 이 세상을 등지고 떠나야 하는 것이 아니라 세속적 삶의 전 영역에 비판적으로 참여해야 한다. '프로테스탄트 노동관'을 이야기하는 것은 일할 수 없는 자들을 헐뜯는 것이 아니라, 제네바로 피신한 프랑스 귀족들처럼 **일할 의지**가 없는 자들을 책망하는 것이다. '노동'은 '보수를 받는 일자리'를 의미하는 것이 아니라, 주어진 자원과 재능을 부지런히 생산적으로 사용하는 것을 의미한다.

장 칼뱅의 생애와 사상

따라서 노동은 심오한 영적 활동, 생산적이고 사회에 유익한 형태의 기도라 할 수 있다. 육체적 활동과 영적 활동이 노동이라는 한 가지 행동으로 결합한다. 그리고 이를 통해 사회에 도움이 되는 기능을 수행하고 개인에게 구원의 확신을 안겨준다. 노동을 대하는 이 새로운 태도는 실제로 자본주의 발전에 도움이 될 수 있다. 또한, 이 태도는 소시민이 매일같이 반복하는 일상적 활동에 새로운 차원의 의미를 부여해 준다. 리처드 백스터는 "시간을 아끼라"고 했다. 이 공통된 명령을 통해 칼뱅주의가 혐오해 마지않는 사회적 차별이 없어지고 모두가 평등해진다.

　'가능하다면 피해야 할 불쾌하고 품위를 떨어뜨리는 활동'에서 '하나님과 하나님이 창조하신 이 세상을 긍정하는 품위 있고 영광스러운 수단'으로 노동의 지위가 완전히 바뀌었다. 이는 칼뱅주의가 서구 문화에 남긴 가장 중요한 공헌 중 하나다. 마지막 장에서는 이 부분을 더 살펴보려 한다. 그런데 현대 서구 문화의 다른 측면 중 칼뱅과 제네바시의 유산이라고 할 만한 것은 어떤 것이 있을까? 현대 세계의 태도와 관점이 형성되는 과정에서 칼뱅주의는 얼마만큼이나 영향을 끼쳤을까? 이 연구를 마무리하기 위해 이제 우리는 칼뱅이 현대 서구 문화에 끼친 영향을 몇 가지 살펴볼 것이다.

세상에 대한 헌신: 칼뱅주의, 노동, 자본주의

12 칼뱅과 현대 서구 문화의 형성

　　본서에서 우리는 칼뱅의 경력과 사상의 개요를 제 시할 뿐 아니라, 기원과 방식 면에서 칼뱅에게 많은 영감을 받은 운 동이 어떻게 발전했는지 추적하고, 16세기 후반 이후 이 운동이 어 떤 이들에게 어떤 매력으로 다가갔는지 보여 주고자 했다. 참신함 도 지적 엄밀함도 이 운동이 지닌 매력 중 하나였다. 특히, 반봉건사 회가 가하는 제약 때문에 창의력과 잠재력을 마음껏 펼치지 못한다 고 느끼던 사람들에게 이 운동은 분명 매력이 있었다. 국제적인 운 동인 칼뱅주의가 출현하자 곧 변화가 일어날 것 같다고 느끼는 이 들이 많았다. 이 운동이 서유럽을 옭아매고 있던 중세의 족쇄를 모 두 풀어 줄 수 있을 것만 같았다. C. S. 루이스는 바로 이 점을 강조 하면서 16세기에 등장한 '칼뱅주의의 신선함, 대담함, 유행성'을 이 해해야 한다고 주장했다.[1] 앞에서도 내내 강조했듯이, 칼뱅주의는 신학 그 이상이었다. 이 세상을 단번에 사로잡을 수 있을 것 같은 진 보적인 세계관으로 인식되어, 그 시대의 문화에 큰 영향을 끼쳤다.

　　언뜻 보기에 칼뱅주의가 서구 문화에 영향을 끼쳤다고 말하는 건 매우 부적절해 보인다. 순전히 부정적인 의미에서라면 또 모를까. 칼뱅주의는 문화에 적대적이지 않은가? 일례로 칼뱅주의는 종종 예술의 적으로 묘사된다. 한 가지 면에서는 이 묘사를 뒷받침할 증거가 상당하다. 칼뱅 신학이 이슬람 신학과 비슷한 점이 하나 있다면, 예배용으로 설계된 건물의 장식을 대하는 태도다. 교회 안에 인간의 모습으로 묘사된 하나님의 형상을 두는 것을 허용하지 않았다. 창조주가 지으신 피조물을 그것을 지으신 창조주와 혼동하기 일쑤라고 칼뱅은 말했다.[2] '말씀을 통하여 자신을 계시하신 유일하신 참 하나님 대신에, 혹은 하나님과 겸하여, 우리가 신뢰하는 어떤 것을 상상하거나 소유하는 것'은 우상숭배로 나아가는 길이다.[3]

그러나 이 금지 규정의 밑바닥에는 더 본질적인 의미가 있다. 이 것은 단순히 하나님을 눈에 보이는 방식으로 묘사하면 안 된다는 뜻이 아니다. 하나님은 본질상 눈에 보이는 방식으로 묘사될 수가 없다.[4] 트리엔트 공의회 직후 로마 가톨릭교회들은 경건에 도움이 되도록 종교적 형상이나 그림 형태의 시각 교재를 광범위하게 사용하는 바로크 장식을 도입했다. 루터파 교회들도 곧 그 뒤를 따랐다. 그러나 칼뱅파 예배 장소에서는 이런 것들을 엄격하게 배제했다. 〈하이델베르크 교리문답〉(1563)에는 지적 우월감이 뚜렷이 나타난다. 칼뱅파는 성경이 전하는 광범위한 언어적 이미지를 완벽하게 이해하고 충분히 활용할 수 있으므로 하나님을 시각적으로 표현한 이미지 따위는 필요하지 않다.

문: 그러면 교회에서 성도들을 가르치는 책 대신 그 형상들을 사용해도 안 됩니까?

　　　　　　　　　　　　　　　장 칼뱅의 생애와 사상

답: 안 됩니다. 우리가 하나님보다 더 지혜로운 체해서는 안 됩니다. 하나님은 당신의 백성들이 말 못 하는 형상을 통해서가 아니라 살아 있는 당신의 말씀에 관한 설교를 통해 배우기를 원하십니다.[5]

그러나 교회 장식이라는 특수한 영역 밖에서는 칼뱅파 예술가들의 활동에 별다른 제약이 없었다. 실제로, 자본주의와 연관성이 전혀 없는 칼뱅파 공동체의 재산이 늘면서 이탈리아 르네상스 문화와 비슷한 후원 문화가 생겨났다. 플랑드르의 부유한 칼뱅파 부르주아들은 르네상스 시대 부호들이 그랬던 것처럼 건물과 주택 장식의 중요성에 막 눈을 떴던 것 같다. 게다가 하나님을 눈에 보이는 방식으로 묘사하는 것을 칼뱅파에서 강하게 반대하긴 했지만, 그 반감은 기본적으로 신학에 토대를 둔 것이어서 다른 소재에까지 확대되지는 않았다. 칼뱅파 화가들은 하나님을 그림으로 표현할 수 없었을 뿐이지 그림 자체를 그릴 수 없었던 건 아니다. (예술가들은 저지대 국가에서 칼뱅식 종교개혁을 가장 먼저 지지했던 부류 중 하나였다는 점을 기억할 필요가 있다.)[6] 다행히도 금지 규정은 예술가들에게 열려 있던 가능성을 없애 버린 것이 아니라 오히려 그 반대였다. 17세기 플랑드르 예술의 특징인 풍경화, 도시 풍경화, 집안 풍경화, 초상화에 새롭게 관심을 쏟기 시작한 것이다. 마찬가지로 청교도들이 '자연환경에 나타난 하나님의 섭리를 기록하거나 전기나 역사서로 하나님의 섭리를 사실적으로 기록하는 것'[7]을 새로 강조하면서 이런 주제들이 칼뱅파 예술가들에게 완벽한 소재가 되었다. 그들은 하나님을 눈에 보이는 형태로 묘사하지는 않았다. 그러나 창조 세계를 통해 하나님을 알

칼뱅과 현대 서구 문화의 형성

수 있으므로 자연과 역사를 묘사할 새로운 종교적 동기가 생겼다. (자연을 묘사하려는 근본적 충동은 자연과학에 관한 칼뱅파의 관심과 연결되어 있다. 이 주제도 곧 살펴볼 계획이다.)

심지어 가톨릭 국가에서도 칼뱅파 예술가들은 활발히 활동했고 좋은 평가를 받았다. 프랑스에서는 부르봉 왕가가 파리와 다른 지역에서 르네상스 양식의 도시개발 프로그램을 야심 차게 시작했다. 재상宰相인 리슐리외 추기경Cardinal Richelieu이 너그러운 재정 정책을 펼친 덕분에 자본가들은 부를 창출할 수 있었다. 이들은 축적된 재산을 프랑스 사회가 용인할 만한 곳에 쓰고자 했다. 생루이섬에 지은 훌륭한 호텔과 광범위한 예술 후원 프로그램은 이들이 쌓은 부를 확실하게 드러내 주었다.[8] 낭트칙령(1598)은 칼뱅주의를 관대한 종교라고 불렀지만, 일반적으로는 칼뱅주의를 편향된 행동으로 국가 안보에 위협이 되는 종교로 간주했다. 잉글랜드에서 의회파와 왕당파가 싸우는 동안 이런 인식은 더 확고해졌고, 마자랭 추기경 Cardinal Mazarin과 그의 참모들도 칼뱅파를 잠재적인 혁명가로 간주하게 되었다.[9] 그러나 이 기간에도 칼뱅파 건축가들과 화가들은 그 숫자에 비해 아주 높은 위치에서 성공을 구가했다. 이 사실은 프랑스 지배층의 종교적 관용이 어느 정도였고, 칼뱅파의 예술에 대한 헌신과 기량이 어느 정도였는지를 보여 준다. 1648년에 설립된 왕립 회화아카데미 창립 회원 23명 중 일곱 명(30.5퍼센트)이 칼뱅파였다는 사실이 이들의 성공을 잘 보여 준다.[10] 이 아카데미의 제1서기였던 루이 테스틀랭Louis Testelin은 칼뱅파로서 공개적으로 인정받았다. 나중에 한 연설가에게 "그는 그런 그릇된 생각에 감염된 사람들의 통

장 칼뱅의 생애와 사상

우상을 파괴하는 칼뱅주의자들

상적인 모습처럼 고집이 세지는 않았고, 선동적인 논쟁을 피했다"
라는 말을 듣긴 했지만 말이다.

　그러나 '문화'는 미술보다 더 광범위한 실체를 의미한다. 가장 넓
은 의미에서 문화는 역사상 특정 시점에서 인간의 존재 양식을 결
정하는 일련의 태도, 관점, 관행, 신념을 포괄한다. 칼뱅의 유산이
서구 문화에 끼친 영향을 살펴볼 때 우리가 관심을 기울이는 부분
은 세계관을 형성하고 구축하는 데 어떤 공헌을 했는가다. 사회학
자 로버트 벨라Robert Bellah와 그의 동료들은 현대 미국을 살아가
는 동시대인의 태도를 연구하면서 200명이 넘는 사람을 인터뷰했
다. 연구진은 이 인터뷰를 이렇게 평했다. "우리는 우리와 같은 시
대를 살아가는 사람들과 이야기하면서 우리 이전 시대를 살아간 선
조들과도 이야기했다. 대화하면서 우리는 현재의 목소리만 들은 것

　　　　　　　　　　　　　　　　칼뱅과 현대 서구 문화의 형성

이 아니라 과거의 목소리도 함께 들었다. 우리와 이야기한 사람들의 말 속에서 우리는 장 칼뱅의 목소리를 들었다."[11] 하지만 연구진과 이야기한 사람 중 명확하게 칼뱅을 언급하거나 칼뱅이 자기에게 끼친 영향을 인정한 사람은 아무도 없었다. 그 영향은 미묘하고 익명에 싸여 있으며 심지어 인지되지도 않는다. 본서를 마무리하기 전에 명쾌하게 인정받고 있든 아니든 칼뱅주의가 공헌을 많이 한 현대 서구 문화의 몇몇 영역을 강조하는 것이 적절할 것 같다. 이는 칼뱅주의의 공헌을 확인하거나 평가하려는 것이 아니다.

칼뱅의 유산이 서구 문화에 끼친 영향을 이해하려 할 때 가장 눈에 띄는 주제는 세 가지다.

1. 칼뱅주의의 **국제적** 성격. 본래 제네바의 상황과 명확하게 연결된 특징들은 급격히 줄어들었다(341-344쪽 참조). 칼뱅주의는 현지 상황에 적응을 아주 잘했다. 이것은 20세기 기독교 선교 이론가들이 외래문화에 기독교를 이식할 때 꼭 필요하다고 인정했던 특징이다.[12] 칼뱅주의는 유럽 대륙과 아메리카 대륙처럼 16세기 제네바의 상황과 관련이 별로 없는 다양한 맥락에서 자기 입장을 견고히 지켰다. 그리고 이들 사회에서 정치, 경제, 종교 문제 등 특정 현안에 직접 대응했다.

2. 강하게 **세상을 긍정하는** 성격. 특히 후기 추종자들이 칼뱅의 이런 태도를 더욱 발전시켰다(375-380쪽). 칼뱅주의를 추상적이고 현실성이 없는 일련의 종교 원리로 생각해서는 안 된다. 인간 생활, 그 중에서도 특히 도시 생활의 구체적인 현실에 단단히 뿌리내린 종

교로 이해해야 한다. 칼뱅주의 사상 중에서 가장 추상적이라고 할 수 있는 예정 교리조차도 이 세상일에 적극적으로 참여하는 것을 지향한다. 칼뱅주의는 서구 문화와 관계를 맺는 능력이 있다. 어떤 형태의 현대 기독교보다 현지 문화에 파고들어 그 문화를 변화시키는 능력이 뛰어나다. 칼뱅파는 이 세상에서 도피하지 말고 직접 세상일에 참여하라는 격려를 받는다.

3. 칼뱅주의는 **세속화**에 취약하다. 종교적 핵심은 증발한 채 칼뱅주의의 정치적, 사회적, 경제적 가치만 아주 뚜렷하게 남는다. 휴 트레버 로퍼는 칼뱅주의의 독특한 특징 중 하나는 가톨릭 신앙보다 더 쉽게 버려진다는 점이라고 말했다.[13] 그러나 그렇게 버려졌더라도, 칼뱅주의는 전에 이 신앙을 받아들였던 사람의 태도와 관점을 형성하는 것으로 나타났다. 칼뱅주의는 본래의 힘이 쇠퇴한 곳에서도 서구 문화의 관점에 뚜렷한 흔적을 남겼다.

다음 이야기는 로마 가톨릭과 프로테스탄트의 종파 분쟁으로 유명했던 북아일랜드에서 한 무리의 젊은이와 맞닥뜨린 한 잉글랜드인의 이야기다. "당신은 **프로테스탄트**요, **가톨릭교도**요?" 젊은이들이 위협하듯이 물었다. 그는 조금 망설이다가 "무신론자입니다"라고 대답했다. 젊은이들은 바로 반격했다. "아, 그래서 프로테스탄트 무신론자란 말이요, 가톨릭 무신론자라는 말이요?" 젊은이들의 질문은 사실과 일치하는 부분이 많다. 칼뱅주의 같은 운동에서 종교적 핵심이 증발하고 뚜렷한 잔해만 남을 때 무신론이 생긴다. 그 잔해는 사회적, 정치적, 종교적 태도의 형식을 취한다. 원래는 종교적

칼뱅과 현대 서구 문화의 형성

믿음과 관련이 있었지만, 신앙이 사라진 뒤에도 거기서 비롯된 태도는 계속 이어진다. '칼뱅주의 무신론'이라니, 언뜻 보면 말도 안 되는 것 같지만, 이 표현에는 칼뱅주의가 서구 문화에 끼친 영향에 관한 중요한 통찰이 담겨 있다. 본래의 폭발력이 다 소진된 뒤에도 이 폭발로 인해 문화 풍경에 생긴 구멍은 그대로 남는 것이다.

이 점을 염두에 두고, 특히 북아메리카 지역에서 칼뱅주의가 아주 큰 영향을 끼쳤다고 주장할 수 있는 현대 서구 문화의 중요한 영역 몇 가지를 살펴보려 한다. 철저한 검토를 거쳐 영역을 선별하기보다는 예증이 되는 영역을 우선 골랐다. 칼뱅의 유산이 서구 문화에 끼친 영향을 모두 추적하려면 그것만으로도 책 한 권은 나올 것이다.

종교 차원에서 인정해 준 경제적 행동주의

앞 장에서는 17세기에 비정통과 정통을 막론하고 칼뱅주의 안에서 경제적으로 역동적인 태도가 어떻게 출현했는지를 상세히 정리했다. 칼뱅주의 노동관은 이제 대부분 세속화되었다. 태도는 남았지만, 그 태도의 기저에 깔렸던 종교적 대의는 잊혔다. 칼뱅주의는 세속적 노동관으로 흘러가는 이런 추세를 1550년부터 1680년 사이에 인식했을 것이다. 칼뱅 본인을 포함하여 초기 칼뱅파 저술가들에게 '부르심'은 한 사람이 하나님께 선택받았다는 사실을 표현하는 것이었고, 세속적인 직업으로의 부르심은 그저 부차적인 의미일

장 칼뱅의 생애와 사상

뿐이었다. 그런데 잉글랜드 왕정복고 때는 하나님의 영원한 부르심보다는 세상 속에서 직업으로의 부르심을 주로 강조했다. 하나님의 영원한 부르심이 부르심의 본질인 것은 여전한데도, 이 신학적 토대보다 세상에서 하는 일을 우선시하는 경향이 뚜렷했다. '부르심'이나 '소명'의 개념을 세속화하려는 현대적 동향이 여기에서 시작되었다고 볼 수 있다. 현대 서구 문화에서 대다수 사람을 특정 활동 영역으로 부른 이는 하나님이 아니다. 사회나 내면의 목적의식에 부름을 받아 특정한 활동 영역에 들어선다. 서구 문화에서 많은 사람이 이런저런 행동주의에 투신하는데,[14] 이런 성향은 부분적으로 청교도 선조들에게서 그 기원을 찾을 수 있다. 그래서 스티븐 포스터Stephen Foster는 북아메리카 대륙에 정착하고 한 세기 동안 뉴잉글랜드를 확장한 이유를 설명해 주는 청교도의 경제적 태도는 상당 부분 칼뱅주의 노동관 덕이라고 지적한다.[15] 로버트 벨라는 현대 미국인들의 개인주의와 헌신을 조사하면서 "소명 또는 부르심이라는 개념을 자기식으로 다시 소화하는 것"[16]이 미국 문화를 새롭게 고치는 열쇠라고 말한다. 부르심에 관한 칼뱅주의 사상은 새로운 세속의 옷을 입고도 아직 살아 있음을 온몸으로 드러낸다. 이 사상은 칼뱅 본인은 아마 알아보지 못할 형태로도 살아 있다. 북아메리카의 '번영 신학'이 바로 그것이다. 번영 신학에 관해서도 잠시 후 간략히 살펴볼 계획이다.

칼뱅주의 노동관이 북아메리카에 끼친 영향은 실로 어마어마하다. 1831년에 알렉시 드 토크빌Alexis de Tocqueville은 미국 설교가들이 "저세상에서 영원한 지복至福을 얻는 것에 관심이 있는지, 아니면

　칼뱅과 현대 서구 문화의 형성

이 세상에서 번영을 누리는 것에 관심이 있는지" 구분하기 어려울 때가 종종 있다고 말했다. 미국 종교사를 연구한 책에서 시드니 알스트럼Sydney Ahlstrom은, 19세기에 뚜렷한 동향이 나타났고 이 흐름이 20세기에 더 뚜렷해졌다고 말했다. 부富를 하나님이 선택하셨다는 표징으로 간주하는 흐름이 생긴 것이다.[17] 19세기 후반 미국 금융계를 지배했던 두 사람만 언급하자면, 존 록펠러John D. Rockefeller는 부를 자신의 신앙에 대한 하나님의 보상으로 간주했고, 앤드루 카네기Andrew Carnegie는 '부의 복음'을 이야기했다. 개인과 국가의 부를 하나님의 특별한 은총의 징표로 여겼다. 1970년대에 미국에서 발흥한 '번영 신학'은 왜곡된 칼뱅주의 노동관의 필연적 결과로 볼 수 있다. 프레더릭 프라이스Frederick Price는 다음과 같이 주장하면서 이 운동을 대변했다. "우리는 번영이 하나님의 뜻이라는 사실을 깨달아야 한다. 모든 사람이 삶의 전 영역에서 번영을 누리는 것이 하나님의 온전한 뜻이다. 우리가 지금 말하는 번영은 물질적·재정적 번영이다."[18] 의미심장한 제목이 붙은 글로리아 코플랜드Gloria Copeland의 책 《하나님의 뜻은 번영이다God's Will is Prosperity》(1978)와 노벨 헤이스Norvel Hayes의 《지금 번영하라!Prosperity now!》(1986)에서도 같은 주제가 울려 퍼진다. 개인적 번영과 국가적 번영의 밀접한 관계를 '번영 신학'과 '되살아난 미국 민족주의'의 동맹 관계로 보는 이들이 많다. 현대 미국 종교 문화에서 이처럼 중요하고 확장성 강한 발전이 이루어지는 데 칼뱅주의가 어느 정도 영향을 끼쳤는지는 논쟁의 여지가 있지만, 일단 칼뱅의 간접적 영향을 확실히 입증할 수 있을 정도로 둘의 접촉점은 충분한 것 같다. 칼뱅이 부에 달라붙어

장 칼뱅의 생애와 사상

있던 종교적·사회적 낙인을 없애 줬다고 주장할 수도 있을 것이다.

그러나 어떤 이들은 여전히 칼뱅주의 노동관의 가장 의미 있는 기념물을 칼뱅이 활동했던 제네바시에서 찾으려 할 것이다. 어쩌다 들른 방문객들도 은행과 기타 금융기관 건물이 제네바 도심에서 가장 높이 솟아 있는 것을 바로 눈치 챌 것이다. 앞에서도 말했듯이, 칼뱅과 자본주의의 관계는 생각보다 훨씬 미묘하고 역사의 영향을 많이 받는다. 이것은 칼뱅 본인보다는 제네바 공화국의 필요와 제도와 정책이 원인일 것이다. 칼뱅은 자본주의를 장려하러 나서지 않았고, 원래 있었거나 발전 중이던 제네바의 경제정책과 제도와 태도를 종교적으로 정당화해 준 것에 불과한지도 모른다. 그러나 자본주의와 기업 문화에 부여된 새로운 자극은 의도하지는 않았더라도 칼뱅의 사상이 낳은 의미 있는 결과이자, 칼뱅주의가 무엇이고 거기에 수반되는 것이 무엇인지를 둘러싼 대중의 인식이 낳은 의미 있는 결과라고 말하는 것이 합리적이다. 그렇다면 이 종교 사상가는 직접적으로든 간접적으로든, 좋은 쪽으로든 나쁜 쪽으로든, 현대 서구 문화에 지울 수 없는 흔적을 남기고 결정적인 영향을 끼친 셈이다.

칼뱅과 자연과학

현대 자연과학의 기원은 복잡하고 논쟁의 여지가 있는 주제다. 예를 들어, 루이스 퓨어Lewis S. Feuer는 현대 과학이 '쾌락주의와 자유

의지주의 정신'의 직접적인 결과라고 열렬히 주장했다.[19] 그러나 한 가지 통제 요인으로 자연과학의 놀라운 발전을 설명하려는 이론들은 야심만 크고 설득력이 없다. 발전 과정에 많은 요인이 이바지한 게 분명하다. 의심할 여지없이 그중 하나는 종교적 요인이고, 이는 장 칼뱅과 관련이 있다.

한 세기 넘게 이어진 대규모 사회학 연구가 있다. 이 연구에 따르면, 기독교 내 프로테스탄트 전통과 로마 가톨릭 전통은 우수한 자연과학자를 배출하는 능력에 일관된 차이를 보였다. 다양한 국가에서 나타나는 이 차이는 다음과 같이 요약할 수 있다. 프로테스탄트가 로마 가톨릭보다 자연과학을 육성하는 능력이 훨씬 뛰어나다. 알퐁스 드 캉돌-Alphonse de Candolle이 1666년부터 1883년까지 파리 과학 아카데미에 소속된 외국인 회원을 조사한 바에 따르면, 프로테스탄트가 로마 가톨릭교도보다 훨씬 많았다. 알퐁스 드 캉돌은 인구 비율을 근거로 회원의 60퍼센트가 로마 가톨릭이고, 40퍼센트가 프로테스탄트일 것으로 추정했다. 그러나 실제 조사 결과 18.2퍼센트만 로마 가톨릭이고, 81.8퍼센트는 프로테스탄트였다.[20] 16세기 네덜란드 남부에서 칼뱅파는 소수에 불과했는데, 이 지역 자연과학자 대다수가 칼뱅파였다. 런던 왕립학회 초창기 회원 중에는 청교도가 가장 많았다.[21] 연이은 조사에서 알 수 있듯이, 16세기와 17세기 동안 물리학과 생물학을 좌지우지한 것도 칼뱅파였다. 어떤 식으로든 설명이 필요할 만큼 놀라운 결과다.

칼뱅은 두 가지 측면에서 중요한 공헌을 했다고 볼 수 있다. 한편으로는 자연에 관한 과학적 연구를 적극적으로 장려했고, 다른 한

장 칼뱅의 생애와 사상

편으로는 이 연구의 발전을 가로막는 주된 장애물을 제거했다. 첫 번째 공헌은 창조의 질서를 강조한 것과 특별한 관련이 있다. 물질계와 인체人體는 하나님의 지혜와 성품을 증언한다.

하나님은 누구도 복을 얻는 일에서 배제당하지 않게 하시고자 이미 앞에서 말한 종교의 씨앗을 우리 마음에 심어 놓으셨을 뿐 아니라, 우주 구조 전체에 자신을 드러내셨고, 또한 날마다 자신을 드러내기를 기뻐하셨다. 그래서 사람은 눈을 뜰 때마다 하나님을 바라보지 않을 수 없다. … 이런 연유로 히브리서 기자는 보이는 세계는 보이지 않는 것의 증거라고 멋지게 묘사했다. 곧 우주의 세련된 구조가 일종의 거울이 되어 보이지 않는 하나님을 그 속에서 보게 하는 것이다. … 하늘과 땅에 하나님의 놀라운 지혜를 선포하는 무수한 증거가 있다. 천문학이나 의학이나 그 밖의 온갖 자연과학을 통해 자세히 탐구해야만 알 수 있는 조금 심오한 증거뿐 아니라, 전혀 교육을 받지 못한 사람도 보기만 하면 바로 알 수 있는 증거가 무수히 많아서 눈을 뜰 때마다 그것들을 증언하지 않을 수 없다(I.v.1-2).

그래서 칼뱅은 천문학과 의학을 칭찬한다. 사실 칼뱅은 이 두 학문에 살짝 질투가 난다고 고백하기까지 한다. 천문학과 의학은 자연 세계를 더 깊이 탐구할 수 있고, 그리하여 창조 세계의 질서 정연함과 그것을 지으신 창조주의 지혜를 밝힐 증거를 더 많이 찾아낼 수 있기 때문이다. (앞에서 지적했듯이, 칼뱅이 코페르니쿠스를 혹평했다는 생각은 근거가 전혀 없는 미신에 불과하다. 14-15쪽)

칼뱅은 자연과학을 창조 세계에 깃든 하나님의 지혜로운 손을 포착하고, 하나님의 실존에 대한 믿음과 하나님이 붙들고 계신 창조 세계에 대한 존중심을 강화할 수단으로 여겼다. 따라서 칼뱅이 지극히 종교적인 이유로 자연을 과학적으로 탐구하도록 사람들을 자극하고 또 이러한 연구를 정당화해 주었다고 주장할 수 있다. 저지대 국가에서 특별히 영향력을 행사했고 그 지역 식물학자들과 물리학자들에게 특히 주목을 받았던 칼뱅파 신앙고백서인《네덜란드 신앙고백Confessio Belgica》(1561)은 자연에 관하여 다음과 같이 선언한다. 자연은 "크고 작은 창조물을 모두 담고 있는 가장 아름다운 책으로서, 보이지 않는 하나님을 우리에게 보여 주는 글자로서 지금 우리 눈앞에 있다."[22] 따라서 창조 세계를 자세히 연구하면 하나님을 알아챌 수 있다. 페리 밀러Perry Miller는 자연이 '하나님의 제단'이 되는 방식, '망망대해와 무시무시한 숲'이 사실적으로 하나님을 보여 주는 방식에 관심을 기울였다.[23] 17세기 왕립학회에는 이와 비슷한 견해가 반영된 기풍이 널리 퍼져 있었다.[24] 영국 신학자 리처드 밴틀리Richard Bentley는 1687년에 출간된 아이작 뉴턴의《자연철학의 수학적 원리Philosophiæ Naturalis Principia Mathematica》를 토대로 1692년에 강의를 진행했다. 이 책에서 뉴턴은 자신이 정립한 우주의 규칙성을 설계의 증거로 해석한다. 뉴턴은 강의를 준비하던 벤틀리에게 다음과 같은 편지를 썼다. "우리가 속한 이 우주에 관한 논문을 쓸 때 신의 존재를 믿어야 할지 고민하는 사람들이 고려할 만한 원리들에 유의했습니다. 이 책이 그 목적에 도움이 된다면 그보다 더 기쁜 일은 없을 겁니다." 이 편지에는 우주를 가리켜 '하나님의 영광을 보여 주는 극장'이라고 했던 칼뱅의 말이 분명하게 암시되어 있다. 이 극장에서 인간은 안목이 있는 관객이다(I.vi.2).

둘째, 칼뱅은 자연과학의 발전을 방해하는 주된 장애물을 제거했다. 그 장애물은 바로 성경 문자주의다. 성경을 문자 그대로 풀이하는 해석법에서 과학 관측과 과학 이론을 해방하는 작업은 두 단계로 이루어졌다. 첫째로, 칼뱅은 성경의 지당한 주제는 이 세상의 구조가 아니라 예수 그리스도에게 집중된 하나님의 자기 계시와 구속이라고 선언했다. 둘째로, 칼뱅은 성서 언어의 적응적 성격을 강조했다. 이제 이 둘을 각각 살펴보도록 하자.

칼뱅은 (완전히 일관성 있게 이 점을 주장하지는 않지만) 성경이 예수 그리스도를 아는 지식에 주로 관심이 있다고 말한다. 성경을 천문학이나 지리학, 생물학 교과서처럼 취급해서는 안 된다. 칼뱅은 피에르 올리베탕이 1534년에 번역한 신약성경에 서문을 썼는데, 이 원칙을 아주 명료하게 밝힌 한 단락을 1543년판 서문에 추가했다. "성경 전체의 요점은 예수 그리스도를 아는 지식을 우리에게 전해 주는 것이다. 예수 그리스도(와 이 지식이 암시하는 모든 것)를 알게 된 뒤에는 거기에서 멈추고, 더 많은 것을 배우길 기대하지 말아야 한다."[25] 성경은 우리에게 안경을 제공한다(I.v.8, I.vi.1). 이 안경을 통해 우리는 **하나님의 창조물이자 자기표현**인 이 세계를 볼 수 있다. 성경은 천문학과 의학 정보의 확실한 보고寶庫를 우리에게 제공하지 않을뿐더러, 그럴 의도도 전혀 없다. 따라서 자연과학은 신학적 제약에서 효과적으로 벗어난다.

1539년 6월 4일, 루터는 지구가 태양 주위를 공전한다고 주장한

칼뱅과 현대 서구 문화의 형성

코페르니쿠스의 이론(이 이론은 1543년에 출간되었다)을 신랄하게 비평했다. "성경은 그 반대가 옳다고 말하지 않는가?" 루터는 그렇게 지동설을 퉁명스럽게 일축했다. 이 독일 종교개혁가는 성경 문자주의를 대변하는 인물이었다. 마지막 저녁 식사에서 예수께서 빵을 떼며 하신 유명한 말씀인 "이것은 내 몸이다"(마 26:26)의 의미를 놓고 츠빙글리와 논쟁할 때 루터는 '이다'라는 말은 '문자적으로 동일하다'라는 뜻으로만 해석할 수 있다고 주장했다. 츠빙글리는 이런 태도를 종교와 언어를 잘 모르는 어리석은 태도로 여겼다. 언어가 다양한 차원에서 작용한다는 사실을 전혀 이해하지 못해서 하는 말로 간주했다. 츠빙글리에 따르면, '이다'는 '의미한다'를 뜻한다.[26]

앞에서 살펴봤듯이(236-241쪽), 칼뱅은 '적응'이라는 정교한 이론을 전개한다. 하나님은 우리에게 자신을 계시하실 때 그림 같은 것으로 하나님을 상상하길 좋아하는 우리의 타고난 기호와 이해력에 자신을 맞추신다. 하나님은 자신을 계시하시되, 자신을 있는 그대로 보여 주지 않으시고 인간의 능력에 맞는 형태로 보여 주신다. 그래서 성경은 우리의 지적 능력에 딱 맞게 팔, 입 등등이 있는 하나님에 관해 이야기하지만, 이것들은 생생하고 기억하기 쉬운 은유일 뿐이다. 하나님은 계시가 원래 겨냥했던 사람들의 능력과 상황에 적합한 방식으로 자신을 계시하신다. 따라서 창조와 타락(창 1-3장)에 관한 성경의 이야기는 비교적 평범하고 천진한 사람들의 능력과 한계에 맞춰져 있다.[27] **문자** 그대로 표현된 실제 상황으로 받아들이라고 한 이야기가 아니다.

이런 사상은 특히 17세기 영국 과학 이론에 상당한 영향을 끼쳤

장 칼뱅의 생애와 사상

다. 예를 들어, 에드워드 라이트^{Edward Wright}는 성경 문자주의를 지지하는 이들을 상대로 다음과 같이 주장하며 코페르니쿠스의 지동설을 옹호했다. 첫째, 성경은 물리학에 관심이 없다. 둘째, 성경이 말하는 방식은 "유모가 어린아이들에게 하듯이 보통 사람들의 이해력과 말투에 맞춰져 있다."[28] 이 두 논거는 모두 칼뱅에게서 나왔다.

19세기 이후 서구 문화에서 종교와 과학은 목숨을 건 전투에 말려든 것 같다. 어떤 저술가들은 칼뱅이 서구 기독교에 과도하게 영향을 끼친 탓에 이런 일이 벌어진 거라고 했다. 그러나 역설적이게도 이런 사태는 후기 추종자들이 칼뱅의 영향을 **너무 적게** 받은 탓이라고 말하는 게 정확하다. 이른바 진화론의 비성경적 특성을 중심으로 진행된 1925년 스콥스 재판(과학 교사 존 스콥스가 공립학교에서 진화론을 가르치지 못하게 한 테네시주 법률을 어기고 진화론을 가르쳤다가 재판에 넘겨져 벌금형을 받았다—옮긴이)은 창세기에 나오는 창조에 관한 설명을 문자 그대로 해석하는 것이 얼마나 부적절한지를 증명했다. 그러나 칼뱅은 '엿새 동안의 창조'라는 관념조차도 하나님이 인간의 인지 능력에 맞춰서 설명하신 것으로 이해했다.[29] 따라서 문자 그대로의 사실로 받아들이면 안 된다고 보았다. 만약 칼뱅이 동시대 추종자들에게 더 큰 영향을 끼쳤더라면, 현대 서구 문화의 중심축 중 하나인 '종교와 과학의 갈등'은 피할 수 있었을 것이다. 칼뱅이 후기 추종자들에게 더 큰 영향을 끼쳤더라면, 진화론 논쟁은 전혀 다른 과정을 밟았을 것이다.

그러나 이것은 일어났을 법한 일을 추측하는 것에 불과하고, 우리의 관심사는 이미 일어난 일을 분석하는 것이다. 16세기 이후 자

칼뱅과 현대 서구 문화의 형성

연과학이 빠르게 발전하는 과정에 종교적 자극이 있었고, 부분적으로나마 장 칼뱅의 사상과 영향력이 그런 자극으로 작용한 것은 분명하다.

미국의 시민 종교 현상

칼뱅주의는 예정을 강조하는데, 이는 하나님의 '선택'이라는 사상과 특별히 연결되어 있다. 가장 중요한 프로테스탄트 경쟁자인 루터주의는 예정의 개념을 별로 강조하지 않고 사실상 하나님의 불변하심과 성실하심을 확언하는 정도로 이 개념을 축소하지만, 칼뱅주의는 이 운동이 세계로 뻗어 나갈 수 있도록 종교적 영감과 도덕적·사회적 정당성을 부여해 주는 것이 바로 예정론이라고 생각했다. 선택은 단순히 개개인을 부르는 것이 아니라 그들이 속한 공동체를 부르는 것으로 이해되었다. 칼뱅파 공동체는 하나님께 선택받았고, 하나님의 목적을 이루기 위해 구별되었다. 따라서 칼뱅주의자들이 자기들의 상황과 고대 이스라엘의 상황이 아주 비슷하다는 사실을 깨닫고 이용하는 것은 당연했다. 고대 근동에 살던 이스라엘이 선택받은 하나님의 백성이었다면, 근대 초기의 칼뱅파는 이들의 계승자였다. 자기들의 선조인 이스라엘 백성이 그랬던 것처럼 이들은 의기양양하게 새로운 약속의 땅에 들어가기를 고대했다. 멘나 프레스트위치Menna Prestwich는 이런 발전과 그 잠재적 의미에 주목했다.

테오도르 드 베즈가 칼뱅의 뒤를 이으면서 예정 교리는 가장 중요한 위치에 서게 되었고, 칼뱅주의자들은 이 교리를 앞세워 선택받은 이스라엘 자손들과 자신들을 동일시했다. 그들에게 구약성경은 거울이자 지침서였다. 그들은 이스라엘이 바빌론을 이기고 승리하는 모습에 감화를 받았고, 약속의 땅으로 가던 중 사막과 광야에서 시련을 겪는 모습에 위안을 얻었다. 그들에게 하나님의 섭리와 경륜은 즉각적인 현실이었다. 1568년에 콜리니 제독이 루아르에서 여울을 건너자 그들은 곧바로 이 일을 이스라엘이 홍해를 건넌 일과 비교했다.[30]

엘리자베스 1세가 즉위하자, 많은 칼뱅파 저술가는 잉글랜드가 하나님 앞에서 '최혜국最惠國'의 지위를 얻은 것으로 여겼다. 그러나 이런 인식은 그리 오래가지 못했다. 청교도 저술가들은 오래지 않아 미국으로 눈을 돌리고 상상의 나래를 폈다.

잉글랜드 칼뱅파든 네덜란드 칼뱅파든 이들은, 북아메리카의 초기 식민지 역사를 유배 생활을 하던 하나님의 백성이 새로운 약속의 땅으로 들어가는 것으로 생각했다. 페리 밀러가 증명했듯이, 처음 뉴잉글랜드에 정착한 사람들이 추호도 의심하지 않았던 첫 번째 전제는 그들이 경건한 연방을 건설하기로 하나님과 언약을 맺었다는 거였다.[31] 진정한 미국은 새 예루살렘의 원형이었다. 즉 영원 전부터 예정되었고 뉴잉글랜드에서 지금 실현 중인 '언덕 위의 도시'였다. '대각성'이라는 신앙 부흥 운동과 1763년 파리 조약을 통해 이런 인식은 더 굳어졌다. 파리 조약으로 프랑스와 스페인이 북아메리카에 세운 광대한 가톨릭 제국이 다시 프로테스탄트의 손에 들

칼뱅과 현대 서구 문화의 형성

━━━ 독립선언문을 작성한 다섯 사람이 대륙회의 의장에게 초안을 전달하는 장면(존 트룸벌, 1817–19년, 미국 국회의사당 소장)

어왔다. 가장 중요한 것은 미국독립혁명으로 미국의 독립과 하나님의 부르심을 잇는 고리가 더 단단해졌다는 점이다. "미국의 대의가 곧 예수 그리스도의 대의다"라고 했던 로버트 스미스Robert Smith의 펜실베이니아 선언은 이 시기 미국 사회에 널리 퍼져 있던 인식을 반영한 것으로 보인다. 회중교회 목사 존 디보션John Devotion은 하나님이 미국을 '선택된 나라'로 지목하셨다고 선언했다. "모든 나라는 위대하신 여호와의 뜻을 들어라. 지금부터는 독립된 미국이 나라들의 여왕이 될 것이다."

시드니 알스트럼의 말대로, 이 시점부터 많은 미국 역사 문헌은 하나님의 섭리가 미국을 인도하여 강대국이 되게 했다는 주제를 되풀이했다.

장 칼뱅의 생애와 사상

주께서 선택하신 나라 위에 성조기가 휘날리는 것을 가끔 의심의 눈으로 바라보는 이들은 아주 별난 미국인들뿐이었다. 많은 사람이 미국인을 새 에덴에 사는 새 아담으로, 미국을 인류에게 주어진 두 번째 기회로 생각했다. 1832년 7월 4일 독립기념일 예식 때 앤도버신학교 대학생이 영감을 받아 지은 〈미국America〉부터 1861년에 줄리아 워드 하우 Julia Ward Howe가 하나님의 손에 붙들린 양 써 내려간 〈공화국 전투 찬가 The Battle Hymn of the Republic〉(한국 찬송가 제목: "마귀들과 싸울지라"—옮긴이), 1893년에 회중교회 신자가 펴낸 〈아름다운 미국America the Beautiful〉에 이르기까지, 미국 찬송가에 들어간 애국심 넘치는 노래보다 이 전통의 연속성을 잘 보여 주는 것은 없다. 미국을 언덕 위의 불빛이자 이 세상의 모범으로 다루는 신화적 주제는 미국 종교 생활을 역사적으로 해석할 때마다 빠짐없이 등장했다.[32]

예정이라는 개념은 '숙명' 또는 '운명'으로 세속화되기 일쑤다. 섭리와 예정 개념이 가깝다는 점은 칼뱅 본인이 시사한 바 있다. 칼뱅은 《기독교 강요》 초판에서 이 두 주제를 한 장에서 함께 다뤘다. 19세기와 20세기 미국 사회 일각에서 칼뱅주의의 종교적 핵심이 증발하면서 신의 뜻 또는 운명이라는 세속적 개념이 종교적 색채가 더 강한 개념인 예정을 대체하기 시작했다. 세속화된 미국은 계속해서 자신이 나라들 가운데서 선택된 것으로 여겼고, 제도(예를 들면, 대통령직 같은)와 상징(예를 들면, 국기 같은)에 신성하고 성스러운 의미를 부여했다. 국가의 운명에 관한 이 개념은 미국 청교도 시대에 시작된 것으로, 일부는 지금도 남아 있다.

칼뱅과 현대 서구 문화의 형성

칼뱅주의와 천부인권

최근 몇몇 연구는 유럽과 북아메리카에서 천부인권 개념이 발달하는 과정에 칼뱅주의가 끼친 영향을 강조했다.[33] 16세기 프랑스 군주들이 칼뱅파 국민에게 적대적인 태도를 보이자, 왕권에는 한계가 있는지, 국민에게는 왕권에 복종할 의무가 있는지를 둘러싸고 의문이 제기되었다. 성 바르톨로메오 축일(1572)에 대학살이 자행되자 칼뱅파 사이에서는 폭력의 적절한 사용, 복종의 대상, 행정 권한의 한계를 놓고 치열한 논쟁이 벌어졌다(322-326쪽). 스코틀랜드에서 칼뱅식 종교개혁이 성공했을 때도 비슷한 질문이 제기되었다. 특히, 1567년에 스코틀랜드의 메리 여왕이 왕위에서 물러난 뒤 이런 질문은 더 날카로워졌다.[34] 공의와 성실이라는 성경의 개념(구약성경에서 이 개념은 하나님과 그의 백성이 맺은 언약과 연결되어 있다)과 계약론을 주장하던 중세 후기 저술가들의 결합은 억압 대신 정의로 통치하는 정부라는 개념을 중심으로 이루어졌다. 이런 사상이 시작된 것이 16세기 후반 유럽이었지만, 이 사상을 열성적으로 자기 것으로 소화한 이들은 영국 왕실의 폭정을 모두 깨부수기로 마음먹은 미국 혁명가들이었다. 18세기 미국 회중교회 목사 조너선 메이휴Jonathan Mayhew(1720-1766)는 "왕권 세습을 인정하고 국민의 저항권을 부정하는 왕권신수설과 이 이론 위에 세워진 무저항 교리는 화체설만큼이나 터무니없고 비현실적이다"라고 선언하면서 정치와 종교를 연결지었다. 북아메리카에서 벌어진 이 논쟁으로 인권을 계약의 관점에서 바라보는 견해가 등장했다. 그리고 이 견해가 칼뱅의 자연법사상과 연결되면

장 칼뱅의 생애와 사상

서, 모든 인간은 생명과 자유와 행복 추구라는 양도할 수 없는 권리를 가지고 평등하게 창조되었다는 개념이 생겨났다.[35]

이 인권 개념이 미국 혁명과 그 여파의 특징이라도, 모든 칼뱅파 저술가가 이 개념을 공유하지는 않았다. 인권에 관한 공통의 대안 공유에 두 가지 중요한 예외가 있었다. 미국 북부 주에 사는 칼뱅파 저술가들은 모든 인간이 동등한 권리를 가지고 창조되었다고 주장했지만, 로버트 루이스 데브니Robert Lewis Dabney, 벤저민 모건 파머 Benjamin Morgan Palmer, 제임스 헨리 손웰James Henley Thornwell처럼 남부 주에 사는 많은 칼뱅파 저술가는 하나님이 인종적·사회적 지위의 다양성 안에서 개개인을 창조하셨다고 주장했다. 미국 북부 신학자들은 자연법이라는 한 가지 개념에 호소했지만, 남부 신학자들은 기원과 강조점이 전혀 다른 개념에 호소했다.[36] 그 결과, 남부 칼뱅파 저술가들은 백인과 흑인을 인종적으로 분리하는 교리와 기존 노예제도 유지를 모두 정당화할 수 있다고 여겼다. 미국 남북전쟁 직전, 칼뱅파의 전혀 다른 인권 관념들이 목숨을 건 전투를 벌이고 있었다. 남부인들은 이 전투에서 졌지만, 그들의 사상은 다른 곳에서 계속 이어졌다. 최근까지도 남아프리카에서 네덜란드 개혁 교회들은 아파르트헤이트 정책을 옹호하기 위해 비슷한 개념에 호소했다. 같은 이유로 북아일랜드 프로테스탄트들은 프로테스탄트가 우세한 아일랜드 북부 지역과 로마 가톨릭이 우세한 아일랜드 남부 지역의 경계를 가르는 것을 옹호했다. 칼뱅주의 내부의 다양성은 근대사 논쟁의 일부인 중요한 정치 논쟁에서 일정한 성과를 냈다.

칼뱅주의가 서구 문화에 끼친 영향을 총망라한 역사서는 아직 나오지

칼뱅과 현대 서구 문화의 형성

않았다. 위에서 언급한 사항들은 영향력의 범위와 잠재적 중요성을 나타내는 잠정적인 지표에 불과하다. 그럼에도, 이 마지막 장에서 발견한 소소한 결과로부터 다음과 같은 중요한 결론을 도출할 수 있다. 칼뱅을 연구하는 것은 단순히 과거를 연구하는 것이 아니다. 칼뱅을 연구함으로써 우리는 현재를 더 깊이 이해하게 된다. 현대 서구 문화는 과거의 기억으로 계속 형성된다. 칼뱅은 제네바 어딘가 비석도 없는 무덤에 묻혔지만, 그의 사상과 영향력은 그가 창조에 이바지했던 서구 문화의 세계관 속에 살아 있다.

장 칼뱅의 생애와 사상

신학 및 역사 용어 사전

불가피하게도 이런 성격의 책에서는 이해하기 어려울 수 있는 신학 용어와 역사 용어를 사용할 수밖에 없다. 일반 독자에게는 이런 용어가 익숙하지 않을 수 있으나 본문 안에서 용어를 해설하려다 보면 본문의 흐름이 깨지고 정확성이 떨어질 여지가 있어서 여기에 따로 설명한다.

계급Estates

프랑스 사회 계층을 가리킬 때 사용하는 용어다. 제1계급(성직자), 제2계급(귀족), 제3계급(부르주아)으로 구분한다. 신분제 의회인 삼부회에서 이 세 계급의 대표자가 함께 모였다.

관官주도형 종교개혁Magisterial Reformation

종교개혁 세력 가운데 루터주의와 개혁주의 진영을 급진파(재세례주의)와 구분할 때 쓰는 용어다. 이 용어는 행정 장관이나 시의회의 권위에 긍정적인 태도를 보이는 것을 의미한다. 이는 루터와 츠빙글리, 부처, 칼뱅의 특징이었다.

교리문답Catechism

종교 교육을 목적으로 보통 질문과 답변의 형태로 구성한 대중적인 기독교 교리서다. 종교개혁 시기에는 종교 교육을 상당히 강조했기 때문에 수많은 교리문답서가 등장했다. 대표적으로 루터의 〈소교리문답〉(1529), 〈칼뱅의 제네바 교리문답〉(1545), 〈하이델베르크 교리문답〉(1563)이 있다.

교부Fathers

'교부학 저술가들'을 대체하는 용어다.

교부의 Patristic

교회 역사에서 신약성경 저술 시기에 이어지는 초기 몇 세기(교부 시대)를 가리키거나, 이 기간에 저술 활동을 한 사상가들(교부 사상가들)을 가리키는 형용사다. 종교개혁자들은 이 시기를 약 100년부터 451년까지(다시 말하면, 신약성경의 최종 문헌이 완료된 때부터 칼케돈 공의회 때까지)로 보았다. 종교개혁자들은 신약성경과 (그보다 정도는 덜하지만) 교부 시대를 그리스도교 신앙과 실천의 규범으로 보았다.

교회론 Ecclesiology

에클레시아 ekklesia, 즉 교회에 관한 이론을 다루는 기독교 신학의 한 분야다. 종교개혁 시대에는 프로테스탄트 교회들이 주류 기독교를 계승한 것으로 간주할 수 있는가 하는 문제를 중심으로 논쟁이 벌어졌다. 다시 말해, 프로테스탄트 교회는 기독교를 개혁한 형태인가, 아니면 1,500년에 걸친 이전 기독교 역사와는 거의 또는 전혀 상관이 없는 완전히 새로운 형태인가 하는 문제가 논쟁의 핵심이었다.

구원론 Soteriology

'구원 soteria'에 관한 이론을 다루는 기독교 신학의 한 분야다.

그리스도론, 기독론 Christology

예수 그리스도의 정체성, 그중에서도 특히 그의 인성과 신성에 관한 문제를 중점적으로 다루는 기독교 신학의 한 분야다. 이 주제를 둘러싸고 1529년 마르부르크에서 루터와 츠빙글리 사이에 의견 충돌이 생긴 것을 제외하면, 삼위일체 교리와 마찬가지로 기독론은 종교개혁과 거의 관련이 없었다. 그런 점에서 기독론은 종교개혁 투쟁의 핵심으로 간주하지 않는다.

급진적 종교개혁 Radical Reformation

재세례파 운동이라는 용어 대신에 점점 더 빈번하게 사용하는 용어다. 일반적으로 세속 권력에는 부정적인 태도를, 공유 재산에 관해서는 급진적 태도를 보이는 종교개혁 계파를 가리킨다. 취리히와 스트라스부르 시의회에서는 이들을 체제 안정을 위협하는 세력으로 인식했다.

장 칼뱅의 생애와 사상

기욤파 Guillermins

특별히 1535년부터 1538년 사이에 기욤 파렐이 중심이 되어 제네바에서 활동한 분파다.

니고데모주의 Nicodemism

특히 프랑스에서, 가톨릭에서 회심했지만 향후 생길 결과를 두려워한 나머지 자신의 신앙을 사람들에게 공개적으로 밝히기를 꺼리는 복음주의자들을 언급할 때 사용하던 경멸조의 용어다.

대수롭지 않은 문제들, 아디아포라 Adiaphora

문자 그대로 '대수롭지 않은 문제들'이라는 뜻이다. 성경에서 명쾌하게 거부하지도 명시하지도 않아서 종교개혁가들이 허용할 수 있는 것으로 간주한 신념이나 관행을 가리킨다. 예를 들어, 목사들이 교회 예배 때 입는 의복은 '대수롭지 않은 문제', 즉 믿음의 본질을 타협하지 않고도 허용할 수 변화로 간주했다. 이 개념은 개혁자들이 여러 신념과 관행에 실용적으로 접근할 수 있게 해 주고, 그리하여 불필요한 대립을 피할 수 있게 해 주었다는 점에서 중요하다. 예를 들어, 칼뱅은 주교들에게 이런 태도를 자주 보였다.

대평의회 Conseil Général

규모가 가장 큰 제네바 평의회로 원래는 중세 도시의 선거인단이었다. 칼뱅 시대에는 이 기능이 200인회에 넘어갔다. 대평의회는 통상 일 년에 두 번만 소집되었다. 회의를 소집하는 목적은 다음 두 가지로 엄격하게 제한되었다. 첫 번째는 2월에 행정 장관을 선출하기 위해서, 두 번째는 11월에 곡물과 포도주 가격을 정하기 위해서였다. 199-201쪽을 참고하라.

도나투스주의 Donatism

후기 고전주의 시대에 북아프리카 종파가 일으킨 운동이다. 히포의 주교 아우구스티누스가 이 운동에 반대했다. 세례를 다시 받는 것을 포함하여 교인들에게 유난히 엄격한 요구를 했다.

독일 복음주의자 Evangelical

초기의 종교개혁 운동, 특히 1510년대와 1520년대 독일과 스위스에서 일어난 초기 종교개혁 운동을 가리킬 때 사용하는 용어다. 슈파이어 의회(1529)의 여파로 나중에는 '프로테스탄트'라는 용어로 대체되었다. 그러나 사실 프로테스탄트는 당시 독일 상황과 관련하여 특별한 의미가 함축된 용어다.

동맹파 Eiguenots

1536년 혁명 이전 제네바에 있던 친베른파를 가리키는 용어다. '동맹자'를 뜻하는 스위스 독일어 단어 '*Eidgenosse*'의 변형된 형태다.

루터주의 Lutheranism

마르틴 루터와 관련된 종교 사상이다. 특히 〈소교리문답〉(1529)과 〈아우크스부르크 신앙고백〉(1530)에 표현된 종교 사상을 가리킨다. 1546년에 루터가 죽은 뒤 루터파 내부의 강경파(이른바 '진성 루터파' 또는 '플라시우스파')와 온건파('필립파') 간에 벌어진 일련의 의견 충돌은 1577년의 〈일치 신조*Formula of Concord*〉로 일단락되었다. 〈일치 신조〉는 보통 루터 신학을 서술한 권위 있는 문서로 본다.

르페브르파 Fabrisian

자크 르페브르 데타플과 관련된 개혁관을 말한다('파브리시안'은 그의 라틴어 이름 야코부스 '파브르*Faber*' 스타풀렌시스에서 따온 것이다―옮긴이). 이 관점은 1520년대 프랑스 파리와 다른 지역에서 특히 중요했다. 성경의 권위와 해석에 관한 견해를 전개했고 이 견해는 종교개혁자들의 관점을 예시하는 것이었다. 하지만 르페브르는 가톨릭교회와의 결별이 필요하다고 보지 않았고, 은연중에 그런 뜻을 내비치지도 않았다. 어디까지나 가톨릭교회 '안에서' 추진하는 개혁 운동이었다.

마멜루크파 Mammelukes

1536년 종교개혁 이전에 제네바에 있던 친사부아 세력을 가리킨다.

만들어진 은혜의 체질 Created Habits of Grace

토마스 아퀴나스 같은 13세기 저술가들이 소개한 개념으로 구원의 과정에서 하나님과 인간의 본성 중간에 있는 것을 가리킨다. 하나님이 타락한 인간의 본성

　　　　　　　　　　　　　　　　　　　　장 칼뱅의 생애와 사상

을 **직접** 다룰 수 없기에, 구원의 과정이 진행될 수 있도록 일종의 '교두보'를 세우려면 신성과 인성의 중간 상태가 필요하다는 주장에 기반을 둔 개념이다. 이 중간 상태를 가리켜 '만들어진 은혜의 체질'이라 불렀다.

명사론 Terminism

'유명론'을 가리키는 조금 더 정확한 표현이다.

미시우 드 제네바 Messieurs De Genève

제네바시의 소평의회와 평의원을 가리킬 때 쓰는 용어다. 다시 말하면, 제네바시의 통치 조직이다.

반 펠라기우스 저작물 Anti-Pelagian Writings

펠라기우스 논쟁에 맞서 히포의 아우구스티누스가 저술한 글이다. 이 저술에서 아우구스티누스는 은혜와 칭의에 관한 자신의 견해를 옹호했다. '펠라기우스주의'를 참고하라.

보편성 Universals

예를 들면 '백 whiteness'과 같이 실재적 또는 정신적 실체가 있는 것으로 간주하는 추상 개념이나 보편 개념을 가리킨다(cf. 실재론). 명사론 또는 유명론의 핵심 원리 중 하나는 이러한 보편성을 부인하는 것이다.

분파 Schism

의도적으로 교회의 단일성을 깨뜨리는 행위를 가리킨다. 키프리아누스와 아우구스티누스처럼 초기 교회의 영향력 있는 저술가들은 이러한 행위를 강력히 규탄했다. 도나투스파 논쟁은 교회 또는 교회 지도자의 행동에 불만을 품은 집단이 교회에서 이탈하여 자기들끼리 종파를 만드는 것이 과연 타당한가 하는 문제를 중심으로 전개되었다. 종교개혁가들은 반대파에 의해 '분리주의자' 또는 '분파주의자'로 몰렸고, 은혜에 관한 아우구스티누스의 시각은 옹호하면서 교회의 단일성에 관한 아우구스티누스의 시각은 경시하는 어려운 상황에 부닥쳤다.

불가타 성서 Vulgata

대부분 히에로니무스가 라틴어로 번역한 성경으로, 중세 신학은 주로 이 성경에 토대를 두고 있다. 엄밀히 말해서, '불가타'는 ('갈리아 시편'에서 가져온 시편을 제외한) 히에로니무스가 번역한 구약성경과 (구 라틴어 성경에서 가져온 지혜서, 집회서, 마카베오상·하, 바루크서를 제외한) 외경, 그리고 신약성경 전체를 가리킨다. 이 번역본의 여러 오류에 대한 인식이 종교개혁에 아주 중요하게 작용했다.

비아 모데르나, 새 길 via moderna

두 가지 의미로 폭넓게 쓰이는 용어다. 첫 번째는 보편 논쟁에서 '낡은 길'인 실재론에 맞서서 유명론의 입장을 택한 스콜라철학의 부류를 가리킨다. 61-70쪽을 참고하라. 더 중요한 두 번째 의미는 오컴의·윌리엄과 그를 따르던 피에르 다이, 가브리엘 비엘 같은 사람들의 저술에 바탕을 둔 스콜라철학(이전에 '유명론'으로 알려진)의 부류를 가리킨다.

비아 안티콰, 낡은 길 via antiqua

보편 논쟁에서 실재론을 지지하던 토마스주의와 스코터스주의 같은 스콜라철학의 부류를 가리킨다.

사도 시대 Apostolic Era

인문주의자와 종교개혁가 양쪽 모두 사도 시대의 명확한 시기를 예수 그리스도가 부활한 때(AD 35년경)부터 마지막 사도가 사망한 때(AD 90년경?)까지로 한정한다. 인문주의자와 종교개혁가 양쪽 진영 모두 이 시기에 형성된 개념과 관례를 그들 나름의 의미와 관점에 따라 '규범'으로 간주한다.

성경 원리 Scripture Principle

교회의 믿음과 실천은 성경에 근거해야만 한다는 이론으로, 특히 칼뱅 같은 개혁주의 신학자들과 관계가 있다. 성경에 근거한 것임을 입증하지 못한 것은 신자들에게 구속력 있는 것으로 받아들여지지 않는다. '오직 성경으로 sola scriptura'라는 문구는 이 원리를 한마디로 요약한 것이다.

장 칼뱅의 생애와 사상

성경 해석Exegesis

문헌 해석에 관한 학문을 말한다. 특히 성경 해석을 가리키는 말로 쓰인다. '성경 주석'이라는 용어는 기본적으로 '성경을 해석하는 과정'을 의미한다. 성경 주석에 활용하는 특수한 기술은 보통 '해석학'이라고 부른다.

성례Sacrament

순수하게 역사적인 의미로, 예수 그리스도가 친히 제정한 것으로 볼 수 있는 교회 예식 또는 예전을 가리킨다. 중세 신학과 교회에서는 일곱 가지를 성례로 인정했지만, 종교개혁가들은 신약성경에서 발견할 수 있는 성례가 세례와 성찬, 두 가지뿐이라고 주장했다. '성례를 통해 실제로 성취되는 일'을 두고 루터와 츠빙글리가 끝내 이견을 좁히지 못하면서 성례론은 극도로 분열되었다. 성례에 관한 칼뱅의 신학은 일반적으로 이 두 입장을 조율한 중재안으로 볼 수 있다.

세워진 교회église dresée, 심어진 교회église plantée

1550년대 프랑스에 있던 칼뱅파 모임의 두 가지 형태다. 심어진 교회는 성경 공부와 기도를 하러 은밀히 모이는 무정형無定形 집단을 가리킨다. 반면에 세워진 교회는 장로와 집사로 구성된 치리회를 갖춘 형태를 가리킨다(1555년부터 의무화됨).

소르본Sorbonne

정확히는 파리대학을 구성하는 가장 중요하고 가장 오래된 단과대학 중 하나인 소르본대학을 가리킨다. 그러나 16세기에는 파리대학교 신학부를 가리켜서 보통은 경멸의 뜻으로 쓰였다.

소평의회Petit Conseil

제네바시의 소규모 평의회로 간단히 '의회'로 부르곤 했다. 사실상 제네바 사람들의 생활 전반을 책임지고 있었다. 199-201쪽을 참고하라.

스코터스주의Scotism

던스 스코터스와 관련된 스콜라철학을 가리킨다.

신아우구스티누스 학파 *Schola Augustiniana moderna*

중세 후기 스콜라철학의 한 형태다. 아우구스티누스의 은혜의 교리를 강조하는
한편 보편 논쟁에서는 유명론의 견해를 보였다. 85-96쪽을 참고하라.

신앙고백Confession, 교파화Confessionalism

이 용어는 주로 '죄의 시인'을 가리키지만, 16세기에는 신학적으로 그 의미가
크게 달라져 프로테스탄트 교회의 신앙 원리를 담은 문서를 가리키는 전문용어
가 되었다. 〈아우크스부르크 신앙고백〉(1530)은 초기 루터주의 사상을, 〈제1 헬
베티아 신앙고백〉(1536)은 초기 개혁 교회의 사상을 담고 있다. '교파화'라는 용
어는 16세기 후반 루터교회와 개혁 교회가 독일에서 권력투쟁에 몰두하던, 이
른바 '제2종교개혁' 기간에 종교적 태도가 고착된 것을 가리킬 때 주로 사용한다.

아르미니우스주의Arminianism

야코부스 아르미니우스와 관련된 칼뱅주의 이단이다. 영원한 생명을 얻을지 사
망에 이를지 모든 사람의 운명이 개별적으로 예정되어 있다고 주장한 테오도
르 드 베즈와 대조적으로, 아르미니우스는 '예정'이란 믿는 자들이 모두 구원을
받는다는 보편 구원에 대한 하나님의 작정의 결과를 가리키는 것이라고 가르쳤
다. 도르트 총회(1618-1619)는 아르미니우스주의에 명백한 문제가 있다고 밝히
고 이들의 주장을 모두 거부했다.

아르티퀼랑파Articulants

특히 1535년부터 1538년 사이에 제네바에서 활동한 분파로 기욤 파렐에 반대
했다. 아르티쇼파Artichauds라고도 한다.

아미랄드주의Amyraldianism

모세 아미로의 가르침에 기반을 둔 칼뱅주의 이단이다. 모세 아미로(아미랄드주
의는 그의 라틴어 이름 아미랄디우스에서 따왔다—옮긴이)는 낭트칙령에서 '안전한
장소'로 지정한 소뮈르 프로테스탄트 아카데미 교수였다. 아르미니우스주의와
마찬가지로 아미랄드주의는 후대의 칼뱅 해석자들이 아니라 칼뱅과 관련이 있
는 더 가까운 개념으로 돌아가야 한다면서 칼뱅주의 '예정' 개념을 비판했다.

장 칼뱅의 생애와 사상

아우구스티누스주의Augustinianism

이 용어는 주로 두 가지 의미로 사용된다. 첫째로, '하나님의 은혜의 필요성'을 강조하는 히포의 아우구스티누스의 구원관을 가리킬 때 사용된다(90-95쪽 참고). 이 의미로 쓰이는 이 용어는 펠라기우스주의와 정반대되는 견해를 나타낸다. 둘째로, 중세 시대 아우구스티누스 수도회의 의견을 가리킬 때 사용된다. (이 수도회의 관점이 아우구스티누스에게서 비롯된 것인지 아닌지와는 무관하다.) 본서에서 이 용어를 쓸 때는 첫 번째 의미로 사용했다.

예정Predestination

하나님이 개인의 운명을 어떤 식으로든 미리 결정하셨다는 교리다. 심지어 그들이 신앙을 갖기도 전에 하나님이 믿는 자들의 구원에 적극적으로 관여하셨다고 본다. 이 때문에 가장 보편적인 형태의 예정 교리(어떤 이들은 영생을 받기로 예정되었다는 견해)는 예정을 구원의 신비로 취급한다. 그런가 하면 가장 급진적인 형태의 예정 교리는 '이중 예정'으로 알려져 있으며, 이는 칼뱅, 그리고 이후 칼뱅주의와 관계가 있다. 이 교리에 따르면, 하나님은 주권적 의지로 신자와 불신자를 막론하고 모든 인간의 운명을 미리 결정하셨다(357-373쪽 참고). 많은 칼뱅파 저술가는 이 교리가 피조물에 대한 하나님의 주권을 강력하게 진술하는 것으로 보았다.

위그노Huguenot

특히 위그노전쟁 때 프랑스 칼뱅파를 가리킬 때 쓰던 용어다.

유명론Nominalism

엄밀히 말해서, 실재론realism에 반대되는 지식 이론이다. 그러나 지금도 이따금 '비아 모데르나'를 가리킬 때 이 용어를 자주 사용한다.

이단Heresy

기독교 신앙의 핵심이 되는 교리를 공식적으로 부인할 때 이단이라 칭한다. 그러나 역사적으로 이단들이 단순히 지적 토양에서만 탄생한 것은 아니다. 어떤 사회적 압력이나 정치적 압력에 대응하다가 이단이 출현할 때도 많았다. 요컨대, 부분적으로 도나투스주의는 로마 가톨릭을 신봉하는 정착민에 대해 북아프리카 원주민인 베르베르족이 대응하면서 생겨났다. 또한 후스주의는 보헤미아 민족주의의 출현과 밀접한 관련이 있다.

200인회 Conseil des Deux-Cents

베른과 취리히에 있는 비슷한 기관을 본떠서 만든 제네바 평의회로서 소평의회를 위한 선거인단으로 구성된다. 199-201쪽을 참고하라.

이신칭의의 교리, 이신칭의론 Doctrine of Justification by Faith

한 사람의 죄인이 어떻게 하나님과 교제할 수 있는지를 다루는 기독교 신학의 한 분야다. 마르틴 루터와 그의 비텐베르크 동료들에게는 이 교리가 매우 중요했지만, 츠빙글리와 칼뱅 같은 스위스 종교개혁자들은 비교적 이 교리에 관심이 덜했다. 종교개혁의 첫 번째 물결(대개는 루터에게서 유래한)은 이 교리에 집중했지만, 두 번째 물결(특히 칼뱅과 관련된)은 교회의 질서와 규율에 관한 문제에 주로 집중했다.

인문주의 Humanism

특히 르네상스와 관련하여, 고전 양식을 규범으로 간주하고 고전문학 연구야말로 고전 양식을 활성화할 수단이라고 보는 일반적인 경향을 가리킨다. 107-116쪽을 참고하라. 르네상스 인문주의는 요즘 이 용어를 쓸 때 암시되는 것과 같은 세속적 성향이나 무신론적 성향을 보이지 않았다.

재세례파 Anabaptism

문자 그대로 '다시 세례를 베푸는 사람들'이라는 뜻이다. 메노 시몬스 Menno Simons, 발타자어 후프마이어 Balthasar Hubmaier 같은 사상가에게 기반을 둔 종교개혁 급진파를 가리킬 때 사용하는 용어다. 일반적으로 급진파들은 누구나 스스로 성경을 해석할 수 있다며 개인의 권리를 옹호하고, 행정 당국이 종교의 영역을 침해하는 것을 거부했으며, 대부분의 기존 사회 기관과 종교 기관, 정치 기관에 비판적인 태도를 보였다.

적응, 맞춰 주심 Accommodation

특히 칼뱅이 지지한 것으로, 하나님은 인간이 상상하고 이해할 수 있는 수준의

장 칼뱅의 생애와 사상

단어와 이미지로 자신을 계시하신다는 원리다. 따라서 성경을 문자 그대로 해석하면 안 된다. 성경은 종종 비문자적인 개념과 이미지도 사용하기 때문이다(236-241쪽). 이 원리는 칼뱅주의가 어떻게 새로운 자연과학, 특히 천문학에 호의를 갖게 되었는지를 이해하는 데 매우 중요하다(427-434쪽). 인간의 새로운 탐구 영역인 천문학 연구에 걸림돌이 되는 성경 문자주의는 배제했다.

전례서 Liturgy

공적 예배, 그중에서도 특히 성만찬에 관해 기록한 문서를 가리킨다. 종교개혁 때는 신학에 따라 예전이 미리 결정되었기 때문에 전례 개혁을 특히 중요하게 여겼다.

주의주의 Voluntarism

신의 의지가 신의 지성보다 우위에 있다고 보는 중세의 교리를 가리킨다. 주의주의자는 인간의 공로에 대해, 인간의 특정한 행동이 칭찬할 만한 가치가 있는지 하나님이 의지적 행위로 결정하신다고 본다. 이때 특정 행동의 고유한 도덕적 가치와 그 행동을 한 인간의 공로적 가치 사이에는 직접적인 관계가 없다. 그 행동이 가치 있는지를 결정할 때 가장 중요한 것은 하나님의 의지이기 때문이다. 이런 접근방식은 신의 지성을 우위에 두는 주지주의와 대조를 이룬다. 그 세대 대다수 사람들과 마찬가지로 칼뱅은 주의주의 쪽으로 기울었다.

주지주의 Intellectualism

중세 사상에서 신의 지성이 신의 의지보다 우위에 있다는 믿음을 가리킨다. 주지주의자는 신의 지성이 인간의 행위에 내재된 도덕적 가치를 알아보고 거기에 비례하여 칭찬할 만한 가치를 할당한다는 믿음에 기초하여 인간의 공로에 접근한다. 이런 접근 방식은 신의 의지를 우위에 두는 **주의주의**와 대조를 이룬다.

청교도주의 Puritanism

16세기 말과 17세기 초, 특히 영국과 관련된(나중에는 미국과 관련된) 칼뱅주의를 가리킬 때 일반적으로 사용하던, 다소 정립되지 않은 용어다.

부록 1 신학 및 역사 용어 사전

츠빙글리주의 Zwinglianism

일반적으로 울리히 츠빙글리의 사상을 가리키는 용어이지만, 구체적으로는 츠빙글리의 성찬론, 특히 '실제적 임재'와 관련된 그의 견해(츠빙글리의 견해는 '실제적 부재'에 가까웠다)를 가리킬 때 흔히 이 용어를 사용한다.

치리회, 컨시스터리 Consistory

칼뱅이 1541년에 제출한《교회법령》에 따라 설립한 제네바 기관으로 중세 결혼 법정에 토대를 두고 있다. 제네바 교회의 권징을 담당했다. 이 기관의 직무 권한은 1540년대 초와 1550년대에 제네바에서 격렬한 논쟁거리였다. 204-210쪽을 참고하라.

칠십인역 Septuagint

주전 3세기부터 있었던 헬라어 구약성경을 가리킨다. 지중해 연안국에 흩어져 사는, 히브리어를 모르는 유대인들을 위해 유대인 학자 70여 명이 이집트 알렉산드리아에서 번역했다.

칼뱅주의 Calvinism

전혀 다른 두 가지 의미로 사용되는 애매한 용어다. 첫째로, 이 용어는 장 칼뱅이나 (개혁 교회처럼) 그의 저술에 큰 영향을 받은 단체와 (테오도르 드 베즈와 같은) 개인의 종교 사상을 가리킨다. 이때의 '칼뱅주의'는 칼뱅(347-357쪽)과는 다른 신학적 자산에 의지한다. 그런 점에서 이런 의미로 칼뱅주의라는 용어를 쓰면 혼동을 일으킬 수 있다. 그래서 많은 저자가 칼뱅주의보다는 '개혁주의 신학'이라는 용어를 선호한다. 둘째로, 이 용어는 장 칼뱅의 종교 사상을 가리킨다. 'Calvinism'보다 더 어설픈 'Calvinian'이라는 용어는 대개 후자의 의미를 명시하고 싶을 때 사용한다.

토마스주의 Thomism, *via Thomae*

토마스 아퀴나스와 관련된 스콜라철학을 가리킨다.

펠라기우스주의 Pelagianism

아우구스티누스가 제시한 은혜의 교리에 정반대되는 시각으로 '인간이 어떻게 구원에 합당한 자격을 얻게 되는가?' 하는 문제를 설명하는 이론이다. 인간이 자기 힘으로 이룬 공로의 역할과 가치를 매우 강조하고 하나님의 은혜가 하는 역할을 작게 취급했다. 91-95쪽을 참고하라.

프랑스 복음주의자 *Évangéliques*

대개 프랑스 종교개혁 운동을 가리킬 때 사용하는 용어다. 특히 1520년대와 1530년대에 마르그리트 드 나바르, 기욤 브리소네 같은 인물을 중심으로 르페브르파의 온건한 개혁 프로그램에 전념했다.

프로테스탄티즘 Protestantism

슈파이어 의회(1529)의 여파로 로마 가톨릭교회의 신앙과 관습에 '항의한' 사람들을 가리킬 때 사용하던 용어다. 1529년 이전에 그런 운동을 펼친 개인과 집단은 자신들을 '복음주의자'라고 칭했다.

해석학 Hermeneutics

문헌, 특히 성경 문헌의 해석이나 주석의 기초가 되는 원리를 말한다. 종교개혁의 첫 번째 국면에서는 성경을 해석하는 수많은 방식이 개발되었다. 그중에는 인문주의에서 유래한 것도 있었고 스콜라철학에서 유래한 것도 있었다. 츠빙글리는 처음에 에라스뮈스 유파의 인문주의에서 유래한 해석 체계를 사용했고, 루터는 스콜라 신학에서 유래한 해석 체계를 사용했다.

행정 장관 Syndics

제네바 소평의회를 이끄는 네 명의 행정 장관을 가리킨다. 199-201쪽을 참고하라.

화체설 Transubstantiation

성찬식 때 나누는 빵과 포도주가 그 형태는 그대로 유지하면서도 그리스도의 살과 피로 변한다고 보는 중세의 교리다.

부록 1 신학 및 역사 용어 사전

본서에서 언급한 칼뱅의 작품

부록 2

본서에서는《기독교 강요》1559년판과《종교개혁 전집Corpus Reformatorum》시리즈 중 칼뱅의 작품을 광범위하게 언급했다. 후자는 칼뱅이 쓴 성경 주석, 설교, 서신뿐만 아니라 칼뱅과 제네바 시의회의 관계를 유추할 수 있는 문서가 실린 1차 자료로서 특히 가치가 있다. 이 부록을 쓴 목적은 이러한 작품을 언급하는 가장 일반적인 방법을 설명하기 위해서다.

《기독교 강요》

칼뱅의《기독교 강요》는 거의 언제나 1559년판이 언급된다. 1559년판은 네 권으로 나뉘며, 각 권은 광범위한 주제를 다룬다. 각 권은 여러 장으로 나뉘며, 각 장은 여러 항목으로 세분된다. 따라서 1559년판을 언급할 때는 권, 장, 항목을 식별하는 세 개의 숫자로 표시한다. 보통 권 번호는 로마숫자 대문자로, 장 번호는 로마숫자 소문자로, 항목 번호는 아라비아숫자로 표시한다. 따라서 2권 12장 1번 항목을 언급할 때는 대개 II.xii.1로 표시한다. 더러 II, 12, 1 또는 2.12.1로 표시하기도 한다. 본서에서는 II.xii.1 형식을 사용했다.

《종교개혁 전집》 시리즈 중 칼뱅의 작품

칼뱅이 쓴 주석과 설교를 언급하는 경우는 대개《종교개혁 전집》에 포함된 작품을 가리키고, 간단하게 권과 쪽 번호만 표시한다. 따라서 OC 50.437은《종교개혁 전집》50권 437쪽을 의미한다. 권을 가리키는 숫자는 1부터 59까지다. 한 권에 부가 여러 개일 때는 소문자로 표시한다. 따라서 OC10a.160-165는《종교개혁 전집》10권 1부 160-165쪽을 가리킨다.

안타깝게도, 짜증 나는 관행 때문에 칼뱅이 오래전에 쓴 작품에 한해 이따금 혼란이 생길 수 있다.《종교개혁 전집》은 멜란히톤의 작품(1-28권), 칼뱅의 작품(29-87권), 츠빙글리의 작품(88권 이후)으로 이루어졌다. 따라서 칼뱅의 작품 1권이 이 시리즈에서는 29권에 해당하고, 가끔 더 오래된 작품이 더 높은

숫자로 표시된다. 만약 이 시리즈에 실린 칼뱅의 작품을 언급하면서 87이라는
권 번호가 적혀 있으면, 그 숫자에서 28을 빼야 정확한 권 번호를 알 수 있다.
특히 칼뱅의 오래된 작품을 언급하는데 정확히 몇 권을 가리키는지 이해할 수
없다면, 표시된 숫자에서 28을 뺀 뒤 다시 찾아보라.

Annales ESC *Annales économies, societés et civilisations*
ARG *Archiv für Reformationsgeschichte*
BSHPF *Bulletin de la société d'histoire du protestantisme française*
BHR *Bibliothèque d'histoire de la Renaissance*
HThR *Harvard Theological Review*
JHI *Journal of the History of Ideas*
NAK *Nederlands Archief voor Kerk Geschiedenis*
OC Ioannis Calvini opera quae supersunt omnia (Corpus Reformatorum)
RHR *Revue d'Humanisme et Renaissance*
RHPhR *Revue d'histoire et de philosophie religieuse*
RThAM *Rocherches de théologie ancienne et médiévale*
SCJ *Scottish Journal of Theology*
SJTH *Sixteenth-Century Journal*
WA D. Martin Luthers Werke: kritische Gesamtausgabe
Z Huldreich Zwinglis sämtliche Werke (Corpus Reformatorum)

머리말

1. Dufour, 'Le mythe de Genève au temps de Calvin'.
2. Morgan, *The Puritan Family*, 16. 전통적인 청교도에 관한 정형화된 이미지는 '주로 왕정복고 후에 생겼다.' C. Hill, *The Intellectual Origins of the English Revolution*, 293.
3. Rosen, 'Calvin's Attitude towards Copernicus'.

1장 서론

1. 제네바의 초기 역사에 관해서는 다음 자료를 참고하라. Martin, 'Les origines de la civitas et de l'évêché de Genève'; idem, *Histoire de Genève des origines à 1798*; Broise, *Genève et son territoire dans l'antiquité.* 제네바의 교구 역사에 관해서는 다음을 참고하라. Baud, *Le diocèse de Genève-Annecy.*
2. D. Hay, *Europe: The Emergence of an Idea* (Edinburgh, 2nd edn, 1968).
3. 예를 들어 다음 책을 참고하라. J. Toussaert, *Le sentiment religieux en Flandre à la fin du Moyen Age* (Paris, 1963).
4. 다음 자료를 참고하라. P. Saenger, 'Silent Reading: Its Impact on Late Medieval Script', *Viator* 13 (1982), 367-414. 특히 408-413을 참고하라.
5. P. Imbart de la Tour, *Origines de la Réforme* (4 vols: Melun, 2nd edn, 1946), vol. 3, 127, 324, 335-336.
6. A. Labarre, *Le livre dans la vie amiénoise au XVIe siècle* (Paris, 1971).
7. 다음 문헌을 참고하라. R. Stupperich, 'Das Enchiridion Militis Christiani des Erasmus von Rotterdam', ARG 69 (1978), 5-23.
8. 예를 들어 다음 책을 참고하라. G. Strauss, *Manifestations of Discontent in Germany on the Eve of the Reformation* (Bloomington, Ind., 1971).

9. 다음 문헌을 참고하라. B. Moeller, 'Piety in Germany around 15oo', in S. Ozment (ed.), *The Reformation in Medieval Perspective* (Chicago, 1971), 50-75.

10. 이에 관해서는 다음 문헌을 참고하라. K. Stendahl, 'The Apostle Paul and the Introspective Conscience of the West', in *Paul among Jews and Gentiles* (Philadelphia, 1976), 78-96.

11. B. Collett, *Italian Benedictine Scholars and the Reformation* (Oxford, 1985), 1-76.

12. R. Lecotte, *Recherches sur les cultes populaires dans l'actuel diocèse de Meaux* (Paris, 953), 260.

13. 프랑스에서의 관례에 대해서는 다음을 참조하라. S. Lebecq, 'Sur la mort en France et dans les contrées voisines à la fin du Moyen Age', *Information Historique* 40 (1978), 21-32.

14. A. E. McGrath, *Reformation Thought* (Oxford/New York, 1988), 78-82. 《종교개혁사상》(기독교문서선교회).

15. Clerval, *Registre des procès-verbaux,* 237.

16. D. Hay, *The Italian Renaissance* (Cambridge, 2nd edn, 1977), 49-57.

17. M. Venard, 'Pour une sociologie du clergé du XVIe siècle: recherches sur le recrutement sacerdotal dans la province d'Avignon', *Annales ESC* 23 (1968), 987-1016.

18. H. Heller, *The Conquest of Poverty: The Calvinist Revolt in Sixteenth-Century France* (Leiden 986), 11-12, 53-54.

19. E. Le Roy Ladurie, *Les paysans de Languedoc* (2 vols: Paris, 1966), vol. 1, 320-326.

20. T. Boutiot, *Etudes historiques recherches sur les anciennes pestes de Troyes* (Troyes 1857), 15-23; A. Croix, *Nantes et pays nantais au XVIe siècle* (Paris, 1974), 109-110; H. Heller, 'Famine, Revolt and Heresy at Meaux, 1521-1525', *ARG* 68 (1977), 133-157.

21. M. M. Edelstein, 'Les origines sociales de l'épiscopat sous Louis XII et François ler', *Revue d'historire moderne et contemporaine* 24 (1977), 239-247.

장 칼뱅의 생애와 사상

22. E. Marcel, *Le Cardinal de Givry, évêque de Langres*, 1529-1561 (2 vols: Dijon, 926), vol. 1, 69-109.

23. P. Benedict, *Rouen during the Wars of Religion* (Cambridge, 1981), 10.

24. Lefranc, *Jeunesse de Calvin*, 34.

25. 스트라스부르 종교개혁에 이러한 갈등이 반영되었다는 견해에 관해서는 다음을 참고하라. Rapp, *Réformes et réformation à Strasbourg* (Paris, 1979).

26. A. E. McGrath, *The Intellectual Origins of the European Reformation* (Oxford/New York, 1987), 12-28.

27. A. E. McGrath, *Luther's Theology of the Cross* (Oxford/New York, 1985), 8-12.《루터의 십자가 신학: 마르틴 루터의 신학적 돌파》(컨콜디아사).

28. E. Droz, 'Fausses adresses typographiques', *BHR* 23 (1961), 380-386, 572-574.

29. Desmay, 'Remarques sur la vie de Jean Calvin', 388 (1621). 17세기 초부터 시작된 다른 지역 전통에 관해서는 다음 자료를 참고하라. Le Vasseur, *Annales* (1633), and Masson, *Elogia varia* (1638).

30. Walzer, *Revolution of the Saints*, 310, 313-314.

31. G. Berthoud, *Antoine Marcourt, réformateur et pamphlétaire du 'Livre des Marchands' aux placards de 1534* (Geneva, 1973), 157-222. 벽보 글귀에 관해서는 287-289쪽을 참고하라.

32. 다음을 참고하라. *Ordonnance du Roy François contre les imitateurs la secte Luthérienne* (1 February 1535), Bibliothèque National F. 35149, cited *Recueil général des anciennes lois Fançaises*, ed. F. Isambert, A. Jourdain and A. Recosy (20 vols Paris, 1821-1833), vol. 12, 50-75.

33. 다음을 참고하라. Colladon's acount, OC 21.56. Cf. Doumergue, Jean Calvin, vol. 1, 354.

34. Ibid., vol. 1, 127.

35. 다음을 참고하라. McGrath, *Luther's Theology of the Cross*, 95-181.《루터의 십자가 신학: 마르틴 루터의 신학적 돌파》(컨콜디아사).

36. OC 5.411-413.

37. OC 31.21-24.

38. Stauffer, 'Le discours à la première personne dans les sermons de Calvin'.

39. 칼뱅에 관한 현대 프랑스 로마 가톨릭 문헌은 페일쉬프터의 저서에서 확인할 수 있다. Pfeilschifter, *Das Calvinbild bei Bolsec*.

40. OC 31.26.

41. 칼뱅은 청년 시절 자신의 주요 목표 중 하나가 사람들의 관심에서 벗어나 은둔 생활을 하는 것이었다고 말했다. OC 31.19-34.

42. 다음을 참고하라. Hall, 'The Calvin Legend'; idem, 'Calvin against the Calvinists'; Stauffer, *L'humanité de Calvin*, 9-17.

2장 파리: 지성의 형성

1. Wendel, *Calvin*, 17-18; Stauffer, 'Calvin', 16.

2. Desmay, 'Remarques sur la vie de Jean Calvin', 388.

3. Thurot, *Organisation de l'enseignement dans l'université de Paris*, 94; Dupon-Ferrier, 'Faculté des arts dans l'université de Paris', 70-71. 그러나 다른 자료들은 보통 열다섯 살에 교양 과정을 시작했다고 말한다. Farge, *Orthodoxy and Reform*, 11.

4. Lefranc, *Jeunesse de Calvin*, 195. 그때 칼뱅의 나이가 열두 살로 서술되어 있지만, 사실은 열한 살이었다. 르프랑은 누아용 기록부에서 칼뱅과 관련이 있는 부분을 발췌한 유용한 자료를 제시한다. 193-201을 참고하라.

5. OC 21.36. 키슈라는 생트 바르브에 관한 연구서에서 베즈의 진술을 근거로 칼뱅이 이 학교 졸업생이라고 주장한다. Quicherat, *Histoire de Sainte-Barbe*, vol 1, 203-218.

6. Ménager, 'Théodore de Beze, biographe de Calvin'.

7. OC 21.54.

8. OC 21.56.

9. OC 21.121: '··· In Gymnasio Marchiano Mathurinum Corderium.'

10. 다음을 참고하라. C. E. Delormeau, *Un maître de Calvin: Mathurin Cordier, l'un des créateurs de l'enseignement secondaire moderne* (Neuchâtel, 1976), 24-29. 코르디에와 관련이 있는 파리의 콜라주 명단은 1564년 2월 6일 자 〈대화집〉에서 찾아볼 수 있다. 돌로르무의 책에 그대로

실려 있다. Delormeau, 122-126, esp. 122.

11. 일례로 다음을 참고하라. Quicherat, *Histoire de Sainte-Barbe*, vol. 1, 206.

12. Farge, *Orthodoxy and Reform*, 88.

13. Bibliothèque Nationale MS Lat 5657A. Rashdall, *Universities of Europe*, vol. 1, 528-529.

14. Archives de l'Université MSS Reg 89 fol. 4IV; Reg 90 fols 33v, 43r. 1520년대에 소르본과 나바르 외에도 다양한 콜라주에서 신학을 강의했던 많은 인물의 이름을 확인할 수 있는 유의미한 자료가 국립도서관에 소장되어 있다. Bibliothèque Nationale MS Lat 12846 (e.g., fol. 161r-v). 16세기에 기록된 원본을 요약한 이 문서는 17세기에 작성되었다. 이 정보는 대학교 안에서 심지어 이 중요한 자료가 보여 주는 것보다 더 광범위하게 신학 강의가 이루어졌다는 사실을 말해 주는 고문서 원본 자료를 예증하는 것이다.

15. 파리대학교 신학부 교육과정에 관해서는 다음 자료를 참고하라. Farge, *Orthodoxy and Reform*, 16-28.

16. 칼뱅이 파리대학교에서 하나 이상의 콜라주와 관계를 맺었을 것으로 추측하는 세 번째 근거를 언급할지 모르지만, 칼뱅은 거기에 해당하지 않는다. 연구 지도 교수와 같은 대학교수들이 여러 콜라주에 소속되는 경우는 흔한 일이었다. 이는 그들이 여러 콜라주에서 학생들을 가르쳤다는 뜻이다.

17. Godet, *Congrégation de Montaigu*; Féret, *Faculté de théologie*, vol. 1, 3-5.

18. 더 자세한 내용은 다음을 참고하라. A. Renaudet, 'Jean Standonck un réformateur catholique avant la Réforme', *Humanisme et Renaissance, Travaux* 30 (1958), 114-161. 당시에 도입된 학칙에 관해서는 다음 자료를 주목하라. Godet, *Congrégation de Montaigu*, 143-170.

19. E.g., A. Renaudet, *Préréforme et l'humanisme à Paris pendant les premières guerres de l'Italie* (1496-1517), (Paris, rev. edn, 1953) 26쪽; Wendel, Calvin et l'humanisme, 13.

20. 다음을 참고하라. R. R. Post, *The Modern Devotion* (Leiden, 1968), 13-15.

21. Renaudet, 'L'humanisme et l'enseignement de l'université', 153; Garcia Vil loslada, *Universidad de París durante los estudios de*

Francisco de Vitorio, 87, 106-126.

22. OC 21.54.

23. Based on Thurot, *Organisation de l'enseignement dans l'université de Paris*, appendixes 3-5. 1500년부터 1550년까지 학생 수 추정치에 관해서는 다음 자료를 참고하라. Matos, *Les Portugais à l'université de Paris*, 111 n. 1.

24. 다음 자료에 언급되어 있다. Goulet to the 'cingulum super vestem': Quicherat, *Histoire de Saint-Barbe*, 331. 1539년에 개혁에 관한 제안이 있었다. Du Boulay, *Historia Universitatis Parisiensis*, vol. 6, 334-335.

25. Berty, *Topographie historique du vieux Paris: région centrale de l'université*, passim, supplemented by Archives Nationales collections S 6211, S 6482-6483.

26. 다음을 참고하라. Godet, *Congrégation de Montaigu*, 34.

27. Godet, *Congrégation de Montaigu*, 33 n. 5. 몽테귀 콜레주가 소유하고 있던 시설과 부동산 소유권에 관한 자세한 설명은 다음 자료에서 확인할 수 있다. Archives Nationales manuscripts S 6211 and S 6482-6483.

28. J. Verger, 'Le rôle social de l'université d'Avignon au XVe siècle', *BHR* 33 (1971), 489-504.

29. Le Goff, 'La conception française de l'université à l'époque de la Renaissance', 94-100.

30. 칼뱅이 지난날을 회상하며 한 말에 주목하라(OC 31.22). "그의 마음은 오롯이 신학에 쏠려 있었다"라고 한 테오도르 드 베즈의 말과 비교해 보라(OC 21.29).

31. Ganoczy, *The Young Calvin*, 174.

32. Thurot, *Organisation de l'enseignement dans l'université de Paris*; Cobban, *Medieval Universities*.

33. 주석이 달린 명단은 다음 자료에서 확인할 수 있다. M. Prat, *Maldonet et l'université de Paris* (Paris, 1856), 527-537.

34. OC 21.121.

35. 여기에 관해서는 다음을 참고하라. Kibre, *Nations in the Medieval Universities*.

36. Farge, *Orthodoxy and Reform*, 60, 72-75, 81. 이는 교양학부를 졸업하고 이어서 신학을 공부한 학생 중 소속 기관이 명시된 학생들 수치다. 교양학부를 졸업하고 신학부에 진학한 학생 중 절반은 소속이 명시되어 있지 않다.

37. Goulet, *Compendium*. 이 책에서는 다음 자료에 실린 내용을 재인용했다. Quicherat, *Histoire de Sainte-Barbe*, vol. 1, 325-331.

38. Thurot, *Organisation de l'enseignement dans l'université de Paris*, 101.

39. Quicherat, *Histoire de Sainte-Barbe*, vol. 1, 330.

40. 아리스토텔레스를 얼마나 존경했는지는 "논리학의 정점에 계신 아리스토텔레스를 공경한다"라고 한 굴레의 발언을 참고하라. Quicherat, *Histoire de Sainte-Barbe*, vol. 1, 330. 학업 규정이 적힌 책에 관한 자세한 내용은 다음을 참고하라. Garcia Villoslada, Universidad de París, 74-75.

41. Garcia Villoslada, *Universidad de París*, 133. 그렇다고 해서 존 메이저가 아리스토텔레스의 견해를 철저히 따르는 아리스토텔레스학파 사람이었던 것은 아니다. 일례로, 메이저는 파리대학교에서 추가의 우주 공간, 세계의 무한성과 같은 반아리스토텔레스 사상을 주도하는 대표적인 인물이었다. Kaiser, 'Calvin's Understanding of Aristotelian Natural Philosophy', 87.

42. E.g., see C. B. Schmidt, *Aristotle and the Renaissance* (Cambridge, Mass., 1983); E. F. Rice, 'Humanist Aristotelianism in France: Jacques Lefèvre d'Étaples and His Circle', in A. H. T. Levi (ed.), *Humanism in France at the End of the Middle Ages and in the Early Renaissance* (Manchester 1970), 132-149.

43. Paris, Bibliothèque Nationale MS Lat 6535 fol. 228v.

44. Kaiser, 'Calvin's Understanding of Aristotelian Natural Philosophy'.

45. Quicherat, *Histoire de Sainte-Barbe*, vol. 1, 330.

46. 콜라동은 스페인 사람 두 명을 언급하고(OC 21.54), 베즈는 칼뱅에게 변증법을 가르친 스페인 사람 한 명을 언급한다(OC 21.121): 'translatus deinde in Gymnasium ab Acuto Monte cognominatum Hispanum habuit doctorem non indoctum: a quo exculto ipsius ingenio, quod ei iam

주註

tum erat acerrimum, ita profecit ut ⋯ ad dialectices et aliarum quas vocant artium studium, promoveretur.'

47. Reuter, *Grundverständnis der Theologie Calvins*, 20-21, 28. 요약본은 다음을 참고하라. A. E. McGrath, *Reformation Thought*, (Oxford/New York, 1988) 63-64. 로이터는 더 최근의 연구에서 이 논문을 조금 수정했다. Reuter, *Vom Scholaren bis zum jungen Reformator*. 맥도넬은 로이터의 이전 입장을 아무 비판 없이 그대로 받아들였다. McDonnell, John Calvin, 7-13.《종교개혁사상》(기독교문서선교회).

48. Torrance, 'Intuitive and Abstractive Knowledge'. 초기 연구에 속하는 다음 자료와 비교해 보라. Torrance, 'La philosophie et la théologie de Jean Mair ou Major'. 뤼시앵 리처드 역시 인식론상의 유사점을 발견했다. Richard, *Spirituality of John Calvin*, 181.

49. Wendel, *Calvin*, 19.

50. Dankbaar, *Calvin*, 5.

51. Ganoczy, *Young Calvin*, 168-178. 1536년, 1539년, 1543년, 1559년판《기독교 강요》에 나온 페트루스 롬바르두스와 그라티아누스에 관한 자세한 내용은 다음 자료를 참고하라. Smits, *Saint Augustin dans l'oeuvre de Jean Calvin*, 210.

52. Reuter, *Vom Scholaren bis zum jungen Reformator*, 6-12.

53. Goumaz, *Doctrine du salut*, 92.

54. C. G. Nauert, 'The Clash of Humanists and Scholastics: An Approach to Pre-Reformation Controversies', SCJ 4 (1973), 1-18; J. Overfield, 'Scholastic Opposition to Humanism in Pre-Reformation Germany', *Viator* 7 (1976), 391-420; A. H. T. Levi, 'The Breakdown of Scholasticism and the Significance of Evangelical Humanism', in G. R. Hughes (ed.), *The Philosophical Assessment of Theology* (Georgetown, 1987), 101-128.

55. Erasmus, *Opera Omnia*, vol. 6, 962D-967C.

56. 실제로 진지한 면이 있었다! 하나님이 오이(혹은 당나귀나 돌멩이)가 되실 수 있는가 하는 논쟁은 성육신에서 의인화와 관련이 있다. A. E. McGrath, '*Homo Assumptus?* A Study in the Christology of the *Via Moderna*,

with Special Reference to William of Ockham', Ephemerides *Theologicae Lovanienses* 60 (1985), 283-297. 하나님이 과거를 되돌릴 수 있는가 하는 논쟁은 '미래 시점 우연 명제의 문제'와 관련이 있다. W. Courtenay, 'John of Mirecourt and Gregory of Rimini on whether God can undo the past', *Recherches de Théologie ancienne et médiévale* 39 (1972), 244-256; 40 (1973), 147-174.

57. 기초 입문서로는 다음을 참고하라. McGrath, *Reformation Thought*, 50-66, 특히 53-61을 참고하라. 더 자세한 분석은 다음을 참고하라. A. E. McGrath, *Intellectual Origins of the European Reformation* (Oxford/New York, 1987), 69-121, 특히 70-93을 참고하라.《종교개혁사상》(기독교문서선교회).

58. 다음을 참고하라. E. Gilson, *History of Christian Philosophy in the Middle Ages* (London, 1978), 489-498.

59. A. L. Gabriel, "'Via Moderna" and "Via Antiqua" and the Migration of Paris Students and Masters to the German Universities in the Fifteenth Century', in A. Zimmermann, (ed.), *Antiqui und Moderni: Traditionsbewusstsein and Fortschrittsbewusstsein im späten Mittelalter* (Berlin/New York, 1974), 439-483.

60. 로이터는 존 메이저의 명사론과 칼뱅의 여섯 가지 접점을 포착했다. Reuter, *Vom Scholaren bis zum jungen Reformator*, 6-12.

61. 나는 다음 글에서 이 가능성을 처음 약술한 바 있다. McGrath, 'John Calvin and Late Medieval Thought'.

62. 펠라기우스 논쟁이 역사적으로 어떻게 발전해 왔는지 문제에 관해서는 다음 책을 참고하라. P. Brown, *Augustine of Hippo* (London, 1975), 340-407.

63. A. E. McGrath, *Iustitia Dei: A History of the Christian Doctrine of Justification* (2 vols: Cambridge, 1986), vol. 1, 163-179.

64. Scotus, *Opus Oxoniense* III dist. xix q.1 n.7: 'dico, quod omne aliud a Deo, ideo est bonum, quia a Deo volitum, et non est converso: sic meritum illud tantum bonum erat, pro quanto acceptabatur.'

65. *Responsio ad aliquot Laelii Socini Senensis quaestiones*: OC 10a.160-

165. 1554년판 《기독교 강요》에서는 이 질문을 지극히 피상적으로만 분석한다(vii, 18; OC 1. 523-524).

66. *Institutes* II. xvii. 1.

67. 일례로 다음 자료를 참고하라. A. Gordon, 'The Sozzini and their School', *Theological Review* 16 (1879), 293-322.

68. Reuter, *Grundverständnis der Theologie Calvins*, 21.

69. Mair, *In I Sent.*, preface (Paris, 1530).

70. (반드시 칼뱅이 직접 필사한 것은 아닐지라도) 이 저작의 사본이 1572년 제네바 아카데미 도서관 소장 목록에 포함되었다. 다음을 참고하라. Ganoczy, *La bibliothèque de l'Académie de Calvin*, 102-105.

71. 유명론을 대표하는 선생으로서 오컴의 윌리엄과 리미니의 그레고리우스의 대학 내 위상에 관해서는 다음 책을 참고하라. Garcia Villoslada, *Universidad de París*, 118.

72. Dankbaar, *Calvin*, 26.

73. Clerval, *Registre des procès-verbaux*, 370.

74. Paris, Archives Nationales X 1530, fols 33v-34r; 프랑스 왕이 파리 파를러망에 보낸 편지.

75. 자세한 내용은 다음 자료를 참고하라. Cristiani, 'Luther et la faculté de théologie de Paris'.

76. 8월 14일 회의를 예로 들어 보자. 회의록에는 이렇게 기록되어 있다. 'in materia de Leuter [sic] de qua fuerat articulus, non fuit conclusio pacifica.' Clerval, *Registre des procès-verbaux*, 273.

77. 다음 책에 원문이 실려 있다. Du Boulay, *Historia Universitatis Parisiensis*, vol. 6, 116-127. 헴샐이 지적한 대로 이 문서는 라이프치히 논문에 관한 반응이라 하기 어렵다. Hempsall, 'Luther and the Sorbonne'.

78. 다음 자료를 참고하라. A. E. McGrath, 'Forerunners of the Reformation? A Critical Examination of the Evidence for Precursors of the Reformation Doctrines of justification', HThR 75 (1982), 221.

79. 증거 서류 전문은 다음 자료를 참고하라. F. M. Higman, *Censorship and the Sorbonne: A Bibliographical Study of Books in French Censured by the Faculty of Theology of the University of Paris, 1520-1551*

장 칼뱅의 생애와 사상

(Geneva, 1979); Fargo, Orthodoxy and Reform, 169-208.

3장 방황의 시기: 오를레앙, 그리고 인문주의와의 만남

1. '프랑스 변호사들의 황태자'라는 표현은 베즈가 칼뱅의 전기에서 사용한 표현이다. OC 21.121-122. 오를레앙으로 이사한 날짜를 둘러싼 논박은 다음을 참고하라. Parker, *John Calvin*, 189-191.

2. OC 21.29, 54, 121.

3. A. E. McGrath, *Intellectual Origins of the European Reformation* (Oxford/New York, 1987), 125-127.

4. 르네상스 시대 인문주의의 본질을 조사한 최근 연구에 관한 평론은 다음을 참고하라. McGrath, *Intellectual Origins of the European Reformation*, 32-68.

5. P. O. Kristeller, *La tradizione aristotelica nel Rinascimento* (Padua, 1972).

6. Idem. 'The European Diffusion of Italian Humanism', in *Renaissance Thought Il: Humanism and the Arts* (New York, 1965), 69-88.

7. P. Bietenholz, *Der italienische Humanismus und die Blütezeit des Buchdrucks in Basel* (Basle, 1959).

8. R. Stupperich, 'Das Enchiridíon Militis Christiani des Erasmus von Rotterdam', *ARG 69* (1978), 5-23.

9. 이어지는 이야기는 다음을 참고하라. McGrath, *Intellectual Origins of the European Reformation*, 122-139.

10. Hall, 'Calvin, the Jurisconsults and the *Ius Civile*'.

11. G. Kisch, *Humanismus und Jurisprudenz: Der Kampf zwischen mos italicus und mos gallicus an der Universität Basel* (Basle, 1955), 9-76.

12. 여기에 영향을 받았을 가능성에 관해서는 다음을 참고하라. R. Abbondanza, 'Premières considérations sur la méthodologie d'Alciat', in *Pédagogues et juristes* (Paris, 1963), 107-118.

13. 초안에 관해서는 다음을 참고하라. OC 10a.125-146.

14. Grislis, 'Calvin's Use of Cicero in the Institutes I:1-5'.

15. 다음을 참고하라. OC 10b.16-17, 19-20.

16. OC 10b.19-20, 20-21쪽. 다음을 참고하라. Battles and Hugo, *Commentayr on Seneca*, 387-391.

17. 이 대담한 제안에 주목하라(OC 5,32): 'errat tamen Erasmus'.

18. J. Boisset, *Sagesse et sainteté dans la pensée de Calvin* (Paris, 1959), 248.

19. 칼뱅은 나중에 이와 비슷한 방식으로 인용구 모음집을 활용했을 수도 있다. 다음 책이 대표적인 예다. Hermann Bodius, *Unio Dissidentium*. 이 책은 1527년과 1602년에 자주 발행되었다. 칼뱅이 이 책이나 이와 비슷한 책에서 교부들의 글을 발췌해서 사용했을 가능성이 있다.

20. Doinel, 'Jean Calvin à Orléans'.

21. Lefranc, *La jeunesse de Calvin*, 200.

22. 이어지는 이야기는 다음을 참고하라. Bourrilly and Weiss, 'Jean du Bellay, les protestants et la Sorbonne, 1529-1535'.

23. Duplessis d'Argentré, *Collectio judiciorum* 2/1, 78.

24. Duplessis d'Argentré, *Collectio judiciorum*, 2/1, 96-97. 프랑스어 단어 'broder'는 영어 단어 'embroider'와 같은 뜻으로 볼 수 있다(전자는 '미화하여 이야기하다'라는 뜻이고, 후자는 이야기 따위를 '윤색하다'라는 뜻이다-옮긴이).

25. Paris, BN MS N Acq Lat 1782 fols 259v-260r.

26. Paris, BN MS N Acq Lat 1782 fols 265v-269r. 여기에는 신학부에서 이 시의 내용을 적극적으로 규탄하지 않았다는 주장이 나와 있다. 신학부에서는 이 시를 펴낸 출판업자가 기존 규정을 지키지 않은 점을 비판한 것이라고 주장했다. 이 사건들을 다른 시각에서 해석한 자료를 보려면 다음을 참고하라. F. M. Higman, *Censorship and the Sorbonne: A Bibliographical Study of Books in French Censured by the Faculty of Theology of the University of Paris*, 1520-1551 (Geneva, 1979).

27. OC 10b,25-26. '프리디에 시모니스pridie Simonis'라는 표현은 '성 시몬 축일 전야', 그러니까 10월 27일로 해석해야 한다. 콜라동이 쓴 전기(OC 21,123)에는 칼뱅이 이 기간에 콜레주 드 포르테에 소속되어 있었다고 나온다.

28. Ganoczy, *The Young Calvin*, 77-78.

29. A. Renaudet, *Préréforme et l'humanisme à Paris pendant les premières guerre de l'Italie 1496-1517* (Paris, rev. edn, 1953), 210.

장 칼뱅의 생애와 사상

30. Du Boulay, *Historia Universitatis Parisiensis* vol. 6, 238. 이 자료에 따르면, 니콜라 콥은 10월 10일에 근무를 시작했다.

31. E.g., Wendel, *Calvin*, 40.

32. H. de Vocht, *Monumenta humanística Lovaniensia* (Louvain, 1934), 434-441, esp. 438.

33. 연설 원고는 다음을 참고하라. Rott, 'Documents strasbourgeois', 43-49.

34. 편지 전문과 엄청난 양의 메모에 관해서는 다음을 참고하라. De Vocht, *Monumenta*, 430-458.

35. 이 내용은 자크 콜랑Jacques Colin이 장 뒤 벨레에게 보낸 12월 11일 자 편지에 등장한다. 다음을 참고하라. Bourrilly and Weiss, 'Jean du Bellay, les protestants et la Sorbonne', 218-219 n. 3.

36. 이 사실을 알려 준 이는 로드리고 만리케다. De Vocht, *Monumenta*, 440.

37. Paris, Archives Nationales MS X 1537 fol. 29r. (프랑수아 1세가 니콜라 콥을 피에르 코누Pierre Cornu와 혼동하고, '총장Recteur'을 '의사docteur'로 읽었을 가능성이 있다. 다음을 참고하라. Rott, 'Documents strasbourgeois', 35 n. 39.) 일찍이 고등법원에 '지긋지긋한 루터 종파'를 단호히 기소하라고 지시한 사실에도 주목할 필요가 있다(fols 28v-29r); 프랑수아 1세는 니콜라 콥이 이 집단과 분명 관련이 있다고 보았다.

38. 자세한 내용은 다음을 참고하라. Rott, 'Documents strasbourgeois'.

39. 프랑수아 다니엘에게 보낸 1534년 1월 18일 자 편지에 이 사실이 암시되어 있다. OC 10b.15-16(1532년 언제쯤 출간되었는지는 확실치 않다).

40. 다니엘에게 보낸 1533년 12월 27일 자 편지에 나와 있다. OC 10b.11-12.

4장 인문주의자에서 종교개혁가로: 회심

1. 다음을 참고하라. P. Fredricksen, 'Paul and Augustine: Conversion Narratives, Orthodox Traditions and the Retrospective Self', *Journal of Theological Studies* 37 (1986), 3-34.

2. 당시 광범위하게 퍼져 있던 이런 태도는 칭의에 관한 후기 유대교와 중세 후기 가톨릭의 관점을 오해한 데서 비롯된 것이라는 점을 강조할 필요가 있다. 다음을 참고하라. A. E. McGrath, *Iustitia Dei: A History of the Christian Doctrine of Justification* (2 vols. Cambridge, 1986), vol. 1, 70-91; E. P.

Sanders, *Paul, the Law and the jewish People* (Philadelphia, 1983).

3. 《사돌레토에게 보내는 답신》에 칼뱅의 회심에 관한 단서가 담겨 있다고 말하는 이들이 더러 있다. 이 서신에서 두 복음주의자(한 사람은 사제고 또 한 사람은 평신도다)는 자신의 회심을 묘사한다. 일부 작가들은 이것이 회심에 관한 정형화된 생각이나 모범을 언급한 것이 아니라 칼뱅 개인의 경험을 반영하는 것이라고 본다. Doumergue, *Jean Calvin*, vol. 1, 347; Wendel, *Calvin*, 38-39. 이에 관해서는 이 작품의 문학 장르가 연극의 성격이 강한 허구라는 점을 지적할 필요가 있다. 사돌레토는 사제이자 '보통 사람'인 화자가 복음주의의 기행과 일탈을 한탄하는 글을 썼고, 이에 대응하려면 칼뱅 역시 문학적으로 같은 양식을 택할 수밖에 없었다. 《사돌레토에게 보내는 답신》에는 자전적 묘사가 전혀 담겨 있지 않을뿐더러, 우리가 알고 있는 칼뱅의 경력에 기초해서 볼 때 칼뱅 자신의 이야기임을 명확히 알 수 있는 구절을 전혀 찾을 수 없다. Ganoczy, *Young Calvin*, 254-259.

4. 다음 자료를 요약했다. OC 31.21-24.

5. Parker, *John Calvin*, 193. 파커는 칼뱅이 쓴 세네카 주석을 근거로 여기 나오는 'subito'를 'unexpected'로 번역해야 한다고 주장한다. 세네카 주석에서 칼뱅은 이 단어의 의미를 이렇게 풀이했다. '*subita* – 갑작스러울 *repentina* 뿐만 아니라 예기치 못한*inconsiderata*.' 다음을 참고하라. Battles and Hugo, *Commentary on Seneca*, 55-56; Parker, *John Calvin*, 193-194. 그러나 이때 칼뱅은 '*subita*'라는 단어의 예외적인 의미를 밝힌 것으로 보인다. 세네카가 자신의 논문에서 '*subita*'라는 단어를 사용할 때 '갑작스러운'이라는 일반적인 의미보다 '사전에 계획된 것이 아닌'이라는 의미를 더 우선시했기 때문이다. 대부분의 회심은 사전에 계획하거나 예측할 수 있는 것이 아니라고 보는 게 합리적이다. 그런 의미에서 칼뱅이 사용한 '*subita conversio*'라는 표현은 동어반복으로 보인다. 그러나 장기간에 걸쳐 일어난다는 점에서 보면, 회심이 반드시 **갑작스럽게** 일어난다고 할 수만도 없다.

6. A. Rich, *Die Anfänge der Theologie Huldiych Zwinglis* (Zurich, 1949), 104-119.

7. 칼뱅이 하나님의 부르심을 어떻게 인식했는지를 탁월하게 분석한 다음 책을 참고하라. Ganoczy, *Young Calvin*, 287-307.

8. 다음 책에서 이 점에 관해 분석하고 있다. Sprenger, *Das Rätsel um die*

장 칼뱅의 생애와 사상

Bekebrung Calvins, 36-41. 본문에 관해서는 다음을 참고하라. OC 31,21 and 48,199-202.

9. McGrath, *Luther's Theology of the Cross* (Oxford/New York, 1985). 루터는 사망하기 한 해 전인 1545년에 자신의 인생을 돌아보면서 1513년부터 1519년 사이에 일어난 사건들을 1515년을 중심으로 설명했다. 《루터의 십자가 신학: 마르틴 루터의 신학적 돌파》(컨콜디아사).

10. Ganoczy, *Young Calvin*, 252-266.

11. De Raemond, *Histoire*, 883-885.

12. OC 13,681쪽. 플로리몽 드 레몽은 (칼뱅이 앙굴렘에서 수년간 거주했다는 말은 잘못된 정보지만) 이 기간에 칼뱅이 친하게 지낸 사람들의 명단을 열거한다. De Raemond, *Histoire*, 883-885.

13. De Raemond, *Histoire*, 889.

14. 이 문서는 다음 자료에 인용되어 있다. Lefranc, *Jeunesse de Calvin*, 201.

15. Ibid., 201.

16. 다음을 참고하라. Doumergue, *Jean Calvin*, vol. 7, 575.

17. OC 12,68. 칼뱅이 1536년 4월에 이탈리아에서 돌아오는 길에 발레다오스타를 지나다가 종교재판에 넘겨져 옥에 갇혔다는 주장(예, Dankbaar, *Calvin*, 42-43)은 당대의 어떤 자료에서도 확인되지 않은 내용이다.

18. OC 21. 57.

19. 칼뱅은 이때 무산된 만남에 관해 1554년에 언급한다. OC 8,481.

20. G. Berthoud, *Antoine Marcourt, réformateur et pamphlétaire du 'Lire des Marchands' aux placards de 1534* (Geneva, 1973), 157-222. 벽보 복제에 관해서는 287-289을 참고하라.

21. D. R. Kelley, *The Beginning of Ideology: Consciousness and Formation in the French Reformation* (Cambridge, 1981), 13-19.

22. 이 둘의 차이에 관해서는 다음 자료를 참고하라. R. O. Allen and B. Spilka, 'Committed and Consensual Religion', *Journal for the Scientific Study of Religion* 6 (1967), 191-206.

23. 자세한 내용은 다음을 참고하라. H. R. Guggisberg, *Basel in the Sixteenth Century* (St Louis, 1982).

24. P. Wernle, *Calvin und Basel bis zum Tode des Myconius* (Tübingen,

1909), 4; 몇 가지 추가 자료는 다음을 참고하라. Plath, *Calvin und Basel in den Jahren 1552-1556*.

25. 칼뱅은 1557년까지도 이 사건을 생생히 기억하고 있었다: OC 31.24.

26. 특히 프랑수아 1세가 독일 프로테스탄트에게 보낸 1535년 2월 1일 자 편지를 참고하라. Herminjard, *Correspondance des réformateurs*, vol. 3, 250-254.

27. OC 31.24. 프랑스어 원고가 라틴어 원고보다 표현력이 뛰어나다.

28. '서문 역할을 하는 편지'의 날짜는 '9월 10일'이다. 바젤의 인쇄업자 토마스 플라터와 발타자어 라시우스가 편집자 장 오포린의 도움을 받아 이 책을 제작하는 데 시간을 들였다. 책은 이듬해 3월에야 출간되었다.

29. OC 21.58.

30. N. M. Sutherland, *Huguenot Struggle for Recognition* (New Haven/London, 1980), 30-31, 336.

31. Lefranc, *La jeunesse de Calvin*, 205.

5장 제네바: 제1기

1. OC 8.416.

2. OC 48.117-118.

3. Kingdon, 'Deacons of the Reformed Church'.

4. 다음을 참고하라. Kingdon, 'Social Welfare in Calvin's Geneva'.

5. B. Moeller, *Imperial Cities and the Reformation* (Philadelphia, 1972).

6. T. A. Brady, *Ruling Class, Regime and Reformation at Strasbourg, 1520-1555* (Leiden, 1977).

7. S. E. Ozment, *The Reformation in the Cities: The Appeal of Protestantism to Sixteenth-Century Germany and Switzerland* (New Haven, 1975).

8. P. Broadhead, 'Popular Pressure for Reform in Augsburg, 1524-1534', in W. J. Mommsen (ed.), *Stadtbürgertum und Adel in der Reformation* (Stuttgart, 1979), 80-87; H. von Greyerz, *The Late City Reformation in Germany: The Case of Colmar* (Wiesbaden, 1980); W. Ehbrecht, 'Verlaufsformen innerstädtischer Konflicte in nord-

und westdeutschen Städten im Reformationszeitalter', in B. Moeller (ed.), *Stadt und Kirche im 16. Jahrhundert* (Gütersloh, 1978), 27-47; idem, 'Köln, Osnabrück, Stralsund: Rat und Bürgerschaft hansischer Städte zwischen religiöser Erneuerung und Bauernkrieg', in F. Petri (ed.), *Kirche und gesellschaftltcher Wandel* (Cologne, 1980), 23-64; Guggisberg, *Basel in the Sixteenth Century; S. Jahns, Frankfurt, Reformation und schmalkaldischer Bund (Frankfurt, 1976); E. Naujolts, Obrigkeitsgedanke, Zunftvefrassung und Reformation: Studien zur Verfassungsgeschichte von Ulm, Esslingen und schwäbische Gmünd* (Stuttgart, 1958); H.-C. Rublack, *Die Einführung der Reformation in Konstanz* (Gütersloh, 1971); idem, 'Forschungsbericht Stadt und Reformation', in B. Moeller (ed.), *Stadt und Kirche im 16. Jahrhundert* (Gütersloh, 1978), 9-26; R. W. Scribner, 'Civic Unity and the Reformation in Erfurt', *Past and Present* 66 (1975), 29-60; idem, 'Why was there no Reformation at Cologne?', *Bulletin of the Institute of Historical Research* 49 (1976), 217-241; H. Stratenwerth, *Die Reformation in der Stadt Osnabrück (Wiesbaden, 1971)*; G. Strauss, *Nuremberg in the Sixteenth Century* (New York, 1966); W. Wettges, *Reformation und Propaganda: Studien zur Kommunikation des Aufruhrs in süddeutschen Reichstädten* (Stuttgart, 1978).

9. A. E. McGrath, 'Justification and the Reformation: The Significance of the Doctrine of Justification by Faith to Sixteenth-Century Urban Communities', *ARG* 81 (1990), forthcoming.

10. 다음 책에서 이 점을 강조하고 있다. W. Becker, *Reformation und Revolution* (Münster, 1974).

11. 억압당하는 독일의 도시들이 보기에 스위스의 도시들은 '시민의 자유'가 무엇인지를 보여 주는 비현실적인 모델이었다. T. A. Brady, *Turning Swiss: Cities and Empire*, 1450-1550 (Cambridge, 1985).

12. H. C. Peyer, *Leinwandgewerbe und Fernhandet der Stadt St Gallen van den Anfängen bis 1520* (2 vols: St Gallen, 1959-1960).

13. Scribner, 'Civic Unity and the Reformation in Erfurt'.

14. N. Birnbaum, 'The Zwinglian Reformation in Zurich', *Past and Presents* 15 (1959), 27-47.

15. Borel, *Les foires de Genève au XVe siècle*.

16. Bergier, *Die Wirtschaftgeschichte der Schweiz*, 293-299.

17. 다음 자료에서 유용한 정보를 찾을 수 있다. Monter, *Calvin's Geneva*, 29-63.

18. 다음 자료를 참조하라. W. Richard, *Untersuchungen zur Genesis der Reformierten Kirclzentenninologie des Westschweiz und Frankreichs* (Berne, 1959), 41-53.

19. Ammann, 'Oberdeutsche Kaufleute und die Anfänge der Reformation in Genf'.

20. van Berchem, 'Une prédication dans un jardin'.

21. Herminjard, *Correspondance des réformateurs*, vol. 3, 125-126.

22. 군사 작전에 관한 자세한 내용은 다음 자료를 참고하라. *Histoire militaire de la Suisse* (4 vols: Berne, 1913-17), passim.

23. F. C. Gingins la Sarra, *Histoire de la ville d'Orbe et son château* (Lausanne, 1855).

24. M. H. Körner, *Solidarités financières suisses au XVle siècle* (Lucerne, 1980).

25. Monter, *Genevan Government*, 11-14.

26. 자세한 내용은 다음을 참고하라. OC 21,200-202.

27. OC 31,24 (여기서는 조금 더 긴 프랑스어 원문을 따랐다). 프랑스어 원문보다 간략한 라틴어 원문에서는 문제의 '연구'를 더 세련되게 표현했다.

28. OC 21,30.

29. *La Dispute de Lausanne 1536: La théologie réformée après Zwingli et avant Calvin* (Lausanne, 1988).

30. OC 9,701-702.

31. OC 9,877-884. 10월 7일에는 칼뱅도 토론에 잠시 끼어들었다. OC 9,884-886.

32. OC 9,879, 890.

장 칼뱅의 생애와 사상

33. 1536년 10월 13일, 칼뱅이 로잔에서 프랑수아 다니엘에게 쓴 편지를 참고 하라. OC 10b.64.

34. Dankbaar, *Calvin*, 49.

35. 다음 자료에 이 점이 강조되어 있다. Kingdon, 'Calvin and the Government of Geneva', 58.

36. OC 1.369-370.

37. OC 1.372-373.

38. OC 21.222.

39. 베른의 예식에는 파렐이 폐지한 여러 종교 절기(성탄절, 부활절, 오순절)는 물 론이고 세례식, 결혼식, 누룩을 넣지 않는 빵을 먹는 무교절 예식이 포함되 었다.

40. OC 10b.185-186.

41. 이 점에 관해서는 1538년 7월 10일과 10월 20일에 루이 뒤 티예에게 쓴 편 지에 아주 잘 나타나 있다. OC 10b.201, 221.

42. 1538년 8월 7일 자 편지. OC 10b.242-244.

43. 1538년 9월에 파렐에게 쓴 편지에 주목하라. 이 편지에서 그는 자신의 '경 험 부족, 경솔함, 부주의함, 실수'를 언급했다. OC 10b.246. 10월 1일에 '제 네바의 신실한 사람들'에게 쓴 편지에도 같은 내용이 나온다. OC 10b.253.

44. OC 10b.270-272.

45. 자세한 내용은 다음을 참고하라. Brady, *Ruling Class, Regime and Reformation at Strasbourg*; M. U. Chrisman, *Strasbourg and the Reform: A Stuyd in the Process of Change* (New Haven/London, 1967); idem, *Lay Culture, Learned Culture: Books and Social Change in Strasbourg, 1480-1599* (New Haven/ London, 1982).

46. 새 목회 사역을 시작할 무렵 파렐에게 쓴 편지에 주목하라. OC 10b.247.

47. Pannier, *Calvin à Strasbourg*, 39-40.

48. OC 6.336.

49. Höpfl, *Christian Polity of John Calvin*, 129-131.

1. Hall, 'The Calvin Legend'. 바실 홀은 이런 통념의 강력한 영향력을 확인하고 신빙성을 없앤다. 그러나 이런 날조된 이야기가 칼뱅에 대한 대중의 인식에 끼치는 영향을 없애려면 문학은 아직 갈 길이 멀다.

2. A. Huxley, *Proper Studies* (London, 1949), 287.

3. Chenevière, *La pensée politique de Calvin*, 178. Cf. Mercier, 'L'esprit de Calvin', 32-37; Choisy, *La théocratie à Genève*.

4. 다음 자료에서 이 점을 강조하고 있다. Chenevière, *La pensée politique de Calvin*, 244.

5. 나중에 칼뱅은 자녀가 없다는 이유로 반대파에게 종종 조롱당했다. 칼뱅은 그 사실을 인정하면서도 자기에게는 기독교 세계 곳곳에 무수히 많은 자녀가 있다고 답했다. OC 9.576.

6. 칼뱅은 디모데전서의 한 구절을 설교하면서 아내의 죽음을 이야기했는데, 이는 그가 대중 앞에서 개인적인 감정을 털어놓은 몇 안 되는 사례 중 하나다. OC 53.254.

7. R. Doucet, *Les institutions de la France au XVIe siècle* (Paris, 1948), 37-56.

8. Monter, *Studies in Genevan Government*, 85-89.

9. *Le livre des bourgeois*, 266.

10. N. Z. Davis, 'The Sacred and the Body Social in Sixteenth-Century Lyon', Past and Present 90 (1981), 40-70, esp. 62.

11. OC 21.547.

12. Höpfl, *Christian Polity of John Calvin*, 90-102.

13. 제네바 종교개혁을 혁명으로 볼 수도 있다는 견해에 관해서는 다음을 참고하라. Kingdon, 'Was the Protestant Reformation a Revolution.'

14. W. Köhler, *Zürcher Ehegericht und Genfer Konsistorium* (2 vols: Leipzig, 1932-1942).

15. Höpfl, *Christian Polity of John Calvin*, 94-95.

16. H. Morf, 'Obrigkeit und Kirche in Zürich bis zu Beginn der Reformation', *Zwingliana* 13 (1970), 164-171; R. C. Walton, 'The Institutionalization of the Reformation at Zurich', *Zwingliana* 13

장 칼뱅의 생애와 사상

(1972), 497-515.

17. 전체 논의에 관해서는 다음을 참고하라. W. Baker, *Heinrich Bullinger and the Covenant: The Other Reformed Tradition* (Athens, Ohio, 1980), 55-140. 그러나 1553년에 취리히 당국은 취리히시의 기존 상황을 고려할 때 제네바식의 권징이 아주 부적합하지는 않을 것이라고 했다. OC 14.699-700. 그러나 불링거가 칼뱅에게 보낸 이전의 편지를 보면, 제네바시의 제도를 무조건 받아들이도록 불링거가 시의회를 압박했다는 것을 알 수 있다. OC 14.697-698.

18. 슐처가 제네바 성직자들에게 보낸 편지를 참고하라. OC 14.711-713.

19. 베른 시의회가 보낸 1553년 편지를 참고하라. OC 14.691.

20. 자세한 내용은 다음을 참고하라. W. Baker, 'Church Discipline or Civil Punishment': On the Origins of the Reformed Schism, 1528-1531', *Andrews University Seminary Bulletin* 23 (1985), 3-18.

21. Z 11.199.

22. 다음을 참고하라. K. Deppermann, *Melchior Hoffmann* (Edinburgh, 1987), 279-281.

23. Chrisman, *Strasbourg and the Reform*, 220-226, 229-232; Deppermann, *Melchior Hffomann*, 296-311.

24. Courvoisier, *La notion d'église chez Bucer*, 137-139.

25. '장로들'에 관한 생각도 빠져 있다. 이에 관한 부처의 사상은 다음을 참고하라. H. Strohl, 'La théorie et la pratique des quatre ministères à Strasbourg avant l'arrivée de Calvin', *BSHPF* 84 (1935), 123-140.

26. Monter, 'Consistory of Geneva', 479.

27. 1553년 9월에 요한 할러가 불링거에게 보낸 편지는 이 논쟁에 대해 증언해 줄 중요한 동시대 자료다. 이 편지에는 제네바 교회가 성도들에게 하는 권징에 대한 적대감이 담겨 있다. OC 14.625.

28. 16세기에는 절대주의 체제가 번성하면서 프랑스 도시들에서 사법기관이 힘을 잃었다. 다음을 참고하라. Doucet, *Institutions de la France*, 45-55.

29. 이 당시 검사장이라는 직책은 미국의 지방 검사와 거의 맞먹는 직무를 담당했다. 제네바 사법의 전반적인 뼈대는 1529년 11월 28일에 만들어졌다고 할 수 있다. 1563년에 약간의 수정이 있긴 했지만, 18세기 말까지 제네

바시 사법체계의 주춧돌은 그대로 유지되었다. 다음을 참고하라. Monter, *Studies in Genevan Government*, 61-67.

30. 구기스베르크는 세르베투스 사건에서 칼뱅의 역할을 비판했던 세바스티앙 카스텔리오가 특히 계몽주의 시대에 어떤 평가를 받았는지 훌륭하게 분석했다. H. Guggisberg, *Sebastian Castellio im Urteil seiner Nachwelt vom Späthumanismus bis zur Aufklärung* (Basie, 1956).

31. R. Mentzer, *Heresy Proceedings in Languedoc*, 1500-1560 (New York, 1984), 100-101.

32. *Summa Theologiae* IIaIIae q. 11 a. 3.

33. 다음을 참고하라. P. E. Sigmund, *St Thomas Aquinas on Politics and Ethics* (New York, 1988), xxvi.

34. 다음을 참고하라. W. H. F. Frend, 'Heresy and Schism as Social and National Movements', *Studies in Church History* 9 (1972), 37-56.

35. M. Stayer, 'Christianity in One City: Anabaptist Münster, 1534-1535', in H. J. Hillerbrand (ed.), *Radical Tendencies in the Reformation* (Kirksville, Mo., 1988), 117-134.

36. Deppermann, *Melchior Hoffmann*, 296-311.

37. 불링거는 그것이 제네바로 정통성에 대한 명성을 되찾게 하시려는 하나님의 섭리 때문이었다고 말한다. OC 14,624.

38. 다음을 참고하라. Stayer, 'Anabaptist Münster', 130-131.

39. 제네바 시의회가 해롭다고 보는 사람들을 기소하는 방식은 조지 바토나트의 위조죄 재판(1522)을 보면 잘 알 수 있다. 재판 자료는 모두 문서로 보관되어 있다. Naef, 'Un alchimiste au XVIe siècle'.

40. OC 14,628.

41. OC 8,761, 783, 789-790.

42. OC 8,789.

43. OC 8,808-823.

44. OC 36,830.

45. OC 14,656-657. 회플의 결론에 주목하라. Höpfl, *Christian Polity of John Calvin*, 136: '칼뱅은 신속하고 효율적인 처형 방식이 좋다고 말했을 뿐 다른 제안은 하지 않았다.'

46. Monter, *Genevan Government*, 57.

47. 플래스는 제네바와 바젤의 관계가 점점 멀어지는 과정을 추적했다. Plath, *Calvin und Basel in den Jahren 1552-1556.*

48. Kingdon, 'The First Expression of Theodore Beza's Political Ideas'.

49. OC 21.560.

50. Perrenaud, *La population de Genève*, 37.

51. 망명객 수는 확실하지 않다. 망명객 수가 많이 증가했으니 그에 따라 인구수를 정정할 필요가 있다. 다음을 참고하라. Monter, 'Historical Demography and Religious History in Sixteenth-Century Geneva'.

52. Mandrou, 'Les français hors de France', 665.

53. OC 7.362.

54. 망명객들 때문에 칼뱅과 제네바 민족주의자들(망명객들이 제네바시에 거주하는 것에 반대했던) 사이에 생긴 갈등에 관해서는 다음을 참조하라. Biéler, *La pensée économique et sociale de Calvin*, 107-109.

55. *Livre des bourgeois*, 240.

56. Ibid., 241-244.

57. 장크트갈렌에 관해서는 다음을 참조하라. W. Ehrenzeller, *St. Gallischer Geschichte im spätmittelalter und in der Reformationszeit* (3 vols: St Gallen, 1931-1947).

58. K. Spillmann, *Zwingli und die zürcherische Politik gegenüber* der Abtei St. Gallen (St Gallen, 1965).

59. 다음을 참고하라. C. Bonorand, 'Joachim Vadian und Johannes Dantiscus: Ein Beitrag zu den schweizerisch-polnischen Beziehungen im 16. Jahrhundert', *Zeitschrift für die Geschichte und Altertumskunde Ermlands* 35 (1971), 150-170; idem, 'Joachim Vadians Beziehungen zu Ungarn', *Zwingliana* 13 (1969), 97-131.

60. C. Bonorand, *Vadians Weg vom Humanismus zur Reformation* (St Gallen, 1962).

61. 다음을 참고하라. W. Naef, *Die Familie von Watt. Geschichte eines St. Gallischen Bürgergeschlechtes* (St Gallen, 1936).

62. E. Rüsch, "'Glücklich der Stadt, die einen solchen Bürgermeister

hat." Die Gratulationen zur Wahl Vadians als Bürgermeister von St. Gallen', in *Vadian, 1484-1984: Drei Vorträge* (St Gallen, 1985), 63-76.

63. 1537년 12월 시위에 관한 증언이 있다. E. Rüsch, 'Politische Opposition in St. Gallen zur Zeit Vadians', *Schriften des Vereins für Geschichte des Bodensees und seiner Umgebung* 104 (1986), 67-113.

64. 스위스 동부의 종교개혁자들 대다수가 그랬다. E. Ziegler, 'Zur Reformation als Reformation des Lebens und der Sitten', *Rorschacher Neujahrblatt* (1984), 53-71.

65. 이 '원고 138'은 베른시 시민도서관에 보관되어 있다. 종파들의 종교개혁을 다룬 1548년 원고가 어떻게 장크트갈렌에서 베른으로 이동했는지는 확실하지 않다.

66. C. Bonorand, 'Dolfin Landolfi von Poschiano: Der erste Bündner Buch- drucker der Reformationszeit', in *Festgabe Leonhart von Muralt* (Zurich, 1970), 228-244.

7장 칼뱅이 말하는 기독교: 수단

1. Holl, 'Johannes Calvin', 267 (저자 강조).

2. 자세한 내용은 다음을 참고하라. G. P. Norton, 'Translation Theory in Renaissance France: Etienne Dolet and the Rhetorical Tradition', *Renaissance and Reformation* 10 (1974), 1-13; L. A. Sonnino, *A Handbook to Sixteenth-Century Rhetoric* (London, 1968).

3. 이에 관해 훌륭하게 분석한 다음 자료를 참고하라. Girardin, *Rhétorique et théologique*.

4. 이후 내용은 다음을 참고하라. Battles, 'God was accommodating Himself to Human Capacity'.

5. A. N. Wilder, *Early Christian Rhetoric: The Language of the Gospel* (London, 1964).

6. OC 26.387-388: '하나님은 어른에게 하듯이 말하지 않고 마치 유모가 어린 아이를 대하듯 말씀하실 것이다. … 우리 주님은 스스럼없이 우리에게 자신을 맞추신다.'

7. OC 29.70, 356; 36.134; 43.161.

8. OC 23.17, 20-23, 40.

9. OC 32.364-365.

10. Battles, 'God was accommodating Himself to Human Capacity', 20-21.

11. *Institutes* I.xiii.1.

12. Balke, 'The Word of God and Experientia according to Calvin'.

13. 내가 여기에서 제시한 생각을 다음 자료에서도 확인할 수 있다. F. M. Higman, 'The Reformation and the French Language', *L'Esprit créateur* 16 (1976), 20-36; idem, 'Theology in French: Religious Pamphlets from the Counter-Reformation', *Renaissance and Modern Studies* 23 (1979), 128-146; idem, 'De Calvin à Descartes: la création de la langue classique', *RHR* 15 (1986), 5-18.

14. Higman, 'Theology in French', 130.

15. Ibid., 138.

16. 다음 자료를 더 참고하라. Higman, *Style of John Calvin*.

17. Marmelstein, *Etude comparative*, passim.

18. 다음 자료에 나오는 동시대인의 논평에 주목하라. Pasquier, *Recherches*, 1067: '그는 라틴어와 프랑스어로 명문을 쓰는 사람이었고, 우리 프랑스어가 지금처럼 무한한 아름다움이 풍성해진 것은 그 사람 덕이 크다.'

19. *Vadianische Briefsammlung*, Letter no. 884.

20. 자세한 분석은 다음을 참고하라. Ganoczy, *Young Calvin*, 137-168.

21. 다양한 판본의 자세한 내용과 각 판본에서 논거가 바뀌는 방식에 관해서는 다음을 참고하라. Autin, *L'Institution chrétienne de Calvin*. 다양한 라틴어판과 프랑스어판을 비교한 다음 자료를 참고하라. Marmelstein, *Etude comparative*.

22. OC 1.255.

23. 다음의 예를 참고하라. Pannier, 'Une première *Institution* française dès 1537'.

24. W. Maurer, 'Melanchthons "Loci Communes" von 1521 als wissenschaftliche Programmschrift', *Luther Jahrbuch* 27 (1960), 1-50.

25. Fatio, 'Présence de Calvin à l'époque de l'orthodoxie réformée'. 이

책에 실린 귀중한 서지 목록을 참고하라.

26. Parker, *Calvin's New Testament Commentaries*; idem, *Calvin's Old Testament Commentaries*.

27. McGrath, *The Intellectual Origins of the European Reformation* (Oxford/New York, 1987). 37-38.

28. Heller, *The Conquest of Poverty: The Calvinist Revolt in Sixteenth-Century France*, (Leiden, 1986), 121-125.

8장 칼뱅이 말하는 기독교: 메시지

1. 예를 들면, 칭의의 교리, 인간론, 교회론을 확인할 수 있다. Santmire, 'Justification in Calvin's 1540 Romans Commentary'; Torrance, *Calvin's Doctrine of Man*; Milner, *Calvin's Doctrine of the Church*. 칼뱅의 설교를 연구한 논문에서 슈타우퍼는 칼뱅이 설교에서 자신의 신학을 언급하는 방식을 결과에 대한 성찰과 함께 보여 준다. Stauffer, *Dieu, la création et la providence dans la prédication de Calvin*.

2. Fatio, *Méthode et théologie*, 150-153. 후기 칼뱅주의 내에서 신학과 성경 해설을 무관한 문제로 취급하는 경향은 랑베르 다노의 신학 정의에서 시작되었다. Lambert Daneau, *Compendium*.

3. Rist, 'Méthode théologique de Calvin', 21.

4. 이에 관한 유용한 논의는 다음 자료를 참고하라. Selinger, *Calvin against Himself*, 72-84.

5. 지성사에 생긴 일반적인 문제(역사 신학만이 아니라)에 관해서는 다음을 참고하라. H. Kellner, 'Triangular Anxieties: The Present State of European Intellectual History', in D. LaCapra and S. L. Kaplan (eds), *Modern European Intellectual History* (Ithaca, N.Y., 1982), pp. 116-131.

6. 다음 책에 이 점이 제대로 강조되어 있다. Bouwsma, *John Calvin*, 4-6.

7. 다음을 참고하라. Willis, 'Rhetoric and Responsibility in Calvin's Theology'.

8. Schweizer, *Die protestantischen Centraldogmen*, 1-18, 150-179. 더 일반적인 내용은 다음을 참고하라. L. Boettner, *The Reformed Doctrine of Predestination* (Grand Rapids, 1968).

9. Dowey, *Knowledge of God in Calvin's Theology*, 41-49.

10. Milner, *Calvin's Doctrine of the Church*, 1-5.

11. Partee, 'Calvin's Central Dogma Again'.

12. 다음 책에 이 점이 강조되어 있다. Bauke, *Die Probleme der Theologie Calvins*, 22, 30-31.

13. Milner, *Calvin's Doctrine of the Church*, 2-3.

14. 다음을 참고하라. Niesel, *Theology of Calvin*, 247-250; Milner, *Calvin's Doctrine of the Church*, 191.

15. 에른스트 트뢸치 같은 초기 저술가들은 칼뱅이 루터보다 덜 그리스도 중심이라고 말하는데, 이런 주장은 칼뱅이 예정론을 중심으로 신학의 체계를 세웠다는, 이미 폐기된 지 오래된 통념에 기댄 것이다.

16. 이에 관해 다음의 자료가 훌륭한 분석을 제공한다. Lane, 'Calvin's Use of the Fathers and Medievals'.

17. 다음 저자의 분석을 참고하라. Smits, *Saint Augustin dans l'oeuvre de Jean Calvin*.

18. OC 8.266.

19. Lane, 'Calvin's Sources of St Bernard'.

20. Reuter, *Vom Scholaren bis zum jungen Reformator,* 6-12; McGrath, John Calvin and Late Medieval Thought'.

21. Ganoczy, *The Young Calvin*, 137-151, 158-168.

22. Grislis, 'Calvin's Use of Cicero in the Institutes 1:1-5'.

23. A. E. McGrath, 'Some Observations concerning the Soteriology of the Schola Moderna', *RThAM* 52 (1985), 182-193.

24. McGrath, John Calvin and Late Medieval Thought'.

25. Nicsel, 'Calvin wider Osianders Rechtfertigungslehre'; Zimmermann, 'Calvins Auseinandersetzung mit Osianders Rechtfertigungslehre'.

26. McGrath, *Luther's Theology of the Cross* (Oxford/New York, 1985); idem, *Iustitia Dei: A History of the Christian Doctrine of Justification* (2 vols: Cambridge, 1986), vol. 2, 3-20. 《루터의 십자가 신학: 마르틴 루터의 신학적 돌파》(컨콜디아사).

27. A. E. McGrath, Justification and the Reformation: The Significance

of the Doctrine of Justification by Faith to Sixteenth-Century Urban Communities', *ARG* 81 (1990), forthcoming.

28. McGrath, *Iustitia Dei, vol.* 2, 3-39.
29. 다음 책은 예정론의 기독론적 측면을 강조한다. Jacobs, *Prädestination und Verantwortlichkeit bei Calvin.*
30. OC 14.417. 이 자료가 여기에서 특히 중요하다. 하나님의 약속이 모든 사람의 삶에 똑같은 효과를 내지 않는 이유를 노골적으로 묻는다.
31. 예정을 바라보는 중세의 시각을 분석한 다음 책을 참고하라. McGrath, *Iustitia Dei,* vol. 1, 128-145.
32. I.v.5; III.xxi.5; xxii.1, 5; xxiv.17.
33. 다음을 참고하라. Wendel, *Calvin,* 127.
34. McGrath, *Iustitia Dei,* vol. 1, 119-128. 이 개념들에 관한 분석과 신학적 의미에 관해서는 이 책을 참고하라. 우리가 이 개념들을 이해하는 방식은 지난 세기에 거의 전면 수정되었다.
35. McGrath, *Reformation Thought* (Oxford/New York, 1988), 117-130.《종교개혁사상》(기독교문서선교회).
36. W. P. Stephens, *The Theology of Huldrych Zwingli* (Oxford, 1986), 206-211.
37. 칼뱅은 'substantia'라는 용어를 아리스토텔레스가 쓰던 의미로 쓰지 않는다는 사실을 강조해야겠다. 중세 화체설에서는 'substantia'를 아리스토텔레스가 쓰던 그 의미로 사용했다. 화체설에 대한 반박은 다음 자료를 참고하라. *Institutes* IV.xvii.12-18.

9장 사상의 침입: 칼뱅과 프랑스

1. Desmay, 'Remarques sur la vie de Jean Calvin', 390.
2. 제네바인들이 프랑스 프로테스탄트 운동에 끼친 영향을 다룬 킹던의 책 두 권은 꼭 읽어 봐야 할 자료다. Kingdon, *Geneva and the Coming of the Wars of Religion in France 1555-1563*; idem, *Geneva and the Consolidation of the French Protestant Movement 1564-1572.*
3. 다음을 참고하라. H. Heller, 'Famine, Revolt and Heresy at Meaux, 1521-1525', *ARG* 68 (1977), 133-157.

4. 예를 들어 다음을 참고하라. N. Z. Davis, *Society and Culture in Early Modern France* (London, 1975); G. Huppert, *Public Schools in Renaissance France* (Chicago, 1984).

5. 다음 책에서 최근 문헌에 관한 유용한 자료를 확인할 수 있다. M. Greengrass, *The French Reformation* (Oxford, 1987), 1-20.

6. 이 점에 관해서는 다음을 참고하라. Geisendorf, 'Métiers et conditions sociales du premier refuge à Genève, 1549-1587'.

7. Geisendorf, 'Lyon et Genève du XVIe siècle au XVIIIe siècle'.

8. 처음에 루터주의가 우세한 듯했던 영국에서도 비슷한 상황이 벌어졌다. B. Hall, 'The Early Rise and Gradual Decline of Lutheranism in England', in D. Baker (ed.), *Reform and Reformation: England and the Continent* (Oxford, 1979), 103-131.

9. 예를 들어 다음을 참고하라. OC 4.70-73; E. Rott, *Histoire de la représentation diplomatique de la France auprès des cantons suisses I* (Berne, 1900), 456.

10. Rott, *Représentation diplomatique de la France*, 318-321.

11. 이 학자들에 관한 자세한 정보와 이들이 칼뱅의 사상과 체계를 어떻게 받아들였는지는 다음을 참고하라. G. Audisio, *Les vaudois du Luberon: une minorité en Provence* (1460-1560) (Luberon, 1984).

12. H. Heller, *The Conquest of Poverty: The Calvinist Revolt in Sixteenth-Century France* (Leiden, 1986), 123.

13. 본문은 다음을 참고하라. N. Weiss, 'Un arrêt inédit du parlement contre l'Institution chréstienne', *BSHPF* 33 (1884), 16-21.

14. Heller, *Conquest of Poverty*, 116, 127.

15. F. Higman, 'Genevan Printing and French Censorship', in Jean-Daniel Candaux and B. Lescaze (eds), *Cinq siècles d'imprimerie genevoise* (Geneva, 1980), 31-53, esp. 36-37. 뇌샤텔도 가능성은 있지만, 제네바에서 세 권이 더 출간되었을 수도 있다.

16. Bremme, *Buchdrucker und Buchhändler zur Zeit der Glaubenskämpfe*.

17. R. Mentzcr, *Heresy Proceedings in Languedoc, 1500-1560* (New York,

1984), 163. 이 중 62명이 재판 결과 화형을 당했다.

18. Ibid., 152-153.

19. Mandrou, 'Les français hors de France', 665. 이 수치는 직업이 기재된 2,247명을 분석한 결과다.

20. 다음 자료를 참고하라. Dufour, 'De la bourgeoisie de Genève à la noblesse de Savoie'.

21. 다음을 참고하라. R. Lecotte, *Recherches sur les cultes populaires dans l'actuel diocèse de Meaux* (Paris, 1953); R. Muchembled, *Culture populaire et culture des élites dans la France moderne, XVe-XVIIIe siècles* (Paris, 1978).

22. 다음을 참고하라. Eire, 'Calvin and Nicodemitism'. 더 일반적인 내용은 다음을 참고하라. A. Autin, *La crise du nicodémisme 1535-1545* (Toulon, 1917); P. Fraenkel, 'Bucer's Memorandum of 1541 and a "littera nicodemitica" of Capito's', *BHR* 36 (1974), 575-587; C. Ginzburg, Il *Nicodemismo: simulazione e dissimulazione religiosa nell'Europa del'500* (Turin, 1970). 이 현상은 프랑스에만 국한된 것이 아니었다.

23. Kingdon, *Geneva and the Coming of the Wars of Religion*, 2.

24. Ibid., 34-35.

25. Prestwich, 'Calvinism in France, 1559-1629', 84-85.

26. 1541년《교회 법령》으로 설립된 고등교육원에서 제네바 아카데미로 발전하게 된 과정은 다음을 참고하라. Courvoisier, 'La haute école de Genève au XVIe siècle'.

27. 자세한 내용은 다음을 참고하라. Kingdon, *Geneva and the Coming of the Wars of Religion*, 54-55, 부록 VI. 이 기간에 여러 사람이 한 곳 이상의 사역지로 파견되었다.

28. 다음을 참고하라. Hancock, *Calvin and the Foundations of Modern Politics* 1-20.

29. 예를 들어 다음을 참고하라. Skinner, *Foundations of Modern Political Thought* (2 vols: Cambridge, 1978), vol. 2, 219-240.《근대 정치사상의 토대》(한길사).

30. 다음 책에 이 점이 강조되어 있다. Walzer, *Revolution of the Saints*.

31. '행동에 나서도록 지지자들을 북돋고 세상을 변화시키는' 칼뱅주의의 능력을 강조한 점에 주목하라. Walzer, *Revolution of the Saints*, 27.

32. 다음을 참고하라. Skinner, *Foundations of Modern Political Thought*, vol. 2, 227.《근대 정치사상의 토대》(한길사).

33. 예를 들어 다음을 참고하라. R. M. Kingdon, 'Problems of Religious Choice for Sixteenth-Century Frenchmen', *Journal of Religious History* 4 (1966), 105-112.

34. 다음 책에 표명된 이 견해를 주목하라. *Histoire du tumulte d'Amboise* (1560).

35. Yardeni, 'French Calvinist Political Thought', 320-324; R. E. Giesey, 'The Monarchomach Triumvirs: Hotman, Beza and Mornay', *BHR* 32 (1970), 41-56.

36. *Institutes* IV.xx.31.《사무엘상 설교》에서 칼뱅은 하급 행정 장관의 개입을 군주에 대한 견제로 본다. 다음을 참고하라. Skinner, *Foundations of Modern Political Thought*, 214.《근대 정치사상의 토대》(한길사).

37. Kingdom, *Geneva and the Coming of the Wars of Religion*, 7-9.

38. Ibid., 79-92.

39. 다음을 참고하라. Prestwich, 'Calvinism in France, 1555-1629'.

40. L. Romier, *Ryoaume de Catherine de Médicis: la France à la veille des guerres de religion* (2 vols: Paris, 1925), vol. 2, 255-262.

41. 예를 들어 다음을 참고하라. M. Wolfe, *The Fiscal System of Renaissance France* (New Haven/ London, 1972), esp. 112-113; R. R. Harding, *Anatomy of a Power Elite: The Provincial Governors of Early Modern France* (New Haven/London, 1978), 46-49.

42. D. Nicholls, 'Inertia and Reform in the pre-Tridentine French Church: The Response to Protestantism in the Diocese of Rouen, 1520-1562', *Journal of Ecclesiastical History 32* (1981), 185-197.

43. Heller, *Conquest of Poverty*, 234-246.

44. D. Richet, 'Aspects socio-culturels des conflits religieux à Paris dans la seconde moitié du XVIe siècle', *Annales ESC 32* (1977), 764-783.

45. N. M. Sutherland, The Huguenot Struggle for Recognition (New

Haven/ London, 1980), 347-348.

46. Ibid., 351-352.

47. Ibid., 354-356.

48. Prestwich, 'Calvinism in France', 85-88.

49. E. Trocmé, 'Une révolution mal conduite', *RHPbR* 39 (1959), 160-168.

50. 1559년 5월 17일에 칼뱅이 쓴 편지를 보면 이 점을 확실히 알 수 있다. OC 17.525. 다음을 참고하라. J. Pannier, *Les origines de la confession de foi et la discipline des églises réformées de France* (Paris 1936), 86-87.

51. 다음 책에서 재인용했다. Poujol, 'L'ambassadeur d'Angleterre et la confession de foi du synode de 1559', *BSHPF* 105 (1959), 49-53.

52. Amyon, Les synodes nationaux, vol. 1, 98.

53. J. Garrison-Estèbe, *Les Protestants du Midi* (Toulouse, 1980), 64-67; 다음을 참고하라. Kingdon, *Geneva and the Coming of the Wars of Religion*, 79-80.

54. 저자는 원문에서 '전쟁들', '학살들', '기억들' 등으로 복수형을 사용하는 데, 이는 파리에서 벌어진 살인 사건들과 연루된 일련의 사건들을 고려하여 일부러 복수형을 쓴 것이라고 한다. 다음을 참고하라. Garrison-Estèbe, *Tocsin pour un massacre* (Paris, 1973).

10장 운동의 시작

1. Monter, 'Consistory of Geneva', 470.

2. OC 8.837.

3. OC 9.891-894.

4. OC 9.892: '⋯ un pauvre escholier timide comme ie suis, et comme ie l'ay tousiors esté⋯'.

5. 이 점에 관해서는 다음을 참고하라. J. T. Fitzgerald, *Cracks in an Earthen Vessel: An Examination of the Catalogues of Hardships in the Corinthian Correspondence* (Atlanta, Ca., 1989).

6. 이러한 발전에 관한 전반적인 설명은 다음을 참고하라. McNeill, *History and Character of Calvinism*.

7. E. G. Léonard, *Histoire générale du protestantisme* (2 vols: Paris, 1961),

장 칼뱅의 생애와 사상

vol. 1, 307.

8. Vienna, Universitätsarchiv, microfilm 75 Th3, fols 64v; 65v-66r (회의 영
  상을 글로 옮긴 자료는 사실상 판독이 불가능하다).

9. B. Hall, 'The Early Rise and Gradual Decline of Lutheranism in
  England', in D. Baker (ed.), *Reform and Reformation: England and
  the Continent* (Oxford, 1979), 103-131. 다음 자료도 참고하라. E. G.
  Rupp, *Studies in the Making of the English Protestant Tradition*
  (Cambridge, 2nd edn, 1966); W. A. Clebsch, *England's Earliest
  Protestants 1520-1535* (New Haven/London, 1964).

10. Duke, 'Calvinism in the Netherlands, 1561-1618', 113.

11. Lynch, 'Calvinism in Scotland, 1559-1638', 225.

12. T. Bozza, *Il Beneficio di Cristo e la Istituzione della religione
  christiana* (Rome, 1961), 4-5.

13. Duke, 'Calvinism in the Netherlands 1561-1618', 120.

14. Lynch, 'Calvinism in Scotland', 227.

15. Collinson, 'Calvinism with an Anglican Face'.

16. 여기에 관해서는 다음을 참고하라. Neuser, 'Die Väter des Heidelberger
  Katechismus'.

17. 다음 책에서 재인용했다. Cohn, 'Territorial Princes', 135.

18. 다음을 참고하라. Lewis, 'Calvinism in Geneva'.

19. Fatio, *Méthode et théologie*, 6, especially n. 53.

20. Körner, *Solidarités financières suisses au XVIe siècle* (Lucernc, 1980),
  58-63. 468-469에 있는 전체 자료도 함께 참고하라.

21. Evans, *The Wechsel Presses*. 이 책에는 이 발전과 관련이 있는 인문주의와
  칼뱅주의의 관계에 관한 귀중한 정보가 담겨 있다.

22. 예를 들어 다음을 참고하라. Mcylan, 'Collèges et académies
  protestantes'; Stauffer, 'Calvinisme et les universités'.

23. Dufour, 'Le mythe de Genève'.

24. 예를 들어 다음 자료를 참고하라. Joachim Westphal, *Farrago
  confusanearum et inter se dissidentium opinionum de coena
  Domini ex sacramentariorum libris congesta* (Magdeburg, 1552). 다음

자료도 참고하라. E. Bizer, *Studien zur Geschichte des Abendmahlstreits im 16. Jahrhundert* (Gütersloh, 1940); J. Cadier, *La doctrine calviniste de la sainte cène* (Montpellier, 1951). 1560년대와 1570년대 프랑스 논박 문학에서 사용된 칼뱅 관련 용어에 관해서는 다음을 참고하라. W. Richard, *Untersuchungen zur Genesis der reformierten Kirchenterminologie des Westschweiz und Frankreichs* (Berne, 1959), 37-40.

25. 다음 자료도 참고하라. H. Leube, *Kalvinismus und Luthertum im Zeitalter der Orthodoxie I: Der Kampf um die Herrschaft im protestantischen Deutschland* (Leipzig, 1928); H. Schilling (ed.), *Die Reformierte Konfessionalisierung in Deutschland: Das Problem der 'Zweiten Reformation'* (Gütersloh, 1986).

26. 1563년 7월 23일에 예레미야 주석에 쓴 헌사를 참고하라. OC 20.73: 'Dum ergo *Calvinismum* obiciendo aliqua infamiae nota tua, Celsitudinem aspergere conantur, nihil aliud quam suam privitatem cum stultitia frustra et magno suo cum dedecore produnt.'

27. L. Austin, 'The Meaning of a Word', in *Philosophical Papers*, (Oxford, 2nd edn, 1970), 23-43.

28. P. C. Capitan, *Charles Maurras et l'idéologie d'Action Française* (Paris, 1972).

29. Evans, 'Calvinism in East Central Europe, 1540-1700', 169.

30. C. S. Lewis, 'Fern-seed and Elephants', in *Christian Reflections* (London, 1981), 191-208, esp. 197.

31. OC 9.893-894.

32. D. McLellan, *Marxism after Marx* (London, 1980).

33. 철저한 역사 분석에 관해서는 다음을 참고하라. L. Kolakowski, *Main Currents of Marxism* (3 vols: Oxford, 1978).

34. 다음 책에서 이 점을 잘 분석했다. P. Gay, *The Dilemma of Democratic Socialism: Edward Bernstein's Challenge to Marx* (New York, 1962).

35. Kingdon, *Geneva and the Coming of the Wars of Religion*, 68-78.

36. Yardeni, 'French Calvinist Political Thought'.

37. Donnelly, 'Italian Influences on Calvinist Scholasticism'.

장 칼뱅의 생애와 사상

38. 다음 책에 이 점이 강조되어 있다. H. R. Trevor-Roper, 'Religious Origins of the Enlightenment', in *Religion, the Reformation and Social Change*, 193-236, 204-205.

39. Muller, 'Scholasticism Protestant and Catholic', 194. 1560년대와 1570년대에 독일에서 칼뱅주의가 부상하면서 부득이하게 루터주의와 교전하게 되었다.

40. Costello, *Scholastic Curriculum in Early Seventeenth-Century Cambridge*.

41. 예를 들어 다음을 참고하라. A. E. McGrath, *The Genesis of Doctrine* (Oxford/Cambridge, Mass., 1990), 37-52. 이것은 본 연구에서 제시한 자세한 분석을 요약한 것이다.

42. 다음을 참고하라. Schilling (ed.), *Die Reformierte Konfessionalisierung in Deutschland*.

43. 다음 책에는 이 교리와 관련하여 이들의 차이점이 요약되어 있다. A. E. McGrath, *Iustitia Dei: A History of the Christian Doctrine of Justification* (2 vols, Cambridge, 1986), vol. 2, 39-50.

44. Bauke, *Probleme der Theologie Calvins*, 22, 30-31.

45. 하나님의 존재에 관한 논증을 포함하여 다음 책에 정밀하게 기록되어 있다. Platt, *Reformed Thought and Scholasticism*.

46. Armstrong, *Calvinism and the Amyraut Heresy*, 32.

47. 다음 책들이 도움이 될 것이다. P. O. Kristeller, *La tradizione aristotelica nel Rinascimento* (Padua, 1972); idem, *Aristotelismo e sincretismo nel pensiero di Pietro Pomponazzi* (Padua, 1983). B. Nardi, *Saggi sull'Aristotelismo padovana dal secolo XIV al XVI* (Florence, 1958). 윤리적 문제와 관련하여 아리스토텔레스 방법론의 중요성에 관해서는 다음 자료를 참고하라. A. Poppi, 'Il problema della filosofia morale nella scuola padovana del Rinascimento: Platonismo e Aristotelismo nella definizione del metodo dell'ethica', in *Platon et Aristote à la Renaissance* (XVIe Colloque Internationale de Tours: Paris, 1976), 105-146.

48. H. Randall, 'The Development of Scientific Method in the School of Padua', in *Renaissance Essays*, ed. P. O. Kristeller and P. P. Wiener (New

York, 1968), 217-251.

49. Donnelly, 'Italian Influences on Calvinist Scholasticism', 90.

50. P. Petersen, *Geschichte der aristotelischen Philosophie im protestantischen Deutschland* (Leipzig, 1921), 19-108; G. Spini, 'Riforma italiana e mediazioni ginevine nella nuova Inghilterra', in D. Cantimori (ed.), *Ginevra e l'Italia* (Florence, 1959), 451-489.

51. Donnelly, 'Italian Influences on Calvinist Scholasticism', 90-99.

52. Jacobs, *Prädestination und Verantwortlichkeit bei Calvin*.

53. Kickel, *Vernunft und Offenbarung bei Beza*. 이 태도는 베르미글리와 찬키의 특징이기도 하다. Donnelly, 'Italian Influences on Calvinist Scholasticism, 89-90; Gründler, *Die Gotteslehre Giralmo Zanchis*.

54. 베즈는 굴리엘모 그라타롤로가 바젤에서 1556년에 출간한 폼포나치의 책《자연 효과의 이유*De naturalium effectuum causis*》를 한 권 보내 달라고 1563년 8월 11일에 그라타롤로에게 요청한 바 있다. *Correspondance de Théodore de Béze*, vol. 4, letter no. 282, 182-183. 편집자들은 이것이 베즈의 학문적 성향을 보여 주는 것으로 해석한다. *Correspondance*, vol. 4, p. 9, 183 n. 5. 다음 책도 참고하라. P. Bietenholz, *Der italienische Humanismus und die Blütezeit des Buchdrucks in Basel* (Basle, 1959), 131-132.

55. Kickel, *Vernunft und Offenbarung bei Beza*, 167-169.

56. 다음 책을 참고하라. McGrath, *Iustitia Dei*, vol. 1, 130-131.

57. Donnelly, 'Italian Influences on Calvinist Scholasticism', 98.

58. Arminius, 'Private Disputation II', in *Works* vol. 2, 319.

59. 예를 들어 다음 책을 참고하라. Kingdon, *Geneva and the Consolidation of the French Protestant Movement*, 18, 120.

60. Moltmann, 'Prädestination und Heilsgeschichte bei Moyse Amyraut'; Laplanche, Orthodoxie et prédication; Armstrong, *Calvinism and the Amyraut Heresy*.

61. McComish, *The Epigones*, 86.

62. 청교도 저술가들의 견해에 관해서는 다음을 참고하라. McGrath, *Iustitia Dei*, vol. 2, 111-121.

63. 이 총회 관련 문헌에 관한 조사는 다음을 참고하라. McComish, *The Epigones*, 46-125.

64. 다음을 참고하라. Muller, '*Vera philosophia cum sacra theologia nunquam pugnat*'; idem, 'Scholasticism Protestant and Catholic'.

11장 세상에 대한 헌신: 칼뱅주의, 노동, 자본주의

1. R. H. Bainton, *The Medieval Church* (Princeton, N.J., 1962), 42.
2. R. Friedmann, 'Das Täuferische Glaubensgut', *ARG* 55 (1964), 145-161.
3. S. Hauerwas, 'On Honour: By Way of a Comparison of Barth and Trollope', in N. Biggar (ed.), *Reckoning with Barth* (London, 1988), 145-169.
4. 다음을 참고하라. Bouwsma, *John Calvin*, 32-65.
5. 다음 책에 이 점이 강조되어 있다. Walzer, *Revolution of the Saints*, 25.
6. Ibid., 24.
7. Ibid., 80.
8. L. Strauss, *Natural Right and History* (Chicago, 1950), 59.
9. 다음 책에 이 점이 강조되어 있다. Hancock, *Calvin and the Foundations of Modern Politics*.
10. 이 대립 관계는 다음 자료에 잘 정리되어 있다. 'Calvin radically distinguishes politics and religion in order to unify them in worldly activity': Hancock, *Calvin and the Foundations of Modern Politics*, 163.
11. OC 46.570.
12. Geneva Catechism (1545), q. 107; E. F. K. Müller (ed.), *Die Bekenntnisschriften der reformierten Kirche* (Leipzig, 1903), 126, lines 38-40.
13. A. Fanfani, *Catholicism, Protestantism and Capitalism* (London, 1935).
14. 예를 들어 다음을 참고하라. R. de Roover, *The Rise and Decline of the Medici Bank* (Cambridge, Mass., 1963); idem, *La pensée économique des scolastiques: doctrines et méthodes* (Montréal/Paris, 1971); idem, 'The Scholastic Attitude towards Trade and Entrepreneurship',

Explorations in Entrepreneurial History I (1963), 76-87.

15. 예를 들어 다음을 참고하라. M. Grice-Hutchinson, *The School of Salamanca: Readings in Spanish Monetary History*, 1544-1605 (Oxford, 1952).

16. Weber, *Protestant Ethic and the Spirit of Capitalism*, 91.

17. 우리는 마셜의 견해를 따른다. Marshall, *In Search of the Spirit of Capitalism*.

18. 트레버 로퍼는 베버가 세운 가설의 역사적 토대를 비판하면서 많은 칼뱅주의 금융가가 사치스러운 생활을 했다고 지적한다. H. R. Trevor-Roper, 'Religion, the Reformation and Social Change', in *Religion, the Reformation and Social Change* (London, 1967), 1-45.

19. C. Hill, 'Protestantism and the Rise of Capitalism', in F. Fisher (ed.), *Essays on the Economic and Social History of Tudor and Stuart England* (Cambridge, 1961), 19.

20. Marshall, *In Search of the Spirit of Capitalism*, 97-100.

21. 베버의 논문에 나온 '디아스포라 칼뱅주의'가 제기한 문제에 관해서는 다음을 참고하라. Trevor-Roper, 'Religion, the Reformation and Social Change', 20. 기업가들에 의한 선별적 이민 현상이 그들의 종교 소속만큼이나 중요하다고 말하는 이유가 있다.

22. Birnbaum, 'The Zwinglian Reformation in Zurich', *Past and Present* 15 (1959), 27-47. '츠빙글리 뒤에서 공인과 상인이 펼친 연합 전선'을 언급한 24쪽에 주목하라.

23. 이 주제를 탐구한 다음 책을 참고하라. T. A. Brady, *Turning Swiss: Cities and Empire*, 1450-1550 (Cambridge, 1985).

24. Borel, *Les foires de Genève*.

25. 메디치 은행 지점에 관해서는 다음을 참고하라. de Roover, *Rise and Decline of the Medici Bank*, 279-289.

26. 이 박람회는 1535년 이후 처음에는 샹베리로 옮겼다가 사부아 몽뉴엘로 옮겼고, 마지막에는 브장송으로 옮겼다. *Gioffré, Gênes et les foires de change*.

27. Bergier, 'Marchands italiens à Genève'.

장 칼뱅의 생애와 사상

28. Ammann, 'Oberdeutsche Kaufleute und die Anfänge der Reformation in Genf'.

29. 이 부분을 세심하게 분석한 다음 책을 참고하라. M. H. Körner, *Solidarités financières suisses au XVIe siècle*. (Lucerne, 1980), 79.

30. Ibid., 105.

31. Ibid., 105-106.

32. Ibid., 81-82.

33. Bergier, 'Zu den Anfängen des Kapitalismus - Das Beispiel Genf', 18.

34. 다음을 참고하라. Körner, *Solidarités financières suisses au XVIe siècle*.

35. Ibid., 388.

36. Ibid., 135.

37. Ibid., 390.

38. Monter, 'Le change public à Genève, 1568-1581'.

39. Mandrou, 'Les français hors de France', 665. 4,776명 중 2,247명의 직업이 알려져 있다. 이 비율이 일반적이라면, 이 기간에 3,265명의 공인이 제네바에 온 것으로 추정된다.

40. 이 점에 관해서는 다음을 참고하라. Dufour, 'De la bourgeoisie de Genève à la noblesse de Savoie'.

41. 이 부분을 훌륭하게 분석한 다음 자료를 참고하라. Bürgli, *Kapitalismus und Calvinismus*, 108-122. 규모가 같지는 않았겠지만, 헬베티아 연방 전역의 프로테스탄트 도시들에서 이런 현상이 되풀이되었다. W. Bodmer, *Der Einfluß der Refugiantenwanderung von 1550-1700 auf die schweizerisch Wirtschaft. Ein Beitrag zur Geschichte des Frûhkapitalismus und der Textil-Industrie* (Zurich, 1946).

42. Babel, *Histoire corporative de l'horlogerie*.

43. Chaix, *Recherches sur l'imprimerie à Genève de 1550 à 1564*.

44. Bürgli, *Kapitalismus und Calvinismus*, 189-194.

45. Bodmer, *Der Einfluß der Refugiantenwanderung von 1550-1700 auf die schweizerisch Wirtschaft*, 22-23.

46. Bergier, 'Zu den Anfängen des Kapitalismus - Das Beispiel Genf',

21.

47. 이 점을 지적한 다음 책을 참고하라. G. V. Taylor, 'Types of Capitalism in Eighteenth-Century France', *English Historical Review* 79 (1964), 478-497. 테일러는 이러한 전제 아래 '구체제' 자본주의를 해석하는 어려움을 강조한다.

48. Kingdon, 'The Business Activities of Printers Henri and Francois Estienne', 271-274.

49. Trevor-Roper, 'Religion, the Reformation and Social Change', 14-21.

50. T. Strohm, 'Luthers Wirtschafts- und Sozialethik', in H. Junghans (ed.), *Leben und Werk Martin Luthers von 1526 bis 1546* (2 vols: Berlin, 2nd edn, 1985), vol. 1, 205-223, 214-219.

51. 다음을 참고하라. Bürgli, *Kapitalismus und Calvinismus*, 194-215.

52. Ibid., 20.

53. Ibid., 201-205. 이 책에서 관련 본문을 분석하고 있으니 참고하라. 더 자세한 분석은 다음 책에서 찾아볼 수 있다. Biéler, *La pensée économique et sociale de Calvin*.

54. 이자율에 관한 칼뱅의 견해는 다음 책을 참고하라. Martin, 'Calvin et le prêt à intérêt à Genêve'.

55. Bodmer, *Der Einfluß der Refugiantenwanderung von 1550-1700 auf die schweizerisch Wirtschaft*, 19.

56. Dufour, 'De la bourgeoisie de Genève à la noblessc de Savoie'.

57. 이 시기 제네바시의 사회복지에 관해서는 다음 자료를 참고하라. Kingdon, 'Social Welfare in Calvin's Geneva'.

58. Heller, *The Conquest of Poverty: The Calvinist Revolt in Sixteenth-Century France* (Leiden, 1986), 240-242.

59. 후기 칼뱅주의에서 이 개념을 어떻게 해석했는지는 다음 책을 참고하라. Miegge, *Vocation et travail*, 11-30. 다음 책에 관련 본문을 모아 두었다. Bouwsma, *John Calvin*, 198-201.

60. Biéler, *La pensée économique et sociale de Calvin*, 399-402.

61. 수도원에서 이 표어가 어떤 의미였는지는 다음 책을 참고하라. E. Delaruelle, 'Le travail dans les règles monastiques occidentales',

Journal de pyschologie normale et pathologique 41 (1948), 51-62.

62. Heller, *Conquest of Poverty*, 242.

63. R. Mentzer, *Heresy Proceedings in Languedoc, 1500-1560* (New York, 1988), 152-153.

64. 이 책의 자세한 내용과 그 의의에 관한 분석은 다음 책을 참고하라. Heller, *Conquest of Poverty*, 247-251.

65. 봉건제도가 남긴 유산에서 비롯된 문제들에 관해서는 다음 책을 참고하라. G. Bois, *La crise du féodalisme: économie rurale et démographie en Normandie orientale du début du XIVe siècle au milieu du XVle siècle* (Paris, 1976).

66. Trevor-Roper, 'Religion, the Reformation and Social Change', 7-8. 이 글에는 베버 이론에 관한 귀중한 자료가 담겨 있다.

67. Lüthy, 'Variations on a Theme', 377.

68. McGrath, 'John Calvin and Late Medieval Thought'.

69. 다음 책을 참고하라. A. E. McGrath, *Iustitia Dei: A History of the Christian Doctrine of Justification* (2 vols, Cambridge, 1986), vol. 2, 1-39.

70. de Bèze, Brief and Pithie Summe, 37-38.

71. 윌리엄 퍼킨스의 작품에 나오는 이 표징에 관해서는 다음 책을 참고하라. Kendall, *Calvin and English Calvinism*, 69-72.

72. 자세한 내용은 다음 책을 참고하라. McGrath, *Iustitia Dei*, vol. 2, 111-121. 이 책 참고 문헌도 함께 보라. 다음 책에는 좀 더 자세한 연구가 실려 있다. D. A. Weir, *The Origins of the Federal Theology in Sixteenth-Century Reformed Thought* (Oxford, 1989).

73. Perkins, *Workes*, vol. 1, 32.

74. 16세기와 17세기에 스코틀랜드 칼뱅주의가 노동을 대하는 태도를 다룬 다음 책을 참고하라. Marshall, *Presbyteries and Profits: Calvinism and the Development of Capitalism in Scotland, 1560-1707*, 39-112. 52에 있는 인용문도 참고하라.

75. 다음 책을 참고하라. Lehmann, *Zeitalter des Absolutismus*, 114-123; Zeller, *Theologie und Frömmigkeit*, vol. 1, 85-116.

76. Trevor-Roper, 'Religion, the Reformation and Social Change', 14.

77. 이 현상은 예정론보다는 천년왕국에 관한 소망에 기원을 두고 있긴 하다. Lehmann, *Zeitalter des Absolutismus*, 123-135. 잉글랜드 청교도주의에 나타난 이 현상은 다음을 참고하라. Ball, *Great Expectation*.

78. Walzer, *Revolution of the Saints*, 318.

79. Miegge, *Vocation et travail*, 115-153. 이 책의 저자는 부르심과 노동에 관한 청교도들의 전통적인 태도를 백스터가 바꿔 놓았을 수도 있다고 말한다.

80. 다음 책에 이 주제에 관한 유용한 자료가 많이 실려 있다. Tranquilli, *Il concetto di lavoro da Aristotele a Calvino*.

12장 칼뱅과 현대 서구 문화의 형성

1. C. S. Lewis, *English Literature in the Sixteenth Century* (Oxford, 1954), 43.

2. 다음을 참고하라. C. M. N. Eire, *War against the Idols: The Reformation of Worship from Erasmus to Calvin* (Cambridge, 1986).

3. Heidelberg Catechism, q. 95. E. F. K. Müller (ed.), *Die Bekenntnisschriften der reformierten Kirche* (Leipzig, 1903), 709-710.

4. Heidelberg Catechism, q. 97. ibid., 710쪽, lines 15-19.

5. Heidelberg Catechism, q. 98; ibid., 710쪽, lines 23-27.

6. 다음을 참고하라. Freeberg, *Iconoclasm and Painting in the Netherlands, 1566-1609*.

7. P. Miller, *Nature's Nation* (Cambridge, Mass., 1967), 22.

8. Prestwich, 'Le mécénat et les protestants'.

9. Labrousse, 'Calvinism in France, 1598-1685', 304-305.

10. Prestwich, 'Le mécénat et les protestants', 82.

11. R. Bellah et al., *Habits of the Heart: Individualism and Commitment in American Life* (Berkeley, 1985), 306. 토머스 홉스와 존 로크라는 두 사상가가 현대 미국인들에게 끼친 은밀한 영향은 거의 비슷한 것으로 확인되었다.《미국인의 사고와 관습: 개인주의와 책임감》(나남출판, 2001).

12. 다음을 참고하라. H. M. Conn, *Eternal Word and Changing Worlds:*

Theology, Anthropology and Mission in Dialogue (Grand Rapids, Mich., 1984).

13. Trevor-Roper, 'Religious Origins of the Enlightenment' in *Religion, the Reformation and Social Change* (London, 1967), 236.

14. 다음 책을 참고하라. H. Arendt, *The Human Condition* (Chicago, 1958). 《인간의 조건》(한길사, 2017).

15. Foster, *Their Solitary Way*, 99-126.

16. Bellah et al., *Habits of the Heart*, 287-300. 《미국인의 사고와 관습: 개인주의와 책임감》(나남출판, 2001).

17. Ahlstrom, *Religious History of the American People*, 789-790.

18. F. K. C. Price, *High Finance: God's Financial Plan* (New York, 1984), 12.

19. L. S. Feuer, *The Scientific Intellectual* (New York, 1963).

20. A. de Candolle, *Histoire des sciences et des savants* (Geneva/Basle, 2nd edn, 1885), 329-331.

21. 더 자세한 내용은 다음을 참고하라. R. Hooykaas, *Religion and the Rise of Modern Science* (Edinburgh, 1972), 98-99.

22. Müller, *Bekenntnisschriften*, 233, lines 14-16.

23. Miller, *Nature's Nation*, 213.

24. 이 기풍의 종교적 측면을 탐구한 다음 책을 참고하라. H. R. McAdoo, *The Spirit of Anglicanism* (London, 1965), 240-315.

25. OC 9,815: 'Mais fault que nostre entendement soit du tout arresté à ce poinct, d'apprendre en l'Escriture à cognoistre Iesus Christ tant seulement'.

26. 다음을 참고하라. A. E. McGrath, *Reformation Thought: An Introduction* (Oxford/Cambridge, Mass., 1988), 117-130. 《종교개혁사상》(기독교문서선교회).

27. OC 23,9-10, 17-18, 20-23.

28. Hooykaas, *Religion and the Rise of Modern Science*, 122-123.

29. OC 23,18.

30. M. Prestwich, 'Introduction', in *International Calvinism*, 7.

31. Miller, *Nature's Nation*, passim.

32. Ahlstrom, *Religious History of the American People*, 7.

33. 이 주제에 관해서는 다음을 참고하라. Ritschl, 'Der Beitrag des Calvinismus für die Entwicklung des Menschenrechtsgedankens in Europa und Nordamerika'.

34. 다음을 참고하라. Torrance, 'Covenant Concept in Scottish Theology and Politics'.

35. 역사적 분석에 관해서는 다음을 참고하라. J. Torrance, 'Interpreting the Word by the Light of Christ', in R. Schnucker (ed.), *Calviniana* (Kirksville, Mo., 1989), 255-267.

36. Ibid., 262-263.

참고 문헌

원고 출처

Berne, Burgerbibliothek

MS 138.

Geneva, Bibliothèque Publique et Universitaire

MSS Fr 145, 194.

Paris, Archives Nationales

MSS L 428; M 71; MM 247-248; S 6211; S 6482-6483; XIa 1528-1565.

Paris, Archives de l'Université

MSS Reg 13-14; Reg 63; Reg 89-90.

Paris, Bibliothèque Nationale (BN)

MSS Lat 5657A; 6535; 9943; 9959-9560; 12846-12851; 13884; I5445-15446; 16576; N Acq Lat I782.

St Gallen, Stadtsbibliothek (Vadiana)

MSS 59; 65.

Strasbourg, Archives Saint-Thomas

MSS 155; I74.

Vienna, Universitätsarchiv

Microfilms 65 Ph8; 66 Phg; 75 Th3.

칼뱅의 작품

16세기에 출간된《기독교 강요》판본의 전체 목록은 141-142쪽 도표 7.1에서 확인할 수 있다.

Barth, P., and Niesel, W. (eds)., *Ioannis Calvini Opera Selecta* (5 vols: Munich, 1926-1962).

Battles, F. L. (trans.), *Institution of the Christian Religion* (Atlanta, 1975).

Battles, F. L. and Hugo, A. M. (eds and trans.), *Calvin's Commentary on Seneea's 'De Clementia'* (Leiden, 1969).

Benoit, D. (ed.), *Institution de la religion chrestienne* (5 vols: Paris, 1957-1963). *Ioannis Calvini opera quae supersunt omnia* (59 vols: Braunschweig, 1863-1900).

McNeill, T. (ed.), and Battles. F. L. (trans.), *Institutes of the Christian Religion* (2 vols: Philadelphia/London, 1960).

Olin, C. (ed.), *John Calvin and Jacopo Sadoleto: A Reformation Debate. Sadoleto's Letter to the Genevans and Calvin 's Reply* (New York, 1966).

그 밖의 1차 자료

Agricola, R., *De inventione: dialetica* (Cologne, 1527).

Amyon, J., *Tous les synodes nationaux des églises réformées de France* (2 vols: La Haye, 1710).

Arminius, J., *Works* (3 vols: London, 1825-1875).

Beraldo, P., *Commentarii questionum Tusculanarum* (Paris, 1509).

de Bèze, T., *A Brief and Pithie Summe of the Christian Faith* (London, 1565(?)).

_____ *Correspondance de Théodore de Bèze* (11 vols: Geneva, 1960-1983).

Bucer, M., *Metaphrases et enarrationes perpetuae epistolarum D. Pauli* (Strasbourg, 1536).

Bullinger, H., *In Pauli ad Romanos epistolam ... commentarius* (Zurich, 1533).

Bunny, E., *Institutionis christianae religionis ... compendium* (London, 1576).

Caesarius, J., *Rhetorica ... in septem libros* (Lyons, 1539).

de Coulogne, D. (Colonius), *Analysis paraphastica Institutionum theologicarum Ioh. Calvini* (Leiden, 1628).

d'Epense, C., *Consolation en adversité* (Lyons, 1547).

Erasmus, *Opera Omnia*, ed. J. LeClerc (12 vols: Leiden, 1703; reprinted 1963).

장 칼뱅의 생애와 사상

_____ *Opus epistolarum D. Erasmi Roterodami*, ed. P. S. Allen, H. M. Allen, and H. W. Garrod (11 vols: Oxford, 1906-1947).

_____ *Colloquies*, trans. C. Thompson (Chicago, 1965).

Histoire des églises réformées au Royaume de France (Geneva, 1580).

Histoire du tumulte d'Amboise (Strasbourg, 1560).

Launoy, J., *Opera Omnia* (5 vols: Cologne, 1731-1732).

Lawne (Delaune), W., *Institutionis Christianae religionis ... epitome* (London, 1584).

_____ *An Abridgment of the Institution of the Christian Religion* (Edinburgh, 1585).

Lefèvre d'Etaples, J., *Sancti Pauli epistolae XIV ex vulgata editione* (Paris, 1512).

Le *livre de vraye et parfaicte oraison* (Paris, 1528).

Mair, J., *Commentarius in III librum sententiarum* (Paris, 1528).

Masson, P., *Elogio varia* (Paris, 1638).

Olevianus, C., *Institutionis Christiae religionis epitome* (Herborn, 1586).

L'oraison de Jesuchrist (Paris, 1525(?)).

Pasquier, E., *Les recherches de la France* (Paris, 1607).

Perkins, W., *Workes* (3 vols: Cambridge, 1608-1609).

Piscator, J., *Aphorismi doctrinae christianae ex Institutione Calvini excerpti* (Herborn, 1589).

de Raemond, F., *Histoire de la naissance, progrès et décadence de l'hérésie de ce siècle* (Paris, 1605).

Sadoleto, J., *Opera quae extant omnia* (Verona, 1737-1738).

[Saunier, A.], *L'ordre et manière d'enseigner en la ville de Genève au collège* (Geneva, 1538).

Servetus, M., *De trinitatis erroribus libri septem* (place unknown, 1531).

칼뱅 전기 및 전기적 자료

Bouwsma, W. *John Calvin: A Sixteenth-Century Portrait* (Oxford, 1988).

Crottet, A., *Correspondance français de Calvin avec Louis de Tillet*

(1537-1538) (Geneva, 1850).

Desmay, J., 'Remarques sur la vie de Jean Calvin, tirées des registres de Noyon, ville de sa naissance' (1621), in Cimber (alias Lafait), L. and Danjou, F., *Archives curieuses de l'histoire de France depuis Louis XI jusqu'à Louis XVIII* (15 vols: Paris, 1834-1837), vol. 5, 387-398.

Doinel, J., 'Jean Calvin à Orléans. Date précise de son séjour d'après des documents inédits', *BSHPF* 26 (1877), 174-185.

Doumergue, E., *Jean Calvin: les hommes et les choses de son temps* (7 vols: Lausanne, 1899-1917).

Hall, B., *John Calvin* (London, 1956).

Herminjard, A. L., *Correspondance des réformateurs dans les pays de langue* française (9 vols: Geneva/ Paris, 1866-1897).

Lefranc, A., *La jeunesse de Calvin* (Paris, 1888).

Le Vasseur, J., *Annales de l'église cathédrale de Noyon* (Paris, 1633).

MacKinnon, J., *Calvin and the Reformation* (New York, 1962).

Ménager, D., 'Théodore de Bèze, biographe de Calvin', *BHR* 45 (1983), 231-255.

Pannicr, J., *Calvin à Strasbourg* (Strasbourg, 1925).

Parker, T. H. L., *John Calvin* (London, 1975).

Rott, E., 'Documents strasbourgeois concernant Calvin. Un manuscrit autographe: la harangue du recteur Nicolas Cop', in *Regards contemporains sur Jean Calvin* (Paris, 1965), 28-43.

Stauffer, R., 'Calvin', in Prestwich, M. (ed.), *International Calvinism 1541-1715* (Oxford, 1985), 15-38.

Wallace, R. S., *Calvin, Geneva and the Reformation* (Edinburgh, 1988). 《칼빈의 사회 개혁 사상》(기독교문서선교회).

Wendel, F., *Calvin: The Origins and Development of His Religious Thought* (London, 1963).

　　　　　　　　　　　　장 칼뱅의 생애와 사상

파리대학교

Bernard-Maître, H., 'Les "théologastres" de l'université de Paris au temps d'Erasme et de Rabelais', *BHR* 27 (1965), 248-264.

Berty, A., *Topographie historique du vieux Paris: région centrale de l'université* (Paris, 1897).

Bourrilly, V.-L., and Weiss, N., 'Jean du Bellay, les protestants et la Sorbonne, 1529-1535', *BSHPF* 52 (1903), 97-127, 193-231; 53 (1904), 97-143.

Chartularium Universitatis Parisiensis, ed. H. Denifle and E. Chatelain (4 vols: Paris, 1889-1897).

Clerval, J.-A., *Registre des procès-verbaux de la faculté de théologie 1503-1523* (Paris, 1917).

Cobban, A. B., *The Medieval Universities: Their Development and Organization* (New York, 1975).

Crevier, M., *Histoire de l'Université de Paris* (Paris, 1761).

Cristiani, L., 'Luther et la faculté de théologie de Paris', *Revue de l'histoire de l'église de France* 32 (1946), 53-83.

Dubarle, E., *Histoire de l'Université de Paris* (Paris, 1844).

Du Boulay, C. E., *Historia Universitatis Parisiensis* (6 vols: Paris, 1665-1673; reprinted Frankfurt, 1966).

Duplessis d'Argentré, C., *Collectio judiciorum de novis erroribus* (3 vols: Paris, 1725-1736).

Dupon-Ferrier, G., 'La faculté des arts dans l'université de Paris et son influence civilisatrice', in Calvet, J. (ed.), *Aspects de l'Université de Paris* (Paris, 1949), 63-80.

Farge, K., *Biographical Register of Paris Doctors of Theology, 1500-1536* (Toronto, 1980).

_____ *Orthodoxy and Reform in Early Reformation France: The Faculty of Theology of Paris, 1500-1543* (Leiden, 1985).

Fechter, A., *Das Studienleben in Paris zu Anfang des XVI Jahrhunderts* (Basle, 1846).

Féret, P., *La faculté de théologie de Paris et ses docteurs les plus célèbres* (7 vols: Paris, 1900-1910).

Fourier, M., *Les statuts et privilèges des universités de France* (Paris, 1890).

Garcia Villoslada, R., *La Universidad de París durante los estudios de Francisco de Vitoria O.P* (1507-1522) (Rome, 1938).

Godet, M., 'Le collège de Montaigu', *Revue des études rabelaisiennes* 7 (1909), 283-305.

_____ *La congrégation de Montaigu* (1490-1580) (Paris, 1912).

Goulet, R., *Compendium de multiplici Parisiensis Universitatis magnficientia, dignitate et excellentia* (Paris, 1517).

Hempsall, D., 'Martin Luther and the Sorbonne, 1519-1521', *Bulletin of the Institute of Historical Research 46* (1973), 28-40.

Kibre, P., *The Nations in the Medieval Universities* (Cambridge, Mass., 1948).

Le Goff, J., 'La conception française de l'université à l'époque de la Renaissance', in *Les universités européennes du XIVe au XVIIIe siècle: aspects et problèmes* (Geneva, 1967), 94-100.

Matos, L. de, *Les Portugais à l'université de Paris entre 1500 et 1550* (Coimbra, 1950).

Paqué, R., *Das Pariser Nominalistenstatut: Zur Entstehung des Realitätsbegriffs der neuzeitlichen Naturwissenschaft* (Occam, Buridan und Petrus Hispanicus, Nikolaus von Autrecourt und Gregor von Rimini) (Berlin, 1970).

Quicherat, J., *Histoire de Sainte-Barbe: collège, communauté, institution* (3 vols: Paris, 1860-1864).

Rashdall, H., *The Universities of Europe in the Middle Ages* (2 vols: Oxford, 2nd edn, 1936).

Renaudet, A., 'L'humanisme et l'enseignement de l'université de Paris au temps de la Renaissance', in Calvet, (ed.), *Aspects de l'Université de Paris* (Paris, 1949), 135-155.

Thurot, C., De l'organisation *de l'enseignement dans l'université de Paris*

장 칼뱅의 생애와 사상

au Moyen Age (Paris, 1850; reprinted 1967).

제네바시

Ammann, H., 'Oberdeutsche Kaufleute und die Anfänge der Reformation in Genf', *Zeitschrift für württembergische Landesgeschichte 13* (1954), 150-193.

Babel, A., *Histoire corporative de l'horlogerie, de l'orfevrerie et des industries annexes* (Geneva, 1916).

_____ *Histoire économique de Genève des origines au début du XVIe siècle* (Geneva, 1963).

Baud, H., *Le diocèse de Genève-Annecy* (Histoire des diocèses de France 19: Paris, 1985).

van Berchem, V., 'Une prédication dans un jardin (15 avril 1533). Episode de la Réforme genevoise', in *Festschrift Hans Nabholz* (Zurich, 1934), 151-170.

Bergier, J.-F., 'Marchands italiens à Genève au début du XVIe siècle', in *Studi in onore di Armando Sapori* (Milan, 1957), 883-896.

_____ *Genève et l'économie européenne de la Renaissance* (Paris, 1963).

_____ 'Zu den Anfängen des Kapitalismus - Das Beispiel Genf', *Kölner Vorträge zur Sozial- und Wirtschaftgeschichte 2*0 (1972), 3-29.

_____ *Die Wirtschaftgeschichte der Schweiz* (Zurich, 1983).

_____ and Kingdon, R. M. (cds), *Registres de la Compagnie des Pasteurs de Genève au temps de Calvin* (2 vols: Geneva, 1962-1964).

Blondel, L., *Le développement urbain de Genève à travers les siècles* (Geneva/Nyon, 1946).

Borel, F., *Les foires de Genève au XVe siècle* (Geneva/ Paris, 1892).

Borgeaud, C., *Histoire de l'Université de Genève I: L'Académie de Calvin, 1559-1798* (Geneva, 1900).

Bremme, H. J., *Buchdrucker und Buchhändler zur Zeit der Glaubenskämpfe: Studien zur genfer Druckgeschichte 1565-1580* (Geneva, 1969).

Broise, P., *Genève et son territoire dans l'antiquité* (Brussels, 1974).

Bürgli, A., *Kapitalismus und Calvinismus: Versuch einer wirtschaftsgeschichtlichen und religionssoziologischen Untersuchungen der Verhältnisse in Genf im 16. und beginnenden 17. Jahrhundert* (Winterthur, 1960).

Chaix, P., *Recherches sur l'imprimerie à Genève de 1550 à 1564* (Geneva, 1954).

_____ Dufour, A., and Moeckli, G., *Les livres imprimés à Genève de 1550 à 1600* (Geneva, 1966).

Choisy, E., *La théocratie a' Genève au temps de Calvin* (Geneva, 1897).

Courvoisier, J., *La notion d'église chez Bucer dans son développement historique* (Paris, 1933).

_____ 'La haute école de Genève au XVIe siècle', *Theologische Zeitschrift* 35 (1979), 169-176.

Delarue, H., 'La première offensive évangélique à Genève, 1532-1533', *Bulletin de la société d'histoire et d'archéologie de Genève* 9 (1948), 83-102.

Dufour, A., 'L'affaire de Maligny vue à travers la correspondance de Calvin et de Bèze', *Cahiers d'histoire* 8 (1963), 269-280.

_____ 'De la bourgeoisie de Genève à la noblesse de Savoie', in *Mélanges d'histoire économique et sociale en hommage Antony Babel* (Geneva, 1963), 227-238.

_____ 'Le mythe de Genève au temps de Calvin', in *Histoire politique et psychologie historique* (Geneva, 1966), 63-95.

Ganoczy, A., *La bibliothèque de l'Académie de Calvin* (Geneva, 1969).

Gauthier, J.- A., *Histoire de Genève des origines à l'année 1691* (9 vols: Geneva, 1896-1914).

Gauthier, L., *L'hôpital général de Genève de 1535 à 1545* (Geneva, 1914).

Geisendorf, P.-F., *Les annalistes genevois du début du XVII: siècle* (Geneva, 1942).

_____ *L'Université de Genève, 1559-1959* (Geneva, 1959).

장 칼뱅의 생애와 사상

_____ 'Lyon et Genève du XVIe siècle au XVIIIe siècle', *Cahiers d'histoire* 5 (1960), 65-76.

_____ 'Métiers et conditions sociales du premier refuge à Genève, 1549-1587', in *Mélanges d'histoire économique et sociale en hommage Antony Babel* (Geneva, 1963), 239-249.

Gioffré, D., *Gênes et les foires de change: de Lyon à Besançon* (Paris, 1960).

Guerdon, R., *La vie quotidienne à Genève au temps de Calvin* (Paris, 1973).

de Jussy, J., *Le levain du Calvinisme, ou commencement de l'hérésie de Genève* (Geneva, 1865).

Kaden, E.-H., *Le jurisconsulte Germain Colladon, ami de Jean Calvin et de Théodore d Bèze* (Geneva, 1974).

Kingdon, R. M., *Geneva and the Coming of the Wars of Religion in France, 1555-1563* (Geneva, 1956).

_____ 'The Business Activities of Printers Henri and François Estienne', in *Aspects de la propagande religieuse* (Geneva, 1957), 258-275.

_____ *Geneva and the Consolidation of the French Protestant Movement 1564-1572* (Geneva, 1967).

_____ 'The Deacons of the Reformed Church in Calvin's Geneva', in *Mélanges d'histoire du XVIe siècle* (Geneva, 1970), 81-89.

_____ 'Social Welfare in Calvin's Geneva', *American Historical Review* 76 (1971), 50-69.

_____ 'The Control of Morals in Calvin's Geneva', in Buck, L. P., and Zophy, J. W. (eds), *The Social History of the Reformation*, (Colombus, Ohio, 1972), 3-16.

_____ 'Was the Protestant Reformation a Revolution? The Case of Geneva', in Kingdon, R. M., (ed.), *Transition and Revolution: Problems and Issues of European Renaissance and Reformation* (Minneapolis, 1974), 53-76.

_____ 'Calvin and the Government of Geneva', in Neusner, W. H. (ed.),

Calvinus ecclesiae Genevensis custos (Frankfurt/ Berne, 1984), 49-67.

Labarthe, O., 'En marge de l'édition des Registres de la Compagnie des pasteurs de Genève: le changement du mode de présidence de la Compagnie, 1578- 1580', R*evue d'histoire ecclésiastique suisse* 67 (1972), 160-186.

Mandrou, R., 'Les français hors de France aux XVIe et XVIIe siècles. I: A Genève, le premier refuge protestant (1549-1560)', *Annales ESC* 14 (1959), 663-675.

Martin, P.-E., 'Les origines de la civitas et de l'évêché' de Genève', in *Mélanges d'histoire et de littérature offerts à Charles Gilliard* (Lausanne, 1944), 82-92.

_____ *Histoire de Genève des origines à 1798* (Geneva, 1951).

_____ 'Calvin et le prêt à intérêt à Genève', in *Mélanges d'histoire économique et sociale en hommage Antoyn Babel* (Geneva, 1963), 251-263.

Monter, E. W., 'Le change public à Genève, 1568-1581', in *Mélanges d'histoire économique et sociale en hommage Antoyn Babel* (Geneva, 1963), 265-290.

_____ *Studies in Genevan Government* (1536-1605) (Geneva, 1964).

_____ *Calvin's Geneva* (New York/London: Wiley, 1967).

_____ 'Crime and Punishment in Calvin's Geneva', *ARG* 69 (1973), 281-287.

_____ 'The Consistory of Geneva, 1559-1569', *BHR* 38 (1976), 467-484쪽.

_____ 'Historical Demography and Religious History in Sixteenth-Century Geneva', *Journal of Inter-Disciplinary History* 9 (1979), 399-427.

Naef H., 'Un alchimiste au XVIe siècle; ou Battonat, la Seigneurie de Genève, et le comte de Gruyère', *Mémoires et documents de la société d'histoire de la Suisse Romande* 2 (1946), 7-304.

_____ *Les origines de la Réforme à Genève* (2 vols: Geneva, 1968).

Olson, J. E., 'La Bourse française de Genève: les années d'origine', *Revue du vieux Genève* 17 (1987), 16-20.

Perrenaud, A., *La population de Genève, XVIe - XIXe siècles* (Geneva, 1979).

Roget, A., *Histoire du peuple de Genève depuis la Réforme jusqu'à l'escalade* (7 vols: Geneva, 1870-1883).

Stadler, P., *Genf, die großen Mächte und die eidgenössischen Glaubensparteien 1571-1584* (Zurich, 1952).

Turchetti, M., *Concordia o tolleranza? François Badouin (1520-1573) e i 'Moyenneurs'* (Geneva, 1984).

칼뱅의 사상

Alting von Geusau, L. G. M., *Die Lehre von der Kindertaufe bei Calvin* (Bilthoven/ Mainz, 1963).

Anderson, M., 'Theodore Beza: Savant or Scholastic?', *Theologische Zeitschrift* 43 (1987), 320-332.

_____ 'John Calvin: Biblical Preacher (1539-1564)', *SJTh* 42 (1989), 167-181.

Autin, A., *L'Institution chrétienne de Calvin* (Paris, 1929).

Babelotsky, G., *Platonischer Bilder und Gedankengänge in Calvins Lehre vom Menschen* (Wiesbaden, 1977).

Balke, W., 'The Word of God and Experientia according to Calvin', in Neuser, W. H. (ed.), *Calvinus ecclesiae doctor* (Kampen, 1978), 19-31.

Barth, P., 'Die fünf Einleitungskapitel von Calvins Institutio', *Kirchenblatt für die reformierte Schweiz* 40 (1925), 41-42, 45-47, 49-50.

Battenhouse, R. W., 'The Doctrine of Man in Calvin and in Renaissance Platonism', *JHI* 9 (1948), 447-471.

Battles, F. L., 'God was accommodating Himself to Human Capacity', *Interpretation* 31 (1977), 19-38.

Bauke, H., *Die Probleme der Theologie Calvins* (Leipzig, 1922).

Biéler, A., *La pensée économique et sociale de Calvin* (Geneva, 1959).

_____ *Calvin, prophète de l'ère industrielle* (Geneva, 1964).

Blanke, F., 'Calvins Urteil über Zwingli', *Zwingliana* 11 (1959), 66-92.

Bohatec, J., *Calvin und das Recht* (Graz, 1934).

_____ 'Calvin et la procédure civile à Genève', *Revue historique de droit français et étranger* 17 (1938), 229-303.

_____ *Budé und Calvin: Studien zur Gedankenwelt des französischen Frühhumanismus* (Graz, 1950).

Breen, Q., 'John Calvin and the Rhetorical Tradition', *Church History* 26 (1957), 3-21.

_____ 'Some Aspects of Humanist Rhetoric and the Reformation', *NAK* 43 (1960), 1-14.

_____ *John Calvin: A Study in French Humanism* (Hamden, 2nd edn, 1968).

Büsser, F., *Calvins Urteil über sich selbst* (Zurich, 1950).

_____ 'Bullinger et Calvin', *Etudes théologiques et religieuses* 63 (1988), 31-52.

Cadier, J., 'Calvin et Saint Augustin', in *Augustinus Magister* (Paris, 1954), 1039-1056.

Calvetti, C., *La filosofia di Giovanni Calvino* (Milan, 1955).

Chenevière, M. E., *La pensée politique de Calvin* (Paris, 1937).

Courvoisier, J., 'Réflexions à propos. de la doctrine eucharistique de Zwingle et Calvin', in *Festgabe Leonhard von Muralt* (Zurich, 1970), 258-265.

_____ *De la Réforme au Protestantisme: essai d'écclesiologie réformée* (Paris, 1977).

Dankbaar, W. F., *Calvin, sein Weg und sein Werk* (Neukirchen, 1959).

- 'L'office des docteurs chez Calvin', in *Regards contemporains sur jean Calvin* (Strasbourg, 1964), 102-126.

Douglass, E. J. D., *Women, Freedom and Calvin* (Philadelphia, 1985).

Dowey, E. A., *The Knowledge of Cod in Calvin's Theology* (New York, 1952).

Eire, C. M. N., 'Calvin and Nicodemitism: A Reappraisal', SCj 10 (1979),

45-69.

Engel, M. P., *Calvin's Perspectival Anthropology* (Atlanta, Ga., 1988).

Ganoczy, A., 'Calvin als paulinischer Theologe. Ein Forschungsansatz zur Hermeneutik Calvins', in Neuser, W. (ed.), *Calvinus Theologus* (Neukirchen, 1976), 36-69.

_____ *The Young Calvin* (Philadelphia, 1987).

_____ and Müller, K., *Calvins handschriftliche Annotationen zu Chrysostomus* (Wiesbaden, 1981).

_____ and Scheld, S., *Herrschaft, Tugend, Vorsehung: Hermeneutische Deutung und Veröfentlichung handschriftlicher Annotationen Calvins zu sieben Senecatragödien* (Wiesbaden, 1982).

Gerrish, B. A., 'The Word of God and the Word of Scripture: Luther and Calvin on Biblical Authority', in *The Old Protestantism and the New: Essays on the Reformation Heritage* (Chicago, 1982), 51-68.

Girardin, B., *Rhétorique et théologique: Calvin, Ie Commentaire tit l'Epître aux Romains* (Paris, 1979).

Goumaz, L., *La doctrine du salut (doctrina salutis) d'après les commentaires de Jean Calvin sur Ie Nouveau Testament* (Lausanne/ Paris, 1917).

Graham, W. F., *The Constructive Revolutionary: John Calvin and His Socio-Economic Impact* (Richmond, Va., 1971).

Grislis, E., 'Calvin's Use of Cicero in the Institutes 1:1-5 - A Case Study in Theological Method', *ARG* 62 (197 1), 5-37.

Hall, B., 'The Calvin Legend', in Duffield, G. E. (ed.), *John Calvin*, (Abingdon, 1966), 1-18.

_____ 'Calvin against the Calvinists', in Duffield, G. E. (ed.), *John Calvin*, (Abingdon, 1966), 19-37.

_____ 'John Calvin, the Jurisconsults and the *Ius Civile*', in Cuming, G. J. (ed.), *Studies in Church History*, (Leiden, 1966), 202-216.

Hancock, R. C., *Calvin and the Foundations of Modem Politics* (Ithaca, N.Y., 1989).

참고 문헌

Higman, F. M., *The Style of John Calvin in His French Polemical Treatises* (Oxford, 1967).

Holl, K., 'Johannes Calvin', in *Gesammelte Aufsätze zur Kirchengeschichte* (3 vols: Tübingen, 1928), vol. 3, 254-284.

Höpfl, H., *The Christian Polity of John Calvin* (Cambridge, 1985).

Jacobs, P., *Prädestination und Verantwortlichkeit bei Calvin* (Kassel, 1937).

Kaiser, C. B., 'Calvin, Copernicus and Castellio', *Calvin Theological Journal 21* (1986), 5-31.

_____ 'Calvin's Understanding of Aristotelian Natural Philosophy', in Schnucker, R. V. (ed.), Calviniana: Ideas and Influence of Jean Calvin (Kirksville, Mo., 1988), 77-92.

Koch, E., 'Erwägungen zum Bekehrungsbericht Calvins', *NAK* 61 (lgBl), 185-197.

Lane, A. N. S., 'Calvin's Sources of St Bernard', *ARC* 67 (1976), 253-283.

_____ 'Calvin's Use of the Fathers and Medievals', *Calvin Theological Journal* 16 (1981), 149-205.

McDonnell, K., *John Calvin, the Church and the Eucharist* (Princeton, 1967).

McGrath, A. E., 'John Calvin and Late Medieval Thought: A Study in Late Medieval Influences upon Calvin's Theological Thought', *ARG* 77 (1986), 58-78.

Marmelstein, J.-W., *Etude comparative des textes latins et français de l'Institution de la Religion chrestienne par Jean Calvin* (Paris/ Groningen/The Hague, 1921).

Mercier, C., 'L'esprit de Calvin et la démocratie', *Revue d'histoire éccelesiastique* 30 (1934), 5-53.

Milner, B. C., *Calvin's Doctrine of the Church* (Leiden, 1970).

Niesel, W., 'Calvin wider Osianders Rechtfertigungslehre', *Zeitschrift für Kirchengeschichte 46* (1928), 410-430.

_____ 'Verstand Calvin deutsch?', *Zeitschrift für Kirchengeschichte* 49

장 칼뱅의 생애와 사상

(1930), 343-358.

_____ *The Theology of Calvin* (London, 1956).

Pannier, J., *Calvin et l'épiscopat* (Strasbourg, 1927).

_____ 'Une première *Institution* française dès 1537', *RHPbR* 8 (1928), 513-534.

Parker, T. H. L., *The Oracles of Cod: An Introduction to the Preaching of John Calvin* (London, 1962).

_____ *Calvin's Doctrine of the Knowledge of God* (Edinburgh, rev. edn, 1969).

_____ *Calvin's New Testament Commentaries* (London, 1971).

_____ *Calvin's Old Testament Commentaries* (Edinburgh, 1986).

Partee, C., *Calvin and Classical Philosophy* (Leiden, 1977).

_____ 'Calvin's Central Dogma Again', *SCJ* 18 (1987), 191-199.

Peter, R., 'Rhétorique et prédication selon Calvin', *Revue d'histoire et de philosophie religieuses* 55 (1975), 249-272.

Pfeilschifter, F., *Das Calvinbild bei Bolsec und sein Fortwirken im französischen Katholizismus bis ins 20. Jahrhundert* (Augsburg, 1983).

Plath, U., *Calvin und Basel in den Jahren 1552-1556* (Bash/Stuttgart, 1974).

Reid, W. S., *John Calvin: His Influence in the Western World* (Grand Rapids, 1982).

Reuter, K., *Das Grundverständnis der Theologie Calvins* (Neukirchen, 1963).

_____ *Vom Scholaren bis zum jungen Reformator: Studien zum Werdegang Johannes Calvins* (Neukirchen, 1981).

Richard, L. J., *The Spirituality of John Calvin* (Atlanta, 1974).

Rist, G., 'La modernité de la méthode théologique de Calvin', *Revue de théologie et philosophie* 1 (1968), 19-33.

Rosen, E., 'Calvin's Attitude towards Copernicus', *JHI* 21 (1960), 431-441.

Ruff, H., *Die französischen Briefe Calvins: Versuch einer stylistischen Anaylse* (Glarus, 1937).

Santmire, P. H., 'Justification in Calvin's 1540 Romans Commentary', *Church History* 33 (1964), 294-313.

Schellong, D., *Das evangelische Gesetz in der Auslegung Calvins* (Munich, 1968).

_____ *Calvins Auslegung der synoptsichen Evangelien* (Munich, 1969).

Scholl, H., *Calvinus Catholicus: Die katholische Calvinforschung im 20. Jahrhundert* (Freiburg, 1974).

Selinger, S., *Calvin against Himself: An Inquiry in Intellectual History* (Hamden, Conn., 1984).

Smits, L., *Saint Augustin dans l'oeuvre de Jean Calvin* (Louvain, 1957).

Sprenger, P., *Das Rätsel um die Bekehrung Calvins* (Neukirchen, 1960).

Staulfer, R., *L'humanité de Calvin* (Neuchatel, 1964).

_____ 'Le discours à la première personne dans les sermons de Calvin', in *Regards contemporains sur Jean Calvin* (Paris, 1965), 206-238.

_____ *Dieu, la création et la providence dans la prédication de Calvin* (Berne, 1978).

Steinmetz, D. C., 'Calvin and the Absolute Power of God', *Journal of Medieval and Renaissance Studies 18* (1988), 65-79.

_____ 'Calvin and Abraham: The Interpretation of Romans 4 in the Sixteenth Century', *Church History* 57 (1988), 443-455.

Thompson, J. L., 'Creata ad imaginem Dei, licet secundo gradu: Woman as the Image of God according to John Calvin', *HThR* 81 (1988), 125-143.

Torrance, T. F., *Calvin's Doctrine of Man* (London, 1952).

_____ 'La philosophic et la théologie de Jean Mair ou Major (1469-1550)', *Archives de philosophie 32* (1969), 531-547; 33 (1970), 261-294.

_____ 'Intuitive and Abstractive Knowledge from Duns Scotus to John Calvin', in *De doctrina Ioannis Duns Scoti: Acta tertii Congressus Scotistici Internationalis* (Rome, 1972), 291-305.

_____ *The Hermeneutics of John Calvin* (Edinburgh, 1988).

Tranquilli, V., *Il concetto di lavoro da Aristotele a Calvino* (Naples, 1979).

장 칼뱅의 생애와 사상

Trinkaus, C., 'Renaissance Problems in Calvin's Theology', in Peery, W. (ed.), *Studies in the Renaissance I* (Austin, 1954), 59-80.

Van't Sinjker, W., 'Prädestination bei Bucer und Calvin', in Neuser, W. (ed.), *Calvinus Theologicus* (Neukirchen, 1976), 85-111.

Wallace, R. S., *Calvin's Doctrine of the Word and Sacrament* (Edinburgh, 1953).

_____ *Calvin's Doctrine of the Christian Life* (Edinburgh, 1959).《칼빈의 기독교 생활원리》(기독교문서선교회).

Warfield, B. B., *Calvin and Augustine* (Philadelphia, 1956).

_____ *Calvin et l'humanisme* (Paris, 1976).

Willis, E. D., *Calvin's Catholic Christology* (Leiden, 1966).

_____ 'Rhetoric and Responsibility in Calvin's Theology', in McKelway, A. J., and Willis, E. D. (eds), *The Context of Contemporary Theology* (Atlanta, Ga., 1974), 43-63.

Zeeden, E. W., 'Das Bild Luthers in der Briefen Calvins', *ARG* 11 (1959), 66-92.

Zimmermann, A., 'Calvins Auseinandersetzung mit Osianders Rechtfertigungslehre', *Kerygma und Dogma 35* (1989), 236-256.

칼뱅주의

Ahlstrom, S., *A Religious History of the American People* (New Haven, 1972).

Armstrong, B. G., *Calvinism and the Amyraut Heresy: Protestant Scholasticism and Humanism in Seventeenth-Century France* (Madison, Wis., 1969).

Ball, B. W., A *Great Expectation: Eschatological Thought in English Protestantism to 1660* (Leiden, 1975).

Baron, H., 'Calvinist Republicanism and Its Historical Roots', *Church History* 7 (1939), 30-42.

Bercovitch, S., *The Puritan Origins of the American Self* (New Haven/London, 1975).

Besnard, P., *Protestantisme et capitalisme: la controverse post-wébénenne* (Paris, 1970).

Boettner, L., *The Reformed Doctrine of Predestination* (Grand Rapids, 1968).

Bohatec,J., "'Lutherisch" und "Reformiert'", *Reformiertes Kirchenblatt für Österreich* 28 (January, 1951), 1-3.

Bourchenin, D., *Etude sur les Académies Protestantes en France au XVIe et au XVIIe siècles* (Paris, 1882).

Cadix, M., 'Le calvinisme et l'expérience religieuse', in *Etudes sur Calvin et le calvinisme* (Paris, 1936), 173-187.

Caldwell, P., *The Puritan Conversion Narrative: The Beginnings of American Expression* (Cambridge, 1986).

Cohn, H. J., 'The Territorial Princes in Germany's Second Reformation', in Prestwich, M. (ed.), *International Calvinism 1541-1715* (Oxford, 1985), 135-166.

Collinson, P., 'Calvinism with an Anglican Face', in Baker, D. (ed.), *Reform and Reformation: England and the Continent* (Oxford, 1979), 71-102.

_____ 'England and International Calvinism, 1558-1640', in Prestwich, M. (ed.), *International Calvinism 1541-1715* (Oxford, 1985), 197-224.

Costello, W. T., *The Scholastic Curriculum in Early Seventeenth-Century Cambridge* (Cambridge, Mass., 1958).

Donnelly, J. P., 'Italian Influences on the Development of Calvinist Scholasticism', *SCJ* 7/1 (1976), 81-101.

_____ *Calvinism and Scholasticism in Vermigli's Doctrine of Man and Grace* (Leiden, 1976).

_____ 'Calvinist Thomism', *Viator* 7 (1976), 441-445.

Duke, A., 'The Ambivalent Face of Calvinism in the Netherlands, 1561-1618', in Prestwich, M. (ed.), *International Calvinism 1541-1715* (Oxford, 1985), 109-135.

Evans, R. W., *The Wechsel Presses: Humanism and Calvinism in Central*

장 칼뱅의 생애와 사상

Europe 1572-1627 (*Past and Present* Supplement 2: London, 1975).

_____ 'Calvinism in East Central Europe: Hungary and her Neighbours, 1540- 1700', in Prestwich, M. (ed.), *International Calvinism 1541-1715* (Oxford, 1985), 167-196.

Fatio, O., *Méthode et théologie: Lambert Daneau et les débuts de la scholastique réformée* (Geneva, 1976).

_____ 'Présence de Calvin à l'époque de l'orthodoxie réformée: les abrégés de Calvin à la fin du 16e et au 17e siècle', in Neuser, W. H. (ed.), *Calvinus ecclesiae doctor* (Kampen, 1978), 171-207.

Foster, S., *Their Solitary Way: The Puritan Social Ethic in the First Century of Settlement in New England* (New Haven, 1971).

Freeberg, D. A., *Iconoclasm and Painting in the Netherlands, 1566-1609* (Oxford, unpublished thesis, 1972).

Goodzwaard, R., *Capitalism and Progress* (Grand Rapids, 1979).

Green, R. W. (ed.), *Protestantism and Capitalism: The Weber Thesis and Its Critics* (Boston, Mass., 1959).

_____ (ed.), *Protestantism, Capitalism and Social Science: The Weber Thesis Controversy* (Boston, Mass., 1973).

Greven, P., *The Protestant Temperament: Patterns of Child-Rearing, Religious Experience and the Self in Early America* (New York, 1977).

Gründler, O., *Die Gotteslehre Giralmo Zanchis* (Neukirchen, 1965).

Hill, C., *The Intellectual Origins of the English Revolution* (Oxford, 1965).

Jamieson, J. F., 'Jonathan Edwards's Change of Position on Stoddardeanism', *HThR* 74 (1981), 79-99.

Kendall, R. T., *The Influence of Calvin and Calvinism upon the American Heritage* (London, 1976).

_____ *Calvin and English Calvinism to 1649* (Oxford, 1980).

Kickel, W., *Vernunft und Offenbarung bei Theodor Beza* (Neukirchen, 1967).

Kingdon, R. M., 'The First Expression of Theodore Beza's Political Ideas', *ARG* 46 (1955), 88-99.

_____ 'Calvinism and Democracy: Some Political Implications of Debates on French Reformed Church Government, 1562-1572', *American Historical Review* 69 (1964), 393-401.

Labrousse, E., 'Calvinism in France, 1598-1685', in Prestwich, M. (ed.), *International Calvinism 1541-1715* (Oxford, 1985), 285-314.

Laplanche, F., *Orthodoxie et prédication: l'oeuvre d'Amyraut et la querelle de la grâce: universelle* (Paris, 1965).

Lehmann, H., *Das Zeitalter des Absolutismus: Gottesgnadentum und Kriegsnot* (Stuttgart, 1980).

_____ 'The Cultural Importance of the Pious Middle Classes in 17th-Century Protestant Society', in von Greyerz, H. (ed.), *Religion and Society in Modern Europe* (London, 1984), 33-41.

Lewis, G., 'Calvinism in Geneva in the Time of Calvin and Beza', in Prestwich, M. (ed.), *International Calvinism 1541-1715* (Oxford, 1985), 39-70.

Liedtke, H., *Die Pädagogik der werdenden Orthodoxie: Ein Beitrag zur Bestimmung der Verhältnisses von Reformation und Humanismus* (Königsdorf, 1968).

Lüthy, H., 'Variations on a Theme by Max Weber', in Prestwich, M. (ed.), *International Calvinism 1541-1715* (Oxford, 1985), 369-390.

Lynch, M., 'Calvinism in Scotland, 1559-1638', in Prestwich, M. (ed.), *International Calvinism 1541-1715* (Oxford, 1985), 225-256.

McComish, W. A., *The Epigones: A Study of the Genevan Academy* (Allison Park, Pa., 1989).

McKim, D. K., *Ramism in William Perkin's Theology* (Berne, 1987).

McNeill, J. T., *The History and Character of Calvinism* (New York, 1954).

Marshall, G., *Presbyteries and Profits: Calvinism and the Development of Capitalism in Scotland, 1560-1707* (Oxford, 1980).

_____ *In Search of the Spirit of Capitalism: An Essay on Max Weber's Protestant Ethic Thesis* (London, 1982).

Meylan, H., 'Collèges et académies protestantes en France au XVIe siècle', in *Actes du 95e congrès national des sociétés savantes 2 vols* (Paris, 1971), vol. 1, 301-308.

Miegge, M., *Vocation et travail: essai sur l'éthique puritaine* (Geneva, 1989).

Moltmann,J., 'Prädestination und Heilsgeschichte bei Moyse Amyraut', *Zeitschrift für Kirchengeschichte* 65 (1954), 270-303.

Morgan, E., *The Puritan Family* (Boston, Mass., 1966).

Mosse, G. L., Calvinism: Authoritarian or Democratic? (New York, 1957).

Muller, R. A., 'Vera philosophia cum sacra theologia nunquam pugnat: Keckermann on Philosophy, Theology and the Problem of Double Truth', *SCJ* 15 (1984), 341-365.

_____ 'Scholasticism Protestant and Catholic: Francis Turretin on the Object and Principles of Theology', *Church History* 55 (1986), 193-205.

Neuser, W., 'Die Väter des Heidelberger Katechismus', *Theologische Zeitschrift* 35 (1979), 177-194.

Nürenberger, R., *Die Politisierung des französischen Protestantismus: Calvin und die Anfänge des protestantischen Radikalismus* (Tübingen, 1948).

Platt, J., *Reformed Thought and Scholasticism: The Arguments for the Existence of God in Dutch Theology, 1575-1670* (Leiden, 1982).

Prestwich, M., 'Le mécénat et les protestants en France, 1598-1661: architectes et peintres', in Mesnard, J., and Mousnier, R. (eds), *L'Age d'Or du mécénat* (Paris, 1985), 77-88.

_____ 'Calvinism in France, 1559-1629', in Prestwich, M. (ed.), *International Calvinism 1541-1715* (Oxford, 1985), 71-108.

_____ 'Introduction', in Prestwich, M. (ed.), *International Calvinism 1541-1715* (Oxford, 1985).

Ritschl, D., 'Der Beitrag des Calvinismus für die Entwicklung des Menschenrechtsgedankens in Europa und Nordamerika', *Evangelische Theologie* 40 (1980), 333-345.

Rüsch, E. G., 'Eine private Bearbeitung der Institutio Calvins',
 Theologische Zeitschrift 24 (1968), 427-434.

Schmidt, A.-M., *Jean Calvin et la tradition calvinienne* (Paris, 1957).

Schweizer, A., *Die protestantischen Centraldogmen in ihrer Entwicklung
 innerhalb der Reformierten Kirche* (2 vols: Zurich, 1854-1856).

Skinner, Q., 'The Origins of the Calvinist Theory of Revolution', in
 Malament, B. C. (ed.), *After the Reformation* (Philadelphia, 1980), 309-
 330.

Speck, W. A., and Billington, 'L., 'Calvinism in Colonial North America,
 1630-1715', in Prestwich, M. (ed.), *International Calvinism 1541-
 1715* (Oxford, 1985), 257-284.

Stauffer, R., 'Le Calvinisme et les universités', *BSHPF* 126 (1980), 27-51.

Torrance, B., 'Covenant or Contract? A Study of the Theological
 Background of Worship in Seventeenth-Century Scotland', *SJTh* 23
 (1970), 51-76.

_____ 'The Covenant Concept in Scottish Theology and Politics and Its
 Legacy', *SJTh* 34 (1981), 225-243.

Vahle, H., 'Calvinismus und Demokratie im Spiegel der Forschung', *ARG*
 66 (1982), 181-212.

Wallace, D. D., *Puritans and Predestination: Grace in English Protestant
 Theology, 1525-1695* (Chapel Hill, 1982).

Walzer, M., *Revolution of the Saints* (New York, 1970).

Weber, Max, *The Protestant Ethic and the Spirit of Capitalism* (London,
 1930). 《프로테스탄트 윤리와 자본주의 정신》(현대지성).

Yardeni, M., 'French Calvinist Political Thought, 1534-1715', in
 Prestwich, M. (ed.), *International Calvinism 1541-1715* (Oxford, 1985),
 315-338.

Zaret, D., *The Heavenly Contract: Ideology and Organization in Pre-
 Revolutionary Puritanism* (Chicago, 1985).

Zeeden, E. W., *Die Entstehung der Konfessionen: Grundlagen und
 Formen der Konfessionsbildung im Zeitalter der Glaubenskampf*

(Freiburg, 1967).

Zeller, W., *Theologie und Frömmigkeit: Gesammelte Aufsätze* (2 vols: Marburg, 1971-1978).

찾아보기

장 칼뱅의 생애와 사상

장 칼뱅의 생애와 사상

장 칼뱅의 생애와 사상

알리스터 맥그래스 Alister E. McGrath

영국의 신학자, 역사가이며 저술가. 분자생물학자요 무신론자였으나, 회심한 뒤 신학을 연구하여 여러 업적을 남겼다. 현재 옥스퍼드대학교 과학과 종교 분과의 안드레아스 이드레아스 석좌교수로 봉직하고 있다. 주 관심 분야는 기독교 역사와 교리 전반을 비롯해, 과학과 종교의 관계, 기독교 변증에 이르기까지 폭넓고 방대하다.《그들은 어떻게 이단이 되었는가》,《신학이란 무엇인가》등 많은 책을 저술했으며, 최근에는 자연신학 분야, 기독교 역사에 족적을 남긴 인물을 재조명하는 평전 저술 분야에서 주목할 만한 신간을 내놓고 있다.

옮긴이_ 이은진

대학과 대학원에서 정치학과 정책학을 공부했다. 출판사 편집자로 일하다 퇴사 후 번역가로 살고 있다. 주로 인문사회 분야 책을 우리말로 옮기는 작업을 하며, 드문드문 기독교 책을 번역하기도 한다. 옮긴 책으로는《그리스도처럼》,《분별력》외 다수가 있다.

장 칼뱅의 생애와 사상

알리스터 맥그래스 지음
이은진 옮김

2019년 9월 17일 초판 1쇄 발행

펴낸이 김도완
등록 제406-2017-000014호(2017년 2월 1일)
(우편번호 10881)
전화 031-955-3183
전자우편 viator@homoviator.co.kr

펴낸곳 비아토르
주소 경기도 파주시 문발로 197 102호

팩스 031-955-3187

편집 최은하
제작 제이오
제본 (주)정문바인텍

디자인 임현주
인쇄 (주)민언프린텍

ISBN 979-11-88255-44-3 03230

저작권자 ⓒ 알리스터 맥그래스, 2019